EL MÉTODO YAKARTA

LA **CRUZADA ANTICOMUNISTA** Y LOS **ASESINATOS MASIVOS** QUE MOLDEARON **NUESTRO MUNDO**

VINCENT BEVINS

EL MÉTODO YAKARTA

LA **CRUZADA ANTICOMUNISTA** Y LOS **ASESINATOS MASIVOS** QUE MOLDEARON **NUESTRO MUNDO**

VINCENT BEVINS

Traducción de
Enrique Maldonado Roldán

Título original:
The Jakarta Method: Washington's Anticommunist Crusade and the Mass Murder Program that Shaped Our World
(2021)

© Del libro:
Vincent Bevins

© De la traducción:
Enrique Maldonado Roldán

© De esta edición:
Capitán Swing Libros, S. L.
c/ Rafael Finat 58, 2º 4 - 28044 Madrid
Tlf: (+34) 630 022 531
contacto@capitanswing.com
capitanswing.com

© Diseño gráfico:
Filo Estudio - filoestudio.com

Corrección ortotipográfica:
Álvaro Villa

ISBN: 978-84-123902-4-7
Depósito Legal: M-29292-2021
Código BIC: FV

Impreso en España / *Printed in Spain*
Artes Gráficas Cofás, Móstoles (Madrid)

Queda prohibida, sin autorización escrita de los titulares del *copyright*, bajo las sanciones establecidas en las leyes, la reproducción total o parcial de esta obra por cualquier medio o procedimiento.

Índice

Introducción 09

01. Una nueva era estadounidense 19
02. Indonesia independiente 51
03. Apretar las tuercas, bombardear las islas 95
04. Una alianza para el progreso 115
05. Brasil, ida y vuelta 135
06. El Movimiento 30 de Septiembre 167
07. Exterminio 201
08. Otras orillas 233
09. Yakarta viene 263
10. Regreso a América Central 305
11. Campeones del mundo 337
12. ¿Dónde están hoy? ¿Dónde estamos? 353

Apéndice 1: El mundo en 1960 373
Apéndice 2: El mundo hoy 375
Apéndice 3: Desigualdad mundial: tabla 1 377
Apéndice 4: Desigualdad mundial: tabla 2 379
Apéndice 5: Programas anticomunistas de exterminio 1945-2000 381

Agradecimientos 387

EL MÉTODO YAKARTA

LA CRUZADA ANTICOMUNISTA Y LOS ASESINATOS MASIVOS QUE MOLDEARON NUESTRO MUNDO

Para Bu Cisca y
Pak Hong Lan Oei

EL MÉTODO YAKARTA

Introducción

En mayo de 1962, una niña llamada Ing Giok Tan se subió a un viejo barco oxidado en la capital de Indonesia, Yakarta. Su país, uno de los más grandes del mundo, se había visto arrastrado a la batalla internacional entre el capitalismo y el comunismo, por lo que sus padres decidieron huir de las terribles consecuencias que el conflicto había supuesto para familias como la suya. Pusieron rumbo a Brasil, un país que, según otros indonesios que ya vivían allí, ofrecía libertad, oportunidades y un alivio ante tanto enfrentamiento. No obstante, casi nada sabían de Brasil. Era simplemente una idea. Y estaba muy lejos. En una ruta de cuarenta y cinco días marcada por la ansiedad y el mareo, llegaron a Singapur, cruzaron el océano Índico hasta Mauricio, pasaron por Mozambique, rodearon Sudáfrica y luego atravesaron todo el Atlántico para arribar a São Paulo, la ciudad más poblada de América del Sur.

Si pensaban que lograrían escapar de la violencia de la Guerra Fría, estaban terriblemente equivocados. Dos años después, el Ejército derrocó a la joven democracia brasileña e instauró una violenta dictadura. Posteriormente, los nuevos inmigrantes indonesios recibieron en Brasil mensajes de su país que describían las más estremecedoras escenas que uno pueda imaginar, una explosión de violencia tan aterradora que solo comentar lo sucedido hacía romper a llorar a los testigos, que cuestionaban su propia cordura. Pero la información era cierta. Después de aquella matanza apocalíptica en Indonesia, una joven nación sembrada de cuerpos mutilados emergió como uno de los aliados más fiables de Estados Unidos. Y desapareció en gran medida de la historia.

Lo acontecido en Brasil en 1964 y en Indonesia en 1965 quizá representó las victorias más importantes de la Guerra Fría para el bando que en última instancia se alzó vencedor: Estados Unidos y el sistema económico internacional vigente en nuestros días. Así consideradas, dichas victorias se encuentran entre los hechos más relevantes de un proceso que ha dado forma de manera esencial a la vida de casi todo ser humano. Tanto Brasil como Indonesia habían sido independientes, con una posición en cierto modo intermedia entre las superpotencias mundiales del capitalismo y el comunismo, pero cayeron de forma decisiva del lado estadounidense a mediados de la década de 1960.

Los políticos de Washington y los periodistas de Nueva York entendieron sin duda lo significativo de estos acontecimientos en su momento. Sabían que Indonesia, hoy el cuarto país más poblado del planeta, era una presa mucho más importante de lo que podría serlo nunca Vietnam.[1] Las altas esferas de la política exterior estadounidense consiguieron en apenas unos meses lo que el país no lograría en diez sangrientos años de guerra en Indochina.

Por su parte, la dictadura de Brasil, en la actualidad el quinto país más poblado del planeta, desempeñó un papel crucial para arrastrar al resto de América del Sur al grupo de naciones proestadounidenses y anticomunistas. Tanto en Brasil como en Indonesia, la implicación de la Unión Soviética fue mínima.

Lo más estremecedor, y relevante para este libro, es que los acontecimientos en ambos países llevaron a la creación de una monstruosa red internacional de exterminio —de asesinato sistemático y en masa de población civil— en muchos otros países, un elemento fundamental para la construcción del mundo que habitamos hoy.

Excepto en el caso de los propios indonesios y de los especialistas en la materia, la mayoría de la gente sabe muy poco de Indonesia

---

[1] Bradley Simpson, *Economists with Guns: Authoritarian Development and U.S.-Indonesian Relations, 1960-1968*, Stanford University Press, 2008, p. 5. Simpson señala que «hasta mediados de la década de 1960, la mayoría de los responsables políticos seguía considerando a Indonesia mucho más importante que Vietnam o Laos». Como veremos más adelante, las noticias publicadas por los grandes medios en 1965 confirman esta escala de prioridades.

y casi nada de lo acontecido entre 1965 y 1966 en el archipiélago. Indonesia sigue suponiendo un enorme vacío en nuestros conocimientos generales colectivos, incluso para aquellas personas que sí conocen algo de la crisis de los misiles de Cuba, de la guerra de Corea o de Pol Pot, o que pueden con facilidad recitar de un tirón algunos datos básicos del país más poblado del planeta (China), del segundo más poblado (La India) o hasta de los que ocupan la posición sexta y séptima (Pakistán y Nigeria). Incluso entre los periodistas internacionales, pocos son los que saben que Indonesia es el país mayoritariamente musulmán más poblado del mundo, por no hablar de que en 1965 contaba con el partido comunista más grande fuera de la Unión Soviética y China.

La verdad sobre la violencia de los años 1965 y 1966 pasó décadas oculta. La dictadura que se asentó después contó una mentira al mundo, y los supervivientes estaban encarcelados o demasiado aterrorizados para alzar la voz. Solo gracias a los esfuerzos de heroicos activistas indonesios y de entregados investigadores de todo el mundo podemos hoy contar lo sucedido. Los documentos desclasificados recientemente por el Gobierno de Estados Unidos han sido de gran ayuda, si bien parte de lo acontecido sigue oculto bajo un velo de misterio.

Indonesia probablemente desapareció del mapa, utilizando la expresión popular, porque los acontecimientos de 1965 y 1966 fueron un éxito rotundo para Washington. No murió ningún soldado estadounidense y nadie estuvo nunca en peligro en el territorio norteamericano. A pesar de que los líderes indonesios tuvieron un papel internacional muy destacado en las décadas de 1950 y 1960, a partir de 1966 el país dejó por completo de salir en la foto. Sé, por mis trece años trabajando de corresponsal y periodista en el extranjero, que los países lejanos que son estables y fiables en su condición proestadounidense no salen en las portadas. Personalmente, después de estudiar la documentación y pasar mucho tiempo con las personas que vivieron estos acontecimientos, terminé por desarrollar otra teoría especialmente perturbadora acerca de los motivos por los que estos hechos cayeron en el olvido. Me temo que la verdad de lo sucedido contradice en tal medida nuestra idea de lo que fue la Guerra Fría, de lo que significa ser estadounidense y del modo en el que ha tenido lugar la globalización, que simplemente ha sido más sencillo ignorarla.

Este libro está dirigido a quienes no cuentan con especiales conocimientos de Indonesia, de Brasil, de Chile, de Guatemala o de la Guerra Fría, aunque espero que mis entrevistas, la investigación de los archivos oficiales y el enfoque global del texto puedan facilitar también algún descubrimiento de interés a los expertos. Confío especialmente en que estas líneas lleguen a las personas que quieren saber cómo la violencia y la guerra contra el comunismo han dado forma precisa a nuestras vidas, ya vivamos en Río de Janeiro, Bali, Nueva York o Lagos.

Dos experiencias de mi propia vida me convencieron de que los hechos de mediados de los sesenta siguen en gran medida con nosotros, que sus fantasmas siguen vagando por el mundo, por así decirlo.

Un día de 2016, en mi sexto y último año de corresponsal en Brasil para *Los Angeles Times*, recorría los pasillos del Congreso en Brasilia. Los legisladores de la cuarta democracia más grande del mundo se preparaban para votar la destitución de Dilma Rousseff, la primera presidenta de Brasil, que había pertenecido en su juventud a una guerrilla de izquierdas. Por uno de los pasillos reconocí a un congresista de la extrema derecha sin gran relevancia pero conocido por no tener pelos en la lengua, Jair Bolsonaro, al que me acerqué para hacerle unas preguntas rápidas. Era bien sabido en aquel momento que los rivales políticos de Dilma Rousseff estaban intentado deponerla basándose en meros tecnicismos, y que quienes maniobraban para conseguir su caída tenían las manos mucho más manchadas por la corrupción que ella.[2] Desde mi posición de periodista extranjero, pregunté a Bolsonaro si le preocupaba que la comunidad internacional, habida cuenta de lo cuestionables que eran los procesos que tenían lugar aquel día, pudiera poner en duda la legitimidad del equipo de gobierno —más conservador— que reemplazaría a Rousseff. Sus respuestas parecían tan

---

[2] Vincent Bevins, «The Politicians Voting to Impeach Brazil's President Are Accused of More Corruption Than She Is», en *Los Angeles Times*, 28 de marzo de 2016.

alejadas de lo convencional, una resurrección tal de los fantasmas de la Guerra Fría, que ni siquiera utilicé la entrevista. Me dijo: «El mundo celebrará lo que hacemos hoy, porque estamos impidiendo que Brasil se convierta en otra Corea del Norte».

Aquellas declaraciones eran absurdas. Rousseff era una dirigente de centroizquierda cuyo Gobierno se había mostrado, en todo caso, demasiado cercano a las grandes corporaciones.

Un rato después, Bolsonaro intervino en la Cámara de Diputados y pronunció unas palabras que estremecieron al país: dedicó su voto de destitución a Carlos Alberto Brilhante Ustra, el hombre que desde su puesto de coronel supervisó las torturas a las que fue sometida la propia Dilma Rousseff durante la dictadura brasileña. Era una provocación escandalosa, un intento de traer al presente el régimen militar anticomunista y convertirse en símbolo nacional de la oposición de extrema derecha a todo y a todos.[3]

Cuando entrevisté a Dilma Rousseff unas semanas más tarde, aún a la espera de la votación final que la retiraría de la presidencia, la conversación nos llevaba una y otra vez al papel de Estados Unidos en la política brasileña. Teniendo en cuenta las numerosas ocasiones y las diversas formas en las que Washington ha intervenido para derrocar gobiernos en América del Sur, muchos de los defensores de Rousseff se preguntaban si la CIA no estaría detrás de las maniobras también en esta ocasión. Rousseff lo negó: todo era resultado de las dinámicas internas de Brasil.[4] No obstante, aquello era, en cierta medida, incluso peor: la dictadura de Brasil había mutado en el tipo de democracia capaz de destituir sin riesgo a cualquiera —como Rousseff o Lula— que las élites políticas o económicas consideraran una amenaza para sus intereses. Para ello podían revivir los demonios de la Guerra Fría y sumarlos a la batalla cuando les pareciera.

Sabemos ya hasta qué punto tuvo éxito la maniobra de Bolsonaro. Me encontraba en Río cuando fue elegido presidente, dos años

---

[3] Jonathan Watts, «Dilma Rousseff Taunt Opens Old Wounds of Dictatorship Era's Torture in Brazil», en *The Guardian*, 19 de abril de 2016.

[4] Vincent Bevins, «Brazil Is in Turmoil, an Impeachment Trial Looms, and Still, Dilma Rousseff Laughs», en *Los Angeles Times*, 5 de julio de 2016.

más tarde. Inmediatamente brotaron disputas en las calles. Hombres corpulentos empezaron a increpar a mujeres tatuadas que llevaban pegatinas del candidato rival, gritando: «¡Comunistas! ¡Fuera! ¡Comunistas!».

En 2017 hice el viaje inverso al que emprendieran Ing Giok Tan y su familia tantos años antes. Me mudé de São Paulo a Yakarta para cubrir el Sudeste Asiático para *The Washington Post*. Apenas unos meses después de llegar, un grupo de académicos y activistas organizó un discreto congreso para debatir los acontecimientos de 1965. Sin embargo, ciertas personas estaban difundiendo en las redes sociales la acusación de que en realidad aquel era un encuentro para resucitar el comunismo (todavía ilegal en el país transcurridos más de cincuenta años), y una turba se dirigió al lugar donde se celebraba la reunión aquella noche, poco después de que yo me marchara. Grupos compuestos principalmente por hombres islamistas, protagonistas habituales de manifestaciones violentas en las calles de Yakarta, rodearon el edificio y encerraron a todos los presentes dentro. Mi compañera de piso, Niken, una joven sindicalista de Java Central, estuvo atrapada toda la noche, mientras la multitud aporreaba las paredes y entonaba: «¡Aplastad a los comunistas!» y «¡Quemadlos vivos!». Aterrorizada, me envió mensajes de texto en los que me pedía que contara lo que estaba sucediendo, y eso hice en Twitter. No hizo falta mucho tiempo para que mis mensajes fueran respondidos con amenazas y acusaciones que me tildaban de comunista, incluso de miembro del inexistente Partido Comunista de Indonesia. Me había acostumbrado a recibir este tipo de mensajes en América del Sur. Las similitudes no eran una coincidencia. El origen de la paranoia en ambos países se remonta a las respectivas rupturas traumáticas que sufrieron a mediados de la década de 1960.

Sin embargo, solo cuando empecé a trabajar en este libro y a hablar con expertos, testigos y supervivientes, me di cuenta de que el impacto de los dos acontecimientos históricos iba mucho más allá del hecho de que siga existiendo un anticomunismo violento en Brasil, en Indonesia y en muchos otros países, y de que la Guerra Fría creara un mundo de regímenes que consideran que toda reforma social es una amenaza. Llegué a la conclusión de que el mundo entero, y especialmente los países de Asia, África y América del Sur por cuyas aguas viajó Ing Giok con su familia, había sido remodelado por el oleaje surgido de Brasil e Indonesia en 1964 y 1965.

Sentía una fuerte responsabilidad moral de investigar esta historia y contarla debidamente. En cierto modo, hacerlo es la culminación de más de una década de trabajo. No obstante, con la vista puesta específicamente en este libro, visité doce países y entrevisté a más de cien personas en español, portugués, inglés e indonesio. Estudié detalladamente archivos en estas mismas lenguas, hablé con historiadores de todo el mundo y trabajé con investigadores asistentes en cinco países. No contaba con grandes recursos para escribir este libro, pero me impliqué al máximo en el proyecto.

La violencia que tuvo lugar en Brasil, en Indonesia y en otros veintiún países repartidos por el planeta no fue accidental ni un efecto secundario de los principales acontecimientos de la historia mundial. Aquellas muertes no fueron «la muerte más fría y más insulsa», meros errores trágicos que no supusieron cambio alguno.[5] Todo lo contrario. La violencia fue efectiva, parte fundamental de un proceso mayor. Sin una perspectiva completa de la Guerra Fría y de los objetivos internacionales de Estados Unidos, los hechos resultan inverosímiles, ininteligibles o muy difíciles de enjuiciar.

El extraordinario documental *The Act of Killing*, de Joshua Oppenheimer, y su secuela, *La mirada del silencio*, abrieron de un golpe la caja negra de lo sucedido en 1965 en Indonesia y obligaron a los indonesios y al resto del mundo a asomarse. Oppenheimer utiliza con maestría una aproximación desde un primer plano extremo. Yo he adoptado deliberadamente la estrategia contraria: abrir el plano a la escena internacional, con el objetivo de ejercer de complemento. Espero que los espectadores de aquellos documentales se acerquen a este libro para situarlos en contexto,

---

[5] Cito el memorable pasaje de Hegel: «Una muerte que no tiene ningún ámbito interno ni cumplimiento […] es, por tanto, la muerte más fría y más insulsa, sin otra significación que la de cortar una cabeza de col o la de beber un sorbo de agua». G. W. F. Hegel, *Fenomenología del Espíritu*, trad. Wenceslao Roces, Fondo de Cultura Económica, 1966, p. 347.

y espero que mis lectores vean los documentales cuando terminen con estas páginas. También tengo con Joshua una pequeña deuda personal por haber guiado mi investigación inicial, pero mucho mayor es mi deuda con los historiadores indonesios y de otros lugares, especialmente con Baskara Wardaya, Febriana Firdaus y Bradley Simpson.

Decidí que para contar realmente la historia de estos acontecimientos y sus repercusiones —es decir, la red mundial de exterminio que engendraron— tenía que intentar en cierto modo narrar la historia más amplia de la Guerra Fría. Se olvida con mucha frecuencia que el anticomunismo violento fue una fuerza mundial y que sus protagonistas trabajaban cruzando fronteras y aprendiendo de los éxitos y los fracasos de otros lugares conforme su movimiento adquiría impulso y cosechaba victorias. Para comprender lo sucedido tenemos que entender esta colaboración internacional.

Esta es también la historia de unas cuantas personas, algunas de Estados Unidos, otras de Indonesia y de América Latina, que vivieron estos acontecimientos y cuyas vidas sufrieron una transformación radical a causa de ellos. La elección del enfoque de esta obra, así como de las conexiones que pude establecer, vinieron probablemente dictadas en cierta medida por las personas que tuve la suerte de conocer, además de por mi propio contexto y mis habilidades lingüísticas, pero, desde mi perspectiva, su historia es la historia de la Guerra Fría en la misma medida que cualquier otra, y en mayor medida, desde luego, que cualquier historia de la Guerra Fría centrada fundamentalmente en personas blancas de Estados Unidos y Europa.[6]

La historia que narro en las siguientes páginas está basada en información desclasificada, en el consenso alcanzado por los

---

[6] Debo mucho a la obra de Odd Arne Westad, *The Global Cold War: Third World Interventions and the Making of Our Times* (Cambridge University Press, 2005), por su afirmación meticulosamente investigada de que la Guerra Fría fue en la misma medida la configuración de la vida en el tercer mundo como un conflicto entre superpotencias. Ojalá hubiera conocido su argumentación mucho antes de empezar este proyecto, pero he de confesar que leí las obras de Westad después de haber redactado mi propuesta, que descansaba en una tesis similar. Quizá una década de trabajo en «países en vías de desarrollo» me condujo a las mismas conclusiones que sus investigaciones académicas.

historiadores más expertos en la materia y en un aplastante conjunto de testimonios personales. Mi información se apoya en gran medida en mis entrevistas con supervivientes y, por supuesto, no he podido comprobar hasta el último detalle de sus declaraciones en lo relativo a sus vidas personales, tales como las sensaciones del momento, qué ropa vestían o el día que fueron arrestados. No obstante, ninguno de los detalles que incluyo contradicen los hechos demostrados ni la historia en su conjunto que los investigadores ya han desvelado. Para escribir estas líneas con la máxima precisión posible, siendo fiel a las pruebas y respetuoso con aquellos que vivieron estas circunstancias, entendí que debía hacerlo de un determinado modo. En primer lugar, el texto es verdaderamente internacional; toda vida sobre la Tierra es tratada con la misma relevancia y ninguna nación ni actor son considerados *a priori* los buenos o los malos de la película. En segundo lugar, todos hemos oído la máxima de que «la historia la escriben los vencedores». Es, por desgracia, habitualmente cierto. Sin embargo, este libro se opone inevitablemente a esa tendencia —muchas de las personas que lo protagonizan se encuentran entre las principales perdedoras del siglo xx—, y no nos puede asustar que sus vidas contradigan la interpretación ampliamente aceptada de la Guerra Fría en los países de habla inglesa, incluso si esas contradicciones resultan muy incómodas para los vencedores. Finalmente, mi trabajo evita por completo la especulación, resistiendo toda tentación de abordar por mí mismo los muchos misterios sin resolver. Tenemos que aceptar que hay mucho que todavía desconocemos.

Así pues, este libro no depende de conjeturas. Cuando mis compañeros y yo nos hemos encontrado con lo que parecían grandes coincidencias —aparentemente excesivas, tal vez— o con interconexiones que no podíamos explicar, no hemos ido más allá de su análisis, no hemos desarrollado a la ligera una teoría propia sobre sus causas.

Y ciertamente nos encontramos con algunas coincidencias y conexiones.

01

Una nueva era estadounidense

Estados Unidos, una colonia de asentamiento de Europa Occidental en Norteamérica, emergió de la Segunda Guerra Mundial siendo, con mucha diferencia, el Estado más poderoso del planeta. Fue una sorpresa para la mayoría de los estadounidenses. Y para la mayor parte del mundo.

Aquel era un país joven. Apenas había transcurrido un siglo desde que el Gobierno establecido en las antiguas colonias británicas terminara de incorporar en el nuevo país a los que fueran territorios franceses y españoles, lo que concedió a sus líderes el dominio de la franja central del continente. En comparación, sus primos europeos llevaban conquistando el planeta casi cinco siglos; habían navegado por toda la Tierra y se la habían repartido en pedazos.

Decir que Estados Unidos es una colonia de asentamiento significa que la tierra fue tomada por europeos blancos a lo largo de varios siglos de un modo que difería de la forma en la que fueron conquistados la mayor parte de los países de África y Asia. Los colonos blancos llegaron para quedarse, y la población autóctona fue excluida, por definición, de la nación que construyeron los colonos. Para que el nuevo país blanco y cristiano pudiera tomar forma, la población indígena tenía que apartarse del camino.

Como todo niño y niña estadounidense estudia, el fanatismo religioso fue un factor importante en la fundación de Estados Unidos. Los puritanos, un grupo de entregados cristianos ingleses, no cruzaron el Atlántico para hacer dinero para Inglaterra. Buscaban un lugar donde establecer la versión más pura y disciplinada de la sociedad calvinista que querían desarrollar. Una forma de definir sus objetivos es que aspiraban a la libertad religiosa. Otra es que querían una sociedad aún más homogénea, fundamentalista y teocrática que la que existía en la Europa del siglo XVII.[1]

A finales de la primera década del siglo XVIII, los líderes de las colonias británicas expulsaron a la monarquía en una guerra por la independencia e instauraron un sistema de autogobierno de una efectividad notable que sigue existiendo hoy con ligeras modificaciones. A escala internacional, el país acabó representando e impulsando los ideales democráticos y revolucionarios. Desde la perspectiva nacional, no obstante, la situación era mucho más compleja. Estados Unidos siguió siendo una sociedad de un brutal supremacismo blanco. La consecuencia del rechazo *a priori* de la población autóctona fue el genocidio.

A lo largo de toda América, desde Canadá hasta Argentina, la colonización europea mató a entre cincuenta y setenta millones de personas de los pueblos nativos, lo que supone en torno al 90 por ciento de la población originaria. Los científicos han concluido recientemente que la aniquilación de estos pueblos fue tal que cambió la temperatura del planeta.[2] En los nuevos Estados Unidos de América, la destrucción de los pueblos nativos prosiguió mucho después de la declaración de independencia del dominio británico. Los ciudadanos estadounidenses continuaron comprando, vendiendo, azotando, torturando y poseyendo a personas de origen africano hasta mediado el siglo XIX. Las mujeres solo disfrutaron del derecho al sufragio en todo el país en 1920. Ellas, al menos,

---

[1] En lo relativo a la presencia de los puritanos en Nueva Inglaterra, su compromiso ideológico con la colonia, su extremismo en comparación con Inglaterra y su conclusión de que Dios «limpió providencialmente la tierra de habitantes para acomodar a su pueblo», véase Virginia DeJohn Anderson, «New England in the Seventeenth Century», en *The Oxford History of the British Empire, v. 1: The Origins of Empire*, Oxford University Press, 1998, pp. 193-96.

[2] Alexander Koch *et al.*, «Earth System Impacts of the European Arrival and Great Dying in the Americas after 1492», en *Quaternary Science Reviews*, n.º 207, marzo de 2019, www.sciencedirect.com/science/article/pii/S0277379118307261#! (Todas las URL que se ofrecen están en funcionamiento en el momento de la publicación. No obstante, algunos archivos, especialmente los que acoge la CIA, han cambiado de ubicación en fechas recientes. En este caso, los lectores suelen poder encontrar los documentos buscando por el título en la base de datos pertinente).

pudieron ejercerlo, mientras que el teórico derecho al voto garantizado a los estadounidenses negros fue combatido con violentas campañas racistas y leyes destinadas a excluirlos de la verdadera condición de ciudadanos. Cuando Estados Unidos intervino en la Segunda Guerra Mundial, era lo que hoy consideraríamos una sociedad segregada por raza, un *apartheid*.[3]

En aquella guerra, no obstante, los mejores atributos de la naturaleza estadounidense pasaron a primer plano. No siempre estuvo claro que eso fuera a ser así. En la década de 1930 algunos estadounidenses simpatizaban incluso con los nazis, el autoritario partido hipermilitarista, genocida y orgulloso de su racismo que gobernaba Alemania. En 1941, un senador de Misuri llamado Harry S. Truman afirmaba: «Si vemos que Alemania está ganando la guerra, tenemos que ayudar a Rusia; y si es Rusia la que va ganando, tenemos que ayudar a Alemania, y así dejarlos que maten cuanto sea posible».[4] Pero cuando Estados Unidos se decidió a participar en la Segunda Guerra Mundial, en una alianza con británicos, franceses y rusos contra alemanes y japoneses, sus tropas lucharon para liberar a los prisioneros de los campos de exterminio y salvar de la tiranía a las limitadas democracias de Europa Occidental. Salvo por los quinientos mil que desgraciadamente perdieron la vida, una generación de jóvenes estadounidenses regresó de esa guerra con un orgullo legítimo por lo que había hecho: mirar a un sistema absolutamente perverso a los ojos y defender los valores sobre los que se construyó su país. E imponerse.

El final de la Segunda Guerra Mundial fue el principio de un nuevo orden internacional. Europa quedó debilitada y el planeta roto en mil pedazos.

---

[3] Adam Serwer, «White Nationalism's Deep American Roots», en *The Atlantic*, abril de 2019. La afirmación de que la segregación sistematizada suponía un *apartheid* en el sentido contemporáneo del término es mía, no de Serwer. En lo relativo a la segregación de los soldados en la Segunda Guerra Mundial y las consecuencias de la justicia racializada en el ámbito militar en aquel momento, véase, por ejemplo, Francis X. Clines, «When Black Soldiers Were Hanged: A War's Footnote», en *The New York Times*, 7 de febrero de 1993.

[4] Alden Whitman, «"The Lightning" Strikes in War», en *The New York Times*, 27 de diciembre de 1972, www.nytimes.com/1972/12/27/archives/harry-s-truman-decisive-president-the-lightning-strikes-in-war.html.

Tres mundos

El segundo país más poderoso del mundo en 1945, la Unión Soviética, emergió asimismo vencedor de aquella guerra. Los soviéticos también estaban muy orgullosos, pero su población había quedado destrozada. Adolf Hitler, en cabeza del partido nazi, despreciaba su ideología de izquierdas y lideró una brutal invasión de su territorio. Antes de que los soviéticos los obligaran finalmente a retroceder —en Stalingrado, en 1943, probablemente el punto de inflexión de la guerra, un año antes del desembarco estadounidense en Europa—, habían sufrido ya pérdidas catastróficas. Cuando el Ejército Rojo alcanzó Berlín en 1945, ocupando gran parte de Europa Central y del Este en el proceso, al menos veintisiete millones de ciudadanos soviéticos habían muerto.[5]

La Unión Soviética era un país todavía más joven que Estados Unidos. Fue fundada en 1917 por un pequeño grupo de intelectuales radicales inspirados por el filósofo alemán Karl Marx, después de una revolución que derrocó a la decrépita monarquía rusa, que gobernaba un imperio constituido fundamentalmente por campesinos pobres y que era considerado atrasado en comparación con los países capitalistas avanzados de Europa Occidental, donde Marx —y Vladímir Lenin, el primer líder soviético— consideraba en realidad que empezaría la revolución socialista mundial.

Estos revolucionarios libraron una guerra civil entre 1918 y 1920, en la que emplearon lo que los propios bolcheviques denominaron «terror» para imponerse al Ejército Blanco, una coalición imprecisa de conservadores, nacionalistas rusos y anticomunistas, también entregada a los asesinatos en masa. Muerto Lenin, en 1924, su despiadado sucesor, Joseph Stalin, colectivizó por la fuerza la producción agrícola, estableció una economía de planificación centralizada y utilizó los encarcelamientos y las ejecuciones en masa para hacer frente a sus enemigos reales e imaginados. Millones de personas murieron a lo largo de la década de 1930

---

[5] La estimación oficial es de 27 millones. Hay quien defiende, no obstante, que el número es significativamente superior. Véase Leonid Bershidsky, «A Message to Putin from 42 Million Dead», en *Bloomberg*, 10 de mayo de 2017.

como resultado de las medidas de Stalin, incluidos algunos de los arquitectos originales de la revolución, al tiempo que el líder soviético variaba la ideología oficial del movimiento internacional comunista de aquí para allá atendiendo a sus propias necesidades políticas. Ahora bien, en su mayor parte, lo peor se mantuvo en secreto. Por contra, la rápida industrialización de la Unión Soviética y la ulterior derrota de los nazis —así como el hecho de que a menudo fueran comunistas los primeros y los más contundentes en plantar cara tanto al fascismo como al colonialismo— le concedieron al país un prestigio internacional significativo en 1945.[6]

Los soviéticos se convirtieron en la segunda «superpotencia», pero eran mucho más débiles que Estados Unidos en todo lo relevante. A finales de la década de 1940 Estados Unidos producía la mitad de todos los bienes manufacturados del mundo. En 1950 la economía de Estados Unidos era probablemente tan grande como la suma de las economías de toda Europa y de la Unión Soviética.[7] En lo relativo a la capacidad militar, la población soviética había sido diezmada, algo especialmente cierto en el caso de quienes podrían ser llamados a filas para combatir en una guerra. A pesar de que cientos de miles de mujeres soviéticas lucharon con valentía contra los nazis, el desequilibrio entre los sexos en 1945 da una idea de la devastación. En 1945 había únicamente siete hombres por cada diez mujeres con edades comprendidas entre los veinte y los veintinueve años.[8] Estados Unidos contaba con una capacidad militar mayor y demostró la devastación apocalíptica que podía desencadenar desde el aire cuando lanzó las bombas atómicas sobre Hiroshima y Nagasaki.

A esto nos referimos cuando analizamos el «primer mundo» y el «segundo mundo» en los años posteriores a 1945. El primer

---

[6] Véase Ronald Grigor Suny, *The Soviet Experiment: Rusia, the USSR, and the Successor States*, Oxford University Press, 2011, cap. 3: «Socialism and Civil War», y Part III: Stalinism.

[7] Westad, *The Global Cold War*, pp. 10 y 30.

[8] Elizabeth Brainerd, «Uncounted Costs of World War II: The Effects of Changing Sex Ratios on Marriage and Fertility of Russian Women», National Council for Eurasian and East European Research, pp. 1-3, www.ucis.pitt.edu/nceeer/2007_820-4g_Brainerd1.pdf.

mundo estaba formado por los países ricos de América del Norte, Europa Occidental, Australia y Japón, que en todos los casos se enriquecieron con su dedicación al colonialismo. La potencia que lo lideraba, Estados Unidos, llegó tarde a este juego, al menos fuera de Norteamérica, pero sin duda lo jugó. Los jóvenes Estados Unidos se hicieron con el control de los territorios de Luisiana, Florida, Texas y el actual suroeste del país declarando la guerra o amenazando con un ataque.[9] Posteriormente, Estados Unidos se hizo con Hawái, después de que un grupo de empresarios derrocara a la reina Liliuokalani en 1893; asumió el control de Cuba, Puerto Rico y Filipinas en la guerra hispano-estadounidense de 1898. Filipinas, el segundo país en tamaño del Sudeste Asiático, siguió siendo formalmente una colonia hasta 1945, mientras que Cuba pasó a formar parte de la esfera informal de influencia estadounidense en América Central y el Caribe —donde los marines estadounidenses, como poco, habían encadenado la mareante cifra de veinte intervenciones hasta 1920— y Puerto Rico sigue hoy en un limbo imperial.[10]

El «segundo mundo» estaba formado por la Unión Soviética y los territorios europeos donde el Ejército Rojo había fijado campamento. Desde su fundación, la URSS se había alineado públicamente con la lucha anticolonial mundial y no había desplegado un imperialismo de ultramar, pero el mundo estaba atento a cómo ejercería Moscú su influencia en las naciones ocupadas de Europa Central y del Este.

Y luego estaba el «tercer mundo»: todos los demás, la inmensa mayoría de la población mundial. El término fue acuñado a principios de la década de 1950 y, originalmente, todas sus connotaciones eran positivas. Cuando los líderes de estos nuevos Estados nación asumieron el término, lo hicieron con orgullo; implicaba el sueño de un futuro mejor en el que las masas oprimidas y esclavizadas

---

[9] La compra de Luisiana (1803), los territorios cedidos por México (1848) y la anexión de Texas (1845), así como la adquisición de Florida (1819), fueron en todos los casos resultado de la guerra o de la amenaza de guerra. En *The Global Cold War*, Westad considera la doctrina del Destino Manifiesto un «programa imperialista bastante concreto». Véanse las primeras páginas del primer capítulo para este análisis.

[10] Westad, *The Global Cold War*, p. 15.

tomarían el control de su propio destino. El término se utilizaba en el sentido del «Tercer Estado» de la Revolución francesa: el pueblo llano revolucionario que derrocaría al primer y al segundo estado, a la monarquía y al clero. «Tercer» no significaba «de tercera», sino algo más parecido al tercer y último acto: el primer grupo de países blancos ricos había tenido su oportunidad de ordenar el mundo, al igual que el segundo, y este era el nuevo movimiento, cargado de energía y potencial, simplemente a la espera de que le soltaran las riendas. Para gran parte del planeta, el tercer mundo no era solo una categoría, era un movimiento.[11]

En 1950 más de dos tercios de la población mundial vivía en el tercer mundo, y, con escasas excepciones, estos pueblos habían vivido bajo el control del colonialismo europeo.[12] Algunos países habían conseguido romper con el dominio imperial en el siglo XIX; otros obtuvieron su independencia cuando las fuerzas fascistas se retiraron al final de la Segunda Guerra Mundial; los hubo que intentaron hacerlo en 1945, pero volvieron a ser invadidos por los ejércitos del primer mundo; y, para muchos otros, la guerra había supuesto poco cambio y seguían sin ser libres. Todos ellos heredaron economías muchísimo más pobres que las del primer mundo. Siglos de esclavitud y explotación despiadada los habían dejado abandonados a su suerte y con la necesidad de decidir cómo intentarían forjar el camino a la independencia y la prosperidad.

La versión simplificada de la siguiente parte de esta historia es que los países recién independizados del tercer mundo tuvieron que combatir los contraataques imperiales y luego elegir si adoptarían el modelo capitalista favorecido por Estados Unidos y Europa Occidental o si tratarían de construir el socialismo y seguir los pasos de la Unión Soviética con la esperanza de avanzar desde la pobreza a una posición de relevancia internacional tan rápido como lo habían conseguido los rusos. Las circunstancias,

---

[11] El término fue acuñado originalmente por Alfred Sauvy («Trois mondes, une planète», en *L'Observateur*, n.º 118, 14 de agosto de 1952). Aparece citado y analizado en Vijay Prashad, *Las naciones oscuras: una historia del Tercer Mundo*, trad. Albino Santos Mosquera, Península, 2012, pp. 29-38.

[12] La cifra es del 68 por ciento para los «países en vías de desarrollo». Véase «Urbanization: Facts and Figures», United Nations Centre for Human Settlements, 2001.

sin embargo, eran mucho más complejas. En 1945 todavía era posible creer que serían capaces de mantener una relación amistosa tanto con Washington como con Moscú.

Un vietnamita llamado Ho Chi Minh, que había trabajado anteriormente retocando fotografías en París y de panadero en Estados Unidos, abrazó el marxismo revolucionario cuando acusó a las fuerzas capitalistas occidentales de negarse a reconocer la soberanía de Vietnam en la Conferencia de Paz de Versalles posterior a la Primera Guerra Mundial.[13] Se hizo delegado de la Internacional Comunista antes de liderar el movimiento de resistencia del Viet Minh contra la ocupación japonesa en la década de 1940. No obstante, cuando, después de los dos ataques nucleares estadounidenses contra Japón, llegó al jardín floral de Ba Dinh, en el centro de Hanói, para declarar la independencia el 2 de septiembre de 1945, comenzó su discurso con las siguientes palabras: «"Todos los hombres son creados iguales. Son dotados por su Creador de ciertos derechos inalienables, entre ellos la vida, la libertad y la búsqueda de la felicidad". Esta afirmación inmortal forma parte de la Declaración de Independencia de los Estados Unidos de América de 1776. En un sentido amplio, significa: todos los pueblos de la tierra son iguales desde la cuna, todos los pueblos tienen derecho a vivir, a ser felices y libres».[14]

Celebraba los ideales revolucionarios que los fundadores de Estados Unidos legaron a su país y en los que todavía creían con firmeza sus líderes. Estaba intentando transmitir al mundo que los vietnamitas únicamente querían lo que cualquier otro pueblo,

---

[13] Westad, *The Global Cold War*, p. 83. Para un análisis de la responsabilidad directa de la actitud de Woodrow Wilson en Versalles en la toma de posición de Ho Chi Minh, véase Brett Reilly, «The Myth of the Wilsonian Moment», Woodrow Wilson Center, www.wilsoncenter.org/blog-post/the-myth-the-wilsonian-moment. Fueran cuales fueran sus motivaciones, fue tras la la conferencia de paz cuando Ho Chi Minh empezó a dar charlas sobre «bolchevismo en Asia» y a urgir a los socialistas franceses a que se incorporaran a la Tercera Internacional.

[14] Véase el texto en inglés de la Declaración de Independencia en la página web oficial del Gobierno vietnamita: «Declaration of Independence», *Socialist Republic of Vietnam Government Portal,* http://www.chinhphu.vn/portal/page/portal/English/TheSocialistRepublicOfVietnam/AboutVietnam/AboutVietnamDetail?categoryId=10000103&articleId=10002648.

es decir, el derecho a gobernarse por sí mismos. También estaba intentando sobrevivir a una situación muy desesperada. El ejército colonial francés había regresado para afirmar el poder blanco en Indochina, y Ho Chi Minh sabía que lo último que necesitaba era que el país más poderoso de la historia de la humanidad también se decidiera a aplastar su movimiento de independencia. Apelaba directamente a los valores declarados del pueblo estadounidense, al igual que hicieron muchos otros izquierdistas del tercer mundo en aquel momento.

Estados Unidos, a fin de cuentas, se había aliado con la Unión Soviética contra Hitler. Sin embargo, para los hombres más poderosos de Washington, las cosas estaban cambiando muy rápidamente.

En realidad, la cruzada anticomunista del Gobierno estadounidense había empezado mucho antes de la Segunda Guerra Mundial. Nada más producirse la Revolución rusa, el presidente Woodrow Wilson decidió sumarse a los restantes poderes imperiales para ayudar al Ejército Blanco a intentar retomar el poder de los revolucionarios bolcheviques. Dos eran sus razones: en primer lugar, la esencia de la ideología fundacional de Estados Unidos es algo así como el opuesto mismo del comunismo.[15] Confiere un importante énfasis al individuo, no al colectivo, con una idea de libertad que está fuertemente ligada al derecho a poseer bienes. Esta fue, en resumidas cuentas, la base de la ciudadanía plena en la república estadounidense temprana: únicamente podían votar los hombres blancos con propiedades. En segundo lugar, Moscú se presentaba como rival geopolítico e ideológico, una vía alternativa a través de la cual los pueblos pobres podían alcanzar la modernidad sin replicar la experiencia estadounidense.[16]

Sin embargo, en los años inmediatamente posteriores a la Segunda Guerra Mundial, una serie de acontecimientos llevaron el anticomunismo al corazón mismo de la política estadounidense de un modo nuevo, cargado de fanatismo.

---

[15] Eric Hobsbawm, *Historia del siglo* XX, trad. Juan Fanci *et al.*, Crítica, 2000, p. 239. Hobsbawm afirma que el «americanismo» puede «considerarse prácticamente el polo opuesto al comunismo».

[16] Westad, *The Global Cold War*, pp. 20-21.

El anticomunismo realmente existente

Empezó en Europa, en áreas asoladas por la Segunda Guerra Mundial. A los líderes de Washington no les agradó que los partidos comunistas ganaran las primeras elecciones posteriores al conflicto tanto en Francia como en Italia.[17] En Grecia, las guerrillas lideradas por los comunistas que habían combatido a los nazis se negaron a entregar las armas y a reconocer al Gobierno establecido bajo supervisión británica, y estalló una guerra civil. Luego estaba Asia Occidental. En Turquía, los soviéticos, triunfantes, exigieron acceso a las principales vías navegables, lo que desató una pequeña crisis política. En Irán, cuya mitad norte llevaba bajo control soviético desde 1941 (en virtud de un acuerdo con los Aliados occidentales), el Partido Tudeh, liderado por comunistas, se había convertido en el grupo político de más tamaño y mejor organizado del país, al tiempo que las minorías étnicas exigían independencia del sah, el rey nombrado por los británicos.

El presidente estadounidense de la inmediata posguerra, Harry S. Truman, tuvo mucha menos paciencia con la Unión Soviética que su predecesor, Franklin D. Roosevelt, y buscó una vía de enfrentamiento con Stalin. Grecia y Turquía se la ofrecieron. En marzo de 1947 pidió al Congreso apoyo civil y militar a estos dos países en una intervención especial que esbozó la que terminaría siendo conocida como «doctrina Truman».

«Hoy, la existencia misma del Estado griego se ve amenazada por las actividades terroristas de varios miles de hombres armados, encabezados por los comunistas», dijo Truman. «Estoy convencido de que la política de Estados Unidos debe consistir en

---

[17] En las elecciones legislativas celebradas en Francia en 1945, el Partido Comunista Francés fue el más votado, mientras que en las elecciones generales de 1946 en Italia, los votos combinados de comunistas (PCI) y socialistas superaron a los del partido demócristiano. Con el liderazgo de Pietro Nenni, el Partido Socialista Italiano formó una estrecha coalición con el PCI. Véase Alessandro Brogi, *Confronting America: The Cold War between the United States and the Communists in France and Italy*, University of North Carolina Press, 2011, pp. 95-102.

apoyar a los pueblos libres que se resisten a los intentos de sojuzgamiento por unas minorías armadas o por presiones exteriores».[18]

Arthur Vandenberg, presidente del Comité de Relaciones Exteriores del Senado, había aconsejado a Truman que, para salirse con la suya, la Casa Blanca tenía que «matar de miedo al pueblo estadounidense» con respecto al comunismo. Truman aceptó el consejo, que funcionó a las mil maravillas. La retórica anticomunista no hizo más que intensificarse, habida cuenta de que la naturaleza del sistema político estadounidense ofrecía claros incentivos para elevar el tono. Una vez Truman fue reelegido en 1948, tenía todo el sentido político que el derrotado Partido Republicano lo acusara de ser «blando con el comunismo», a pesar de no ser nada parecido.[19]

El tipo concreto de anticomunismo que tomó forma en aquellos años estuvo en parte fundamentado en juicios de valor: la creencia extendida en Estados Unidos de que el comunismo era simplemente un mal sistema o, en caso de ser efectivo, moralmente repugnante. Sin embargo, hundía también sus raíces en varias afirmaciones sobre la naturaleza del comunismo internacional encabezado por los soviéticos. Existía el convencimiento generalizado de que Stalin quería invadir Europa Occidental. Se convirtió en hecho asumido que los soviéticos presionaban para la consecución de una revolución mundial y que, en cualquier lugar donde estuvieran presentes los comunistas, incluso en pequeño número, probablemente tendrían planes secretos de derribar el Gobierno. Se consideraba verdad incuestionable que allá donde estuvieran actuando los comunistas, lo hacían a las órdenes de la Unión Soviética, como parte de una conspiración internacional monolítica para destruir Occidente. La mayor parte de esto era sencillamente falso. Casi todo el resto respondía a una enorme exageración.

El caso de Grecia, el conflicto que en esencia utilizó Truman para lanzar la Guerra Fría, es un ejemplo relevante. Stalin, en

---

[18] Odd Arne Westad, *La Guerra Fría: una historia mundial*, trad. Irene Cifuentes de Castro y Alejandro Pradera Sánchez, Galaxia Gutemberg, 2018, pp. 101-105.

[19] Ellen Schrecker, *The Age of McCarthyism: A Brief History with Documents*, Bedford/St Martin's, 2002, p. 27.

realidad, indicó a los comunistas griegos que dieran un paso atrás y dejaran que el Gobierno sostenido por los británicos tomara el control tras la salida de los nazis.[20] Los comunistas griegos se negaron a acatar sus instrucciones. Combatir a un Gobierno de derechas que pretendía aniquilarlos era más importante para ellos que toda lealtad a la Unión Soviética. De forma parecida, el líder soviético dijo a los comunistas italianos y franceses que depusieran las armas (eso hicieron), y pidió a las fuerzas comunistas de Yugoslavia que dejaran de apoyar a sus camaradas griegos, que cedieran el control de su país y que se fusionaran con Bulgaria (el líder yugoslavo, Josip Broz, «Tito», no lo hizo, lo que provocó tal fractura que Stalin intentó asesinarlo).[21] Los líderes del Partido Tudeh consideraron que Irán estaba listo para la revolución después de la Segunda Guerra Mundial, pero los soviéticos les dijeron que no lo intentaran. En lo relativo a Turquía, la misma URSS había ya decidido en 1946 que no merecía las molestias. El líder soviético no había diseñado ningún plan para invadir Europa Occidental. Stalin, por supuesto, no retrocedió en estas regiones por generosidad de espíritu ni por su profundo respeto al derecho a la autodeterminación de las naciones. Lo hizo porque había alcanzado un acuerdo con las potencias occidentales en Yalta y temía contrariar a Estados Unidos si lo incumplía. Le sorprendió ver que Washington se comportaba como si los hubiera contrariado igualmente.[22]

El Gobierno de derechas griego obtuvo el respaldo de Estados Unidos —que prefería un aliado de los británicos a las guerrillas

---

[20] Stalin tildó la rebelión griega de «estupidez», ya que los británicos y los estadounidenses nunca tolerarían una Grecia «roja». Vladislav Zubok y Constantine Pleshakov, *Inside the Kremlin's Cold War: From Stalin to Khruschev*, Harvard University Press, 1996, pp. 56-57.

[21] Tito escribió a Stalin: «Stalin, deja de enviar asesinos para que me liquiden. Ya hemos cogido a cinco, uno con una bomba, otro con un fusil [...]. Si no detienes esto, yo personalmente enviaré un hombre a Moscú y no habrá necesidad de enviar a otro». Zhores A. Medvedev y Roy A. Medvedev, *El Stalin desconocido*, trad. Javier Alfaya y Javier Alfaya McShane, Crítica, 2005, p. 78.

[22] En lo relativo a los objetivos y las actitudes de Stalin en aquel momento, véase Zubok y Pleshakov, *Inside the Kremlin's Cold War*, pp. 28-50; para su «sorpresa y alarma» por la confrontación con Occidente, véase *ibid.* p. 75, así como Bert Cochran, *The War System*, Macmillan, 1965, pp. 42-43.

de izquierdas—, y utilizó un nuevo producto químico llamado napalm, producido poco antes en un laboratorio secreto de Harvard, para aplastar a los rebeldes que habían combatido a las fuerzas de Hitler. La Fuerza Aérea Real Griega lanzó el veneno en las verdes montañas de la región de Vitsi, cerca de la frontera con Albania. En Europa Occidental, origen familiar de todos los líderes estadounidenses hasta la fecha, Washington introdujo el Plan Marshall, un paquete de ayudas económicas diseñado con brillantez y de una efectividad magnífica que situó a esos países ricos en el camino de la reconstrucción capitalista al estilo estadounidense.[23]

Existían numerosas corrientes socialistas, marxistas y comunistas en el mundo, e incluso partidos teóricamente leales a la Unión Soviética actuaban con independencia cuando lo consideraban oportuno. Además, el marxismo como ideología rectora, incluida la formulación marxista-leninista consolidada por Stalin, desde luego que no prescribía que todo el mundo hiciera la revolución en todas partes y en todo momento. Desde su perspectiva, el socialismo no se conseguía solo por pretenderlo.

Antes de que el propio Marx empezara a escribir había ya una tradición de «socialistas utópicos». Uno de los principales argumentos del marxismo era rechazar la idea de que se podía simplemente conseguir que el mundo que uno deseaba existiera por mera voluntad; Marx desplegó una teoría según la cual las sociedades avanzan a través del conflicto entre clases económicas. En *El manifiesto comunista*, Marx y Friedrich Engels alaban el capitalismo como fuerza revolucionaria, argumentando que la emergencia de la burguesía había liberado a la humanidad de las cadenas del feudalismo y desatado capacidades hasta entonces desconocidas. Marx predecía que el modo de producción capitalista conllevaría el desarrollo de una clase trabajadora que, por su parte, derrocaría a los patronos burgueses en los países capitalistas avanzados. Esto no es lo que sucedió en realidad en Europa,

---

[23] Brogi, *Confronting America*, pp. 112-13. En Francia e Italia, tanto por parte de la izquierda como de la derecha, hubo oposición al modelo de capitalismo estadounidense, «productivista» y de consumo de masas, que Washington estaba impulsando.

pero los soviéticos todavía creían en la teoría y en la primacía del desarrollo y las relaciones económicas de clase. Había que pasar por el capitalismo para llegar al socialismo, defendía su teoría.

Mucho antes de la Revolución rusa, algunos partidos marxistas de Europa, como los socialdemócratas alemanes, rechazaron la vía revolucionaria y se comprometieron a hacer progresar los intereses de la clase trabajadora dentro de sistemas electorales parlamentarios. Incluso entre los partidos explícitamente prosoviéticos de la nueva Internacional Comunista (Comintern), activa entre 1919 y 1943, la aplicación de la ideología oficial variaba: la forma en la que en realidad actuaban estaba habitualmente basada en alguna combinación de las posibilidades que ofrecían sus condiciones locales, una interpretación de la ortodoxia marxista y el contexto geopolítico.[24]

El caso de Mao Zedong en China es un ejemplo relevante. La Comintern ofreció formación tanto a su Partido Comunista como a los nacionalistas, liderados por Chiang Kai-shek, y los orientó hacia una organización en consonancia con las líneas leninistas, lo que significaba que debían mantener una estricta disciplina y gobernarse por el principio del «centralismo democrático». Moscú ordenó a los comunistas chinos que trabajaran conjuntamente con los nacionalistas en un amplio «frente unido», un concepto que había desarrollado la propia Comintern.[25] Se consideraba que, dado que China era una sociedad campesina tan empobrecida, el país no se acercaba en modo alguno al estado de desarrollo capitalista que haría posible la revolución.

La experiencia de un partido comunista más antiguo inspiró este enfoque. Un neerlandés llamado Henk Sneevliet, el jefe local de la Comintern, había ayudado a fundar el primer partido comunista asiático fuera del antiguo Imperio ruso: el Partido Comunista

---

[24] A. James McAdams, *Vanguard of the Revolution: The Global Idea of the Communist Party*, Princeton University Press, 2017, caps. 1-6.

[25] A propósito de la incómoda alianza, véase Patricia Stranahan, *Underground: The Shanghai Communist Party and the Politics of Survival 1927-1937*, Rowman & Littlefield, 1998, pp. 7-11. Para una perspectiva más amplia, véase Rebecca E. Karl, *Mao Zedong and China in the Twentieth Century World*, Duke University Press, 2010, pp. 24-25.

Indonesio. Sneevliet consideraba que el partido chino podía aprender del éxito que los comunistas indonesios habían tenido trabajando con el movimiento de masas de la Unión Islámica.[26] La función de Mao sería apoyar a los «burgueses» nacionalistas y desempeñar un papel secundario en la construcción de una nación capitalista. Comunista leal, Mao obedeció. Sin embargo, la estrategia no funcionó especialmente bien para los comunistas chinos. En 1927, Chiang Kai-shek se volvió contra ellos. Empezó con una masacre en Shanghái, y, a lo largo de los siguientes años, las tropas nacionalistas mataron a más de un millón de personas, situando en la diana a comunistas, líderes campesinos y activistas de todo el país en una oleada de «terror blanco».[27] Los comunistas y los nacionalistas chinos volvieron a sumar esfuerzos para combatir a las fuerzas ocupantes japonesas hasta el final de la Segunda Guerra Mundial. Posteriormente, Stalin ordenó una vez más a los comunistas que dieran un paso atrás.[28]

En Europa del Este, Stalin adoptó una perspectiva muy diferente, pues consideraba la región su legítima esfera de influencia —toda vez que sus tropas se la habían arrebatado a Hitler—, así como una importante defensa contra una posible invasión de Occidente. Después del anuncio de la doctrina Truman y del inicio del Plan Marshall, Moscú organizó un golpe de Estado comunista en Checoslovaquia. Las potencias occidentales tampoco jugaron limpio en el territorio que sus ejércitos habían ocupado. Cuando quedó claro que tantos italianos y franceses querían votar libremente por partidos comunistas, Estados Unidos intervino con rotundidad en Europa Occidental para asegurarse de que la izquierda no se hacía con el poder. En París, el Gobierno, muy dependiente de la asistencia económica de Estados Unidos, expulsó a todos los ministros comunistas en 1947.[29] En Italia, Estados Unidos canalizó millones de dólares hacia la Democracia Cristiana y gastó más millones en propaganda anticomunista. Estrellas internacionales

---

[26] Ruth McVey, *The Rise of Indonesian Communism*, Cornell Press, 1965, pp. 76-81.
[27] Karl, *Mao Zedong and China in the Twentieth Century World*, pp. 25-33.
[28] *Ibid.*, p. 71.
[29] A propósito de la relación de Estados Unidos con las expulsiones en Italia y Francia, véase Brogi, *Confronting America*, pp. 82-87.

como Frank Sinatra y Gary Cooper grabaron anuncios para la emisora de radio del Gobierno estadounidense: la Voz de América. Washington organizó una enorme campaña postal entre los italoestadounidenses y sus amigos y familiares de la madre patria, con modelos de misivas que incluían mensajes como: «Una victoria comunista arruinaría Italia. Estados Unidos retiraría la ayuda y probablemente se desencadenaría una guerra mundial» y «Si las fuerzas de la verdadera democracia perdieran en las elecciones italianas, el Gobierno de Estados Unidos no mandaría más dinero a Italia».[30] Los comunistas perdieron.

Al final de la década de 1940, todo el territorio que había sido liberado por el Ejército Rojo estaba conformado por Estados de partido único comunista, mientras que todo el territorio controlado por las potencias occidentales era capitalista con una orientación proestadounidense, independientemente de lo que sus ciudadanos hubieran deseado en 1945.

A partir de un famoso discurso del entonces ex primer ministro británico Winston Churchill, muchos en Occidente empezaron a afirmar que los Estados socialistas de Europa del Este estaban detrás de un «telón de acero». El líder comunista italiano Palmiro Togliatti, cuyo partido siguió siendo popular durante décadas, afirmaba que Estados Unidos era una nación liderada por «negreros» ignorantes que pretendían comprar naciones enteras del mismo modo que habían comprado seres humanos.[31] Stalin, como marxista-leninista que era, consideraba sin duda que el comunismo terminaría por imponerse. Las leyes de la historia lo hacían inevitable. Sin embargo, por ese mismo motivo (y porque los soviéticos habían quedado tan debilitados por la guerra) no tenía intención de invadir Europa Occidental. Creía que la siguiente guerra mundial se desencadenaría entre las potencias

---

[30] *Ibid.*, p. 96; William Blum, *Killing Hope: U.S. Military and CIA Interventions since World War II*, Common Courage Press, 2004, cap. 2.

[31] Para un resumen de las declaraciones de Togliatti en 1947, véase Brogi, *Confronting America*, p. 1. Para el discurso «Los pilares de la paz», que popularizó un término que ya existía, véase Winston Churchill, «The Sinews of Peace ("Iron Curtain Speech")», 5 de marzo de 1946, International Churchill Society, winstonchurchill.org/resources/speeches/1946-1963-elder-statesman/the-sinews-of-peace/.

imperialistas occidentales, tal y como sus propias teorías parecían indicar.[32]

En China, no obstante, Mao decidió en esta ocasión ignorar las directrices de Stalin y siguió batallando en la guerra civil una vez concluida la Segunda Guerra Mundial. En 1949 venció finalmente a los nacionalistas, cuya venalidad, brutalidad e incompetencia llevaban tiempo poniendo en dificultades a sus aliados en Washington. Al igual que Ho Chi Minh en agosto de 1945, Mao había asumido el espejismo de que podría tener buenas relaciones con Estados Unidos. Se equivocaba, por supuesto.[33] Después de su victoria, la emergencia de la «China roja» conllevó violentas recriminaciones por parte de Estados Unidos.

Macartismo mundial

El macartismo toma su nombre del senador Joseph McCarthy, que lideró una embravecida búsqueda de comunistas en el Gobierno de Estados Unidos a principios de la década de 1950, pero se comprende mejor como un proceso que comenzó antes de que este senador se dedicara a reprender alcoholizado a la gente delante de todo el país, y sus consecuencias se extendieron hasta mucho después de que se demostrara que mentía.[34] El Comité de Actividades Antiestadounidenses (HUAC, por sus siglas en inglés) empezó a funcionar en 1938 y no se cerró hasta 1975. Los famosos juicios públicos no fueron simples «cazas de brujas» en las que la turba perseguía entes que no existían; realmente había comunistas en Estados Unidos. Actuaban en sindicatos, en Hollywood y en algunas partes de la Administración, y el Partido Comunista de los Estados Unidos de América había atraído a muchos miembros negros y judíos. Nunca fueron muy populares en los años treinta, pero lo que cambió después de la Segunda Guerra Mundial fue que los comunistas ya no eran en absoluto bienvenidos.

---

[32] Zubok y Pleshakov, *Inside the Kremlin's Cold War*, p. 53.
[33] Karl, *Mao Zedong and China in the Twentieth Century World*, p. 77.
[34] Véase Schrecker y Deery, *The Age of McCarthyism*.

El macartismo fue un proceso vertical, impulsado especialmente desde la presidencia y el FBI. En 1947, el director de la agencia de investigación estadounidense, J. Edgar Hoover, que había sido muy influyente en la creación y la divulgación del consenso anticomunista, se dirigió al HUAC y puso voz a algunas de las asunciones fundamentales de ese sistema de creencias.[35] Declaró que los comunistas planeaban una revuelta militar en el país que culminaría con el exterminio de las fuerzas policiales y la toma de todos los medios de comunicación. Afirmó:

> Una cosa es segura. El progreso de Estados Unidos, que todo buen ciudadano persigue, como por ejemplo la seguridad en la tercera edad, la vivienda para los veteranos de guerra, la asistencia infantil y muchas otras cosas, se presenta como fachada por parte de los comunistas para ocultar sus verdaderos objetivos y engañar a seguidores crédulos. [...] La fortaleza numérica de los miembros oficiales del partido es insignificante [...], por cada miembro del partido hay otros diez dispuestos, deseosos y capaces de hacer el trabajo del partido. [...] No hay duda de dónde reside la lealtad de un verdadero comunista. Su fidelidad es a Rusia.[36]

Hoover planteaba una trampa mortal lógica. Si eres acusado de comunista o de ser afín al comunismo, no hay defensa posible. Si simplemente promueves una amable transformación social..., bien, eso es exactamente lo que haría un comunista para ocultar sus verdaderos motivos. Si los números son insignificantes es solo una prueba más del ardid, pues los camaradas se ocultan en las sombras. Y, si el número es considerable o se produce una demostración abierta y orgullosa de comunismo, todavía peor.

Con el despegue del macartismo, cuanto oliera siquiera remotamente a comunismo fue expulsado de la cortés sociedad estadounidense. Un joven actor llamado Ronald Reagan impuso un juramento de lealtad a todos los miembros del Screen Actors

---

[35] Schrecker, *The Age of McCarthyism*, p. 28.
[36] J. Edgar Hoover, declaración ante la HUAC, 26 de marzo de 1947, citado en Schrecker, *The Age of McCarthyism*, pp. 127-33.

Guild, el poderoso sindicato de actores de cine que lideraba entonces. En los niveles relevantes de la Administración únicamente quedaron fanáticos anticomunistas, lo que supuso que fueran purgados algunos de los expertos más inteligentes del Departamento de Estado, el servicio diplomático estadounidense. Debido a la «pérdida» de China frente al comunismo, los especialistas en Asia con largo recorrido a sus espaldas fueron particularmente acusados de tener simpatías izquierdistas.[37]

En palabras de un historiador brasileño, Estados Unidos no había inventado la ideología, pero en los años posteriores a la Segunda Guerra Mundial, el país se transformó en la «fortaleza anticomunista» internacional, destinó considerables recursos a la promoción de la causa y ejerció de referencia y fuente de legitimidad de movimientos parecidos de todo el mundo.[38]

A finales de la década de 1940, las líneas que definían el primer y el segundo mundo mostraban una relativa estabilidad. Todavía incierto era, no obstante, el futuro del tercer mundo.

El Axioma Yakarta

Con la doctrina Truman y los inicios del macartismo, no cabía duda de que los comunistas y los Gobiernos comunistas eran el enemigo de Washington. Independientemente de cuáles fueran sus esperanzas en 1945, Ho Chi Minh y Mao no iban a recibir una amistosa bienvenida al escenario internacional. No estaba tan claro, por otra parte, lo que harían los hombres que dirigían el Gobierno estadounidense con la creciente oleada de movimientos radicales del tercer mundo que se oponían al imperialismo europeo; no eran comunistas, pero se resistían a formar una alianza explícita con Washington contra Moscú. Era un fenómeno muy

---

[37] Westad, *La guerra fría*, p. 135; Schrecker, *The Age of McCarthyism*, p. 101; Owen Lattimore, «Far East Scholar Accused by McCarthy, Dies at 88», en *The New York Times*, 1 de junio de 1989.

[38] Rodrigo Patto Sá Motta, *En guardia contra el peligro rojo: el anticomunismo en Brasil (1917-1964)*, trad. Alejandro Lorenzetti, Universidad Nacional de General Sarmiento, 2019, p. 27.

común. Muchos líderes de los movimientos independentistas del tercer mundo asociaban Estados Unidos con sus aliados imperialistas de Europa Occidental; otros consideraban que la Unión Soviética era un socio importante en la lucha contra el colonialismo. Incluso si no deseaban el dominio soviético, aspiraban a tener el máximo número de aliados.

En 1948, el resultado de una pequeña lucha de poder en las antiguas Indias Orientales Neerlandesas pareció ofrecer una solución. En la isla de Java, fuerzas independentistas luchaban contra las tropas llegadas desde los Países Bajos en un intento de reconquistar sus colonias del Sudeste Asiático. Habían perdido este vasto archipiélago contra los japoneses en la Segunda Guerra Mundial y se negaban a reconocer el Gobierno establecido por los indonesios en 1945. En la guerra de independencia, en el contexto del movimiento revolucionario, las fuerzas republicanas derechistas se enfrentaron con los comunistas alrededor de la ciudad de Madiun (Java Oriental). Los comunistas fueron derrotados, con el apoyo del líder independentista Sukarno, y el líder del Partido Comunista Indonesio murió asesinado en lo que se conoció como el Caso Madiun.[39] La enorme nación que Sukarno lideraría una vez que los neerlandeses fueran finalmente expulsados en 1949, ahora llamada Indonesia, fue considerada lo bastante decidida a acabar con los levantamientos comunistas como para ser de provecho a largo plazo para Estados Unidos.

Liderados por Truman, los altos mandos de la política exterior estadounidense vieron en la Indonesia naciente de Sukarno el caso axiomático de un movimiento anticolonial lo bastante anticomunista, por lo que el nombre de su capital, Yakarta, vino a bautizar este principio de tolerancia de las naciones neutrales del tercer mundo. En palabras del historiador de la Guerra Fría Odd Arne Westad, Washington adoptó el «Axioma Yakarta».[40]

---

[39] Para un resumen del Caso Madiun, especialmente en relación con la Unión Soviética y los acontecimientos de Yugoslavia, véase Ruth McVey, *The Soviet View of the Indonesian Revolution: A Study in the Russian Attitude towards Asian Nationalism*, Equinox, 1959, pp. 63-87.
[40] Westad, *The Global Cold War*, p. 119.

Esta posición no era muy estable, como tampoco eran satisfactorias para los líderes del nuevo tercer mundo las actuaciones reales y concretas de Estados Unidos. Un joven congresista de Massachusetts llamado John F. Kennedy tenía la curiosidad, la ambición y el dinero para viajar por el mundo intentando hacerse una idea de sus perspectivas. Lo que recibió fueron recriminaciones.

Jack Kennedy, JFK, era una *rara avis* entre la élite estadounidense. Era católico y mucho más que el «primer brahmán irlandés»: era el primer miembro de la realeza estadounidense que descendía de las masas que habían llegado al país siendo inmigrantes pobres y no colonizadores.[41] Su padre, Joseph Kennedy, se había enfrentado a los prejuicios y a las probabilidades y había acumulado una inmensa fortuna financiera e inmobiliaria. Cuando el joven Jack partió para combatir en la Segunda Guerra Mundial, ya había disfrutado de una gran gira por Europa, había recorrido la mayor parte de América del Sur y se había titulado en Harvard.

Joe Kennedy comprendió una verdad fundamental del poder político en Estados Unidos: se puede comprar. En 1946 destinó una «suma abrumadora» a la campaña de su hijo por un asiento en el Congreso, según uno de sus primos. Dijo a dos periodistas: «La política es como la guerra. Hacen falta tres cosas para ganar. La primera es dinero, la segunda es dinero y la tercera es dinero». Al asistente de Joe le gustaba entregar efectivo en los aseos públicos, por si las moscas.[42] Jack, que, como su padre, era considerado un *playboy* por quienes lo conocían, ganó con facilidad. Pero la política estadounidense no funciona exclusivamente con dinero: necesitaba también mantener el apoyo público. La naturaleza de su electorado católico de clase trabajadora lo empujó en cierta medida al lado «liberal» del terreno de juego, hacia una alianza con quienes habían apoyado las medidas económicas y sociales del *new deal* de Franklin Delano Roosevelt.

Pero, por supuesto, Jack no tenía ojos para los rojos. En su primera campaña afirmó: «Ha llegado el momento de que hablemos

---

[41] Robert Dallek, *J. F. Kennedy: una vida inacabada*, trad. Ana Herrera, Península, 2004, p. 189.
[42] *Ibid.*, pp. 142-43.

claramente del gran tema al que se enfrenta el mundo de hoy en día. El tema es la Unión Soviética».[43] Entendía que los sindicatos eran egoístas y que se habían infiltrado comunistas en ellos, opiniones que hizo saber a sus afiliados en las audiencias del Congreso. Y en 1954, cuando un comité especial recomendó sancionar a Joseph McCarthy por incumplir las normas del Senado, John Fitzgerald Kennedy fue el único demócrata que no votó en contra de McCarthy.[44] Sin embargo, quizá por estar tan viajado, o tal vez por ser irlandés y saber en cierta medida —por limitada que fuera— lo que suponía provenir de un pueblo que ha sido oprimido, JFK tenía una perspectiva del tercer mundo diferente a la de la mayoría de las élites de Washington. Mientras muchos otros veían en cualquier desviación de una alianza explícita con Estados Unidos una subversión comunista del orden internacional, JFK creía que las naciones emergentes exigían el derecho a forjarse su propio camino, algo que era absolutamente comprensible.

En 1951 emprendió un viaje a Marruecos, Irán, Egipto, Indochina, la Malasia británica, Birmania, La India y Pakistán, y llegó a la conclusión de que Estados Unidos había sido incapaz de comprender la importancia de «las pasiones nacionalistas [...] dirigidas al principio contra las políticas coloniales de Occidente».[45]

Ese mismo año se lanzó a otro de sus largos periplos, esta vez con destino Israel, Irán, Pakistán, Singapur, la Indochina francesa, Corea, Japón e Indonesia. Observó que Estados Unidos estaba «definitivamente clasificada entre las potencias imperialistas de Europa». Washington necesitaba desesperadamente alinearse con las naciones emergentes, pero era difícil porque los estadounidenses se estaban volviendo «cada vez más colonialistas a ojos de la gente».[46]

---

[43] *Ibid.*, p. 145.
[44] David M. Oshinsky, *A Conspiracy So Inmense,* Oxford University Press, 2005, pp. 33 y 490.
[45] Dallek, *J. F. Kennedy*, p. 179.
[46] Véase la documentación personal de John Fitzgerald Kennedy, que conservan la biblioteca presidencial y el museo que lleva su nombre: Papers of John F. Kennedy, Pre-Presidential Papers, House of Representative Files, Speeches, 1947–1952, Boston Office Speech Files, 1946–1952, Trip to Middle and Far East, November 14, 1951, JFKREP-0095-037, John F. Kennedy Presidential Library and Museum; Dallek, *J. F. Kennedy*, pp. 179. Las impresiones de Kennedy con respecto a Yakarta en este

En su valoración de la situación en Vietnam, criticaba que Estados Unidos se hubiera aliado «con el desesperado esfuerzo del régimen francés por aferrarse a los restos de su imperio». Afirmaba: «Si una cosa me ha quedado clara como resultado de mi experiencia en Oriente Próximo y en el Lejano Oriente es que no nos podemos enfrentar con eficacia al comunismo con la sola fuerza de las armas».[47]

Pero fue en la India donde Jack y su hermano Bobby recibieron una verdadera lección de uno de los integrantes de la nueva estirpe de líderes mundiales. Jawaharlal Nehru, el primer ministro de la India —al igual que Gamal Abdel Nasser, que ascendió al poder en Egipto en 1952—, apoyaba la construcción de una sociedad socialista. Ambos líderes rechazaban el modelo leninista y querían forjarse su propio camino, pero cuando la situación se complicaba, a menudo preferían alinearse con los soviéticos y no con los estadounidenses y sus aliados europeos.

Incluso si hubiera conocido las peores tragedias de la década de 1930 en la Unión Soviética, sería difícil culpar a Nehru por su desconfianza de las potencias occidentales. En la Segunda Guerra Mundial, las medidas adoptadas por los británicos provocaron una hambruna que segó la vida de cuatro millones de personas. El primer ministro británico, Winston Churchill, culpó a los indios de la hambruna que su propio Gobierno había provocado, afirmó que la responsabilidad era de los indios por «reproducirse como conejos» y preguntó por qué Gandhi —a quien aborrecía— no había muerto todavía.[48]

Cuando Jack y dos de sus hermanos menores cenaron con Nehru en 1951, el líder indio se mostró arrogante, aburrido y nada

---

viaje aparecen en un archivo diferente relacionado con este viaje: Papers of John F. Kennedy, Personal Papers, Boston Office, 1940-1956: Political Miscellany, 1945-1956, Asian trip, 1951.

[47] Dallek, *J. F. Kennedy*, p. 180.

[48] Shashi Tharoor, «In Winston Churchill, Hollywood Rewards a Mass Murderer», en *The Washington Post*, 10 de marzo de 2018, www.washingtonpost.com/news/global-opinions/wp/2018/03/10/in-winston-churchill-hollywood-rewards-a-mass-murderer/?utm_term=.a162f746f9ab. Véase también Shashi Tharoor, «The Ugly Briton», en *Time*, 29 de noviembre de 2010, http://content.time.com/time/magazine/article/0,9171,2031992,00.html.

impresionado, y solo manifestó cierto interés por su hermana Pat, según Bobby Kennedy. Cuando JFK preguntó a Nehru por Vietnam, el líder indio calificó la guerra llevada a cabo por los franceses de ejemplo de colonialismo destinado al fracaso y defendió que Estados Unidos estaba arrojando su ayuda económica a un «pozo sin fondo». Nehru sermoneó con suavidad a los Kennedy, como si estuviera hablando con niños, y Bobby escribió en sus notas, en un tono exasperado, que el líder indio había afirmado que el comunismo ofrecía a los pueblos del tercer mundo «algo por lo que morir». Bobby siguió anotando los comentarios de Nehru en su diario: «Solo tenemos [los estadounidenses] un *statu quo* que ofrecer a esta gente».[49]

«Sonrisas» Jones y los bichos raros de Wisner

A medida que Estados Unidos tomaba conciencia de su posición de hegemonía mundial sin precedentes, aparecían diversas formas mediante las cuales su Gobierno podía interactuar con el resto del mundo. El presidente estaba al cargo del Departamento de la Guerra, conocido también como el Pentágono, que pronto pasaría a ser el Departamento de Defensa. Estaba el Departamento de Estado, el ministerio de exteriores y servicio diplomático de Estados Unidos, que llevaba en funcionamiento desde 1789. Sin embargo, no existía un departamento de espionaje concreto: no había una institución permanente dedicada a recopilar información en el extranjero y con autorización para llevar a cabo operaciones secretas, actividades encubiertas destinadas a alterar el curso de los acontecimientos en todo el planeta. Estados Unidos no tenía siglos de experiencia gestionando un imperio mundial como los británicos, ni siquiera la experiencia del espionaje continuo y en defensa propia que los soviéticos heredaron del Imperio ruso. Washington, no obstante, creó una nueva agencia de inteligencia muy rápidamente,

---

[49] Este episodio se narra en Arthur M. Schlesinger, Jr., *Robert Kennedy and His Times*, Andre Deutsch, 1978, p. 91.

utilizando la inmensa riqueza del país para financiarla con generosidad y dotándola de jóvenes que se habían iniciado en el servicio exterior en la Segunda Guerra Mundial.

Una de las incorporaciones más importantes fue la de Frank Wisner, que tenía un pasado que contaba cada vez que intentaba explicar por qué hacía lo que hacía para el Gobierno de Estados Unidos. Wisner había volado a Rumanía en septiembre de 1944 para ocupar el cargo de director de la Oficina de Servicios Estratégicos (OSS, por sus siglas en inglés), la agencia temporal de espionaje que Washington desplegó durante la guerra. Una vez allí, oyó —y lo creyó— que los soviéticos se preparaban para tomar el control del país; sin embargo, sus jefes de Washington no estaban de ánimo para oír que sus aliados tramaban algo. En enero de 1945, Stalin ordenó que miles de hombres y mujeres de origen alemán fueran trasladados a la Unión Soviética para su «movilización laboral». Wisner conocía personalmente a algunos de ellos. Cuando empezó la evacuación forzosa, recorrió frenético toda la ciudad, según su relato, intentando salvarlos. Pero fracasó. Miles de personas fueron introducidas en vagones de mercancías y enviadas a campos de trabajo. Según la familia de Wisner, aquellas escenas lo perseguirían el resto de su atribulada vida.[50]

Wisner, al que a veces simplemente llamaban «Wiz»,[51] nació en 1909 en una acaudalada familia terrateniente de Misisipi, uno de los estados del sur gobernados por las conocidas como leyes Jim Crow, discriminatorias con los afroamericanos. Creció en un hogar insular, privilegiado. De niño ni siquiera se vestía solo: se tumbaba, levantaba los brazos y las piernas, y su sirvienta negra le ponía la camisa y los pantalones.[52] El libro favorito de Frank era *Kim*, de Rudyard Kipling, que contaba su historia con el telón de

---

[50] Los testimonios de la familia provienen de las entrevistas del autor a su hijo, Frank Wisner, en 2018 y 2019. En lo relativo a la presencia de Wisner en Rumanía, véase Tim Weiner, *Legado de cenizas: la historia de la CIA*, trad. Francisco J. Ramos, Debate, 2008, pp. 36-37; Evan Thomas, *The Very Best Men: Four Who Dared: The Early Years of the CIA*, Simon & Schuster, 2006, pp. 19-22; y George Cristian Maior, *America's First Spy: The Tragic Heroism of Frank Wisner*, Academia Press, 2018, caps. 1-12.

[51] El diminutivo podría traducirse por «genio» o «mago». *(N. del T.)*

[52] Entrevista del autor a Frank Wisner hijo en 2018.

fondo del «Gran Juego» entre los imperios británico y ruso.[53] Wiz fue enviado al aristocrático internado Woodberry Forest School de Virginia. Hacía pesas como un loco para dar volumen a su espigada estructura y era de lo más competitivo. En la Universidad de Virginia fue invitado a unirse a los Sevens, una sociedad secreta tan particular que solo revelaba los nombres de sus miembros cuando fallecían. Era una persona seria, pero capaz de animarse, especialmente en las fiestas bien lubricadas con alcohol. Wiz se hizo abogado de una empresa de alto nivel de Wall Street. Inquieto e impulsado por un fuerte sentido de la obligación moral, se alistó en la Armada un año antes de que Japón atacara Estados Unidos en Pearl Harbor.[54]

A la OSS le gustaba contratar a expertos en derecho de sociedades de las mejores universidades. Wisner daba el perfil. Entró en el servicio de inteligencia con ayuda de un antiguo profesor y se encontró en aquella vida como un pez en el agua. En Rumanía no solo se dedicaba a recopilar información y a intentar salvar alemanes. Se relacionaba con la realeza, bebía, bailaba, vivía en una mansión y hacía trucos de magia.[55] También socializaba con los agentes soviéticos, más experimentados. Cuando abandonó Rumanía, quedó claro que los espías rusos se habían infiltrado en todo su operativo.[56]

De vuelta en Wall Street, una vez concluida la guerra, Wisner volvía a estar inquieto y aburrido. Así que se lanzó de cabeza cuando surgió la oportunidad de volver a servir a su país y combatir a los comunistas.[57] Quedó al cargo de una nueva organización de operaciones encubiertas denominada —en términos de lo más inocuo— Oficina de Coordinación Política (OPC, por sus siglas en inglés) y empezó a trabajar en Berlín.

---

[53] Maior, *America's First Spy*, pp. 190-91.

[54] En lo relativo a los detalles de la juventud de Wisner, véase: Thomas, *The Very Best Men*, cap. 1; y Maior, *America's First Spy*, caps. 1-8.

[55] Beverly Bowie, destinado en Rumanía en aquellas fechas, incluyó más tarde a Wisner en la novela *Operation Bughouse* como un agente maníaco que se instala en un gran manicomio e inmediatamente intenta declarar la guerra a la Unión Soviética. Véase Beverly Bowie, *Operation Bughouse*, Dodd, Mead, 1947.

[56] Weiner, *Legado de cenizas*, p. 45.

[57] Entrevista del autor a Frank Wisner hijo en 2018.

Al mismo tiempo, un hombre muy distinto llamado Howard Palfrey Jones, que trabajaba en el brazo opuesto del aparato estadounidense de política exterior, llegó a Berlín acompañado por Allen Dulles, quien fuera jefe de Wisner en la OSS. Jones era un diplomático y veterano de guerra que había experimentado en fechas tempranas la brutalidad del nacionalsocialismo alemán. En un viaje a Alemania en 1934, unos soldados le propinaron una paliza por no saludar debidamente a la bandera nazi.[58] Había cumplido los cuarenta cuando empezó la Segunda Guerra Mundial, en la que estuvo destinado en Alemania. Inmediatamente después de la guerra, se incorporó al Departamento de Estado. Al contrario que Wisner, que era acérrimo conservador, Jones tenía una perspectiva completamente diferente al resto del mundo. En lugar de interpretar toda situación en términos de una batalla internacional en blanco y negro, buscaba profundizar en las complejidades de cada situación. Y se lo estaba pasando en grande.

En casi todas las fotografías en las que aparece, Howard Palfrey Jones parece un enorme bobalicón, amistoso y agradable. Tiene una amplia sonrisa y da la sensación de estar sencillamente encantado de estar allí, ya sea entre bailarinas javanesas o codeándose con compañeros de la diplomacia. Sus contemporáneos lo describen en términos similares. Se paseaba por el mundo vestido con trajes de zapa blancos y haciendo lo posible por utilizar la lengua local y hacerse amigo de todo el mundo. Incluso quienes lo consideraban un enemigo —es decir: los comunistas— lo llamaban «Sonrisas» Jones, y advertían a sus camaradas de que no se dejaran engañar por la sinceridad de su actitud.[59]

Jones nació en una familia de clase media de Chicago en 1899. La ciudad era abigarrada y caótica, y el pequeño Jones creció

---

[58] La anécdota de los soldados alemanes aparece en un borrador autobiográfico encontrado entre los documentos personales de Howard Jones que custodia la Hoover Institution en la Universidad de Stanford (en adelante HI): Howard Palfrey Jones Papers, Box 51, Biographical Materials, Hoover Institution Library and Archives, Stanford University.

[59] «"Soft-Sell" Envoy; U. S. Accused of Meddling», *The New York Times*, 5 de abril de 1962; y documentación personal de Howard P. Jones: Howard Palfrey Jones Papers, Biographic Sketch of Ambassador Howard Palfrey Jones, Box 51, Biographical Materials, HI.

dando todo tipo de problemas con una pandilla de críos —hijos de inmigrantes de Polonia, Italia, Bohemia y Noruega— en el barrio.[60]

Comparada con la de los niños del resto del planeta, su infancia fue un sueño absoluto. No obstante, en comparación con personas como Wisner o Kennedy, no era más que un chico normal. Y cuando, avanzada su vida, le preguntaron por la experiencia de la que se sentía más orgulloso, se refirió directamente al momento en el que intentó enfrentarse al racismo en Estados Unidos. Después de estudiar en la Universidad de Wisconsin, trabajó de editor en un periódico en Evansville (Indiana). El periódico descubrió que el Ku Klux Klan era responsable de un entramado de actividades delictivas y controlaba a la policía. Los editores se prepararon para sacar la noticia a la luz y el líder de la violenta organización supremacista blanca llamó para amenazar a Jones directamente. La noticia se publicó de igual modo y el Ku Klux Klan quemó cruces por toda la ciudad. La mitad de los anunciantes del diario retiraron su publicidad.[61]

El Departamento de Estado era distinto a la agresiva pandilla para la que trabajaba Wisner. Pero incluso comparado con la mayoría de los diplomáticos del Departamento de Estado, Jones era especialmente comprometido y comprensivo. Lo llamaban, tal vez con cierto desdén, el maestro de la «venta suave», lo que significaba que presentaba la posición oficial del Gobierno de Estados Unidos con el mayor cuidado posible. Para Jones, la política exterior tenía que estar basada en un profundo conocimiento de lo que la población local deseaba, por lo que ninguna estrategia que no fuera individualizada podía funcionar. Sin duda consideraba aceptable que Washington intentara cambiar el mundo y persiguiera sus propios intereses, pero ¿cómo era posible algo así sin comprender cada cultura en sus propios términos?

En Berlín, en 1948, Jones y Wisner trabajaban en la cuestión principal del momento en Alemania: la situación económica en

---

[60] A propósito de los recuerdos de infancia, véase su documentación personal: Howard Palfrey Jones Papers, Box 51, Biographical Materials, HI.

[61] Howard Palfrey Jones, «The Life of an American Diplomat», en Marcy Babbit, *Living Christian Science: Fourteen Lives*, Prentice Hall, 1975, pp. 34-35.

un país dividido. Wisner defendió con insistencia una estrategia de antagonismo con Moscú. Apoyaba la creación de una nueva moneda en las zonas ocupadas por Occidente. En junio de 1948, los Gobiernos aliados decidieron de manera unilateral acuñar una moneda para Alemania Occidental, el marco alemán (*Deutsche Mark*), lo que sorprendió a los soviéticos con la guardia baja y posiblemente forzó la futura partición del país.[62]

Más tarde, Jones fue enviado a trabajar en Taiwán, donde los nacionalistas de Chiang Kai-shek habían establecido su Gobierno. Dado que se negaba a reconocer el Gobierno comunista de Mao en la China continental, Estados Unidos reconoció a Taiwán como la China «real», a pesar de que la isla tenía su propia población e identidad antes de la llegada de los nacionalistas. Taiwán no era una democracia. En febrero de 1947, el nuevo Gobierno masacró a miles de personas que se oponían a la autoridad nacionalista, lo que dio inicio a un nuevo periodo de terror blanco y a una represión intermitente de la disidencia —a menudo justificada en términos anticomunistas— que se prolongó durante años.[63]

En 1951, la OPC de Wisner había sido absorbida por un órgano permanente de reciente creación denominado Agencia Central de Inteligencia (CIA, por sus siglas en inglés), y su cargo sería el de subdirector de planificación. Wiz era el hombre responsable de las operaciones clandestinas. Su equipo —a menudo llamado su «pandilla de bichos raros» en otras instancias de Washington— empezó a buscar formas de combatir como fuera en la Guerra Fría, en secreto y por todo el planeta.

Wisner era un verdadero aristócrata. La mayoría de los responsables de los primeros tiempos de la CIA, no obstante, provenían de estratos todavía más altos de la sociedad estadounidense. Muchos eran titulados de Yale, de esa clase que miraba por encima

---

[62] En lo relativo a la postura de Wisner con respecto a la moneda, véase Maior, *America's First Spy*, p. 179; en lo relativo a la comprensión de Stalin de los acontecimientos en Berlín entre 1947 y 1949, véase Zubok y Pleshakov, *Inside the Kremlin's Cold War*, pp. 50-53. En lo relativo a la importancia de la nueva moneda en la partición de Alemania, véase Westad, *La Guerra Fría*, pp. 122-128.

[63] Kyle Burke, *Revolutionaries for the Right*, University of North Carolina Press, 2018, p. 14.

del hombro a otros titulados de Yale si no provenían del internado correcto o no pertenecían a la sociedad secreta oportuna. Pero cuando de anticomunismo se trataba, Wiz superaba a la mayoría. El historiador Arthur Schlesinger hijo, que fue sargento de la OSS en Alemania, afirmaba: «Yo no era un gran admirador de la Unión Soviética, y desde luego no tenía expectativas de una relación armónica después de la guerra. Pero Frank era un poco excesivo, incluso para mí».[64]

Los chicos de la CIA y sus mujeres llevaban una activa vida social en Washington. Más cosmopolitas y liberales que la mayoría de los habitantes de la ciudad en aquel momento, organizaban cenas cargadas de alcohol en sus viviendas del barrio de Georgetown. Invitaban a otros agentes de la CIA, a funcionarios del Departamento de Defensa y a periodistas influyentes. Después de cenar, las mujeres se retiraban a una habitación y los hombres hablaban de política en otra, lo habitual en aquel momento.[65] También les gustaba emborracharse de verdad, igual que a James Bond. De hecho, admiraban al MI6, el servicio secreto de los británicos, con siglos de experiencia en espionaje para defender el Imperio británico. A algunos de ellos les encantaba el propio James Bond. Tracy Barnes, una de las figuras fundamentales en la fundación de la agencia, admiraba al personaje creado por Ian Fleming en 1953 y repartía ejemplares de las novelas a sus familiares el Día de Acción de Gracias.[66]

Paul Nitze, el hombre que escribió el NSC-68, el informe del Consejo de Seguridad Nacional considerado el «plan de acción de la Guerra Fría», describiría más tarde los valores imperiales de clase alta de los que los niños se embebían en el internado Groton, una institución privada que tomaba como modelo los elitistas centros ingleses y que formó a muchos de los primeros miembros más destacados de la CIA.

«A lo largo de la historia, toda religión honra a aquellos miembros que destruyen al enemigo: el Corán, la mitología griega, el

---

[64] Burton Hersh, *The Old Boys,* Tree Farm Books, 2001, p. 159. Citado en Thomas, *The Very Best Men,* p. 23.
[65] Entrevista del autor a Frank Wisner hijo en 2018.
[66] Thomas, *The Very Best Men,* p. 207.

Antiguo Testamento. A los niños de Groton se les enseñaba aquello», —afirmaba Nitze. «Acabar con el enemigo es lo correcto. Por supuesto, existen ciertas limitaciones en los fines y en los medios. Si te diriges a la cultura griega y lees a Tucídides, hay límites en lo que se puede hacer a otros griegos, que son parte de tu cultura. Pero no hay límites en lo que puedes hacerle a un persa. Es un bárbaro». Los comunistas, concluía, eran «bárbaros».[67]

La CIA contó desde el principio con dos divisiones básicas. Por un lado estaba la recopilación de información de inteligencia a través del espionaje. Su trabajo era algo parecido a facilitar un servicio privado de noticias para el presidente. Por el otro lado estaba la acción encubierta: las actividades sucias, los intentos activos de cambiar el mundo. Este era el territorio de Frank Wisner.

Wiz empezó levantando una red de espías y de agentes «de retaguardia» en Europa Occidental, cuyo trabajo sería pasar a la acción si los soviéticos alguna vez llevaban a cabo una invasión.[68] En Alemania, la CIA no tuvo inconveniente en reclutar a exnazis, incluidos aquellos que habían liderado escuadrones de la muerte, siempre y cuando fueran anticomunistas. Wisner buscó después una forma de penetrar en territorio soviético. Reclutó a refugiados ucranianos desesperados y sin hogar, muchos de los cuales habían combatido con los nazis, para lanzarlos en paracaídas en territorio comunista y levantarse contra los rusos. Ninguno sobrevivió.[69] Pero eso no frenó a Wisner. La agencia envió a cientos de agentes albanos de regreso a su tierra natal. Casi todos fueron capturados o asesinados. Casi parecía que el Gobierno alineado con los soviéticos los estuviera esperando. Y es que los estaba esperando. Kim Philby, un agente británico que trabajaba en estrecha colaboración con Wisner y el resto de la CIA, había sido todo el tiempo un topo soviético. La práctica totalidad de las operaciones primeras de Wisner habían quedado comprometidas de algún modo. Wisner envió más hombres a Albania incluso cuando ya sabía esto. Fueron atrapados y juzgados.

---

[67] Ibid., p. 91.
[68] Weiner, *Legado de cenizas*, p. 60.
[69] Thomas, *The Very Best Men*, pp. 25-36.

Poco a poco, pero sin espacio para la duda, Wiz y los chicos de la CIA se dieron cuenta de que el territorio soviético en sí era en lo esencial compacto como una roca. Los intentos de penetrar en él estaban claramente fracasando. Si pretendían combatir el comunismo —y eso querían, con todas sus fuerzas—, tenían que buscar en otra parte. El tercer mundo ofrecía esa oportunidad. El problema que estos hombres pasaron por alto, según una historia de lo más comprensiva con sus actuaciones escrita por el periodista Evan Thomas, fue «el hecho de que no sabían casi nada de los llamados países en vías de desarrollo».[70]

---

[70] *Ibid.*, p. 111.

02

Indonesia independiente

Una nueva vida para Francisca

En 1951, Francisca volvió al país en el que había nacido veinticuatro años antes. Su marido y ella se mudaron a lo que era en resumidas cuentas un garaje en el aeropuerto de las Fuerzas Aéreas, a quince kilómetros del centro de la ciudad. No estaba acostumbrada a vivir en un lugar tan tosco como aquel, pero tenían un primo que les había facilitado el espacio y lo aprovecharon. Se levantaba cada día a las seis de la mañana, iba en bicicleta a la estación más cercana, donde se montaba en un autobús, luego subía a la parte trasera de un pequeño coche de seis plazas con el motor de una motocicleta y así llegaba al trabajo. El tráfico era escaso en aquellos días, y casi ninguna mujer musulmana iba cubierta con un hiyab, pero con su elevada humedad y la temperatura rondando los treinta y tantos grados casi todos los días del año, desplazarse por Yakarta ha sido siempre una empresa sudorosa y difícil.[1]

No le importaba lo más mínimo nada de esto. Francisca, como tantos otros indonesios, rebosaba emoción. Después de siglos de explotación y esclavitud, tenía su propio país, que apenas había cumplido un año de vida.

Cuando cruzaba la ciudad cada día, no pensaba en la cómoda vida que había abandonado. Lo único que le importaba era que estaba levantando Indonesia de la nada. «Tenemos que vivir la vida al máximo, hacer todo lo que podamos —se decía—. Cuando

---

[1] La historia de Francisca está basada en las entrevistas del autor entre 2018 y 2020, en Ámsterdam y por teléfono.

trabajas por una causa como esta, que te supera en tal medida, apenas sc parece al trabajo».

Francisca Pattipilohy nació en 1926 en una familia que pertenecía, en un sentido estricto, a la realeza. Indonesia había sido gobernada con frecuencia por numerosos pequeños reinos (y otros de más tamaño), y su familia formaba parte de la clase alta de Ambon, una tranquila y confortable islita rodeada de arena blanca y aguas de un azul brillante, situada dos mil quinientos kilómetros al noreste de Yakarta. La aristocracia a menudo disfrutaba de privilegios especiales dentro de la estructura colonial neerlandesa, pero el padre de Francisca escogió renunciar a ellos y ganarse la vida como arquitecto en la capital, que entonces recibía el nombre de Batavia. La isla de Java, de gran tamaño, es uno de los lugares con mayor densidad de población del planeta, con una deslumbrante constelación de ciudades, muchas de ellas con miles de años de antigüedad, pero Batavia nunca fue una ciudad importante para ninguno de los reinos locales. Era una avanzadilla del principal puerto de especias de Bantén cuando la Compañía Neerlandesa de las Indias Orientales, una de las organizaciones más relevantes para el desarrollo tanto del capitalismo global como del colonialismo, se hizo con el poder en 1619.[2] La megaurbe que conocemos hoy fue en gran medida una construcción neerlandesa, y todavía tiene un aire diferente al resto de Java.

El padre de Francisca prosperó ejerciendo la arquitectura y pudo permitirse una hermosa vivienda en la ciudad. Le fue tan bien, de hecho, que Francisca pudo asistir a la escuela colonial con los hijos de los neerlandeses. En casa, le encantaba pasar tiempo en la biblioteca de su padre leyendo los libros infantiles que él había comprado para ella. Era la única niña de la familia, por lo que pasaba mucho tiempo sola en casa. Casi todos los cuentos infantiles estaban escritos en neerlandés y contaban historias de niños blancos de Holanda o de Alemania. Se sumergía de tal modo en los cuentos de los hermanos Grimm, en los libros de indios y vaqueros y en los de Hans Christian Andersen que creía de veras que se referían a su propio país. Llegó a la adolescencia pensando

---

[2] Anthony Reid, *A History of Southeast Asia*, Wiley Blackwell, 2015, pp. 70-73.

que las aguas del Rin corrían por alguna región de Indonesia. Sin embargo, nada leía de otros indonesios. En casa hablaba tanto la lengua colonial, el neerlandés, como algo de la lengua que su familia había traído de Ambon. Su familia era protestante —como lo son muchos indonesios de las «islas exteriores»— y Francisca estudió en un colegio privado cristiano cercano a su casa. Era de una inteligencia vibrante y tenía una curiosidad apasionada. Cuando hablaba de lo divertido que era aprender algo nuevo, el tono de su voz siempre se elevaba emocionado.

También aprendió muy pronto lo que significaba el color de su piel en una colonia gobernada por blancos. Solo había cinco estudiantes «nativos» en su clase, donde la jerarquía social era evidente. Pero fue fuera de las aulas, un domingo, cuando tomó conciencia de la realidad aplastante de su condición. Era un día especialmente caluroso. Fue con una amiga del colegio y su familia neerlandesa a la piscina local, a pasar el día nadando. Cuando le entregaron las entradas al hombre que custodiaba la puerta, la detuvo. No se permitía la entrada a los indonesios. Su riqueza relativa no importaba, como tampoco el hecho de que las otras chicas protestaran. Era indígena.

En 1942, cuando solo tenía dieciséis años, llegaron los japoneses. Japón se había convertido, con el emperador Hirohito, en una potencia imperialista agresiva aliada de los nazis y estaba barriendo gran parte del Sudeste Asiático, fijando Gobiernos de ocupación. Al principio algunos indonesios les dieron la bienvenida, incluidos los líderes del pequeño movimiento de independencia del país, que llevaba décadas de lenta efervescencia. Al menos los japoneses eran asiáticos, decía su razonamiento. Su victoria había demostrado que los blancos no eran invencibles, y tal vez trataran a los locales mejor de lo que lo habían hecho los neerlandeses. El día posterior a la invasión, el padre de Francisca llegó a casa y anunció a la familia: «Son nuestros libertadores».[3]

Sin embargo, la joven Francisca vio, antes que la mayor parte del país, que todo era un espejismo. Apenas unos días más tarde,

---

[3] A propósito de la relación entre el movimiento nacionalista y la ocupación japonesa, véase J. D. Legge, *Sukarno: A Political Biography*, Praeger Publishers, 1972, cap. 7.

cuando la familia iba dando un paseo por su tranquilo y arbolado barrio, llamado Menteng, un guardia japonés que andaba cerca empezó a gritar al padre de Francisca. Dado que no sabía, claro está, hablar japonés, no entendía que tenía que inclinarse. De modo que no lo hizo. El guardia fue hasta él y le golpeó con fuerza en la cara, delante de toda su familia. «Después de aquello, odiamos a los japoneses —diría Francisca más tarde—. Supimos cuál era su verdadero objetivo».

Otros tuvieron una suerte mucho peor. Mujeres indonesias, miles de ellas, fueron sometidas a esclavitud sexual, a trabajar de «mujeres de consuelo» para las tropas ocupantes japonesas. Los neerlandeses fueron recluidos en campos de concentración. Francisca fue llevada a una escuela diferente.

El nuevo colegio le supuso una cierta conmoción por dos motivos. En primer lugar, era considerada igual al resto de estudiantes. En segundo lugar, aprendió a hablar *bahasa indonesia*, que significa «la lengua indonesia», una versión del malayo que es en la actualidad la lengua oficial del archipiélago.[4] Francisca siempre había destacado con las lenguas, pero con esta empezaba de cero. No era la única, eso sí. Solo una pequeña minoría de indonesios la hablaba como lengua materna. Se había utilizado como lengua franca en puertos y para el comercio durante un tiempo, pero la mayoría de los habitantes de las más que diversas trece mil islas indonesias la desconocían.[5]

Poco después de que los japoneses se marcharan en 1945, un hombre llamado Sukarno declaró la independencia del país muy cerca de donde se encontraba la casa de Francisca.[6] Había tenido

---

[4] Es incorrecto llamar al indonesio simplemente «bahasa». Existe también el «bahasa jawa» (javanés), «bahasa inggris» (inglés), etc.

[5] Según el censo de 1930, solo el 2 por ciento de los residentes de las Indias Orientales Neerlandesas hablaba malayo como primera lengua. Alcanzado 1980, el indonesio era utilizado en familia por un 12 por ciento de la población, pero por el 36 por ciento de los residentes en ciudades y una amplia proporción de los grupos de edad. En la actualidad en Indonesia casi todo el mundo habla *bahasa indonesia* en cierta medida, si bien pueden expresarse en otras lenguas en casa o en sus regiones. Véase Reid, *A History of Southeast Asia*, p. 397.

[6] Un apunte a propósito de los nombres en esta región del planeta: algunos indonesios tienen nombre y apellido, otros solo nombre o también dos nombres. Con

sus dudas, así que tres líderes juveniles del movimiento por la independencia, impacientes por su decisión, lo habían tenido secuestrado junto a Hatta, también líder de la independencia (esta era considerada en su momento una forma brusca pero por lo general aceptable de obligar a alguien a actuar), hasta que Sukarno se comprometió a proclamar el nacimiento de la Indonesia independiente.

Tal vez tenía razón al mostrarse un tanto preocupado. Poco después de pronunciar aquel discurso, el movimiento independentista de Sukarno se vio envuelto en problemas. Tal y como habían hecho los franceses en Indochina, los neerlandeses regresaron en un intento por reafirmar su dominio colonial. Los Países Bajos denominaron sus esfuerzos de reconquista «acciones policiales», en una terminología que conseguía al mismo tiempo ser condescendiente y eufemística. Fue una intervención descarnada. Al igual que habían hecho los japoneses, los neerlandeses recurrieron a una violencia masiva para contener el apoyo a la nueva república. Los líderes independentistas, una mezcla de nacionalistas, izquierdistas y grupos musulmanes, saltaban de una isla del archipiélago a otra estableciendo alianzas con los reinos locales y organizando la resistencia.[7]

En mitad de todo esto, en 1947, Francisca se marchó a los Países Bajos a estudiar en la pequeña ciudad universitaria de Leiden. Se matriculó en el Real Instituto de Países Orientales, creado para investigar las posesiones coloniales europeas. Francisca se implicó pronto en la organización estudiantil indonesia, como hacían prácticamente todos los estudiantes. E inmediatamente conoció a un hombre llamado Zain, cinco años mayor que ella.

---

frecuencia el segundo nombre no es un patronímico recibido del padre. «Sukarno» es la forma completa y correcta de referirnos al expresidente indonesio, y prácticamente la única manera en la que se le llama en Indonesia. Francisca, procedente de las islas Molucas (donde son diferentes las convenciones con respecto a los nombres), sí que tiene apellido, pero dado que no es universal en Indonesia, llamar a alguien únicamente por su nombre es bastante habitual y en modo alguno se puede considerar una falta de respeto. Por estos motivos, me referiré a los indonesios con mucha frecuencia por un solo nombre, mientras que puedo referirme a los occidentales por su apellido exclusivamente.

[7] Tim Hannigan, *A Brief History of Indonesia*, Tuttle, 2015, cap. 8.

De inicio no le gustó. Se consideraba «una feminista de algún tipo» desde una cdad temprana y no tenía intención de casarse. Jamás. Había visto que las mujeres más inteligentes y mejor educadas de las Indias Orientales Neerlandesas nunca llegaban a poner en práctica, una vez que contraían matrimonio, todas aquellas cosas maravillosas que habían aprendido. Francisca quería trabajar. Zain era guapo, desde luego, galante incluso, pero quizá un tanto pagado de sí mismo, un poco más mandón de la cuenta cuando le pidió que ocupara el puesto de tesorera de la organización de estudiantes. Francisca no iba a permitir que nadie pensara que Zain la había impresionado, como sí había ocurrido con muchas otras chicas. Así que al principio, un tanto tímidamente, rechazó sus acercamientos.

Pero luego llegó a conocerlo. Pasaban horas y horas charlando de historia, de la lucha anticolonial y de las formas en las que su infancia había sido injusta, retorcida por la dominación europea. Hablaban de cómo podían luchar para que todo fuera como debía ser. Resultaba emocionante. Zain era emocionante y Francisca estaba dispuesta a reconocerlo. Empezaron a trabajar juntos sin descanso, unidos por una causa común. Esa causa, por supuesto, era la independencia.

No sin cierta ironía, el contacto directo con Europa había sido siempre importante para fomentar los movimientos revolucionarios en el tercer mundo. El movimiento independentista indonesio echó sus primeras raíces en Holanda, y fue en París donde Ho Chi Minh recibió su educación política. Cuando se trasladaban a estudiar o a trabajar en las capitales imperiales, los súbditos de las colonias a menudo entraban en contacto con ideas que nunca se había permitido que llegaran a su tierra natal. Gran parte del colonialismo se había basado en la lógica de «Haz lo que digo, no lo que hago». O más bien, en la práctica de «Haz lo que dicen los blancos, no lo que hacen». De este modo, mientras que los europeos ampliaban la educación a toda la población y sus intelectuales debatían los méritos del socialismo y del marxismo, gran parte de todo esto estaba prohibido en las colonias. A los nativos se les podían ocurrir cosas. Por ejemplo, en el Congo, controlado de manera despiadada por los belgas desde que el rey Leopoldo II fundara el Estado Libre del Congo en 1885 (y Estados Unidos se apresurara a ser el primer país del mundo en reconocer la colonia), las autoridades prohibían las publicaciones de izquierdas y las revistas liberales a la moda que circulaban libremente en Europa. Temían incluso que las clases obreras negras vivieran juntas en espacios urbanos: ¿no conllevaría esto la subversión o, aún peor, el bolchevismo? Los jóvenes congoleses estudiaban a la familia real belga, pero no el movimiento por los derechos civiles estadounidense, mientras que la Revolución francesa se explicaba con mucha cautela para que todo aquello no pareciera excesivamente atractivo en las ediciones africanas de los libros de texto.

La justificación de las autoridades europeas en el Congo era la siguiente: «Todos los que vivan en la colonia coincidirán en que los negros son aún niños, tanto intelectual como políticamente».[8]

En el caso de Francisca y de Zain, que empezaron su noviazgo formal a finales de la década de 1940, la lucha por la independencia de las colonias estaba íntimamente ligada a la política de izquierdas. Así fue como Francisca, defensora acérrima de la libertad indonesia, entró de manera natural en los círculos socialistas, pues las dos luchas llevaban mucho tiempo interconectadas. En los años treinta y cuarenta prácticamente ningún europeo apoyaba la independencia de las colonias salvo la izquierda. El Partido Comunista Indonesio, Partai Komunis Indonesia (PKI), fue fundado en 1914 con el nombre de Asociación Socialdemócrata de las Indias gracias a la ayuda de izquierdistas neerlandeses. A lo largo de la década de 1920, el partido trabajó con Sukarno y los grupos musulmanes proindependencia; más tarde, durante la ocupación japonesa, se implicó de manera activa en la lucha contra el fascismo.[9]

---

[8] David van Reybrouck, *Congo: una historia épica*, trad. Catalina Ginard Féron, Taurus, 2019, pp. 189-194.

[9] Saskia Wieringa y Nursyahbani Katjasungkana, *Propaganda and the Genocide in Indonesia: Imagined Evil*, Routledge, 2019, pp. 61-65. Inicialmente, en 1914, Henk Sneevliet contribuyó a fundar la Asociación Socialdemócrata de las Indias (ISDV, por sus siglas en neerlandés), cuyo nombre cambió a Asociación Comunista (PKH, por sus siglas en indonesio) en 1920. Finalmente se apostó por Partai Komunis Indonesia (PKI) en 1924.

Francisca oyó algo acerca del socialismo en las reuniones estudiantiles y le gustó, pero no se implicó excesivamente en ninguna de las batallas ideológicas más intrincadas. No tomó parte en los debates sobre el denominado Caso Madiun y los choques entre los comunistas y las fuerzas republicanas de Sukarno dentro del movimiento revolucionario. Fue mucho más fácil elegir bando cuando los Países Bajos lanzaron un segundo intento de reconquistar Indonesia. A modo de protesta, todos los estudiantes con becas neerlandesas las devolvieron y Francisca se unió a ellos cuando abandonaron las clases. Más tarde, ese mismo año, aprovechó la oportunidad de ir a Budapest para asistir al segundo Festival Mundial de la Juventud y los Estudiantes. Estaba organizado por la Federación Mundial de la Juventud Democrática. Francisca sabía, por supuesto, que en aquel contexto «Democrática» significaba en realidad «socialista» y que Hungría estaba aliada con la Unión Soviética, pero nada de esto hizo que la perspectiva del viaje fuese menos atractiva.

No todos los estudiantes indonesios se podían permitir asistir, pero Francisca tenía el dinero para el billete, así que se subió al tren y cruzó lo que los occidentales empezaban a llamar «telón de acero». No vio ningún telón. Para Francisca —con la mirada fija al otro lado de la ventanilla, por la que pasaba la Alemania de posguerra y después Austria y Hungría—, el viaje fue maravilloso. Europa estaba hecha pedazos, pero, aun así, Budapest era cautivadora. Y allí nadie la trataba como ciudadana de segunda, lo que sí que sucedía en su propio país. Pero nada la preparó para el festival de la juventud en sí. Conoció a estudiantes izquierdistas de todo el mundo, de naciones de toda Asia, de África, ¡incluso de Estados Unidos! Para Francisca fue una verdadera conmoción: solo había visto estadounidenses en las películas.

Empezó a conversar con los estudiantes estadounidenses y quedó todavía más impresionada cuando vio juntos a un hombre negro y a una mujer blanca. No sabía mucho de política internacional, pero lo sabía todo sobre el racismo en Estados Unidos. Así que les preguntó: «¿Cómo es que habéis venido juntos? ¿No os resulta difícil? ¿No os obligan a estar separados?».

Los estudiantes soltaron una risita y asintieron: «Bueno, sí, pero nos las apañamos», respondió la chica.

Francisca conoció después a estudiantes de Corea y del Congo. En la delegación congolesa, Francisca jura que se encontró con un joven encantador apellidado Lumumba, pero no sabía gran cosa de él entonces.[10] Los estudiantes mostraban sus danzas tradicionales y llevaban a cabo otras actividades culturales de todos los rincones del planeta. Eran una demostración de unidad internacional, así como del orgullo que sentía cada nación. Cuando describe este encuentro, pasados los años, la voz de Francisca se aflauta tanto que prácticamente se transforma en un silbido.

En 1950, Francisca y Zain se casaron en secreto. Tuvieron que escapar a Praga porque las autoridades neerlandesas le habrían exigido a Francisca el permiso de su padre, que por algún motivo todavía no se había prestado a concederlo (a la pareja no le importaban mucho los motivos). El viaje fue otra pequeña aventura, en la que pusieron en práctica sus habilidades lingüísticas, dado que la humilde ceremonia se tuvo que celebrar en alemán. Sin problema. Entonces Zain sabía inglés, indonesio, neerlandés y batak (la lengua de su familia en la isla de Sumatra), y Francisca hablaba con fluidez alemán, francés, indonesio, neerlandés e inglés, además de un poco de *bahasa ambon*.

El padre de Francisca se dejó convencer poco después y dio su bendición al nuevo matrimonio. Y, lo que era más importante para ellos, ambos se establecieron rápidamente como miembros productivos de una sociedad recién estrenada. Nada más regresar a una nueva Indonesia independiente, Francisca empezó a trabajar de bibliotecaria: un trabajo de ensueño, podía estar rodeada una vez más de libros. No le fue difícil conseguir el puesto. La nueva república estaba hambrienta de trabajadores cualificados y todavía dependía de bibliotecarios neerlandeses que trabajaban con ella. Fruto de una desatención deliberada por parte de los Países Bajos, la población indonesia presentaba graves carencias educativas. Cuando finalmente los neerlandeses se retiraron, únicamente en

---

[10] No hemos podido confirmar que el auténtico Patrice Lumumba estuviera en Hungría entonces, por lo que es posible que el recuerdo sea apócrifo o que sencillamente conociera a otra persona del Congo con un apellido similar. Sea como sea, cuando más adelante empezó a leer sobre los acontecimientos en el país africano, Francisca los vinculó inmediatamente a su experiencia con aquel hombre en Hungría.

torno a un 5 por ciento de los sesenta y cinco millones de indonesios sabía leer y escribir.[11]

«Creo que este fue uno de los peores crímenes del colonialismo —afirma Francisca—. Después de tres siglos y medio de ocupación neerlandesa, quedamos sin apenas conocimientos de nuestro propio pueblo y de nuestra cultura».

Mientras tanto, Zain empezó a trabajar de periodista y consiguió un puesto en un periódico llamado *Harian Rakyat* (*Diario del Pueblo*). Era el periódico del Partido Comunista Indonesio, el PKI. Suponía una gran oportunidad para un recién llegado, y Francisca se alegró mucho por él. A sus ojos nada tenía de extraño trabajar para un periódico comunista entonces. Francisca sabía que Zain estaba próximo al Partido Comunista y probablemente fuera miembro, pero nada de esto tenía especial relevancia. Después de los enfrentamientos de 1948, el Partido Comunista se había reorganizado y se había integrado en la nueva nación. El PKI era una parte más de la revolución patriótica multipartidista. El PKI formaba parte de la nueva Indonesia de Sukarno.

Gracias a sus habilidades lingüísticas, a Zain le asignaron un papel de lo más atractivo en el periódico. Empezó a escribir sobre cuestiones internacionales y a traducir noticias del extranjero para el público local. Y, para alguien implicado en la liberación del tercer mundo y en la lucha contra el «imperialismo» (por emplear el vocabulario de su periódico), los inicios de la década de 1950 fueron unos tiempos increíblemente interesantes.[12]

Las tropas estadounidenses estaban por aquellas fechas en Corea, enzarzadas en una guerra que pocas personas habían previsto que se desencadenara. Después de que los japoneses abandonaran la península de Corea, que habían dominado con una brutalidad todavía mayor a la desplegada en Indonesia, el país fue dividido en dos. Durante el dominio japonés, lo que quedaba del partido comunista (Stalin hizo ejecutar a gran parte de sus líderes a finales

---

[11] Washington P. Napitupulu, «Illiteracy Eradication Programme in Indonesia», presentado en el Taller de Planificación y Administración de Programas Nacionales de Alfabetización, celebrado en Arusha (Tanzania) del 27 de noviembre al 2 de diciembre de 1980.

[12] Archivos del *Harian Rakyat*, Universidad de Malaya, Kuala Lumpur.

de la década de 1930) combatió en una feroz guerra de guerrillas contra los invasores a lo largo de Corea y de Manchuria, hasta que fueron obligados a exiliarse en Siberia. Uno de estos comunistas, Kim Il-sung, se hizo con el poder en la mitad norte en 1945.[13] En el sur, las fuerzas de ocupación estadounidenses tomaron a Syngman Rhee, un cristiano anticomunista que llevaba décadas viviendo en Estados Unidos, y lo plantaron como líder. Su Gobierno autoritario puso en la diana a la izquierda y, utilizando la amenaza del comunismo como justificación, masacró a decenas de miles de personas en Jeju, una isla que llevaba desde la guerra controlada por «comités populares» independientes.[14] En 1950 estalló la guerra en la línea divisoria. Las tropas comunistas del norte rápidamente se abrieron paso hacia Seúl, lo que llevó a Estados Unidos a reclamar en la ONU una actuación militar conjunta para contraatacar. Por motivos que no están claros, Stalin ordenó a su embajador no participar en la votación en la ONU, en lugar de elevar una protesta, y la propuesta de Estados Unidos salió adelante con facilidad. Las tropas estadounidenses y de la ONU devolvieron a Corea del Norte a la frontera original, pero luego siguieron avanzando, en un intento por tomar todo el país. Los soviéticos ofrecieron poca ayuda, pero, para sorpresa de Washington, el agotado y andrajoso Ejército Rojo de Mao se movilizó para ayudar a los comunistas coreanos, en gran medida porque sentían que tenían una deuda con los coreanos por la asistencia que los insurgentes de Kim habían prestado contra los japoneses en Manchuria. En los posteriores tres años de disputa en punto muerto, Estados Unidos arrojó más de seiscientas mil toneladas de bombas en Corea, más de las utilizadas en todo el escenario del Pacífico en la Segunda Guerra Mundial, y vertió treinta mil toneladas de napalm en la naturaleza. Más del 80 por ciento de los edificios de Corea del Norte fueron destruidos. Se estima que la campaña de bombardeos mató a un millón de civiles.[15]

---

[13] Westad, *La Guerra Fría*, p. 180; Michael J. Seth, *A Concise History of Modern Korea*, Rowan & Littlefield, 2010, p. 88.
[14] Bruce Cumings, *The Korean War: A History*, Modern Library, 2010, subsecciones «The Cheju Insurgency» y «The Yosu Rebellion», cap. 5.
[15] *Ibid.*

En Corea, los chicos de la CIA también pusieron a prueba algunas de las estrategias que habían utilizado en Europa del Este. Miles de agentes coreanos y chinos reclutados por Estados Unidos fueron infiltrados en el Norte durante la guerra. Una vez más fue un fracaso absoluto. Más tarde, documentos clasificados de la CIA concluyeron que las operaciones resultaron «no solo ineficaces, sino probablemente también moralmente repensibles en cuanto al número de vidas perdidas».[16] La CIA no supo hasta más tarde que toda la información de inteligencia que la agencia recopiló durante la guerra había sido fabricada por los servicios secretos norcoreanos y chinos.

Una vez más, las bien financiadas operaciones encubiertas de la CIA contra soldados comunistas reales y curtidos en batallas, soldados centrados en alcanzar la victoria, quedaron en nada. En Irán, no obstante, donde no existía tal contingente, la joven CIA encontró su primera gran victoria.

Operación Áyax

Frank Wisner se reunió a finales de 1952 con Monty Woodhouse, un espía inglés que trabajaba en Teherán. Los británicos tenían un problema y necesitaban ayuda. Desde el final de la Segunda Guerra Mundial habían dirigido la desarticulación formal de gran parte de su imperio, pero lo que desde luego no esperaban era que el proceso significara también la pérdida del control de los recursos naturales. En Irán, el nuevo primer ministro, Mohamed Mosadeq, gestionaba la nacionalización de la producción de petróleo. Y ya había sorprendido al MI6 intentando derrocarlo para impedirlo.

Mosadeq y los iraníes tenían montones de razones para guardar rencor a los británicos. Durante sus años de gloria imperial, Irán sufrió una hambruna que segó la vida de dos millones de personas. Y, después de la Segunda Guerra Mundial, los británicos fijaron un sistema mediante el que obtenían el doble de ingresos del petróleo que Irán, mientras que los trabajadores locales de la

---

[16] Weiner, *Legado de cenizas*, p. 74.

industria petrolera vivían en chabolas sin agua corriente. Cuando Mosadeq y el parlamento democrático de Irán maniobraron para evitar la intromisión del sah que los británicos habían puesto al mando, Londres empezó a buscar una forma de aferrarse a toda costa a lo que consideraba que le pertenecía. Los estadounidenses, incluido Wisner, recelaban de enfangarse en los asuntos imperiales británicos. Pero sus aliados del otro lado del charco apelaron a su anticomunismo. Mosadeq había legalizado (al mismo tiempo que a todos los demás partidos políticos) al Partido Tudeh, liderado por comunistas y muy bien organizado, por lo que los británicos sugirieron a los estadounidenses que el Tudeh podría hacerse con el poder si no se andaban con cuidado, o que incluso los soviéticos podrían invadir el país.

Los cambios en la Casa Blanca al comienzo de 1953 fueron de gran ayuda para los partidarios del cambio de régimen. El nuevo presidente republicano, Dwight Eisenhower, nombró a John Foster Dulles secretario de Estado y puso a su hermano menor, Allen Dulles, a dirigir la CIA. John Foster Dulles tuvo dos obsesiones a lo largo de toda su vida, según el historiador James A. Bill: combatir el comunismo y proteger los derechos de las multinacionales. Ambas coincidían en Irán. «La inquietud por el comunismo y la disponibilidad de petróleo estaban interrelacionadas. Combinadas, condujeron a Estados Unidos a una política de intervención directa», defiende Bill.[17]

Los hermanos Dulles y la CIA recibieron permiso para actuar. Kermit Roosevelt, nieto del presidente Theodore Roosevelt, a quien Wisner había contratado en 1950, se hizo cargo de la misión, que decidieron bautizar como Operación Áyax. Roosevelt tenía un millón de dólares para gastar en Irán como le pareciera, una suma enorme para el tipo de asistencia que pretendía comprar. La CIA sobornó a cuantos políticos pudo y buscó a un general que se prestara a tomar el poder e instalar al sah como dictador. Los agentes pagaron a delincuentes callejeros, matones y artistas de circo para

---

[17] En lo relativo a la hambruna, véase Weiner, *Legado de cenizas*, p. 96; y para la cita de James A. Bill, véase Stephen Kinzer, *Overthrow: America's Century of Regime Change from Hawaii to Iraq*, Times Books, 2006, p. 122.

iniciar disturbios en las calles. Cuando el responsable de la CIA en el país, Roger Goiran, defendió que Estados Unidos estaba cometiendo un error histórico alineándose con el colonialismo británico, Allen Dulles lo mandó de vuelta a Washington.

La CIA elaboró panfletos y carteles que proclamaban que Mosadeq era comunista, un enemigo del islam. Compraron a periodistas para que escribieran que era judío. La CIA contrató a gánsteres que fingieron ser miembros del Partido Tudeh y atacaron una mezquita. Dos de los agentes iraníes de Roosevelt, que estaban al cargo de algunos de los matones contratados, quisieron dejar de colaborar arguyendo que el riesgo empezaba a ser excesivo. Roosevelt, no obstante, los convenció: si se negaban, los mataría.

Por su parte, el sah no estaba convencido de que nada de aquello fuera buena idea. Llegados a cierto punto escapó a Roma, lo que enfureció a los estadounidenses, que querían hacerlo rey. No obstante, regresó a palacio en agosto de 1953, amañó las elecciones parlamentarias y sirvió bien tanto a la CIA como a las petroleras internacionales como mandatario del país. Los soviéticos no se apresuraron a intervenir en el país en el que se suponía que eran tan poderosos. En Washington hubo celebraciones por todas partes y Kermit Roosevelt fue declarado héroe. Wisner había demostrado por fin a los peces gordos que su pandilla de bichos raros tenía una utilidad real.[18]

En 1954 la CIA cerró otra operación de éxito cerca de Indonesia, en Filipinas. La «Rebelión Huk», un movimiento de izquierdas que comenzó durante la ocupación japonesa, prosiguió después de que los nipones se marcharan y Estados Unidos entregara (oficialmente) el poder a los filipinos. Las guerrillas antiocupación «Huk» se oponían al nuevo presidente, que había sido colaborador activo de las potencias del Eje, y al histórico control oligárquico de la economía por parte de terratenientes feudales con un gran poder. El consejero militar estadounidense Edward Lansdale —que más tarde inspiraría el personaje del coronel Edwin Barnum Hillendale en

---

[18] Para una panorámica de la actividad de la CIA en Irán, véase Weiner, *Legado de cenizas*, cap. 8; para la amenaza de Roosevelt a los agentes iraníes, véase Kinzer, *Overthrow*, p. 127.

El americano feo, la novela superventas de Burdick y Lederer— escribió en su diario que los Huks «creen que lo que hacen es justo, a pesar de que algunos líderes están del lado comunista [...], la situación es negativa y requiere reformas. [...] Supongo que la protesta armada es algo bastante natural».[19] Estados Unidos ayudó a Filipinas a diseñar y poner en práctica una operación de contrainsurgencia y contribuyó con importantes avances tecnológicos, incluido el uso de más napalm.[20] En una peculiar intervención de guerra psicológica, Lansdale también colaboró estrechamente con Desmond FitzGerald (reclutado por Wisner para la CIA) en la creación de un vampiro.

Dentro de un abanico de operaciones psicológicas en paralelo a la guerra contra las guerrillas, agentes de la CIA propagaron el rumor de que un *aswang*, un demonio chupasangre de las leyendas filipinas, andaba suelto y destruía a los hombres que llevaban el mal en su corazón. Cogieron entonces a un rebelde Huk que habían asesinado, le abrieron dos agujeros en el cuello, lo desangraron y lo dejaron tirado en un camino.[21]

Después de años de enfrentamientos, los Huk tiraron la toalla y Filipinas se asentó en una estabilidad proestadounidense orientada a la derecha que duraría décadas. Con las corporaciones estadounidenses disfrutando de privilegios especiales, las deplorables condiciones del pueblo filipino descritas por Lansdale siguieron por completo inalteradas.

El *Diario del Pueblo* informó de los acontecimientos de Irán y de Filipinas, por supuesto.[22] A pesar de que las actividades reales de Estados Unidos eran secretas entonces, el periódico de Zain y la prensa internacional de izquierdas a menudo informaban de forma más clara sobre las intervenciones de Washington que los periódicos

---

[19] Lansdale aparece citado en Westad, *The Global Cold War*, p. 115; a propósito de Lansdale como modelo para *El americano feo*, de Burdick y Lederer, véase Thomas, *The Very Best Men*, p. 57.

[20] Westad, *The Global Cold War*, p. 117.

[21] Thomas, *The Very Best Men*, p. 57.

[22] En lo relativo a Irán, véase *Harian Rakyat*, días 18, 21, 22 y 24 de agosto de 1953. La portada del 26 de junio de 1954 informa del uso de napalm en Filipinas. Archivos de la Universidad de Malaya, Kuala Lumpur.

estadounidenses, que entendían que su obligación era alinearse con el discurso oficial que Wisner y su equipo les transmitían.[23]

Zain, que se quedaba hasta muy tarde trabajando en Yakarta todos los días, estaba agotado en este periodo, pues era una de las pocas personas que podían leer y traducir todos los boletines que llegaban. Rara vez estaba en casa con Francisca, siempre tenía que volver corriendo a la redacción y trabajar en los turnos de noche. El *Harian Rakyat*, el *Diario del Pueblo*, siempre fue un proyecto sin muchos medios, con veinte o treinta personas trabajando en el centro de Yakarta a todas horas.[24]

Para ser un periódico comunista en un embriagador entorno posrevolucionario, el *Diario del Pueblo* era una lectura sorprendentemente desenfadada. Publicaba viñetas que se burlaban de los ineptos imperialistas occidentales, relatos de ficción propios con una frecuencia diaria, una sección infantil y encartes educativos con textos aclaratorios sobre figuras internacionales de tendencia de izquierdas como Albert Einstein y Charles Chaplin. Las noticias internacionales, la sección que supervisaba Zain, eran una parte muy considerable de la cobertura; el periódico prestaba especial atención a los acontecimientos en el resto del tercer mundo.

Noticias de *Amerika*

El final del Axioma Yakarta llegó en 1953: para que los países independientes fueran tolerados ya no bastaba con que mantuvieran a las fuerzas de izquierda bajo control. Con la deposición de Mosadeq en Irán, la nueva norma de la Administración Eisenhower pasó a ser que los países neutrales eran enemigos en potencia: Washington podía decidir cuándo una nación independiente del tercer mundo no era lo bastante anticomunista. Wiz y sus chicos, envalentonados por el éxito en Teherán, dirigieron su atención a América Central,

---

[23] En cuanto al éxito de los esfuerzos de Wisner por controlar a la prensa en Estados Unidos, véase Maior, *America's First Spy*, pp. 197-98.

[24] Entrevista del autor a Martin Aleida, extrabajador del *Harian Rakyat*, en Yakarta en 2019.

donde se anotarían la victoria que serviría de patrón para las intervenciones encubiertas de la siguiente década.

Dos lustros antes, los guatemaltecos habían tenido una pequeña revolución. Una serie de huelgas conllevaron el derrocamiento de Jorge Ubico, un dictador pronazi que había trabajado codo con codo con la aristocracia terrateniente y las corporaciones internacionales a lo largo de dos décadas para mantener a los campesinos en un sistema de trabajos forzados (en otras palabras: esclavitud). La izquierda, incluido el partido comunista, denominado Partido Guatemalteco del Trabajo (PGT), llevaba tiempo implicada en la organización de los trabajadores para hacer frente a Ubico. La revolución llegó en 1944, cuando Estados Unidos, siendo presidente Franklin Delano Roosevelt, tenía una alianza con la Unión Soviética y estaba muy ocupado combatiendo en la Segunda Guerra Mundial. Quizá por ese motivo el nuevo Gobierno no hizo sonar las alarmas de los políticos estadounidenses.[25]

Entre 1944 y 1951, el popular maestro Juan José Arévalo tomó el control de la jovencísima democracia en el país más grande de América Central. Sin embargo, fue la elección de Jacobo Árbenz, que asumió el poder en 1951, lo que realmente despertó suspicacias en el norte.

Árbenz era un soldado de clase media que se había convertido también en terrateniente y, en lo que a ideas radicales se refiere, si alguna tuvo, probablemente fuera debida a la influencia de su mujer, María Vilanova, salvadoreña, educada en California y una figura mucho más fascinante y compleja que él. Activista social políglota impactada por las desigualdades, Vilanova rechazaba la alta sociedad centroamericana, leía con pasión y con amplias miras y estableció contacto con figuras de la izquierda de toda América Latina.

Jacobo Árbenz aceptó al pequeño pero bien organizado PGT en su coalición de gobierno. Sin embargo, Guatemala votó en la ONU contra las actuaciones de la Unión Soviética, y el nuevo

---

[25] En lo relativo al contexto de la revolución guatemalteca y la presidencia de Juan José Arévalo, véase Ralph Lee Woodward, *Breve historia de Guatemala*, trad. Óscar Peláez Almengor, Universidad de San Carlos de Guatemala, 2019, cap. 7; y Stephen Schlesinger y Stephen Kinzer, *Fruta amarga: la CIA en Guatemala*, trad. Romeo Medina *et al.*, Siglo XXI, 1982, caps. 2-3.

presidente dejó claro en su discurso inaugural que su objetivo era «convertir a Guatemala, de un país atrasado y de economía predominantemente feudal, en un país moderno y capitalista».[26]

No era esta una tarea menor. Cuando su ejecutivo aprobó una reforma agraria en 1952, las medidas toparon con intereses muy poderosos. El Gobierno empezó a comprar grandes propiedades sin uso y a distribuirlas entre los pueblos indígenas y los campesinos. Procesos de este tipo eran considerados por economistas de todo el mundo no solo una forma de beneficiar al pueblo llano, sino de dar un uso productivo a todo el país y liberar las fuerzas de la economía de mercado. Sin embargo, la normativa estipulaba que Guatemala pagaría de acuerdo al valor oficial del suelo, y la United Fruit Company, la empresa estadounidense que básicamente controló la economía del país durante décadas, había infravalorado de manera escandalosa sus propiedades para evitar pagar impuestos.

La poderosa empresa aulló de rabia. United Fruit estaba extremadamente bien conectada en la Administración Eisenhower y empezó una campaña de relaciones públicas en Estados Unidos para acusar a Árbenz de comunista. También invitó a Guatemala a periodistas estadounidenses en viajes de placer con todos los gastos pagados, una medida muy útil para conseguir la publicación de noticias profundamente críticas en revistas como *Time*, *U.S. News & World Report* y *Newsweek*.[27] La CIA pidió de nuevo

---

[26] Walter LaFeber, *Inevitable Revolutions: The United States in Central America*, Norton, 1993, pp. 120-21 [existe edición en español que no hemos podido consultar: *Revoluciones inevitables: la política de Estados Unidos en Centroamérica*, UCA, 1989]; Schlesinger y Kinzer, *Fruta amarga*, cap. 4. La cita del discurso inaugural proviene de Jacobo Árbenz Guzmán, *Árbenz: tres discursos desde una Guatemala inconclusa*, Catafixia, 2018.

[27] La operación para presionar a las autoridades de Washington la detalla Schlesinger y Kinzer, *Fruta amarga*, cap. 6. United Fruit también tenía vínculos directos con personas clave de la Casa Blanca: tanto John Foster Dulles como Allen Dulles habían llevado a cabo trabajos de carácter legal para United Fruit a través de su filial International Railways of Central America (IRCA). La familia de John Moors Cabot, subsecretario de Estado de Asuntos Interamericanos, era propietaria de acciones de United Fruit, y su hermano Thomas fue presidente de la corporación en 1948. El embajador estadounidense ante las Naciones Unidas, Henry Cabot Lodge, era también accionista, mientras que la secretaria personal de Eisenhower, Anne Whitman, estaba casada con el director de relaciones públicas de United Fruit. El subsecretario

a Kermit Roosevelt que supervisara las operaciones. Se negó en aquella ocasión, argumentando a sus superiores que los futuros golpes de Estado no funcionarían a menos que el pueblo y el Ejército del país «quieran lo que nosotros queremos».[28] Frank Wisner eligió en su lugar a Tracy Barnes.

Washington hizo tres tentativas de golpe de Estado. Fue la tercera la que funcionó.[29] En noviembre de 1953, Eisenhower destituyó al embajador estadounidense en Ciudad de Guatemala y envió a John Peurifoy, que llevaba desde 1950 en Atenas, donde improvisó un Gobierno derechista favorable tanto a Washington como a la monarquía griega. Entre la izquierda griega era conocido como el «carnicero de Grecia».[30]

En Guatemala, los norteamericanos hicieron cuanto pudieron por crear un pretexto para la intervención. La CIA sembró cajas de rifles marcados con hoces y martillos comunistas para que pudieran ser «descubiertas» como prueba de la infiltración soviética. Cuando los militares guatemaltecos, incapaces de encontrar otro suministro, terminaron comprando armas (al cabo inútiles) de Checoslovaquia, los chicos de Wisner se sintieron aliviados. Por fin tenían su excusa. Árbenz destapó los planes del tercer golpe de Estado en enero de 1954 y los publicó en la prensa guatemalteca. Los hombres de la CIA tenían tanta confianza en sí mismos que siguieron con lo previsto igualmente, limitándose a negarlo ante la prensa estadounidense. Organizaron una diminuta fuerza rebelde en torno al general Carlos Castillo Armas, un hombre poco convincente al que despreciaban incluso los oficiales conservadores del Ejército guatemalteco. Empezaron a emitir noticias falsas, a través de estaciones de radio controladas por Estados Unidos,

---

de Estado Walter Bedell Smith estaba intentando conseguir un puesto ejecutivo en United Fruit al mismo tiempo que ayudaba a planificar el golpe de Estado contra Árbenz. Schlesinger y Kinzer, *Fruta amarga*, cap. 7.

[28] *Ibid.*

[29] La primera tentativa de golpe de Estado, la Operación Fortune, en 1952, fue abortada después de que Dean Acheson, entonces secretario de Estado, convenciera a Truman de que retirara su apoyo; la segunda, que suponía utilizar financiación de la United Fruit para apoyar a militares de derechas enojados y llevar a cabo un levantamiento en Salamá, fracasó. Schlesinger y Kinzer, *Fruta amarga*, cap.7.

[30] *Ibid.*, cap. 9.

de una rebelión militar que avanzaba directa a la victoria, y bombardearon Ciudad de Guatemala. Se trataba de una guerra psicológica, no de una invasión real: el grupo de desarrapados que aguardaba al otro lado de las fronteras de Honduras y El Salvador no tenía ninguna posibilidad de entrar en el país y derrotar al verdadero Ejército, mientras que las bombas que los pilotos estadounidenses arrojaron en la capital terminaron siendo apodadas «sulfatos» (o laxantes de sulfato), dado que su función no era provocar daños, sino asustar de tal modo a Árbenz y a cuantos lo rodeaban que acabaran manchando los pantalones.[31]

Miguel Ángel Albizures, de nueve años de edad, oyó las bombas explotar cerca y la conmoción dejó grabada una sensación de miedo en lo más profundo de su cerebro. Cuando todo empezó estaba en la capital, desayunando antes de ir a la escuela en uno de los comedores públicos puestos en funcionamiento por Árbenz. Estaba aterrorizado (sí, tan espantado, tan impresionado, que creyó que se lo haría encima, la intención concreta de los atacantes) y corrió a ponerse a cubierto debajo de los bancos de la iglesia católica más cercana.[32]

Árbenz, que comprendía que Estados Unidos estaba decidido a derrocarlo, empezó a valorar la rendición. Su Gobierno, frenético, ofreció dar a la United Fruit lo que quería. Pero ya era demasiado tarde para concesiones. Los comunistas y otros grupos presionaron a Árbenz para que no entregara el poder. En vano, un médico argentino de veinticinco años que vivía entonces en Ciudad de Guatemala, Ernesto «Che» Guevara, se ofreció voluntario para ir al frente y posteriormente intentó organizar milicias civiles para defender la capital.

En lugar de eso, el presidente dimitió el 27 de junio de 1954 y entregó el poder al coronel Carlos Enrique Díaz, jefe de las Fuerzas Armadas. Díaz se había reunido con el embajador Peurifoy y creía que sería un reemplazo aceptable para Estados Unidos. Le dijo a Árbenz que había alcanzado un acuerdo con los norteamericanos

---

[31] *Ibid.*, cap 12.
[32] Entrevista del autor a Miguel Ángel Albizures en Ciudad de Guatemala, en noviembre de 2018.

y que, si asumía el poder, al menos podrían evitar dejar el país en manos del odiado Castillo Armas, lo que contribuyó a persuadir al presidente para que renunciara.[33]

El acuerdo no duró mucho. Apenas unos días después de que Díaz tomara el poder, el director de la CIA en el país, John Doherty, y su segundo, Enno Hobbing (que había sido responsable de la oficina de la revista *Time* en París) se sentaron con él. «Permítame explicarle algo» dijo Hobbing. «Usted cometió un gran error al asumir el Gobierno». Hobbing guardó silencio un momento y luego se expresó con la mayor claridad: «Coronel, sencillamente usted no es el adecuado para las necesidades de la política exterior norteamericana».

Díaz estaba desconcertado. Pidió que fuera el propio Peurifoy quien se lo dijera. Según Díaz, cuando Peurifoy llegó, a las cuatro de la mañana, apoyó a Doherty y a Hobbing. También mostró al coronel una larga lista de guatemaltecos que tenían que ser fusilados inmediatamente.

«Pero ¿por qué?», preguntó Díaz. «Porque son comunistas», respondió Peurifoy.[34]

Castillo Armas, el favorito de Estados Unidos, tomó el relevo. La esclavitud volvió a Guatemala. En los primeros meses de su Gobierno, Castillo Armas estableció el Día del Anticomunismo y detuvo y ejecutó a entre tres y cinco mil partidarios de Árbenz.[35]

Eisenhower estaba eufórico. A pesar de la inquietud que Wisner demostró durante toda la operación, fue otro triunfo de su enfoque. Después de que Barnes y él se reunieran con Eisenhower, volvieron al salón de Barnes en Georgetown e «hicieron un bailecito».[36]

El *Diario del Pueblo* prestó mucha atención a los acontecimientos de aquel pequeño país a medio mundo de distancia. Día tras día, la situación de Guatemala ocupaba la portada y los titulares eran claros y precisos: «Amerika Menjerang Guatemala» (Estados Unidos

---

[33] Schlesinger y Kinzer, *Fruta amarga*, cap. 12.

[34] *Ibid.*, cap. 14.

[35] Greg Grandin, *Panzós: la última masacre colonial. Latinoamérica en la Guerra Fría*, trad. Alejandro Arriaza, AVANCSO, 2007, p. 111. Para más detalles sobre la insistencia de Peurifoy, así como del Día del Anticomunismo, véase Schlesinger y Kinzer, *Fruta amarga*, cap. 14.

[36] Thomas, *The Very Best Men*, p. 124.

amenaza a Guatemala), y a continuación un largo artículo explicativo, «Esto es Guatemala», con un mapa de la región y posteriores referencias a la «agresión estadounidense».[37]

La cobertura de la prensa estadounidense fue distinta. *The New York Times* se refirió a los golpistas como «rebeldes», mientras que al Gobierno de Árbenz lo tildaba de «rojo» o «amenaza comunista», y afirmaba que el Gobierno de Estados Unidos estaba «ayudando» a mediar en las conversaciones de paz, en lugar de estar organizándolo todo. La mayoría de los historiadores reconocerían hoy sin dudas que aquel pequeño periódico comunista indonesio informó de los acontecimientos con más exactitud que *The New York Times*.[38]

Hay motivos para ello. Sydney Gruson, un emprendedor corresponsal de *The New York Times*, tenía previsto llevar a cabo una investigación de las fuerzas «rebeldes». Frank Wisner pretendía que se lo impidieran y pidió a su jefe, Allen Dulles, que hablara con los superiores de Gruson en el periódico. Eso hizo Dulles. Considerando que estaba actuando como un patriota, el propietario de *The New York Times*, Arthur Sulzberger, ordenó a Gruson que no viajara a Guatemala.[39]

Hay también una razón que explica por qué Zain y sus compañeros prestaron tanta atención a Guatemala. Una noticia de portada del *Diario del Pueblo* del 26 de junio denunciaba que lo que estaba sucediendo en Guatemala «amenaza la paz mundial y podría suponer una amenaza también para Indonesia».[40]

Un documento interno del Departamento de Estado, de acceso público en la actualidad, niega cualquier idea de que Washington considerara que Guatemala era una «amenaza comunista» inmediata. Según una nota de Louis J. Halle al director de Planificación

---

[37] *Harian Rakyat*, días 21, 23 y 25 de junio de 1953. Archivos del *Harian Rakyat*, Universidad de Malaya, Kuala Lumpur.

[38] Estas afirmaciones se repitieron a lo largo de toda la cobertura de *The New York Times*. Véanse, en particular, las ediciones de los días 20 y 29 de junio y del 1 de julio de 1954. Comparé en profundidad la cobertura con la de los números del *Harian Rakyat* consultados en Malasia y extraje mis propias conclusiones basándome en mis conocimientos del consenso histórico actual.

[39] Thomas, *The Very Best Men*, p. 117. Véase también Schlesinger y Kinzer, *Fruta amarga*, cap. 10; y Maior, *America's First Spy*, p. 198.

[40] *Harian Rakyat*, 26 de junio de 1954.

de Políticas del Departamento de Estado, el riesgo no era que Guatemala pudiera actuar con agresividad. El riesgo era que Árbenz ofreciera un ejemplo que llevara a sus vecinos a intentar imitarlo. La nota afirma: «Las pruebas indican que en absoluto existe un riesgo militar actual para nosotros. Aunque leamos referencias públicas que señalan que Guatemala está a tres horas por aire de los campos petrolíferos de Texas y a dos horas de vuelo del canal de Panamá, podemos estar tranquilos, pues la capacidad de Guatemala para bombardear cualquiera de ellos es nula. El reciente envío de armas no supone ninguna diferencia en este sentido, como tampoco la supondrían envíos repetidos».

El riesgo real, afirmaba Halle claramente, era que una «infección» comunista pudiera

> expandirse mediante el ejemplo de independencia con respecto a Estados Unidos que Guatemala podría ofrecer a los nacionalistas de toda América Latina. Podría extenderse mediante un ejemplo de nacionalismo y reformas sociales. Finalmente, y por encima de todo, podría transmitirse mediante la disposición de los latinoamericanos a identificarse con la pequeña Guatemala si la cuestión se les planteara (como se les está planteando) no por su propia seguridad, sino como un combate entre David Guatemala y el Tío Sam Goliat. Este último es, en mi opinión, el riesgo que más debemos temer y contra el que tenemos que protegernos.[41]

La cuestión de la reforma agraria fue un caso ejemplar y recurrente de «haz lo que digo y no lo que hago». Cuando el general MacArthur gobernaba Japón nada más concluir la Segunda Guerra Mundial, impulsó un ambicioso programa de reformas agrarias; asimismo, en aquellos años, las autoridades de Estados Unidos supervisaron la redistribución de tierras en Corea del Sur. En naciones estratégicas y controladas directamente por ellos, los

---

[41] Véase el mencionado documento, integrado en la serie *Foreign Relations of the United States* (en adelante *FRUS*), publicada por el Departamento de Estado de Estados Unidos: «Memorandum by Louis J. Halle, Jr. of the Policy Planning Staff to the Director of the Policy Planning Staff (Bowie), Washington, May 28, 1954», *FRUS 1952–1954, Vol. 4, The American Republics,* Government Printing Office, 1983.

estadounidenses entendieron la necesidad de acabar con el control feudal de la tierra para desarrollar economías capitalistas dinámicas. Sin embargo, cuando las reformas agrarias eran llevadas a cabo por la izquierda o por supuestos rivales geopolíticos —o cuando amenazaban los intereses económicos de Estados Unidos—, eran tratadas con mucha frecuencia como fruto de la infiltración comunista o de un peligroso radicalismo.

Los hermanos Dulles habían trabajado en Wall Street, en concreto para la United Fruit Company. Todavía hoy se discute si la CIA planificó los golpes de Estado de Irán y de Guatemala por motivos económicos cínicos (ayudar a amigos empresarios y al capitalismo estadounidense de forma más general) o si la agencia se consideró realmente amenazada por el «comunismo». Puede haber más de una explicación; el líder del PGT, el partido comunista guatemalteco, afirmó que «nos habrían derrocado incluso si no hubiéramos cultivado bananas».[42] Las conversaciones que Wisner mantenía en casa con su familia indican que realmente consideraba que el Partido Tudeh iraní y el guatemalteco PGT eran de algún modo un peligro para su país.[43]

Pero las motivaciones no importaban mucho a los millones de personas que leían sobre estos acontecimientos en Asia ni a los latinoamericanos que los observaban de cerca. Fueran cuales fueran sus motivos, Estados Unidos se forjó una reputación de injerencia frecuente y violenta en los asuntos de naciones independientes.

Aquel joven médico, el Che Guevara, creyó haber aprendido una importante lección en 1954. Llegó a la conclusión de que Washington nunca permitiría una suave reforma social —ni hablar del socialismo democrático— que floreciera en su patio trasero, por lo que cualquier movimiento que pretendiera el cambio tendría que estar armado, disciplinado y preparado para la agresión imperialista. Con veintiséis años entonces, escribió a su madre que

---

[42] Piero Gleijeses, *Shattered Hope: The Guatemalan Revolution and the United States, 1944-54*, Princeton University Press, 1991, p. 366. [Existe versión en español que no nos ha sido posible consultar: Piero Gleijeses, *La esperanza rota: la revolución guatemalteca y los Estados Unidos, 1944-1954*, Universidad de San Carlos de Guatemala, 2008].

[43] Entrevista del autor a Frank Wisner hijo en julio de 2018.

Árbenz «no supo estar a la altura de las circunstancias». El presidente guatemalteco, defendía el Che, «no pensó que un pueblo en armas es un poder invencible [...]. Pudo haber dado armas al pueblo y no quiso, y el resultado es este». El Che partió en dirección a Ciudad de México y empezó a formular una estrategia revolucionaria más radical basada en lo que había visto en Guatemala.[44]

En Indonesia, Francisca, si bien no seguía las noticias tan de cerca como Zain, sentía que la revolución en el archipiélago estaba lejos de haberse llevado a término. Solo habían pasado cinco años libres del colonialismo blanco, pensaba, y no había garantía de que la libertad fuera a durar. De cualquier modo, estaba habitualmente ocupada trabajando en la biblioteca y cuidando de su primera hija. Zain volvía tarde a casa, y se dedicaban fundamentalmente a sentarse a charlar sobre los libros que estaban leyendo, en su mayor parte literatura europea, más que a comentar las noticias internacionales. Zain ya tenía suficiente en el trabajo. Pero Francisca sabía que su situación era frágil y que las potencias occidentales no tenían intención de conceder fácilmente la libertad a los pueblos del tercer mundo. La brutal invasión francesa de Vietnam era una nueva prueba. El presidente Sukarno estaba siempre en la radio, empleando sus considerables habilidades retóricas para hacer llegar el mensaje de que los indonesios todavía tenían que luchar. Desde Indonesia, lo que se percibía era que tanto en Irán como en Guatemala los nacientes movimientos democráticos habían intentado hacer valer su recién estrenada independencia en la economía mundial y la nueva potencia occidental había reaccionado con violencia y los había devuelto por la fuerza al papel servil que siempre habían tenido. A Sukarno le gustaba denominarlo «neocolonialismo»: la aplicación por la fuerza del control imperial sin un dominio formal. Plenamente moderno, le encantaban los neologismos y los acrónimos, y más tarde acuñaría el término NEKOLIM (neocolonialismo, colonialismo e imperialismo) para dar nombre al enemigo al que consideraba que se enfrentaban todos.

---

[44] Ernesto Che Guevara, *Otra vez: diario inédito del segundo viaje por Latinoamérica*, Ediciones B, 2001, pp. 159-60.

En 1954, después de que las fuerzas de Ho Chi Minh, sorprendentemente bien organizadas, emergieran victoriosas de la batalla de Dien Bien Phu, los franceses al fin se rindieron en Vietnam. En Ginebra, Estados Unidos estaba contribuyendo a negociar la división del país con la premisa de que tendría lugar un referéndum nacional para reunificar las dos mitades en 1956. En Yakarta, Sukarno estaba a punto de conocer a uno de los nuevos representantes de Occidente. Siempre con una expresión alegre y entusiasta, Howard Palfrey Jones aterrizó en julio.

Presiden Sukarno

Cuando «Sonrisas» Jones llegó a Yakarta por primera vez, quedó encandilado. Una «metrópolis rebosante y furiosa», la llamó. También reconoció, muy rápidamente, que los supuestos enemigos de Estados Unidos operaban en el país. Llegó para encabezar la Misión de Asistencia Económica y vio que en la plaza de la Independencia, donde Sukarno había hecho su famosa proclamación en 1945, delante de la que era la Cancillería de Estados Unidos, todos los árboles estaban cubiertos con un cartel con la hoz y el martillo. Lo mismo sucedía delante de su casa, y cuando tuvo oportunidad de recorrer la isla de Java, a menudo su coche transitaba bajo arcadas de banderolas con la hoz y el martillo.

A pesar de que Sukarno, el carismático primer presidente de Indonesia, mantenía amistad con Washington y había trabajado siempre en diversos niveles de oposición al PKI, un partido minoritario entre muchos otros, el aparente descaro del Partido Comunista —por el simple hecho de anunciarse así, abiertamente, en lugar de esconderse en las sombras— era preocupante para Estados Unidos.

Unos días después de que Jones llegara a Indonesia, Pepper Martin, un corresponsal veterano de la revista *U.S. News & World Report*, señaló los símbolos comunistas, se volvió hacia Jones y dijo: «Parece que la cosa está hecha, ¿no cree?».[45] Jones aprendería pronto

---

[45] Howard P. Jones, *Indonesia: The Possible Dream*, Hoover Institution, 1971, pp. 38-40.

que la cosa estaba lejos de estar hecha. Cuando se encontró con Sukarno por primera vez, quedó asombrado por la extrema complejidad de la situación. El propio Jones, como todos en el Gobierno de Estados Unidos, era anticomunista y consideraba su trabajo combatir ese sistema. Pero creía que el principal fracaso de la diplomacia estadounidense en aquel momento era su persistente incapacidad para comprender las peculiaridades de las naciones del tercer mundo, así como la naturaleza del nacionalismo asiático. Entendía que, concluida la Segunda Guerra Mundial, Estados Unidos estaba «demasiado ocupado en la complejidad de la íntima relación con nuestros aliados en aquella guerra para oír el llanto de los pueblos de la otra punta del mundo». Años más tarde escribió: «No comprendimos e hicimos escasos esfuerzos por entender la revolución política, económica y social que estaba barriendo Asia».[46]

A diferencia de muchos otros estadounidenses, Jones se negaba a rechazar *a priori* las creencias y tradiciones de la población local por considerarlas atrasadas. Les prestaba mucha atención. Por supuesto, llevaba una vida muy diferente de la de los indonesios. Los altos cargos del Departamento de Estado vivían en mansiones coloniales, tenían sirvientes, cocineros y conductores. Casi cualquier ciudadano estadounidense habría sido considerado increíblemente rico en el tercer mundo, incluso si no trabajaba para el Tío Sam.

En una ocasión, una de las piscinas empezó a perder agua sin parar. El personal local de la embajada sabía qué hacer. Llamaron a un *hach*, un musulmán que ha peregrinado a La Meca, que acudió y se puso a meditar. Después dijo a los estadounidenses que en aquel espacio no se había practicado el ritual de la consagración. Jones recordaría más tarde, sin segundas lecturas ni escepticismo, que celebraron una ceremonia *slametan* para apaciguar a los espíritus del entorno plantando una cabeza de gallo en cada esquina de la piscina. No volvió a perder agua. Jones, un seguidor de la conocida como Iglesia de Cristo Científico que había visto a

---

[46] Esta cita proviene del borrador de un capítulo de la autobiografía de Jones mencionada en la nota previa. Véase la documentación personal de Jones: «Draft book manuscript», Box 51, Folder 1, Howard Palfrey Jones Papers, HI. Es interesante señalar que el primer borrador fue víctima de un crítico no identificado que escribió en el margen que «no debería ser publicado».

su madre recuperar milagrosamente la salud después de sesiones continuas de oración, nunca cuestionó que pudiera haber fuerzas en Indonesia que la mayor parte de los estadounidenses no llegaran a comprender.[47]

En sus interacciones con otros funcionarios estadounidenses, Jones los corregía orgulloso cuando etiquetaban de manera incorrecta a los asiáticos o sus filiaciones políticas. Aún más relevante es que Jones considerase que los estadounidenses no alcanzaban a comprender el significado del nacionalismo en el contexto de los países emergentes y su distinción del comunismo. El nacionalismo en el tercer mundo era algo muy diferente a lo que había sido en Alemania una década antes. No tenía que ver con la raza ni con la religión, ni siquiera con las fronteras. Estaba construido en oposición a siglos de colonialismo. Exasperado, con frecuencia subrayaba que para los estadounidenses aquello podía parecer una disposición instintiva contra Occidente; asimismo, enfatizaba que las jóvenes naciones pueden cometer errores iniciales al conformar sus Gobiernos. Sin embargo, ¿acaso no se sentirían los estadounidenses de igual manera y exigirían el derecho a cometer sus propios errores?

Cuando Jones al fin conoció a *Presiden Sukarno* (como es llamado en indonesio), quedó profundamente impresionado. Escribió: «Conocerlo fue como situarse de pronto bajo una lámpara solar, tal era la potencia de su magnetismo». Percibió de inmediato «los enormes y brillantes ojos marrones y una sonrisa radiante que transmitía una calidez envolvente». Jones observaba maravillado la elocuencia de Sukarno cuando hablaba «del mundo, de la carne y del demonio: de estrellas del cine y de Malthus, de Jean Jaurès y de Jefferson, del folclore y de filosofía». Después engullía una comida pantagruélica y pasaba horas bailando. Lo que impresionaba todavía más a Jones, que había tenido una vida relativamente cómoda, era que este hombre extraordinario —de una edad similar a la suya— aprendió a comer así y se empapó tanto de conocimientos mientras pasaba años entre rejas por oponerse al dominio colonial neerlandés.[48] Por el camino aprendió alemán,

---

[47] *Ibid.*
[48] Jones, *Indonesia*, pp. 47-49.

inglés, francés, árabe y japonés, además de *bahasa indonesia*, javanés, sondanés, balinés y neerlandés.[49]

Cuando Sukarno abría la boca en cualquiera de estas lenguas, el país entero se paraba a escuchar, y Jones reparó en que se le había subido a la cabeza. Sukarno le dijo en una ocasión, después de haber sobrevivido a un intento de asesinato más: «Solo soy capaz de pensar una cosa después de lo de ayer. […] Alá debe de aprobar lo que estoy haciendo, de lo contrario me habrían matado hace mucho tiempo».[50]

Sukarno había nacido en 1901 en Java Oriental. Su madre era de Bali y, por tanto, hinduista; su padre, proveniente de una clase media-alta de funcionarios javaneses, era musulmán, como la mayor parte de la gente de la isla. En Java, en aquel entonces, los musulmanes podían dividirse a grandes rasgos en dos categorías: por una parte estaban los *santri*, los musulmanes más estrictos y ortodoxos, más influidos por la cultura religiosa árabe; y por otra estaban los *abangan*, cuyo islamismo se levantaba sobre un profundo pozo de tradiciones místicas y animistas javanesas. Sukarno se educó en la segunda tradición.[51] Desde una edad temprana se empapó de la sabiduría del *wayang*, el teatro de sombras que se prolonga toda la noche y que cumple la misma función en Java que la poesía épica en la Grecia clásica.

A pesar de no provenir de la élite, Sukarno pudo estudiar en buenos centros coloniales. Oficialmente cursó Arquitectura, pero por su cuenta estudió filosofía política. Empezó a moverse en los círculos nacionalistas indonesios, que incorporaban a un amplio abanico de escuelas de pensamiento anticolonial. Sarekat Islam (la Unión Islámica) era la principal organización nacionalista en aquel el momento; contaba con pensadores islámicos conservadores, así como con muchos otros fieles al Partido Comunista. Conocido entonces como Partido Comunista de las Indias, el partido había desobedecido con frecuencia las indicaciones de Moscú cuando

---

[49] Arnold M. Ludwig, *King of the Mountain: The Nature of Political Leadership*, University Press of Kentucky, 2004, p. 150.

[50] Jones, *Indonesia*, p. 49.

[51] En lo relativo a la infancia de Sukarno, véase Legge, *Sukarno*, cap. 1.

sus líderes lo consideraron oportuno y entendía la unidad musulmana como una fuerza anticolonial, revolucionaria. Había comunistas musulmanes comprometidos que querían crear una sociedad igualitaria —inspirados en diversos niveles tanto por Marx como por el Corán— y que consideraban que los infieles extranjeros se lo impedían. Para casi todo el país, «socialismo» significaba, por definición, la oposición a la dominación extranjera y el apoyo a una Indonesia independiente.[52]

Esto unía a los indonesios. En una convención del PKI celebrada en la sede central de la Sarekat Islam un 24 de diciembre, decoraron las paredes de rojo y verde (por la Nochebuena) y tiñeron el emblema de la hoz y el martillo siguiendo el estilo tradicional javanés del *batik*.[53]

Sukarno era sincretista por naturaleza, siempre más interesado en mezclar, unir e incluir que en las disputas ideológicas estridentes. En 1926 escribió un artículo, titulado «Nacionalismo, islam y marxismo», en el que preguntaba: «¿Pueden estos tres espíritus trabajar juntos en las circunstancias coloniales para convertirse en un gran espíritu, el espíritu de la unidad?». La respuesta natural en su caso era afirmativa. El capitalismo, defendía, era enemigo tanto del islam como del marxismo, y hacía un llamamiento a los defensores del marxismo —que aseguraba que no era un dogma inmutable, sino más bien una fuerza dinámica que se adaptaba a las diferentes necesidades y circunstancias— a luchar al lado de los musulmanes y de los nacionalistas.[54]

Al año siguiente, Sukarno fundó el Partido Nacionalista Indonesio (PNI), situado en mitad de las corrientes que se enfrentaban al dominio imperial neerlandés: con los comunistas a la izquierda y los grupos musulmanes a la derecha. La predilección natural de Sukarno por la inclusión era sumamente apropiada para el momento histórico. Indonesia es un archipiélago cuyas islas se dispersan por unos cinco millones de kilómetros cuadrados de mar

---

[52] A propósito de la identificación de socialismo e independencia, véase McVey, *Rise of Indonesian Communism*, p. 20; para el pensamiento comunista musulmán, véanse las pags. 171-76.
[53] *Ibid.*, p. 73.
[54] Legge, *Sukarno*, pp. 97-98.

y acogen a cientos de nacionalidades diferentes que hablan más de setecientas lenguas. Nada las unía, más allá de las fronteras artificiales impuestas por una potencia extranjera racista. La joven nación necesitaba una idea compartida de identidad más que ninguna otra cosa.

Sukarno fue el profeta de esa identidad. En 1945 proporcionó una base ingeniosa y apasionada de lo que significaba ser indonesio al proponer la Pancasila: los cinco principios. Eran —y siguen siendo—: creencia en Dios, justicia y civilización, unidad indonesia, democracia y justicia social. En la práctica, combinan la afirmación genérica de la religión (que podría significar islam, cristianismo o budismo), independencia revolucionaria y socialdemocracia. Sin duda tampoco excluían a los comunistas, dado que la amplia mayoría eran musulmanes *abangan* como Sukarno o hinduistas balineses como su madre. Incluso una diminuta minoría de comunistas de alto nivel que no se adhería a ninguna religión acabó considerando la Pancasila lo bastante apropiada como para acabar apoyándola en unos años. Más tarde, el presidente del PKI lo justificaría con una vuelta de tuerca de lo más novedosa al marxismo, afirmando que en Indonesia la creencia generalizada en Dios era un «hecho objetivo» y que «los comunistas, en tanto que materialistas, tienen que aceptar este hecho objetivo».[55]

La República de Indonesia adoptó un lema nacional: *Bhinneka Tunggal Ika*, que significa «unidad en la diversidad» en javanés antiguo, la lengua hablada por el mayor número de personas, en su mayoría residentes en el centro de la isla. Pancasila, o *Pantja Sila*, proviene a su vez del sánscrito, que se utilizaba en la época preislámica a lo largo del archipiélago de Nusantara, cuando gran parte de las islas estaban fuertemente influidas por elementos culturales y religiosos originarios del subcontinente indio («Indonesia» significa sencillamente «islas de las Indias», y tiene su origen, como «India», en el río Indo).

---

[55] El PKI apoyó formalmente la Pancasila en 1954. Rex Mortimer, *Indonesian Communism under Sukarno: Ideology and Politics 1959-1965*, Cornell University Press, 1974, pp. 66-67. Para las retorcidas justificaciones teóricas de D. N. Aidit, véase también la página 92.

Fue bajo la tutela de Sukarno cuando la joven nación decidió hacer del *bahasa indonesia* la lengua oficial del país. Un líder con menos amplitud de miras podría haberse visto tentado a convertir su lengua materna, el javanés, en la lengua oficial, pero era una lengua difícil de aprender y se podría haber considerado con facilidad como una imposición chovinista o incluso colonial por parte de la isla más poderosa. En lugar de eso, Indonesia eligió una lengua sencilla, en apariencia neutral, y la mayor parte del país la aprendió en una o dos generaciones. Fue este un logro significativo; países vecinos del Sudeste Asiático todavía no han fijado verdaderas lenguas nacionales.[56]

Sukarno era un nacionalista del tercer mundo con tendencia a la izquierda y más un visionario que un administrador del día a día, como Howard Jones y el resto de estadounidenses pronto aprenderían. Fiel a su naturaleza conciliadora, estaba decidido a mantener una relación de amistad tanto con Estados Unidos como con Moscú, y desde luego no pretendía irritar a los líderes de Washington.

Jones entabló algo parecido a una amistad con Sukarno, a pesar de que muchos de sus compañeros estadounidenses consideraban que estaban «perdiendo» Indonesia frente al comunismo. De hecho, sorprendió a muchos indonesios, incluidos aquellos de la izquierda más radical, cuando los llamó para charlar un rato. En aquel momento la izquierda veía de manera automática a Estados Unidos con desconfianza: los días de la apertura de Ho Chi Minh hacia Washington habían pasado. Jones alcanzó rápidamente la conclusión de que, para ser efectivos, los programas de ayuda que estaba gestionando no podían en modo alguno parecer paternalistas ni ofender el acérrimo orgullo de los indonesios por su independencia. En cuanto al objetivo primordial

---

[56] Cuando empecé a trabajar de corresponsal en el Sudeste Asiático, me desconcertó descubrir que en Malasia la etnia malaya habla malayo, la etnia china habla un dialecto chino y los «indios» hablan tamil. No existe una lengua que todo el mundo hable con fluidez, al menos no en comparación con Indonesia. De forma similar, me quedé de piedra cuando supe que el presidente filipino Duterte ni siquiera habla con fluidez el tagalo (los discursos a toda la nación los daba en inglés, una lengua que no hablan todos los filipinos).

de esa ayuda, Jones era bastante sincero con sus interlocutores: Washington no quería que Indonesia pasara a formar parte del «bloque comunista».[57]

Sukarno era el presidente indiscutible, pero gobernar requería maniobrar constantemente en un sistema parlamentario rígido. Lideraba un Gobierno de coalición, y, aunque el PKI apoyaba el acuerdo, había varios partidos que tenían mucha más influencia. De hecho, los comunistas no tenían representación en el consejo de ministros.[58] Como era su costumbre, Jones siguió corrigiendo a otros representantes estadounidenses que no entendían Asia en sus propios términos. Él sí que entendía al presidente indonesio cuando le decía: «Soy nacionalista, pero no comunista». «Sonrisas» Jones estaba orgulloso —y consternado— de ser «el único estadounidense que estaba convencido de que Sukarno no era comunista».[59]

Como líder de un país del tercer mundo tan grande, Sukarno era relativamente bien conocido en Washington. Sin embargo, un año después de la llegada de Jones, Sukarno celebraría un evento que lo lanzaría a la escena internacional y cambiaría el significado de la revolución indonesia para siempre.

Bandung

El término «tercer mundo» nació en 1951 en Francia, pero en realidad no alcanzó la mayoría de edad hasta 1955. Y lo hizo en Indonesia.

Como ha escrito el historiador Christopher J. Lee, fue la Konferensi Asia-Afrika, celebrada en Bandung en abril, la que realmente consolidó la idea del tercer mundo.[60] Este destacado encuentro reunió a personas del mundo colonizado en un movimiento opuesto al imperialismo europeo e independiente del poder de Estados Unidos y de la Unión Soviética.

---

[57] Jones, *Indonesia*, pp. 42-44.
[58] Legge, *Sukarno*, pp. 260-61.
[59] Jones, *Indonesia*, p. 80.
[60] Christopher J. Lee, «Between a Moment and an Era: The Origins and Afterlives of Bandung», en Christopher Lee (ed.), *Making a World After Empire: The Bandung Moment and its Political Afterlives,* Ohio University Press, 2010, loc. 217 de 4658, Kindle.

No sucedió automáticamente; fue el resultado de los esfuerzos coordinados de algunos de los nuevos líderes del mundo. En 1954, Indonesia se sumó a Birmania (Myanmar), Ceilán (Sri Lanka), Pakistán e India, liderada esta última por Jawaharlal Nehru, el mismo líder que dio a los hermanos Kennedy toda una clase magistral en la cena que compartieron, y formaron el grupo de Colombo, que tomó su nombre de la capital de Sri Lanka, donde se reunieron y empezaron a planificar un encuentro mayor. El primer ministro indonesio propuso inicialmente una conferencia en 1955 como respuesta a la fundación de la OTSA, la copia de la OTAN impulsada por Estados Unidos en el Sudeste Asiático. Sin embargo, la lista de invitados creció con rapidez; Nehru invitó a China (lo que por fuerza excluía a Taiwán), mientras que la Sudáfrica del *apartheid* y las dos Coreas (que técnicamente seguían en guerra), así como Israel (cuya presencia podría haber molestado a las naciones árabes), no recibieron invitación.

Las personas que se reunieron en la Conferencia Afro-Asiática de Bandung representaban en torno a la mitad de las Naciones Unidas y a 1500 de los 2800 millones de habitantes con los que contaba el planeta. Tal y como declaró Sukarno en el discurso inaugural, pronunciado en ráfagas de un inglés con acento pero perfecto, aquella era «¡la primera conferencia intercontinental de las personas de color en la historia de la humanidad!».[61] Algunos de los países presentes habían alcanzado poco antes la independencia, otros todavía luchaban para conseguirla. Brasil, el país más grande de América Latina, asistió como «observador» amigo de un tercer continente.

La mera celebración de la conferencia elevó a Sukarno y a Nehru a la posición de líderes internacionales. Catapultó también a la relevancia mundial a Gamal Abdel Nasser, que había asumido el poder en Egipto, el mayor país árabe, apenas tres años antes. Al igual que Nehru, Nasser tenía una perspectiva laica y de izquierdas e insistía en su derecho a establecer alianzas con todos los países, incluida

---

[61] Utilizo la transcripción oficial, que puede encontrarse en muchas páginas web, por ejemplo: www.cvce.eu/content/publication/2001/9/5/88d3f71c-c9f9-415a-b397-b27b8581a4f5/publishable_en.pdf. No obstante, en el vídeo del discurso (también fácil de encontrar en internet), se corrige en este punto y dice: «Las así llamadas personas de color».

la Unión Soviética. Con su presencia, el ministro de Exteriores de Mao, Zhou Enlai, buscaba legitimar la República Popular China entre sus vecinos y ponerse de parte del tercer mundo.[62]

Las cuestiones abordadas en el encuentro llevaron al florecimiento de numerosas organizaciones internacionales, algunas de ellas activas aún hoy. Las inspiraba el «espíritu de Bandung», que Sukarno presentó con mucha claridad en el contundente discurso inaugural:

> Nos reunimos hoy aquí como resultado de los sacrificios. Los sacrificios hechos por nuestros antepasados y por las personas de nuestra generación y de las siguientes. Para mí, esta sala no está llena únicamente de líderes de las naciones de Asia y de África; contiene también entre sus paredes el espíritu inmortal, indomable e invencible de aquellos que se marcharon antes que nosotros. Su lucha y su sacrificio prepararon el terreno para este encuentro de los más altos representantes de las naciones independientes y soberanas de dos de los mayores continentes del planeta. [...]
>
> A todos nosotros, seguro estoy, nos unen cosas más importantes que aquellas que superficialmente nos dividen. Nos une, por ejemplo, un aborrecimiento común del colonialismo en cualquier forma que se presente. Nos une un aborrecimiento común del racismo. Nos une una determinación común de preservar y estabilizar la paz en el mundo.

Sukarno llevaba un traje blanco hecho a medida, gafas y un pequeño sombrero *peci*. Mientras hablaba, los líderes mundiales sentados frente a sus escritorios aplaudían y acercaban la cabeza para seguir escuchando. Acaparó la atención de todos ellos cuando dirigió sus legendarias habilidades retóricas contra el imperialismo occidental:

> ¿Cómo es posible mostrar desinterés por el colonialismo? Para nosotros, el colonialismo no es algo lejano y distante. Lo hemos conocido en toda su crueldad. Hemos visto las inmensas pérdidas humanas que provoca, la pobreza que conlleva y la herencia que

---

[62] Lee, «Between a Moment and an Era», loc. 195 de 4656, Kindle.

deja en su estela cuando, con el tiempo y a regañadientes, es expulsado por el inevitable avance de la historia. Mi pueblo, como los pueblos de muchas naciones de Asia y de África, conoce estos hechos, pues los ha experimentado. [...]

Sí, algunas partes de nuestras naciones todavía no son libres. Por eso es por lo que ninguno de nosotros puede sentir todavía que se ha alcanzado el final del camino. Ningún pueblo puede sentirse libre mientras haya partes de su madre patria que no sean libres. Al igual que la paz, la libertad es indivisible. No es posible ser medio libre, como tampoco es posible estar medio vivo.

Casi todos los presentes sabían exactamente a qué se refería. Las personas que escucharon aquel discurso aquel día pasarían el resto de sus vidas describiendo la energía que había despertado en el público. Prosiguió:

Y, os lo ruego, no penséis en el colonialismo únicamente en la forma clásica que nosotros, en Indonesia, y nuestros hermanos de diferentes partes de Asia y de África conocemos. El colonialismo también tiene su traje moderno, que adopta la forma del control económico, el control intelectual y el control físico real por parte de una comunidad pequeña pero extranjera dentro de una nación. Es un enemigo habilidoso y decidido que se presenta con muchos disfraces. No renuncia a su botín con facilidad. Dondequiera, cuandoquiera y comoquiera que aparezca, el colonialismo es pernicioso y debe ser erradicado de la faz de la tierra.

Sukarno y los organizadores se habían esforzado sumamente para evitar contrariar o asustar al país más poderoso de la tierra con su patente retórica antiimperialista. De este modo, habían revisado los libros de historia de Estados Unidos y habían preguntado a los estadounidenses que conocían para encontrar una forma de vincular la fecha de la conferencia con Estados Unidos.[63] La encontraron. El presidente continuó con discurso:

---

[63] Dipesh Chakrabarty, «The Legacies of Bandung: Decolonization and the Politics of Culture», en Making a World After Empire, loc. 641 de 4658, Kindle; Richard

La batalla contra el colonialismo ha sido larga, y ¿saben ustedes que hoy es una fecha señalada de esta batalla? El 18 de abril de 1765, hace justamente ciento ochenta años, Paul Revere cabalgaba a medianoche por los campos de Nueva Inglaterra, advirtiendo de que se aproximaban tropas británicas y del inicio de la guerra de Independencia de Estados Unidos, la primera guerra anticolonial de la historia que concluyó en victoria. A propósito de aquella medianoche escribió el poeta Longfellow: «Un grito de desafío y no de miedo, / una voz en la oscuridad, una aldaba que suena, / y una palabra que resonará por siempre jamás».[64] Sí, resonará por siempre jamás.

Como Howard Jones entendió, la conferencia de Bandung impulsó un tipo de nacionalismo completamente diferente del que existía en Europa. Para líderes como Sukarno y Nehru, la idea de «nación» no estaba fundamentada en la raza ni en la lengua —de hecho, no podía estarlo en territorios tan diversos como los suyos—, sino que provenía de la lucha anticolonial y de la voluntad de justicia social. Con Bandung, consideraba Sukarno, el tercer mundo podría unirse para perseguir sus propios fines compartidos, como la lucha contra el racismo y la consecución de la soberanía económica. Podría también unirse y organizarse de manera colectiva para mejorar sus condiciones en el sistema económico mundial, obligando a los países ricos a reducir sus impuestos a los bienes del tercer mundo, mientras que los países recién independizados podrían utilizar la fiscalidad para impulsar su propio desarrollo.[65] Después de siglos de explotación, estas naciones se encontraban a muchísima distancia de los países ricos, pero iban a forzar un cambio.

Veintinueve países participaron de pleno derecho en la conferencia de Bandung, a los que se sumaron los que asistieron como

---

Wright, The Color Curtain: A Report on the Bandung Conference, Banner Books, 1956, pp. 158-65.

[64] Los versos pertenecen al poema «Paul Revere's Ride», del poeta estadounidense Henry Wadsworth Longfellow (1807-1882). La traducción es nuestra. *(N. del T.)*.

[65] Prashad, *Las naciones oscuras*, pp. 39, 73 y 128-29 para el análisis del concepto de nacionalismo derivado de Bandung, el plan de Sukarno y los términos de los objetivos comerciales, respectivamente.

observadores. Los dos Estados vietnamitas participaron, pues en aquel momento tenían todavía oficialmente una coexistencia pacífica hasta que llegara el referéndum de 1956 para la reunificación. Presente estuvo también, desde la vecina Camboya, Norodom Sihanuk, quien, al igual que Sukarno, era férreo defensor de la independencia tanto de Washington como de Moscú. La República Siria, Libia, Irán (ahora al mando del sah) e Irak (aún un reino) enviaron representantes, y también se sumó el primer ministro pakistaní Mohamed Alí Bogra. Momolu Dukuly ocupó el asiento de Liberia, el país fundado por esclavos estadounidenses libertos en el siglo XIX.

El propio Sukarno a menudo vinculaba la lucha anticolonial con el combate contra el capitalismo mundial. Sin embargo, la conferencia de Bandung fue también un pequeño golpe para los comunistas del PKI que lo apoyaban, habida cuenta de que el Partido Comunista Indonesio prefería una alianza directa con la Unión Soviética.

Gracias a sus habilidades lingüísticas, Zain, el marido de Francisca, fue uno de los periodistas indonesios que tuvieron la suerte de cubrir la conferencia. Escribía para el *Diario del Pueblo*, que alabó sin mesura el encuentro, a pesar de este pequeño desaire.

«¡Larga vida a la amistad y a la cooperación entre los pueblos de África y de Asia!», exclamaba el periódico el día de la inauguración, con una ilustración en portada de un hombre cuyo cuerpo musculado apuntalaban las banderas del tercer mundo y hacía girar la rueda de la historia. Al día siguiente, después del discurso inaugural de Sukarno, el *Diario del Pueblo* publicó una tira cómica con caricaturas que representaban a Gran Bretaña, Estados Unidos, los Países Bajos y Francia sufriendo un fuerte dolor de cabeza. El chiste que acompañaba a la viñeta era un poco forzado: la Conferencia Afro-Asiática (AA) hacía que las potencias imperialistas pidieran desesperadas Aspirina Aspro (AA), porque asistir a la unidad de las jóvenes naciones independientes les hacía estallar la cabeza.[66]

---

[66] *Harian Rakyat*, 18 y 19 de abril de 1955. Archivos del *Harian Rakyat*, Universidad de Malaya, Kuala Lumpur. Curiosamente, el periódico publicitaba pastillas

Por parte de Estados Unidos, el observador más entusiasta de aquel encuentro era Richard Wright, el novelista y periodista negro. Richard Wright, excomunista y autor de la novela *Hijo nativo*, escribió a partir de sus experiencias en la conferencia un libro cuyas páginas serían de gran influencia en el pensamiento anticolonial y antirracista. En cuanto supo de «una reunión de casi todas las razas humanas que habitan el principal centro geopolítico de gravedad de la Tierra», una conferencia «de los despreciados, los insultados, los heridos, los desposeídos..., en pocas palabras: los desamparados de la raza humana», decidió que tenía que ir a documentarla.[67]

Antes de partir rumbo a Bandung, Wright habló con norteamericanos y europeos horrorizados por la idea de la conferencia, convencidos de que un encuentro de esas naciones solo podía suponer «racismo a la inversa», odio a los blancos inspirado por los comunistas o una alianza mundial antiblancos.[68] El propio Wright se mostraba escéptico con los objetivos de Bandung, hasta que vio el legado del colonialismo y escuchó los discursos. De inmediato reparó en que los indonesios le hablaban de manera completamente diferente cuando no había personas blancas en la habitación. Wright conoció a un indonesio que había trabajado de ingeniero tres meses en Nueva York pero casi nunca salía del apartamento: tenía demasiado miedo a las agresiones racistas en la calle.[69] Entonces Wright se encontró con un libro de 1949 destinado a enseñar indonesio a los funcionarios coloniales y a los turistas..., con el pequeño inconveniente de que no contenía palabras que permitieran una conversación. Era básicamente un listado de órdenes, todas puntuadas con signos de exclamación:

>¡Jardinero, barre las hojas del jardín!
>¡Esa escoba está rota! ¡Haz una escoba!
>¡Aquí está la ropa sucia!

---

curalotodo y medicamentos en la última página. Por muy comunistas que fueran, al parecer no les venían mal los ingresos de la publicidad.

[67] Wright, *The Color Curtain*, p. 12.
[68] *Ibid.*, pp. 16, 35-60.
[69] *Ibid.*, pp. 78 y 103.

Y luego, en una sección titulada «Atrapa al ladrón»:

> Ha desaparecido toda la plata.
> Los cajones del aparador están vacíos.[70]

Wright también reparó en el escaso anticomunismo que había en Asia en comparación con sus Estados Unidos natales. Incluso el líder del Masjumi, el partido musulmán que recibía financiación de la CIA, le dijo que el «miedo al comunismo» preponderante en Occidente hacía difícil confiar en los líderes del primer mundo.

«Siempre tendremos nuestros recelos hacia las intenciones reales de Occidente, de las que hemos tenido buenas razones para desconfiar en nuestra historia pasada», le dijo el líder del Masjumi. «No se puede esperar un éxito real de una cooperación basada en fundamentos tan débiles», afirmaba, refiriéndose a una asociación basada meramente en el deseo de Washington de encontrar a cualquiera que se opusiera a los comunistas.

No todo funcionó con facilidad en Bandung. La Guerra Fría cargaba el ambiente de la conferencia, y no todo el mundo estaba de acuerdo sobre la forma de distinguirse de las principales potencias. Nehru, por ejemplo, se resistió a los intentos de los Estados del tercer mundo orientados hacia Occidente, como Irak, Irán y Turquía, de tildar los movimientos soviéticos en Asia de colonialismo. Los delegados no lograron alcanzar un acuerdo sobre la forma de apoyar en la práctica a territorios que todavía se encontraban bajo dominio colonial. Finalmente, acordaron diez principios básicos que vendrían a gobernar las relaciones entre los Estados del tercer mundo:

1. Respeto a los derechos humanos y a la Carta de las Naciones Unidas.
2. Respeto a la soberanía y a la integridad territorial de todas las naciones.
3. Reconocimiento de la igualdad de todas las razas y de la igualdad de todas las naciones, grandes y pequeñas.

---

[70] *Ibid.*, pp. 180-81. Wright señala que el libro en cuestión era *Bahasa Indonesia*, compilado por S. van der Molen (y adaptado al inglés por Harry F. Cemach).

4. No intervención: abstención de interferir en los asuntos internos de otro país.
5. Respeto al derecho de todas las naciones a defenderse.
6. Abstención del uso de la defensa colectiva para servir a los intereses particulares de ninguna de las grandes potencias, y abstención de ejercer presión a otros países.
7. Abstención de actividades o amenazas de agresión contra cualquier país.
8. Resolución de todas las disputas internacionales por medios pacíficos.
9. Promoción de la cooperación y los intereses mutuos.
10. Respeto a la justicia y a las obligaciones internacionales.

La consecuencia más conocida fue que la conferencia de Bandung aportó la estructura que terminaría convirtiéndose en el Movimiento de Países No Alineados, fundado en 1961 en Belgrado. Sin embargo, en Asia y en África, Bandung conllevó cambios que se percibieron de inmediato. Brotaron colectivos, redes de comunicación y organizaciones internacionales. Los líderes empezaron a retransmitir mensajes de radio a los dos continentes, llevando el mensaje del «espíritu de Bandung» a pueblos que todavía luchaban contra el colonialismo. Especialmente relevante fue que Nasser dirigiera este mensaje al sur, al África subsahariana y oriental, en sus emisiones de Radio Cairo.[71] En el Congo, la gente empezó a escuchar La Voix de l'Afrique, que retransmitía desde Egipto, y All India Radio, que realizaba emisiones en suajili, al tiempo que un hombre llamado Patrice Lumumba empezaba a formar el Mouvement National Congolais, un movimiento independentista muy en la línea del «espíritu de Bandung» que rechazaba las divisiones étnicas y pretendía construir la nación congoleña a partir de la lucha anticolonial.[72]

En 1958 se celebró en Colombo la primera Conferencia de las Mujeres Afro-Asiáticas, que impulsó un movimiento feminista

---

[71] Véase James R. Brennan, «Radio Cairo and the Decolonization of East Africa, 1953-1964», en *Making a World After-Empire*.
[72] Van Reybrouck, *Congo*, p. 262.

transnacional del tercer mundo. En la celebrada en 1961 en El Cairo, la organizadora egipcia Bahia Karam escribió en su introducción a las actas: «Por primera vez en la historia moderna —la historia femenina, claro está— ha tenido lugar un encuentro de mujeres afro-asiáticas [...], ha sido de hecho un gran placer y un estímulo conocer a delegadas de países de África a las que los imperialistas nunca antes habían permitido abandonar las fronteras de su tierra».[73] La prensa de Egipto, por ejemplo, empezó a centrar su atención en la vida de las mujeres de todo el tercer mundo, Indonesia incluida, analizando los «vínculos de hermandad y solidaridad entre las mujeres de África y de Asia».[74]

Los países de la conferencia de Bandung fundarían asimismo la Asociación de Periodistas Afro-Asiáticos, un intento de llevar a cabo una cobertura periodística del tercer mundo con personas del tercer mundo sin depender de los hombres blancos, habitualmente enviados desde países ricos para trabajar de corresponsales extranjeros y que llevaban contando sus noticias décadas, si no siglos.

En Indonesia, Sukarno había cimentado su posición en la imaginación del pueblo como el líder de un nuevo tipo de revolución. Francisca, completamente entregada, era capaz de recitar de memoria fragmentos del discurso inaugural de Sukarno en Bandung mucho tiempo después.

En Washington, sin embargo, la actitud era muy diferente. Su respuesta fue la condescendencia racista. Los responsables del Departamento de Estado apodaron la cita «Darktown Strutters Ball»,[75] en referencia a la popular canción.[76]

Pero para Eisenhower, Wisner y los hermanos Dulles, el comportamiento de Sukarno no era ninguna broma. A partir de aquel momento, el neutralismo sería para ellos una ofensa. Quien no estuviera de forma activa contra la Unión Soviética, debía de estar contra Estados Unidos, por mucho que alabara a Paul Revere.

---

[73] Laura Bier, «Feminism, Solidarity, and Identity in the Age of Bandung», en *Making a World After Empire*, loc. 1789 de 4685, Kindle.

[74] *Ibid.*, loc. 1695 de 4685, Kindle.

[75] Thomas, *The Very Best Men*, p. 157.

[76] «Darktown Strutters Ball» (el baile de los negros presumidos) es una canción de Shelton Brooks publicada en 1917. Ha pasado a ser un clásico del *jazz*. *(N. del T.)*.

Desde su nueva posición de senador, John Fitzgerald Kennedy hizo de lo más explícita su oposición a este enfoque en una serie de discursos pronunciados en los años posteriores a Bandung. En un discurso muy crítico con Francia por intentar aferrarse a Argelia por la fuerza, señaló que «la prueba más importante para la política exterior estadounidense hoy es cómo afrontamos el reto del imperialismo, qué hacemos para impulsar el deseo del hombre de ser libre. Será por esta prueba, más que por ninguna otra, por la que esta nación será juzgada por los millones de no alineados de Asia y de África, y será observada con nerviosismo por los amantes de la libertad todavía esperanzados del otro lado del telón de acero».[77]

JFK estaba ascendiendo hacia el estrellato, y este tipo de posición era poco habitual entre los políticos estadounidenses. El presidente Sukarno reparó en sus palabras. Pero Kennedy estaba en la oposición. Y otro acontecimiento de 1955, ocurrido también en Indonesia, alarmó todavía más a los anticomunistas que dirigían Washington.

La CIA gastó un millón de dólares para intentar influir en las elecciones parlamentarias de septiembre de ese año. Los socios elegidos por la agencia, el Masjumi, estaban claramente a la derecha de Sukarno. Pese a ello, a Sukarno y sus aliados les fue bien.[78] Y lo que fue aún peor para los estadounidenses: el PKI acabó en cuarto lugar, con el 17 por ciento de los votos depositados. Era el mejor resultado en la historia del Partido Comunista de Indonesia.

---

[77] John F. Kennedy, intervención en el Senado estadounidense, 2 de julio de 1957, www.jfklibrary.org/archives/other-resources/john-f-kennedy-speeches/united-states-senate-imperialism-19570702.

[78] Thomas, *The Very Best Men,* pp. 157-58; Jess Melvin, *The Army and the Indonesian Genocide: Mechanics of Mass Murder*, Routledge, 2018, p. 7.

03

Apretar las tuercas, bombardear las islas

Fútbol con Sakono

En marzo de 1956, el nuevo líder de la Unión Soviética, Nikita Jruschov, conmocionó a los comunistas de todo el mundo. En un discurso —inicialmente considerado «secreto»— ante el Partido Comunista, llevó a cabo una extensa y decidida denuncia de los crímenes cometidos por Stalin.[1] Stalin no se había preparado para la Segunda Guerra Mundial, defendía. Torturó a sus propios camaradas y los obligó a confesar delitos que nunca habían cometido para tener una excusa con la que fusilarlos y aferrarse al poder.

Stalin había muerto solo tres años antes. En sus exequias, tanta gente se lanzó a participar en el cortejo fúnebre que murieron personas aplastadas; en aquel momento muchos ciudadanos de la Unión Soviética y de otros países comunistas le tenían verdadero afecto y habían asumido una profunda identificación con el proyecto socialista y colectivista en general.[2] Verlo atacado ni más ni menos que por el líder del principal partido marxista-leninista fue un golpe inesperado para los comunistas de todo el mundo.

Parte de la izquierda, especialmente en Europa Occidental, reaccionó distanciándose del proyecto soviético en su conjunto. Otros —el más destacado entre ellos Mao— acusaron a Jruschov de distorsionar o exagerar las fechorías de Stalin en beneficio propio.

---

[1] Nikita Jruschov, «Sobre el culto a la personalidad y sus consecuencias», 25 de febrero de 1956. Versión en español: https://www.marxists.org/espanol/khrushchev/1956/febrero25.htm

[2] Suny, *The Soviet Experiment*, p. 413.

El líder chino empezó a defender que Jruschov era culpable del delito de «revisionismo» de la doctrina marxista-leninista, en la que fue la primera grieta de una creciente brecha entre los dos países.[3] Con su nuevo líder, la Unión Soviética apostó por una coexistencia pacífica con Occidente, facilitó un acercamiento a los países no alineados y amplió su ayuda a países del tercer mundo como Indonesia, Egipto, la India y Afganistán.

Oficialmente, el PKI se sumó a Jruschov en la perspectiva de un futuro posestalinista más moderado. En la práctica, no obstante, el mundo comunista estaba incluso más dividido de lo que lo había estado a inicios de la Guerra Fría. Los comunistas indonesios, confiados en la importancia de su país y viendo ampliados su tamaño y su fuerza, estaban incluso más seguros que antes de que no necesitaban acatar órdenes del extranjero.

Después del fallido levantamiento de Madiun en 1948, el PKI se había reorganizado con el liderazgo de Dipa Nusantara Aidit. Seguro de sí mismo y sociable, Aidit había nacido en la costa de Sumatra, en el seno de una familia musulmana devota, y se había hecho marxista durante la ocupación japonesa. Con el liderazgo de Aidit, el PKI se transformó en un movimiento legal con una base masiva e ideológicamente flexible que rechazaba la lucha armada, ignoraba con frecuencia las órdenes de Moscú, se mantenía próximo a Sukarno y se adhería a la democracia electoral. El partido estaba haciendo las cosas de manera muy diferente a los partidos comunistas ruso y chino. El objetivo del PKI, expresado tanto en público como en privado, era formar un «frente nacional unido» antifeudal con la burguesía local y no preocuparse por la puesta en práctica del socialismo «hasta el fin de siglo».[4]

En términos internacionales, el PKI estaba comprometido con el antiimperialismo, mientras que en la escena nacional, los miembros del partido hacían crecer el movimiento con victorias en elecciones democráticas.

---

[3] A propósito de la importancia del «discurso secreto» en el afianzamiento de la fractura chino-soviética, véase Lorenz M. Luthi, *The Sino-Soviet Split: Cold War in the Communist World*, Princeton University Press, 2008, cap. 2.

[4] Mortimer, *Indonesian Communism Under Sukarno*, pp. 26, 36, 44-45, 57-65 y 171.

Avanzaba 1956 y el mundo comunista se dividía todavía más con el envío de tanques a Hungría por parte de Jruschov para aplastar un levantamiento y reafirmar el control soviético. La violencia de octubre y noviembre de 1956 fue un desastre para Moscú en términos de imagen exterior. Fue también un grave fracaso personal para Frank Wisner. Aunque Estados Unidos lo negó en público, la CIA había estado animando a los húngaros a que se sublevaran, y muchos lo hicieron pensando que recibirían el apoyo de Washington. Cuando los hermanos Dulles se opusieron a esta vía de actuación, aparentemente abandonando a su suerte a los manifestantes, Wisner lo entendió como una traición personal.

El comportamiento de este último empezó a ser cada vez más errático. William Colby, agente veterano de la CIA en Roma, afirmaba en 1956: «Wisner estaba desvariando y furioso, completamente fuera de control. No dejaba de repetir que toda aquella gente estaba muriendo». Su hijo reparó en que estaba sobrepasado por el trabajo y profundamente implicado emocionalmente en los acontecimientos que tenían lugar en Europa. Wiz empezó a mostrar comportamientos que quienes trabajaban con él tenían dificultades para entender. Pensaban que podía deberse a una enfermedad provocada por un plato de almejas en mal estado que había comido en Grecia.[5]

Mientras el comunismo del segundo mundo se fracturaba, el tercer mundo se unía aún más gracias a una cierta incompetencia del primer mundo. Después de que Nasser nacionalizara el canal de Suez, Francia e Inglaterra se lanzaron a una invasión —en contra de los deseos de Washington— para reafirmar el control de la vía fluvial y expulsar al líder egipcio. Se les unió el joven Estado de Israel —cuya creación habían apoyado tanto Washington como Moscú—, pero finalmente tuvo que retirarse por la presión estadounidense. A pesar de la indignación de Eisenhower con el nuevo Estado judío, Washington incrementó de manera paulatina su apoyo a Israel desde mediados de la década de 1950 por motivos propios de la Guerra Fría. Hoy sabemos que fueron las nacientes alianzas entre la URSS y los regímenes nacionalistas radicales árabes las que

---

[5] Thomas, *The Very Best Men*, pp. 145-47.

sentaron las bases de una asociación cada vez más estrecha entre Estados Unidos e Israel.[6]

Algo más sucedió en 1956. O más bien no sucedió. La división entre Vietnam del Norte y del Sur se suponía que tenía que resolverse en unas elecciones que unificarían el país bajo un único Gobierno. Sin embargo, Ngo Dinh Diem, el líder católico de Vietnam del Sur (de mayoría budista) que Estados Unidos había elegido a dedo y que resultó ser completamente corrupto y dictatorial, sabía que sería derrotado con facilidad por Ho Chi Minh. Por tanto, decidió cancelar la votación. Washington estuvo de acuerdo, igual que lo estuvo cuando Diem declaró fraudulentamente haber ganado unas elecciones en 1955 con el 98,2 por ciento de los votos.[7] A partir de aquel momento, el Gobierno de Vietnam del Norte —y muchos comunistas del Sur— consideró que tenía derecho a oponerse directamente al régimen de Diem apoyado por Estados Unidos.

En aquel mismo año turbulento, Sukarno viajó a Washington. No está claro si el líder indonesio se dio cuenta o no, pero la visita no fue bien. La impresión que dejó a las personas más poderosas del planeta no fue buena. En Indonesia, el apetito sexual de Sukarno era famoso, pero conmocionó a los estadounidenses. A John Foster Dulles, un presbiteriano profundamente mojigato, le parecía «asqueroso». Frank Wisner, que no solía hablar del trabajo en casa, le confió en secreto a su hijo que «Sukarno quería asegurarse de que su cama estuviera debidamente ocupada, y a la agencia no le faltaban capacidades para satisfacer la lujuria del mandatario indonesio».[8]

Para empeorar todavía más las cosas, fue directo de Washington a Moscú y luego a Pekín. Consideraba que estaba en su derecho como líder mundial independiente, por supuesto, pero este no era el tipo de actuaciones que toleraba la Administración Eisenhower.

---

[6] Westad, *The Global Cold War*, pp. 125-28. Según Westad, Eisenhower se opuso a la intervención en Egipto (en contraste con su entusiasta apoyo en cualquier otro lugar) por dos motivos: en primer lugar, pretendía evidenciar la diferencia del comportamiento estadounidense con la campaña soviética en Hungría; en segundo lugar, parecía que Nasser no iba a llegar a ninguna parte, tanto si los europeos recuperaban el canal como si no.

[7] Stanley Karnow, *Vietnam: A History*, Penguin, 1991, pp. 238-39.

[8] Tanto esta cita como la afirmación de que estaba superado por el trabajo y afectado en el plano emocional provienen de mis entrevistas a Frank Wisner hijo.

En el otoño de 1956, Wisner le dijo a Al Ulmer, director de la división de la CIA en el Lejano Oriente: «Creo que ha llegado la hora de que le apretemos las tuercas a Sukarno».[9]

En las elecciones del año siguiente, al Partido Comunista Indonesio le fue todavía mejor que en 1955. El PKI era la organización más eficiente y profesional del país. Especialmente relevante era que, en un país asolado por la corrupción y el clientelismo, tuviera reputación de ser el más limpio de todos los grandes partidos.[10] Sus líderes eran disciplinados y entregados, y Howard Jones vio rápidamente que de hecho cumplían sus promesas, sobre todo con los campesinos y con los pobres. Jones no era el único en el Gobierno estadounidense que comprendía por qué los comunistas seguían ganando elecciones. El vicepresidente del momento, Richard Nixon, dio voz a una sensación generalizada en Washington cuando afirmó que «un Gobierno democrático no era [probablemente] lo mejor para Indonesia», porque «los comunistas podrían no ser derrotados en las campañas electorales dada su buena organización».[11] Y, aún más importante, Jones reconocía que el PKI estaba saliendo al campo a poner en práctica el tipo de programas que abordaban directamente las necesidades de la gente. Le preocupaba que el partido estaba «trabajando duro y con habilidad para ganarse a los desfavorecidos».[12]

Sakono Praptoyugono, hijo de campesinos de una aldea de Java Central, recuerda muy bien el impacto de estos programas. Sakono (no confundir con Sukarno, el presidente), el sexto de siete hermanos, nació en 1946 en la regencia de Purbalingga, cuando los

---

[9] Joseph Burkholder Smith, *Portrait of a Cold Warrior*, G. P. Putnam, 1976, p. 205.

[10] Geoffrey B. Robinson, *The Killing Season: A History of the Indonesian Massacres, 1965-66*, Princeton University Press, 2018, pp. 43-44. El 19 de diciembre de 1960, el Consejo de Seguridad Nacional estadounidense reconoció que el PKI se diferenciaba marcadamente de la «venalidad e incompetencia» de las organizaciones no comunistas. National Security Council Report, NSC 6023, Draft Statement of US Policy on Indonesia, December, 19, 1960, Document 293, *FRUS*, 1958-1960, Indonesia, Volume XVII, https://history.state.gov/historicaldocuments/frus1958-60v17/d293.

[11] Véase la documentación de la reunión celebrada el 5 de abril de 1956 por el Consejo de Seguridad Nacional: Editorial Note, NSC Meeting on April 5, 1956, *FRUS, 1955-57*, Vol. XXII, p. 254. Citado en Simpson, *Economists with Guns*, p. 32.

[12] Jones, *Indonesia*, p. 45.

neerlandeses todavía intentaban aplastar el movimiento de independencia indonesio. Tras el establecimiento de Indonesia como país, su padre consiguió un poco de arroz del Gobierno revolucionario y su familia se dedicó a trabajar un pequeño pedazo de tierra. Si bien sus padres eran campesinos que únicamente hablaban javanés, la joven república ofreció la oportunidad de estudiar a Sakono, que se lanzó a ello como una flecha.[13]

Podríamos decir que Sakono era el ojito derecho del maestro. Era el tipo de niño que se leía el periódico entero todos los días y organizaba clases extra para sus amigos y para él mismo después del colegio. Le encantaba estudiar historia y política, y a los nueve años ya seguía los casi continuos discursos de Sukarno por la radio (era todo un admirador del presidente) y los resultados de las elecciones nacionales.

Bajito, de constitución rotunda y con ojos chispeantes, Sakono era de los que disparan sin parar datos y citas y frases en lenguas extranjeras sin dejar de sonreír, tan emocionado que tal vez no repare en que otros pueden querer hablar de otra cosa. Leía el *Diario del Pueblo* (*Harian Rakyat* para él), y puso en marcha un grupo de estudio extracurricular con un joven miembro del PKI, que llevaba a cabo una continua actividad comunitaria en su localidad.

El más importante de los programas del PKI en la región de Sakono lo llevaba a la práctica la Alianza Indonesia de Agricultores (BTI), que intentaba garantizar los derechos de los campesinos en el marco legal existente e impulsar la reforma agraria. Los miembros de la BTI transmitieron a Sakono y a su familia que «la tierra pertenece a quien la trabaja y no se le puede quitar», y lo que todavía era más importante: revisaban y escrituraban las parcelas, se aseguraban de que se aplicaran las leyes y contribuían a mejorar la eficiencia de la producción agrícola.

Dos veces a la semana, Sakono y dos de sus amigos se reunían tres horas con un miembro del partido llamado Sutrisno —un hombre alto, despreocupado y con el pelo castaño y rizado— para

---

[13] Atención: no siga leyendo si no quiere saber cómo le fueron las cosas a Sakono. Toda la información relativa a su vida proviene de entrevistas del autor en Solo, entre 2018 y 2019.

estudiar política básica en la tradición marxista. Sakono aprendió sobre el feudalismo, y comprendió que la ineficiente distribución de la tierra que soportaba su familia cambiaría si Indonesia alguna vez hacía la transición al socialismo. Estudiaban los conceptos de neocolonialismo e imperialismo, y aprendían sobre los capitalistas. Sutrisno les hablaba de Jruschov y de Mao y del debate «revisionista», pero aseguraba que el PKI había elegido la vía pacífica hacia el poder en el contexto de la revolución del presidente Sukarno. Sakono no se podía permitir comprar ejemplares del *Harian Rakyat*, el rotativo para el que escribía Zain, así que iba a leerlo gratis a casa del vendedor de periódicos.

Como sucede con frecuencia con los adolescentes, Sakono se obsesionó un tanto. Su pasión por la teoría política de izquierdas impregnaba todos los aspectos de su vida. Sus amigos y él jugaban al fútbol en mitad del pueblo (por supuesto, no había un campo como tal en su pequeña aldea javanesa) y, mientras pateaban la pelota de un lado a otro, se decía que estaba aprendiendo lecciones políticas importantes. «El fútbol era el deporte del pueblo porque era barato —recordaría más tarde—. Y el deporte fortalece el espíritu colectivo, te enseña a trabajar con otros, que no puedes conseguir nada solo. Me di cuenta de que el fútbol me enseñaba que, si pretendías alcanzar algo, tenías que cooperar».

El PKI decía organizarse según las directrices leninistas, pero en realidad no era así. Era un «partido de amplias masas», en su propia terminología, con un crecimiento demasiado rápido para mantener la estricta disciplina jerárquica que defendía Lenin.[14] El partido tenía miembros activos, o cuadros, como Sutrisno, el maestro de Sakono, que se comprometían formalmente a defender la ética del partido. Asimismo, el PKI dirigía una serie de organizaciones afiliadas, como la BTI, orientadas a una participación masiva de la población civil. La contraparte industrial de la BTI era la SOBSI, un colectivo sindical que incluía a gran parte de la clase trabajadora del país, tanto si les interesaba el marxismo como si no. Estaba también la LEKRA, la organización cultural, que facilitaba un servicio esencial en pequeñas localidades

---

[14] Mortimer, *Indonesian Communism under Sukarno*, pp. 64-65.

donde había poco que hacer: organizaba conciertos, representaciones teatrales, de danza y espectáculos cómicos que a menudo se prolongaban toda la noche y ofrecían el mejor (y tal vez el único) entretenimiento posible.[15] «Oh, iba todo el mundo —recuerda Sakono—. No importaban tus ideas políticas. Si había algo, tenías que ir a verlo».

En un sentido amplio, todas estas organizaciones afiliadas a los comunistas apoyaban al presidente Sukarno, aunque no sin críticas. El Movimiento de las Mujeres Indonesias, conocido como Gerwani, se oponía a la práctica tradicional de la poligamia, que Sukarno abrazó de manera muy pública durante su presidencia. El Gerwani se convirtió en una de las organizaciones de mujeres más grandes del mundo. Estaba estructurada sobre principios feministas, socialistas y nacionalistas, y centraba su actividad en la oposición a las limitaciones tradicionales a las que estaban sometidas las mujeres, la promoción de la educación de las niñas y la exigencia de espacios para las mujeres en la esfera pública.[16]

En la región de Java Central en la que vivía Sakono, el Movimiento de las Mujeres se dedicaba a las cuestiones más básicas. Una joven llamada Sumiyati, que se incorporó a la organización en su aldea de Jatinom cuando era adolescente, aprendió a cantar, a bailar, a practicar deporte y, por encima de todo, a defender «los ideales feministas y el derecho de las mujeres a luchar para destruir los grilletes que las atan, además de nuestro derecho a aprender y a soñar». En la cuestión de la poligamia en general, el movimiento era inflexible en su oposición. En la cuestión concreta de la poligamia de Sukarno, se flexibilizaba.

«Ningún hombre es perfecto —aprendió Sumiyati—. Este es un tiempo de transición y tenemos que luchar por los cambios que queremos ver. Avanzamos paso a paso, no podemos esperar

---

[15] En indonesio, BTI responde a Barisan Tani Indonesia; LEKRA: Lembaga Kebudayaan Rakyat; y SOBSI: Sentral Organisasi Buruh Seluruh Indonesia. Son traducidos a veces como Frente Campesino de Indonesia, Instituto de Cultura Popular y Federación Panindonesia de Organizaciones de Trabajadores, respectivamente.

[16] Wieringa y Katjasungkana, *Propaganda and the Genocide in Indonesia*, p. 106. Para más información sobre el Gerwani, véase también Saskia Wieringa, *Sexual Politics in Indonesia*, Palgrave, 2002.

que el mundo se dé la vuelta con la misma facilidad con la que volvemos nosotras la mano».[17]

En ningún momento consideró el alegre y estudioso Sakono que su izquierdismo lo convirtiera en un subversivo. En todo caso, era más bien un bicho raro, una suerte de fanático juvenil más entusiasmado de la cuenta con la revolución del país. «Los comunistas son los buenos», pensaba con frecuencia. Lo estaban haciendo bien en las elecciones y eran amigos de su héroe, el presidente Sukarno.

En sus estudios, Sakono también desarrollo una interpretación sofisticada de la relación entre condiciones económicas e ideología. «Verás, el Partido Comunista nunca creció en Estados Unidos porque no tenía las raíces adecuadas —razonaba—. Pero en Indonesia tenemos mucha injusticia y explotación. Hay una relación entre las condiciones materiales de nuestra sociedad y la ideología que florece aquí. Y la injusticia es un suelo muy fértil para que crezcan sus raíces».

En 1957, la izquierda indonesia ya consideraba a Washington un obstáculo para el desarrollo de la nación, cuando no un enemigo declarado. Pronto la situación empeoraría mucho más. Estallaron rebeliones contra el Gobierno de Sukarno en las «islas externas», al noreste de Java y Bali, así como en la isla de Sumatra. Las rebeliones tenían en ambos casos motivaciones económicas e ideológicas: exigían más control de los ingresos de sus regiones, así como la prohibición del comunismo (algo que a Washington le encantó).

Dado que los rebeldes disponían de buen armamento, personas como Sakono y su maestro creían que Estados Unidos los estaba ayudando. «Es la estrategia *divide et impera* —argumentaría más tarde Sakono utilizando la expresión latina—. Es la Guerra Fría. Déjame que te lo explique: "Guerra Fría" es el nombre que han dado al proceso por el que Estados Unidos intenta dominar a países como Indonesia».

---

[17] Entrevistas del autor a Sumiyati en Solo, en 2018.

Bombas en Ambon

Con la izquierda indonesia cada vez más segura de que Washington estaba en cierto modo detrás de la creciente guerra civil, la aldea de Sakono recibió una copia del *Harian Rakyat* con una viñeta en portada. El titular que coronaba la ilustración decía: «Dos sistemas: dos morales». A la izquierda, la Unión Soviética lanzaba algo al cielo: el Sputnik, el primer satélite puesto en órbita por la humanidad, que había sido una herramienta propagandística fabulosa para el comunismo mundial durante todo el año. A la derecha, Estados Unidos arrojaba algo desde el cielo: bombas. Sobre Indonesia.[18]

Howard Jones estaba de vuelta, trabajando en Washington, mientras todo esto sucedía, hasta que sintió una metafórica mano en el hombro. El presidente Eisenhower le pidió que regresara a Indonesia. Esta vez sería el embajador de Estados Unidos. En cuanto volvió a pisar las islas, tuvo que hacer frente a un Gobierno que cada vez sospechaba más de Estados Unidos.

Apenas días después de que «Sonrisas» Jones presentara sus credenciales, en marzo de 1958, el ministro de Exteriores de Sukarno le pidió hablar con él. Subandrio, un diplomático delgado, con gafas y meditabundo que había intentado recabar apoyos internacionales desde Londres durante la lucha por la independencia de Indonesia, pidió al nuevo embajador estadounidense, con la mayor educación posible, que justificara el lanzamiento en paracaídas de un alijo de armas para los rebeldes. Había ametralladoras, subfusiles Sten y bazucas, y las armas llevaban la marca de un fabricante de Plymouth (Michigan).

Jones dijo no saber nada de aquello, y señaló que las armas estadounidenses se podían adquirir en el mercado libre por todo el mundo.

Subandrio dio un paso atrás y subrayó que no quería dar a entender que Washington estuviera armando a los que pretendían romper Indonesia. Con cuidado y midiendo sus palabras, no obstante, volvería a referirse a la cuestión varias veces. Subandrio

---

[18] *Harian Rakyat*, 19 de mayo de 1958.

estaba siendo extremadamente cauteloso para no enfrentarse ni ofender al nuevo embajador. Esta es la forma javanesa estereotipada de abordar temas sensibles: se bailotea alrededor de la cuestión de manera sugerente, incluso con amigos cercanos, y aquel era un representante de la nación más poderosa de la tierra. Poco a poco, Jones entendió que el ministro de Exteriores estaba convencido de que los rebeldes recibían apoyo externo, aunque no lo expresara abiertamente. Pero terminó por hacerlo. Subandrio adujo que su Gobierno consideraba que alguien estaba detrás de la rebelión, pero no llevó la acusación más allá. Jones sabía que sus jefes simpatizaban con la rebelión —todos ellos—, pero no tenía nada que admitir y la reunión se dio por concluida.

Poco después, Jones se encontró con Hatta, el revolucionario indonesio más importante después de Sukarno. Al igual que Subandrio, Hatta llevaba gafas y el *peci*, el tradicional sombrero plano, la versión indonesia del fez (una estética muy popular entre los primeros revolucionarios de Indonesia). Los dos hombres charlaron sobre la logística de la rebelión y Hatta dejó claro que compartía el compromiso de Washington de combatir el comunismo. Sin embargo, afirmaba, esta rebelión era una cuestión completamente diferente y la consideraba una amenaza a la propia Indonesia. Concluyeron la reunión. Sin embargo, cuando Jones daba media vuelta para marcharse, Hatta le ofreció al nuevo embajador una información dirigida directamente a sus preocupaciones.

—Desde el punto de vista de Estados Unidos, no podrían tener un hombre mejor de jefe de Estado Mayor en el Ejército indonesio —dijo Hatta, refiriéndose al general Nasution—. Desde su punto de vista, Nasution está bien.

—¿Qué quiere decir, doctor Hatta? —replicó Jones.

—Los comunistas me llaman enemigo número uno. A Nasution lo llaman enemigo número dos.

Jones tuvo una revelación: «Entonces lo que ha sucedido en Indonesia es que [...] los anticomunistas están luchando contra anticomunistas. El comunismo no es una cuestión importante en la disputa».

Tenía razón. El Ejército era quizá la fuerza más anticomunista del país, sin contar a los islamistas más radicales. Unos cuantos de sus generales de mayor rango incluso habían estudiado en Estados Unidos.[19]

Conforme la rebelión se prolongaba, empezaron a reunirse manifestantes delante de la mansión del embajador Jones, convencidos de que Estados Unidos estaba detrás de los rebeldes.[20] *The New York Times* le cubría las espaldas a Washington, arremetiendo contra Sukarno y su Gobierno en un editorial del 9 de mayo por dudar del compromiso estadounidense de no intervenir nunca en el conflicto.[21] Jones abordó las manifestaciones lo mejor que pudo. Pero la rebelión no tenía lugar en la capital, donde la situación, en términos generales, era cómoda. Los combates sucedían en el oeste, en la enorme isla de Sumatra, y en las más pequeñas del noreste.

Más importante era que había aviones que sobrevolaban Ambon (la isla de la que era originaria la familia de Francisca) y dejaban caer la muerte sobre sus residentes de forma despiadada. Un día tras otro, las bombas hacían blanco en los barcos militares y mercantes. Entonces, el 15 de mayo, las explosiones alcanzaron un mercado, donde murieron tanto los compradores matutinos como cristianos amboneses que acudían a misa.[22]

El 18 de mayo de 1958, los indonesios consiguieron derribar uno de los aviones y un único hombre cayó lentamente hacia una plantación de cocoteros. El paracaídas blanco quedó enganchado en las ramas de una alta palmera, donde el piloto permaneció un instante. Luego cayó al suelo y se rompió la cadera. Lo encontraron y lo detuvieron de inmediato soldados indonesios, que probablemente lo salvaron de que lo matara allí mismo la enfurecida población local.

Se llamaba Allen Lawrence Pope, era de Miami y agente de la CIA.[23] Howard Jones lo desconocía, pero los chicos de Frank Wisner

---

[19] Jones, *Indonesia*, pp. 115-18.
[20] *Ibid*., pp. 119-20.
[21] «Aid to Indonesian Rebels», *The New York Times*, 9 de mayo de 1958.
[22] Para una descripción de los ataques de Pope en Ambon, relatados desde la perspectiva de los pilotos, véase Kenneth Conboy y James Morrison, *Feet to the Fire: CIA Covert Operations in Indonesia, 1957-58*, Naval Institute Press, 1999, pp. 115-140. A propósito del bombardeo del mercado, que mató a personas que se dirigían a la iglesia, véase Jones, *Indonesia*, p. 129. Thomas afirma que la bomba cayó de hecho en la propia iglesia (Thomas, *The Very Best Men*, p. 158).
[23] Conboy y Morrison, *Feet to the Fire*, p. 166.

llevaban apoyando de forma activa a los rebeldes desde 1957.[24] Los dos hombres —y sus diferentes enfoques en el combate contra el comunismo— habían entrado en conflicto abierto.

Una vez que Wiz se reincorporó tras una baja por enfermedad en 1957, advirtió a los hermanos Dulles de que una rebelión sería un asunto impredecible y potencialmente explosivo. Ignoraron sus recelos y concedieron a Wisner permiso para gastar diez millones de dólares para apoyar una revolución en Indonesia. Los pilotos de la CIA despegaron de Singapur, un aliado emergente en la Guerra Fría, con el objetivo de destruir el Gobierno de Indonesia o romper el país en pedazos. Decidieron no informar de la acción encubierta al predecesor de Howard Jones en la embajada, John Moore Allison, porque, según las propias palabras de Wisner, el plan «podía suscitar una reacción adversa del embajador». En lugar de eso, lo trasladaron a Checoslovaquia y lo sustituyeron por Jones, que nada sabía.[25]

Mandaron de vuelta a Jones para que pudiera seguir sonriendo a los indonesios mientras otra rama de su propio Gobierno dejaba caer toneladas de explosivos y metal en pequeñas islas tropicales. Jones reparó en que el periódico indonesio *Bintang Timur* (Estrella de Oriente) había publicado una elaborada viñeta para ilustrar la situación. Dibujaba a John Foster Dulles en un cuadrilátero de boxeo. En uno de los guantes se podía leer: «Jones el Bienintencionado»; en el otro: «Pope el Asesino».[26]

A lo largo de la historia de la CIA, esta dinámica se repetiría con frecuencia. La agencia actuaba a espaldas de los diplomáticos y de los expertos del Departamento de Estado. Si la CIA tenía éxito, el Departamento de Estado se veía obligado a defender las nuevas circunstancias que la agencia había creado. Si los agentes secretos fracasaban, simplemente pasaban a otra cosa y dejaban a los avergonzados diplomáticos limpiar el desastre.

---

[24] Véase el diseño inicial de la operación en la biblioteca de la CIA: «Indonesian Operation—Original Concept of Operation», CIA Library, aprobado para su publicación en 2002, https://www.cia.gov/readingroom/document/cia-rdp89b00552r000 100040006-9.

[25] Thomas, *The Very Best Men*, p. 158.

[26] Jones, *Indonesia*, p. 130.

Es lo que sucedió con Jones. Por motivos que todavía no comprendemos, Allen Pope llevaba documentos identificativos cuando fue capturado. Sometido a juicio, se convirtió en un símbolo formidable de la implicación de Estados Unidos en las rebeliones, además de una prueba clara de que los indonesios —especialmente la izquierda— llevaban razón desde el principio. Aun así, el embajador Jones recibió órdenes de negar categóricamente que Estados Unidos hubiera controlado ninguna misión que afectara a la soberanía de Indonesia, incluida la de Pope.

Poco después, el embajador recibió autorización para ofrecer al primer ministro de Indonesia treinta y cinco mil toneladas de arroz si el Gobierno «daba verdaderos pasos para frenar la expansión comunista en el país».[27] Vista en su conjunto, se trataba de la estrategia del palo y la zanahoria, pero con el palo muy torpemente escondido.

La operación de 1958 en Indonesia fue una de las más amplias en la historia de la CIA y se diseñó a imitación del golpe de Estado de Guatemala; en otras palabras: sucedió justo lo que temían los periodistas del *Diario del Pueblo* como Zain cuatro años antes, cuando informaban cuidadosamente de los acontecimientos en América Central.[28]

En esta ocasión, no obstante, la operación fracasó. El Ejército indonesio aplacó las rebeliones, a consecuencia de lo cual incrementó enormemente su poder dentro del país, y no se descubrieron nuevas misiones militares estadounidenses.

Sukarno, por supuesto, se sentía profundamente traicionado. Lo manifestó en términos muy personales: «Quiero a los Estados Unidos, pero soy un amante decepcionado».[29]

Jones no disfrutaba lo más mínimo con la posición en la que lo dejaban las operaciones de la CIA de Wisner. Reflexionando más tarde sobre el trágico y absurdo fracaso de la operación, aludiría a la naturaleza de su país para encontrar una explicación: «Los políticos de Washington no estaban al tanto de todos los detalles

---

[27] *Ibid.*, p. 135. Otros autores han situado la cifra en 37.000 toneladas. Véase, por ejemplo, Thomas, *The Very Best Men*, p. 159; y Maior, *America's First Spy*, p. 251.

[28] En lo relativo a las semejanzas en la percepción y la planificación de la CIA en Guatemala y en Indonesia, véase Maior, *America's First Spy*, p. 250.

[29] Jones, *Indonesia*, p. 342.

ni comprendían realmente el significado profundo de la situación, sino que habían procedido asumiendo que el comunismo era la cuestión central —escribió—. Se trataba de ese punto débil tan habitual en los estadounidenses: ver el conflicto en términos de blanco y negro; una herencia, sin duda, de nuestros antepasados puritanos. No había grises en el panorama internacional. Solo existía el bien o el mal, lo correcto o lo incorrecto, el héroe o el villano».[30]

Jones subraya en sus memorias que los indonesios solo se dirigieron al bloque comunista para solicitar ayuda económica y militar después de haber agotado sus intentos de recibir el mismo tipo de ayuda de Estados Unidos.[31] En 1955, la Unión Soviética había ofrecido una ayuda sustancial, pero Indonesia, defendiendo su posición estrictamente neutral, respondió que no aceptaría más de lo que ofrecieran los estadounidenses. Incluso con esos términos titubeó el Gobierno, que dudaba si aceptar nada en absoluto de la Unión Soviética. Hasta 1958, el año en el que Allen Pope y otros agentes de la CIA quemaron vivos a ciudadanos indonesios. Entonces la aceptaron.

El manual que el equipo de Wisner había puesto en práctica en Irán y en Centroamérica había fracasado estrepitosamente en un país mucho más grande, un país que estaba desempeñando un papel fundamental en la escena internacional. De la forma más evidente posible, Washington había quedado al descubierto en Asia como agresor de uno de los líderes neutrales del mundo. Poco de esto apareció en las noticias en Estados Unidos, pero la población del tercer mundo lo sabía.

Frank Wisner empezó a comportarse de manera cada vez más errática a finales de 1958. A veces aparecía más alterado de la cuenta, hablando demasiado rápido. A veces los ojos se le quedaban vidriosos. De vuelta en Georgetown, acudió a un psiquiatra que le prescribió generosas dosis de psicoanálisis y lo sometió a terapia de choque.[32]

Jones, conjuntamente con el agregado militar de Estados Unidos en Indonesia, siguió el consejo de Hatta. Enfatizó a Washington

---

[30] *Ibid.*, p. 121.
[31] *Ibid.*, p. 122.
[32] Thomas, *The Very Best Men*, p. 160; Maior, *America's First Spy*, pp. 251-52.

que debería apoyar al Ejército indonesio en una estrategia anticomunista más efectiva y a largo plazo. Indonesia no podía simplemente ser dividida en pedazos para ralentizar el avance del socialismo internacional; Estados Unidos debía trabajar a partir de las condiciones existentes. El cambio estratégico comenzaría pronto y demostraría ser muy fructífero.

Entre bambalinas, sin embargo, los chicos de la CIA soñaban con proyectos de otra índole. En el lado amable, una tapadera de la CIA denominada Congreso por la Libertad de la Cultura, que financiaba revistas literarias y obras de arte por todo el planeta, publicaba y distribuía libros en Indonesia, entre ellos *Rebelión en la granja*, de George Orwell, y la famosa colección de ensayos anticomunistas *El Dios que fracasó*.[33] En el extremo contrario, la CIA valoraba sencillamente asesinar a Sukarno. La agencia llegó al punto de identificar al «recurso» que lo mataría, según Richard M. Bissell, sucesor de Wisner en la subdirección de planificación.[34] En lugar de eso, la CIA contrató a actores pornográficos, incluido un doble bastante burdo de Sukarno, y produjo una película en un peculiar intento de destruir su reputación.

Los chicos de la agencia sabían que Sukarno tenía de manera rutinaria aventuras extramatrimoniales. Pero todo el mundo lo sabía en Indonesia. Las élites indonesias no se espantaban con las actividades de Sukarno, así que no era necesario que los corresponsales lo protegieran como hacían con donjuanes como John Fitzgerald Kennedy. Algunos de los partidarios de Sukarno veían en su promiscuidad una muestra de su poder y de su masculinidad. Otros, como Sumiyati y las integrantes del movimiento de mujeres Gerwani, lo consideraban un defecto vergonzoso. Pero la CIA pensaba que era su gran oportunidad de desenmascararlo. Así que reclutaron a un equipo de Hollywood.[35]

---

[33] Simpson, *Economists with Guns*, pp. 29-30.

[34] Véase el resumen del 30 de mayo de 1975 de la investigación de posibles planes para asesinar a líderes extranjeros por parte de la CIA: «Summary of Facts, Investigating CIA Involvement in Plans to Assassinate Foreign Leaders», Executive Director of the CIA Commission, May 30, 1975, p. 4. www.archives.gov/files/research/jfk/releases/docid-32112745.pdf.

[35] Thomas, *The Very Best Men*, p. 158.

Querían difundir el rumor de que Sukarno se había acostado con una hermosa azafata de vuelo rubia que trabajaba para el KGB, por lo que el presidente era inmoral y había comprometido al país. Para el papel del presidente, los cineastas (Bing Crosby y su hermano Larry) contrataron a un actor «de aspecto hispano» y le pusieron mucho maquillaje para que pareciera un poco más indonesio. También querían que fuera calvo, lo que expondría a Sukarno —que siempre llevaba sombrero— a una humillación todavía mayor. La idea era destruir el verdadero afecto que el joven Sakono, Francisca y millones de indonesios sentían por el padre fundador de su patria.

La cinta nunca llegó a proyectarse, no porque fuera inmoral o una mala idea, sino porque el equipo no fue capaz de ensamblar una cinta lo bastante convincente.[36]

Nueva Guinea Occidental

Después del fracaso de Allen Pope, las relaciones entre Indonesia y Estados Unidos también cayeron en picado, y solo estaba Jones para salvarlas. Con su característica energía, Sukarno rápidamente se dispuso a entablar amistad con el jovial nuevo embajador. Transcurridos apenas unos meses, en octubre de 1958, Jones y su mujer invitaron al presidente a un pequeño almuerzo en su bungaló de Puncak, en las montañas de Java Occidental. Para su sorpresa, Sukarno se presentó con ochenta guardias de seguridad y veinte chóferes, y de inmediato se dispuso a poner en práctica sus encantos con dos marines estadounidenses que acompañaban a Jones.

Se atracaron de pinchos de pollo y ternera al estilo *satay*, verduras y mangostanes, papayas, mangos y rambutanes. El presidente solicitó entonces algo de música y baile. Sukarno pidió los ritmos rápidos de las Molucas, es decir, música de Ambon y las islas circundantes, las que la CIA acababa de bombardear. Pronto

---

[36] Smith, *Portrait of a Cold Warrior*, pp. 238-40; y Robert Maheu y Richard Hack, *Next to Hughes: Behind the Power and Tragic Downfall of Howard Hughes by His Closest Advisor*, HarperCollins, 1992, pp. 71-115.

los estadounidenses y los indonesios estaban todos dando vueltas y sudando al ritmo de las teteras, que golpeaban con las cucharas y las bayonetas.[37]

La naciente amistad contribuyó a dejar atrás en su relación profesional los ataques de 1958, que todos sabían que no eran responsabilidad de Jones. Pero ese no era el único asunto que amenazaba las relaciones entre Estados Unidos e Indonesia.

La descolonización estaba lejos de haber concluido en el Sudeste Asiático. Cuando los Países Bajos finalmente capitularon ante los revolucionarios en 1949, transfirieron el control de la mayor parte de su territorio a la joven república. Sin embargo, no cedieron en su reclamación de un enorme territorio al este de Java y al norte de Australia: la mitad occidental de Nueva Guinea, la segunda isla más grande del planeta. Indonesia era ya en ese momento un país de una diversidad increíble, pero las personas de Papúa (Nueva Guinea) son visiblemente diferentes tanto física como culturalmente de los habitantes de otras islas. Tienen la piel más oscura y el pelo rizado, y la administración colonial neerlandesa apenas había penetrado en su territorio (los neerlandeses nunca tuvieron toda la isla: la mitad este, ahora Papúa Nueva Guinea, estaba controlada entonces por Australia).

Para Sukarno, la cuestión era de una simpleza increíble. Los neerlandeses no tenían absolutamente nada que hacer en ningún sitio que no fueran sus Países Bajos. Indonesia era una república nacional democrática y multiétnica. La raza no importaba, y tampoco el nivel de desarrollo económico de Papúa. Durante años, el Gobierno de Yakarta intentó negociar con los Países Bajos sin resultado. Posteriormente, entre 1954 y 1958, Sukarno defendió su posición en las Naciones Unidas. La estrategia implicaba organizar protestas en su propio país y presionar cuanto fuera posible a los Países Bajos. Washington, que no quería ofender a los neerlandeses, importantes aliados en Europa Occidental para la Guerra Fría, evitó apoyar la reclamación indonesia.

Para los indonesios era una cuestión de orgullo nacional. Era tan crucial que, a finales de 1957, el Gobierno indonesio —frustrado

---

[37] Jones, *Indonesia*, cap. 9.

por verse ignorado durante siete años— expulsó a todos los ciudadanos neerlandeses que quedaban en el país.[38] El movimiento sería necesariamente un golpe a la economía. Después de solo ocho años de independencia, y cuando el sistema de educación público apenas daba sus primeros pasos, Indonesia no había formado a todas las personas que necesitaba para gestionar las empresas establecidas a lo largo de siglos de colonialismo.

Francisca recuerda que, cuando se marcharon los neerlandeses, su biblioteca y su vida social pasaron a estar dominadas por los indonesios por primera vez. Indonesia había experimentado una transformación radical en menos de dos décadas: de ser una colonia en la que ella era parte de una minoría de estudiantes asiáticos en una clase de blancos, a ser una nación en la que gestionaba una biblioteca con personal indonesio exclusivamente. Este era el mundo en el que criaría a sus hijos. Y ya tenía tres.

Para ponerles nombre, Francisca y Zain mezclaron las tradiciones locales con sus ideas internacionales. A la primera hija la llamaron Damaiati Nanita: *damai* significa «paz» en *bahasa indonesia*. A la segunda, Francisca quería llamarla Candide, por la famosa obra de Voltaire, que había leído entusiasmada en Europa. Así que llamaron a la pequeña Kandida Mirana. El segundo nombre, que eligió Zain, incluía *mir*, el término ruso para «paz» (la paz se estaba convirtiendo en una idea fundamental). El tercer hijo, el primer varón, tomó los nombres cristianos Anthony y Paul de la tradición de las Molucas, propia de la familia de Francisca. Lo ampliaron a Anthony Paulmiro, de modo que, una vez más, su hijo portaría la paz: *mir*. Formaban parte de un nuevo grupo de indonesios, los primeros nacidos en el país independiente.

A su alrededor, en Yakarta, toda una generación que había sido educada en los valores forjados en 1945, entraba en escena. Estudiantes, trabajadores y personas de toda clase se habían manifestado contra el «imperialismo» en todas sus formas. Jones se las veía con ellos en la misma puerta de su casa.

Benny Widyono, un estudiante acomodado de Economía, participó en una de estas manifestaciones cuando estudiaba en la

---

[38] *Ibid.*, cap. 10.

universidad en Yakarta. Se incorporó a una multitud que lo llevó a la plaza Lapangan Banteng (un nuevo nombre para el lugar antes conocido como plaza Waterloo), y quedó electrizado por el movimiento que tenía lugar a su alrededor. La gente se había levantado por sí misma y exigía una independencia completa. No pedían permiso a las potencias occidentales. Las informaban. Los padres de Benny, que habían levantado sin hacer mucho ruido un negocio bajo la dominación neerlandesa y habían sufrido con la ocupación japonesa, nunca habrían imaginado que apenas una década más tarde Benny estaría en las calles de Yakarta protestando abiertamente contra el imperialismo.

Howard Jones recorrió el país entero preguntando a los indonesios si realmente les importaba la cuestión de la independencia papú de los neerlandeses. La respuesta no admitía réplica. Sí, les importaba de verdad. Pero eso no iba a cambiar la posición de Washington. Jones escribió que los locales se le acercaban una y otra vez y le decían, verdaderamente perplejos: «Es que no entendemos a Estados Unidos. Ustedes fueron una vez una colonia. Saben lo que es el colonialismo. Lucharon, sangraron y murieron por su libertad. ¿Cómo es posible que apoyen el *statu quo*?».

Después de una década representando a Estados Unidos en Asia, Jones no tenía respuesta. Se dio cuenta de que el comportamiento de Estados Unidos añadía más peso a la acusación «de que también nosotros nos habíamos convertido en una potencia imperial».[39]

---

[39] *Ibid.*, p. 181.

04

Una alianza para el progreso

Benny

Benny Widyono nació en 1936 en Magelang (Java Central), en una familia de origen chino. Siglos atrás, inmigrantes de China, particularmente del sur, empezaron a trasladarse a las islas del Sudeste Asiático. A menudo huían del hambre o de los bandidos, buscando trabajo o al menos refugio en una tierra con buena temperatura todo el año y donde parecía que siempre se podían coger cocos de los árboles para saciar el hambre. Algunos chinos llegaron al Sudeste Asiático en fechas tan tempranas como el siglo XI, y la inmigración continuó hasta fechas mucho más cercanas.[1]

Distribuidos por toda la región, algunos descendientes de la inmigración china terminaron trabajando por cuenta ajena o siendo tenderos o propietarios de pequeños negocios. Algunos amasaron una gran riqueza, ascendiendo a la cima de la naciente clase empresarial. Su posición en la moderna sociedad del Sudeste Asiático se ha comparado a veces, en un sentido muy amplio, con la de los judíos en Europa. Dado que aquellas personas de etnia china eran inmigrantes, no campesinos ni miembros de la realeza, y no ocupaban un lugar oficial en el antiguo sistema feudal, tuvieron que trabajar duro y se vieron obligados a dedicarse tempranamente a sectores que crecerían de forma exponencial con el posterior desarrollo del capitalismo. Experimentaban oleadas

---

[1] A propósito de la inmigración china en el Sudeste Asiático, véase Reid, *A History of Southeast Asia,* en particular las pp. 81-85 y 191-95. Toda la información sobre la vida de Benny Widyono proviene de entrevistas del autor.

periódicas de racismo —no solo porque se percibiera que ostentaban una riqueza inmerecida— que los empujaban a enclaves étnicos, lo que despertaba a su vez más sospechas.

Los familiares de Benny no eran tenderos. Eran ricos. Su padre se dedicaba al tabaco, aún hoy uno de los cultivos más importantes de Indonesia. Durante la ocupación japonesa fue encarcelado y torturado por enviar contribuciones a las fuerzas nacionalistas de Chiang Kai-shek en China, lo que lo dejó con una minusvalía el resto de sus días. Sin embargo, cuando los neerlandeses se marcharon, el negocio familiar volvió a prosperar, dando empleo a muchos trabajadores. De niño, Benny veía a los hombres javaneses cargar toda la noche enormes sacos, más grandes que sus escuálidos cuerpos, de un lado a otro de las plantaciones. Rogaban subidas salariales al jefe, pero este no tenía ningún incentivo para concederlas: era el único empresario de la localidad y no había forma real de que pudieran trabajar en ningún otro sitio.

Benny tenía una expresión cálida, cercana, y siempre estaba dispuesto a reírse de lo absurdo de la vida. Pero estas escenas lo marcaron. Se fue a estudiar Economía a Yakarta con algunos de los principales académicos del país. Empezó a aprender de explotación y monopolios, acumulación y beneficio. Entonces, en una visita a la familia en las vacaciones universitarias, Benny tuvo una conversación con su padre que probablemente resulte familiar a cualquiera que haya enviado a sus hijos a la universidad o haya pasado por sus aulas.

Benny atacó con sus nuevas ideas radicales a su padre. Lo llamó explotador.

«¡Casi me echa a patadas de la casa!», recordaría más tarde, antes de estallar en una carcajada. El propósito de titularse en Economía era que se hiciera cargo del negocio familiar, y ahí lo tenían, con sus modernas nociones de izquierdas, asegurando que estaba muy por encima de aquello. Al final, Benny y su padre superaron esta pequeña discusión y otro familiar terminó haciéndose cargo del negocio familiar, con lo que todo acabó por enderezarse.

Benny fue educado en la religión católica, a pesar de que su padre era confuciano. Asumió la fe de su madre y terminó en uno de los elitistas centros católicos de secundaria de Yakarta. Los estudiantes eran todos ricos y en su mayoría anticomunistas. Algunos eran rotundamente conservadores. Sin embargo, fueran cuales fueran sus preferencias políticas, casi todos apoyaban a Sukarno y su oposición al imperialismo internacional. En el instituto de Yakarta, incluso los estudiantes de derechas sentían verdadera simpatía por el gran líder de la revolución, y todos estaban profundamente orgullosos de su joven democracia.

En 1959, no obstante, cuando Benny estaba terminando sus estudios universitarios de grado, la naturaleza de la democracia indonesia cambió: dio un gran paso atrás.

Unos meses después de que fueran derrotadas las rebeliones regionales apoyadas por la CIA, Sukarno anunció que el país adoptaría un sistema que llevaba analizando unos años, llamado «democracia dirigida». De acuerdo con Sukarno, era la respuesta nacional a la debilidad de la democracia liberal. El liberalismo y la democracia de partidos, lamentaba, eran una importación occidental que enfrentaba a todos contra todos, obligando a cada persona a luchar por sus propios intereses egoístas. Así no se hacían las cosas en Indonesia, defendía Sukarno.[2] Quería un proceso de toma de decisiones basado en la tradicional asamblea de las aldeas, en la que todos se reunían y adoptaban la forma de actuar después de una cuidadosa deliberación. Todos los partidos estarían representados en el consejo de ministros —llamado consejo *gotong royong*, en consonancia con la práctica tradicional de las aldeas de hacer trabajos colectivos— y habría un «Consejo Nacional» en el que estarían representados colectivos civiles como los obreros, los campesinos, los intelectuales, los grupos religiosos y los empresarios. La idea era que nunca pudieran quedar excluidas las consideraciones de las minorías.

Sin embargo, cuando Sukarno anunció que el sistema entraría en vigor en julio de 1959, estaba sobrepasando sus poderes constitucionales. Se afianzaba como líder del Gobierno, mientras que los principales partidos —como el Masjumi (el partido musulmán que recibía financiación de la CIA en 1955 y apoyó las rebeliones regionales) y el Partido Socialista— quedaban excluidos *de facto*

---

[2] Legge, *Sukarno*, pp. 282-83.

del nuevo sistema. No volverían a celebrarse elecciones a la manera occidental durante la presidencia de Sukarno.

Hubo en Washington quien utilizó el descenso de Indonesia a una suerte de populismo iliberal como justificación retroactiva para su oposición al Gobierno de Sukarno. El desplazamiento a la democracia dirigida se produjo, no obstante, después de que la CIA bombardeara el país y valorara asesinar a su líder. El Partido Comunista Indonesio, el PKI, la bestia negra de Washington en el Sudeste Asiático, era el grupo político que más deseaba que siguiera habiendo elecciones.[3] El PKI no tenía interés en acabar con las elecciones en Indonesia por una sencilla razón: cada vez obtenía mejores resultados. En Singapur, los servicios de inteligencia británicos concluyeron en 1958 que, si se celebraba una votación, el Partido Comunista sería el más votado.[4]

Fue el Ejército, la fuerza más anticomunista del país, que estaba trabando una asociación cada vez más estrecha con Washington siguiendo las recomendaciones de Jones, el que forzó la cancelación de las elecciones previstas en 1959.[5] Los conflictos regionales habían incrementado enormemente en los dos años previos la influencia de los militares en la sociedad indonesia. Se otorgaron facultades de emergencia a las fuerzas armadas para combatir a los rebeldes, y el prestigio de los cuerpos al mando del general Nasution recibió un importante espaldarazo cuando lograron sofocar los ataques al Gobierno central.[6] Cuando la democracia dirigida entró en funcionamiento, el Ejército se convirtió en uno de los pocos actores clave de la sociedad indonesia. Los militares estaban a la derecha del presidente, los comunistas a la izquierda, y Sukarno ejercía un delicado equilibrio confrontando a las fuerzas políticas.

---

[3] Jones, *Indonesia*, p. 242; Mortimer, *Indonesian Communism Under Sukarno*, pp. 120-22.

[4] Véase el telegrama del 25 de abril de 1958 enviado al Ministerio de Exteriores británico, que se conserva en los Archivos Nacionales del Reino Unido: Telegram 272 from Singapore to the Foreign Office, April 25, 1958, Records of the Prime Minister's Office 11-2370, UK National Archives; citado en Simpson, *Economists with Guns*, p. 35.

[5] Jones, *Indonesia*, p. 160.

[6] Legge, *Sukarno*, p. 297.

Washington siguió el consejo de Howard Jones y se acercó a las Fuerzas Armadas indonesias para levantar un frente anticomunista. En 1953 y 1954 había en torno a una decena de oficiales indonesios formándose en Estados Unidos, un número que cayó a cero en 1958, el año que Allen Pope bombardeó Ambon. En 1959 pasaron a ser cuarenta y uno, y en 1962 había más de un millar de indonesios estudiando dispositivos, operaciones secretas y logística, fundamentalmente en la base militar de Fort Leavenworth.[7]

Esta nueva estrategia encajaba con el creciente consenso en Estados Unidos de que era preciso otorgar mayor poder e influencia a los militares del tercer mundo, incluso si eso significaba socavar la democracia. En la década de 1950, un campo de estudio académico llamado «teoría de la modernización» empezó a ganar influencia en Washington. En su enfoque más básico, la teoría de la modernización replicaba la formulación marxista de que las sociedades avanzan por etapas, si bien estaba profundamente influida por el entorno anticomunista y liberal estadounidense en el que emergió. Los expertos en ciencias sociales pioneros en la materia aducían que las sociedades «tradicionales» primitivas avanzarían a través de una serie concreta de etapas hasta alcanzar idealmente una versión de la sociedad «moderna» parecida a la de Estados Unidos.[8]

Tecnocrática y decididamente antipopulista, la teoría de la modernización era prodemocrática en la medida de lo posible, pero sus defensores fueron llegando de manera paulatina a la conclusión de que podría ser mejor tener simplemente una determinada élite (generales afines a Estados Unidos, por ejemplo) que aportara la fuerza crucial para el difícil salto a la «modernidad».

En 1959, el Departamento de Estado estadounidense concluyó un gran estudio guiado por esta lógica. La historia reciente de

---

[7] Bryan Evans III, «The Influence of the United States Army on the Development of the Indonesian Army (1954-1964)», en *Indonesia*, n.º 47, abril de 1989, pp. 27 y 44.

[8] En su magistral abordaje intelectual de la historia de la teoría de la modernización, Nils Gilman aduce que fue una respuesta al modelo aparentemente atractivo del desarrollo del tercer mundo que ofrecía la Unión Soviética, y en muchos sentidos transformó el anticomunismo «del populismo histórico de caza de rojos de McCarthy a una posición política respetable en términos sociales y científicos». Nils Gilman, *Mandarins of the Future: Modernization Theory in Cold War America*, Johns Hopkins Press, 2003, loc. 221 de 4567, Kindle.

América Latina, defendía el estudio, «indica que es preciso el autoritarismo para guiar a las sociedades atrasadas en sus revoluciones socioeconómicas. [...] La tendencia al autoritarismo militar se acelerará con la agudización de los problemas de desarrollo». El Consejo de Seguridad Nacional se reunió con el presidente estadounidense para debatir el informe y alabar profusamente sus conclusiones. Especialmente en el caso de Indonesia, empezaron a ver al Ejército como se veían a sí mismos: como un baluarte frente al comunismo y una fuerza política y económica modernizadora.[9]

De forma paralela, jóvenes indonesios eran conducidos a universidades estadounidenses a través de varios programas de becas y financiación de estudios. La idea, al igual que sucedió con programas similares por todo el tercer mundo, era mostrar a los jóvenes intelectuales cómo funcionaban las cosas en Estados Unidos, lo que con suerte los inspiraría a asumir ideas proestadounidenses cuando volvieran a casa. Desde 1956, la Fundación Ford concedía becas de investigación en Estados Unidos a jóvenes economistas indonesios.[10]

En 1959, para su sorpresa, Benny recibió una beca para estudiar en Estados Unidos. Fue una novedad bienvenida, pues tenía dudas sobre su futuro en Indonesia y todavía andaba un tanto peleado con la familia. Sin embargo, no iría a California como le habría gustado. Le concedieron una beca para asistir a la Universidad de Kansas, en Lawrence. No había puesto un pie fuera de Indonesia hasta ese momento.

Estados Unidos era un país un tanto peculiar, le contaba Benny a su novia del instituto en interminables cartas. Por algún motivo, tenía que asistir a clases de Educación Física como parte de su programa de maestría en Economía. Sucedía que los estadounidenses comían cantidades enormes de carne, algo que no le importaba, y que aquella gente de Kansas bebía grandes vasos de leche de vaca con las comidas, y eso sí que nunca lo entendió. Su vida era la del típico universitario pobre: vivía en una lóbrega residencia e intentaba pasárselo lo mejor posible entre clases e investigaciones

---

[9] Simpson, *Economists with Guns*, p. 36.
[10] *Ibid.*, p. 19.

sin fin. Benny y los otros estudiantes indonesios echaban de menos la comida de su país, pero no encontraron nada parecido en Kansas. Solo había un «restaurante chino estupidísimo» de estilo estadounidense en la pequeña ciudad universitaria, les contaba a los amigos.

Sin embargo, Lawrence se encontraba a solo cuarenta minutos de la base militar de Fort Leavenworth, donde se formaban miembros del Ejército indonesio. Y Washington los trataba muy bien. Para Benny y sus amigos universitarios —que no tenían un centavo— parecía que los militares estuvieran siendo directamente agasajados por el Gobierno de Estados Unidos. Tenían coches y dinero, por lo que podían ir a buscar a los estudiantes a la ciudad universitaria, juntar los dólares que les había entregado el Tío Sam para comprar los mejores ingredientes y cocinar un pequeño banquete indonesio en la residencia. Los militares eran en su mayor parte generales; algunos incluso habían luchado para aplastar las rebeliones regionales que había apoyado la CIA. Los jóvenes universitarios y los tipos del Ejército no hablaban mucho de política, pero a los primeros les quedó claro que la idea era «prepararlos para ser generales anti-Sukarno —en palabras de Benny—. Estaban todos bien entrenados y americanizados, y muchos de ellos se hicieron anticomunistas en Kansas».

Los estudiantes y los militares pasaban la mayor parte del tiempo compartiendo comida y nostalgia. Y emborrachándose para ir a la ciudad en busca de diversión. A los jóvenes indonesios les encantaba juntarse y dirigirse a Kansas City, donde podían ir a los clubes de estriptis. Indonesia no es un país mojigato, pero este tipo de espectáculos era algo que no existía en su tierra natal.

Benny también presenció otro espectáculo característicamente estadounidense: los procesos políticos en marcha vistos desde el centro geográfico del país. Poco después de su llegada, John F. Kennedy se enfrentó a Richard Nixon en la contienda por la presidencia. Benny y sus compañeros pudieron ver el famoso debate que emitió la televisión el 26 de septiembre de 1960, en el que Kennedy, seguro de sí mismo y atractivo, demostró estar hecho a la perfección al medio, mientras que Nixon, acartonado y sudoroso, transmitió una imagen muy pobre. No obstante, la vacilante economía, la ansiedad por la Unión Soviética, la influencia que tenía en el sur el candidato a vicepresidente Lyndon B. Johnson y el apoyo de las minorías, fueron factores que también contribuyeron a la victoria de JFK. Eso sí, por la mínima: solo consiguió unos 110.000 votos más que Nixon, de sesenta y nueve millones de papeletas depositadas.[11]

Patrice, Jack, Fidel, Nelson, Nasution y Sadam

Después del mojigato Eisenhower, Estados Unidos eligió a un presidente que era un donjuán, igual que Sukarno. Los dos se encontrarían pronto y se llevarían bien. Pero el nombramiento de Kennedy parecía anunciar importantes cambios en la política exterior estadounidense, especialmente con respecto al tercer mundo. Sukarno, como muchos indonesios, veía en el joven Jack a un raro aliado estadounidense en el combate contra el colonialismo, después de haber leído las críticas de Kennedy al dominio colonial francés en Argelia.[12]

En su papel de candidato a la presidencia, Kennedy se había presentado con sólidas credenciales anticomunistas, por supuesto. Aquello era Estados Unidos. En su discurso de investidura, no obstante, también se comprometió con el tercer mundo: «A aquellas personas que viven en chozas y aldeas de medio mundo y se esfuerzan por romper las cadenas de la pobreza masiva les prometemos destinar nuestros mejores esfuerzos a ayudarles a ayudarse durante el tiempo que sea necesario, y no porque los comunistas puedan estar haciéndolo, no porque queramos sus votos, sino porque es lo justo —subrayó Kennedy—. Si una sociedad libre no puede ayudar a los muchos que son pobres, no podrá salvar a los pocos que son ricos. A nuestras repúblicas hermanas

---

[11] Dallek, *J. F. Kennedy*, p. 312.
[12] Véase el telegrama enviado desde Yakarta al Departamento de Estado estadounidense el 25 de enero de 1961: Telegram 2154 from Jakarta to State, January 25, 1961, RG 59, Central Files, 611,98/1-2561, NA; citado en Simpson, *Economists with Guns*, p. 39.

del sur de nuestra frontera les ofrecemos un compromiso especial: convertir nuestras buenas palabras en buenas obras en una nueva alianza para el progreso».[13]

Ahora bien, Kennedy no iba a poner en funcionamiento un Gobierno en Estados Unidos partiendo de cero. Heredaría la Administración existente. Y las operaciones de la CIA que ya estaban en marcha por todo el planeta. El 17 de enero de 1961, tres días antes de su investidura, cuando todavía estaba preparando aquel discurso grandilocuente, el mundo entero recibió un brutal recordatorio de la existencia de la agencia cuando Patrice Lumumba, el joven, enérgico y popular líder del Congo, fue ejecutado.

Lumumba había asumido el cargo de primer ministro tras un proceso de descolonización todavía más caótico que el de Indonesia de la década previa. El final del control belga dejó a los pocos líderes independentistas del Congo luchando por establecer un Gobierno. Lumumba era un hombre dinámico y reconocido por los acelerados discursos que surcaban todo el territorio a través de las ondas radiofónicas. Cuando la nación obtuvo la independencia, se le comparó con el satélite Sputnik, y la gente común esperaba poco menos que un giro cósmico.[14]

El elegante Lumumba era más un liberal clásico que un hombre de izquierdas. Ataviado a menudo con una pajarita, era un *évolué*, un miembro de la clase de congoleses vestidos siempre de punta en blanco, uniformados con trajes europeos. Era un nacionalista económico, no un revolucionario internacionalista comprometido. Jruschov llegó a comentar que «el señor Lumumba es tan comunista como yo católico».[15]

Sin embargo, meses después de su elección, el joven e inexperto político cometió un grave error, al menos si atendemos a las normas de la Guerra Fría. Cuando las fuerzas belgas —y la industria minera— apoyaron un movimiento de secesión financiado

---

[13] Véase el discurso de investidura, pronunciado el 20 de enero de 1961: John F. Kennedy Presidential Papers, President's Office Files, Speech Files, Inaugural Address, January 20, 1961, en www.jfklibrary.org/asset-viewer/archives/JFKPOF/034/JFKPOF-034-002.

[14] Van Reybrouck, *Congo*, p. 289.

[15] *Ibid.*, p. 330.

por blancos en la provincia de Katanga, Lumumba se dirigió a las Naciones Unidas en busca de ayuda. La ONU no ofreció más que una resolución en términos muy duros. Lumumba estaba desesperado y consideraba que merecía apoyo militar. De este modo, el 14 de julio de 1960 envió un telegrama a Moscú en el que pedía asistencia. Fue filtrado de inmediato a la CIA.

Como señala David van Reybrouck en su impresionante historia del Congo: «No hay que infravalorar la importancia de este paso. Aquel telegrama abría de golpe un nuevo frente en la Guerra Fría: África». ¿Habían reparado Lumumba y su equipo en el impacto que tendría el telegrama? Seguramente no. «Dada la poca experiencia que tenían, es más probable que solo intentaran recibir apoyo del extranjero para solucionar un conflicto nacional en relación con la descolonización».[16]

Sin embargo, este no fue el único error de Lumumba. Cometió otro de gran calibre en Washington, o eso cuentan las leyendas de la CIA. Después de una serie de frenéticas reuniones en Washington, hizo una petición personal. Como Sukarno cuatro años antes, se cuenta que quiso tener un encuentro con una trabajadora sexual. Esto despertó «repugnancia», que se sumaba a la aversión que los responsables estadounidenses ya sentían por él. A mediados del siglo XX, los hombres negros eran despiadadamente torturados y asesinados en Estados Unidos por cometer supuestas transgresiones sexuales con mujeres blancas, aunque fuera sencillamente por haberles silbado. En Washington tampoco gustaba la forma en la que Lumumba hablaba de política. El subsecretario de Estado C. Douglas Dillon comentó: «Era presa de un fervor que solo puedo describir como mesiánico».[17] El nuevo subdirector de planificación de la CIA, Richard M. Bissell, lo llamó «perro rabioso». El 21 de julio, Allen Dulles señaló que

---

[16] *Ibid.*, pp. 325-329.
[17] Citado en las actas del Senado estadounidense en la sesión de investigación de supuestos complots para asesinar a líderes extranjeros celebrada el 20 de noviembre de 1975: «Alleged Assassination Plots Involving Foreign Leaders, an Interim Report of the Select Committee to Study Governmental Operations with Respect to Intelligence Activities», US Senate, November 20, 1975, US Government Printing Office, 1975, p. 53, www.intelligence.senate.gov/sites/default/files/94465.pdf.

se podía asumir con seguridad que había sido «comprado por los comunistas».[18]

El 25 de agosto, la Casa Blanca dio la orden y la CIA elaboró planes para llevar a cabo su asesinato.[19] Bissell pidió al doctor Sidney Gottlieb, el científico interno de la CIA —el mismo que había supervisado MKUltra, un programa que secuestraba a negros pobres en Estados Unidos y los medicaba con LSD para ver si la agencia era capaz de controlar sus mentes—, que preparara un veneno.[20] La CIA desarrolló planes para inyectarlo en la comida de Lumumba o en su dentífrico.[21] La operación quedó en nada, de modo que la agencia puso en marcha otra para conseguir que Lumumba se alejara de la protección que le prestaban las Naciones Unidas, momento en el que podría ser asesinado por sus rivales dentro del Congo.[22] Si bien finalmente no hubo una participación directa de la CIA, esto fue lo que sucedió. Lumumba perdió el reconocimiento de la ONU el 22 de noviembre, y cinco días más tarde huyó de su arresto domiciliario en Leopoldville. Las tropas leales a Joseph Mobutu, el jefe del Estado Mayor del Ejército apoyado por la CIA y amigo en tiempos

---

[18] Thomas, *The Very Best Men*, p. 221. Véase también el informe del Senado estadounidense «Alleged Assassination Plots Involving Foreign Leaders», p. 57.

[19] El 26 de agosto, Dulles firmó un telegrama en el que enfatizaba la prioridad de la «retirada» de Lumumba, lo que fue interpretado por los agentes de la CIA en el Congo como una «suerte de circunloquio para indicar que el presidente quería a Lumumba muerto». Véase el informe del Senado «Alleged Assassination Plots Involving Foreign Leaders», pp. 15-16.

[20] En lo relativo al proyecto MKUltra, véase Thomas, *The Very Best Men*, pp. 211-12; y Stephen Kinzer, *Poisoner in Chief: Sidney Gottlieb and the CIA Search for Mind Control*, Henry Holt and Co., 2019. Contamos en la actualidad con una amplia información desclasificada sobre el programa ilegal. Se trató de una gran operación internacional que se prolongó bastante más de una década. Además de experimentar con involuntarios «clientes» de trabajadoras sexuales (que eran fundamentalmente negros, aunque no todos, según Thomas), la CIA también llevó a cabo pruebas con presos, toxicómanos y con su propia plantilla, con consecuencias letales. Esta no era la primera vez que Gottlieb preparaba un veneno para asesinar a un líder extranjero. En 1955 elaboró una toxina que Zhou Enlai debía tomar con su bol de arroz en la conferencia de Bandung organizada por Sukarno. Finalmente la operación no se llevó a cabo. Véase Kinzer, *Poisoner in Chief*, pp. 133-34.

[21] Van Reybrouck, *Congo*, p. 336.

[22] Thomas, *The Very Best Men*, pp. 222-24.

pasados de Lumumba, dieron con él, lo secuestraron y lo entregaron a los rebeldes apoyados por Bélgica en Katanga. Con la participación de cuatro belgas, las fuerzas rebeldes de Katanga metieron a Lumumba en el maletero de un coche y lo llevaron cerca de un pozo poco profundo. Le dispararon tres veces y lo arrojaron al pozo.[23]

La muerte de Lumumba despertó la controversia en todo el mundo. Hubo manifestaciones en las calles de Oslo, Tel Aviv, Viena y Nueva Delhi. Las embajadas belgas sufrieron ataques en El Cairo, Varsovia y Belgrado. Moscú bautizó una universidad con su nombre. Mobutu se hizo con el poder en el segundo país más grande del África subsahariana, celebró ejecuciones públicas de sus rivales, instauró una dictadura y se convirtió en uno de los más estrechos aliados de Washington en África en la Guerra Fría.[24]

En el caso de Kennedy, sin embargo, sería la pequeña Cuba, apenas a ciento cincuenta kilómetros de Florida, la que ocuparía su atención en los primeros meses de su presidencia.

Cuando las fuerzas guerrilleras de Fidel Castro derrocaron la dictadura de Batista en enero de 1959, su movimiento no era abiertamente comunista ni estaba alineado con la Unión Soviética. Cierto es que lo acompañaba el Che Guevara, el marxista comprometido que había llegado a la conclusión, cuando vio el golpe de Estado de Guatemala en 1954, que Estados Unidos no era de fiar. El Che creía que el imperialismo capitalista se enfrentaría militarmente a cualquier proyecto socialista democrático, por lo que la lucha armada y un férreo control del Estado eran las únicas opciones posibles para los revolucionarios del tercer mundo. Pero, al principio, Castro esperaba mantener unas relaciones decentes con el Tío Sam, y algunos en Washington incluso celebraron su victoria. Todo esto se vino abajo rápidamente. Estados Unidos respondió a la reforma agraria y a las nacionalizaciones de Castro imponiendo importantes restricciones comerciales, lo que llevó a Cuba a dirigirse a la Unión Soviética para proveerse del combustible que tanto necesitaba.

---

[23] Van Reybrouck, *Congo*, pp. 337-340.
[24] *Ibid.*, pp. 369-74.

En su campaña electoral, John Fitzgerald Kennedy atacó a Eisenhower por ser blando con Cuba.

La invasión de la bahía de Cochinos, cuya planificación comenzó antes de que Kennedy asumiera el cargo, fue un fracaso para Estados Unidos y para JFK por dos motivos. El primero fueron los fallos burocráticos. La CIA no consiguió transmitir las verdaderas posibilidades de éxito a Kennedy, y tampoco alcanzó un acuerdo claro en cuanto al apoyo que sus mercenarios cubanos necesitarían después de desembarcar en la orilla cubana y tratar de incitar un levantamiento contra Castro. Antes incluso de que se iniciara la invasión, los propios preparativos ya provocaron todo tipo de problemas. La CIA valoró cancelar la operación, pero alertó al presidente de que los mercenarios que estaban entrenando en Guatemala hablarían en público en contra de Kennedy si eran desmovilizados.[25] Por si fuera poco, en Guatemala, la presencia de los cubanos desencadenó una revuelta militar contra la dictadura apoyada por Estados Unidos y dio inicio a una guerra despiadada cuya explosión llevaba gestándose desde el golpe de 1954. El segundo motivo para el fracaso fue que Estados Unidos pensaba que los cubanos se levantarían para apoyar una revuelta anticomunista.

En abril de 1961, tres meses después de que Kennedy prometiera su cargo, sucedió todo lo contrario y los soldados de fortuna fueron arrestados de inmediato. El Che Guevara tal vez no supiera cómo construir rápidamente un país socialista —conocidas eran sus dificultades como ministro de Economía—, pero desde luego no era tan ingenuo como para dejar al país expuesto al mismo tipo de intervención yanqui que había presenciado en persona en Guatemala.

Todo parece indicar que los mandos estadounidenses hubieran podido derrocar a Castro, como hicieron con tantos otros Gobiernos de la región a lo largo de los años, si hubieran aplicado más presión o hubieran puesto en práctica otra estrategia completamente diferente. Pero el fracaso de la bahía de Cochinos fue tan espectacular y tan palmario que tenían las manos atadas. Estados Unidos había utilizado su bala, y no podía volver a intentar nada tan evidente de nuevo.

---

[25] Dallek, *J. F. Kennedy*, p. 376.

Los días posteriores a la invasión, la «angustia y el abatimiento» de Kennedy eran patentes para todo el que lo rodeaba. El subsecretario de Estado Chester Bowles reconoció que el presidente estaba «bastante destrozado». El propio Kennedy relató que era la peor experiencia de toda su vida.[26] Decía sentirse responsable personalmente de los muertos de la invasión. Y había sido además una humillación nacional. Después de la bahía de Cochinos, dos cosas cambiaron en la presidencia de Kennedy, que con tanto idealismo había empezado: en adelante tendría que lidiar con la CIA que Wisner había creado y con los problemas que le había legado, y además tendría que gobernar siendo él al que acusaran de blando con el comunismo.

Incluso Jruschov ridiculizó a Kennedy por el fracaso en Cuba. Aunque Castro no es comunista, «están ustedes en el mejor camino para convertirlo en uno de los buenos», dijo el líder soviético al presidente estadounidense. En privado, Jruschov advirtió a sus aliados comunistas que temía que Kennedy no fuera rival para el enorme complejo militar-industrial de Estados Unidos, y le preocupaba que el joven presidente no lograra tener bajo control a las «fuerzas oscuras» de su país.[27]

Habían transcurrido únicamente cuatro días desde la invasión de la bahía de Cochinos, con Kennedy todavía armando su Gobierno, cuando el presidente Sukarno llegó de visita. Para el presidente indonesio, los paralelismos entre la bahía de Cochinos y lo que Indonesia había sufrido en 1958 eran evidentes. Pero, como educado javanés que era, no sacó el tema a colación. La Casa Blanca, por su parte, siguió el consejo de la legación de Jones de colmar a Sukarno de pompa y circunstancia, mientras los servicios secretos atendían a las «insaciables peticiones de chicas de compañía» del presidente Indonesio.[28] Sukarno no consiguió que Kennedy cambiara de posición con respecto a Nueva Guinea Occidental, pero se dice que el presidente americano quedó impresionado con aquel hombre. Al parecer, Kennedy dijo de él que era «un asiático inescrutable».[29]

---

[26] *Ibid.*, p. 386
[27] Zubok y Pleshakov, *Inside the Kremlin's Cold War*, pp. 245-53.
[28] Simpson, *Economists with Guns*, p. 51.
[29] Jones, *Indonesia*, p. 197.

Nada más concluir la reunión con Sukarno, el joven presidente envió una carta a Yakarta dirigida a Jones en la que dejaba claro que era él quien estaba al cargo de la presencia estadounidense en Indonesia, por encima «de todas las demás agencias».[30] Se trataba de un intento evidente de retirar a la CIA el control de las relaciones exteriores después del fracaso de la bahía de Cochinos.

En el resto del Sudeste Asiático, las acciones de la agencia de inteligencia se habían dejado sentir con contundencia. Se descubrió un complot secreto estadounidense en Camboya, que minó gravemente su credibilidad en la región. Durante años, Norodom Sihanuk había atacado el anticomunismo de Eisenhower convencido de que Estados Unidos estaba intentando librarse de él por defender una posición neutral. Sus afirmaciones fueron consideradas descabelladas o absurdas en su momento. Pero tenía razón. En 1959, un agente de la CIA recibió órdenes de colaborar con el ministro del Interior de Sihanuk para organizar un golpe de Estado que no tuvo éxito.[31]

El Gobierno de Ngo Dinh Diem, en Vietnam del Sur, también intentó sin resultados organizar un golpe de Estado en Camboya con la aprobación de Estados Unidos. Cuando fracasó, Sihanuk recibió un paquete por correo. Quizá era un regalo para intentar arreglar las cosas. Pero, cuando su personal lo abrió, explotó. Murieron dos personas.[32] El paquete bomba, el tercer intento de acabar con Sihanuk, resultó provenir de una base estadounidense en Saigón, aunque quizá había sido enviado sin conocimiento de Estados Unidos. No obstante —y esta dinámica crucial se repetiría a lo largo de toda la Guerra Fría—, el incidente no habría tenido lugar si Vietnam del Sur hubiera considerado que Washington se oponía a la operación. La amplitud de las conjuras estadounidenses a menudo conllevaba acontecimientos que Washington no había previsto concretamente. Fuera como fuera, la relación de Sihanuk con Estados Unidos era ya irreparable.[33]

---

[30] *Ibid.*, p. 144.
[31] Philip Short, *Pol Pot: Anatomy of a Nightmare*, Henry Holt, 2004, pp. 124-28.
[32] Prince Norodom Sihanouk, *My War With the CIA: The Memoirs of Prince Norodom Sihanouk, as related to Wilfred Burchett*, Penguin, 1974, p. 110.
[33] Short, *Pol Pot*, p. 128.

La Administración Kennedy —y especialmente su hermano Bobby— se obsesionó con destruir a Castro y puso a la CIA a ello. Robert McNamara, que ejerció de secretario de Defensa entre 1961 y 1968, tildaría más tarde la estrategia de los Kennedy en Cuba de «histérica». En una fiesta, Desmond FitzGerald, que había contribuido a llevar a cabo la campaña de terror del vampiro en Filipinas, comentó con un amigo su nuevo trabajo en el cuerpo especial de Cuba: «Lo único que sé es que tengo que odiar a Castro».[34] La CIA ya había dado el visto bueno a disparatados intentos de acabar con la vida del dirigente cubano. Durante la presidencia de Eisenhower probaron con puros envenenados, y también intentaron que se le cayera la barba (al parecer, pensaban que los cubanos lo respetarían menos si estaba bien afeitado). La agencia contrató a la mafia para asesinar a Castro (Robert Maheu, el exagente del FBI que organizó el encuentro con la mafia, era el mismo agente libre de la CIA que había organizado la grabación de la película falsa con escenas sexuales de Sukarno).[35] Después de la bahía de Cochinos, la agencia mantuvo sus tradiciones. Crearon un traje de buzo contaminado con esporas, pero no pudieron hacérselo llegar al líder cubano. Un plan giraba en torno a la idea de una caracola marina explosiva.[36] Las oficinas de la CIA en Miami se convirtieron en las más grandes del mundo y ofrecían recompensas en metálico por los comunistas muertos. Edward Lansdale, el mismo hombre que había inventado los ataques de vampiros en Filipinas, propuso rociar a la población civil cubana que trabajaba la caña de azúcar con agentes de guerra biológica, así como simular una segunda llegada de Cristo.[37]

Bobby Kennedy, a quien Bowles consideraba «agresivo, dogmático y despiadado», estaba dispuesto a utilizar medidas todavía más drásticas para dar forma a América Latina según su parecer. Después del asesinato del dictador dominicano Rafael Trujillo, los hermanos Kennedy discutieron los beneficios de enviar a los marines

---

[34] Thomas, *The Very Best Men*, pp. 286-91.
[35] *Ibid.*, pp. 207 y 225-29.
[36] *Ibid.*, pp. 294-95.
[37] *Ibid.*, pp. 287-89.

al país. Como no daría una buena imagen, Bobby sugirió que, sencillamente, dinamitaran ellos mismos el consulado estadounidense. Así tendrían argumentos para la invasión.[38]

Kennedy puso en marcha su programa de cooperación económica en América Latina, denominado Alianza para el Progreso, así como el Cuerpo de Paz y la Agencia para el Desarrollo Internacional. Sin embargo, el compromiso activo de su Administración en la lucha contra el comunismo terminó dirigido fundamentalmente a los militares locales. El Gobierno de Kennedy abrazó de manera incondicional la teoría de la modernización, y contrató para asesorar al presidente al economista W. W. Rostow, autor de una obra de título muy apropiado: *Las etapas del crecimiento económico: un manifiesto no comunista*. Con Kennedy, la alianza más importante para el progreso fue con las fuerzas armadas de medio mundo, y su objetivo era acercar a los países a un sistema económico al estilo estadounidense.

Bobby desempeñó un papel especial en la adopción de la recomendación del Departamento de Estado de que los militares del tercer mundo se centraran en la «contrainsurgencia», además de en la construcción de la nación; es decir: combatir con violencia a los enemigos internos y poner en práctica un papel político más amplio en la sociedad en su conjunto. Desde el primer momento, los responsables estadounidenses situaron a Indonesia como campo de pruebas crucial para este enfoque.[39] La Administración Kennedy incrementó paulatinamente su asistencia a los militares indonesios en diferentes niveles con la intención de servir de contrapeso al apoyo que Sukarno estaba recibiendo en ese momento de los soviéticos. A pesar de la obsesión de los hermanos Kennedy con Cuba, en 1961 el Consejo de Seguridad Nacional situó a Indonesia y a Nueva Guinea Occidental entre sus más «urgentes prioridades de planificación», pues era ahí donde estimaba que Moscú y Washington competían más directamente por imponer su influencia. En unos años, Indochina dominaría los

---

[38] Dallek, *J. F. Kennedy*, p. 420. No lo hicieron. Bowles consideró aquello una «acción fracasada».

[39] Simpson, *Economists with Guns*, pp. 73-75.

titulares de la prensa internacional, pero hasta mediados de la década de 1960 la mayor parte de los altos cargos consideraba Indonesia mucho más importante que Vietnam o Laos.[40]

Cuando regresó de Washington, Sukarno no dejó enfriar la cuestión de Nueva Guinea Occidental. A finales de 1961 dio un discurso titulado «Triple Mando del Pueblo» (*Trikora*), en el que exigía el desmantelamiento del «Estado títere» neerlandés y llamaba a la movilización de «todo el pueblo indonesio» para recuperar el territorio. Al general Nasution y a otros líderes militares les preocupaba la idea de provocar una guerra con los Países Bajos, pero organizaron milicias ciudadanas y la Armada se enfrentó a los buques neerlandeses. Como Jones había transmitido a Washington, para Sukarno aquel no era un simple pedazo de tierra: se trataba de completar su revolución y de dar legitimidad a su Estado, y los indonesios no dudarían en ir a la guerra si lo necesitaban para lograr esos objetivos. Exasperado por la tozudez de sus aliados neerlandeses, y considerándolo un pequeño precio por evitar perder Indonesia completamente en la órbita soviética, Kennedy terminó por presionar a los Países Bajos para que negociaran la entrega del territorio.

Para Indonesia era al menos un cambio con respecto a los días de Eisenhower y los métodos de Wisner. En lugar de intentar acabar con él, Kennedy entregó a Sukarno lo que sabía que necesitaba. Al mismo tiempo, el poder y la influencia del anticomunista Ejército indonesio, en constante coordinación con responsables de Washington, crecía a ritmo constante en un segundo plano. El compromiso directo de Kennedy tomó la forma de un «programa de acción cívica» (CAP, por sus siglas en inglés) en Indonesia, que incluía el entrenamiento en secreto de «personal militar y civil seleccionado» y un abanico de actividades anticomunistas cuya naturaleza, más de cincuenta años más tarde, sigue siendo secreta.[41] El CAP se mostró crucial en la creación de un *negara dalam negara*,

---

[40] Véase el informe del Consejo de Seguridad Nacional del 9 de junio de 1961: National Security Council, «Urgent Planning Problems», June 9, 1961, NSF, Komer Series, Box 438, JFK Library; citado en Simpson, *Economists with Guns*, p. 53.

[41] Véanse las menciones a los documentos de la CIA del 11 y el 14 de diciembre de 1961 citadas en Simpson, *Economists with Guns*, p. 75: CIA paper for the Special

un «Estado dentro del Estado», liderado por los generales. El proceso había comenzado cuando los militares recibieron atribuciones de emergencia para combatir a la CIA en 1958. Años después, el Ejército recibía equipamiento y formación de Estados Unidos para dedicarse a la pesca, la agricultura y la construcción, lo que aumentaba sus intereses económicos y su importancia en todo el país.[42]

En África, Estados Unidos tomó una dirección distinta. Con la asistencia de la CIA, las autoridades blancas de Sudáfrica arrestaron a Nelson Mandela en 1962. Washington también dispuso Oriente Medio en una nueva senda en 1963. Más allá de Indonesia, el partido comunista de más tamaño de los países del Bandung era el Partido Comunista Iraquí (PCI), que había crecido al tiempo que se oponía al dictador Abdul Karim Qásim. El PCI consideró intentar la revolución, y los soviéticos aconsejaron no hacerlo. Pero Washington apoyó un golpe de Estado del anticomunista Partido Baaz, que inmediatamente se dispuso a aplastar al PCI. La CIA entregó listados de comunistas y de supuestos comunistas al nuevo régimen, que masacró a un número indecible de personas. Un miembro del Partido Baaz llamado Sadam Huseín, de apenas veinticinco años de edad, formó parte de la campaña anticomunista apoyada por Estados Unidos que siguió al golpe de Estado.[43] Algunos comunistas fueron asesinados en sus casas y otros acabaron en la cárcel; aquellos que sobrevivieron al cautiverio contaron que Huseín tenía fama de ser el peor de los torturadores: rezaban

---

Group, December 11, 1961, and December 14, 1961, en *FRUS 1964-1968, Vol. XXVI*, pp. 234-35.

[42] Thomas, *The Very Best Men*, pp. 36-37.

[43] En el momento del golpe de Estado, Sadam Huseín estaba en el exilio en El Cairo, pero regresó a Irak poco después (dos semanas más tarde, según Said Aburish) y participó en torturas —y posiblemente en asesinatos— durante el efímero régimen del Partido Baaz. De acuerdo con Roger Morris, un funcionario del servicio exterior del Departamento de Estado que trabajó en el Consejo de Seguridad Nacional en los mandatos de Johnson y de Nixon, y según Aburish, Sadam colaboraba con la CIA mientras vivía en Egipto, aunque todavía no era una figura importante del Partido Baaz. Véase Roger Morris, «A Tyrant 40 Years in the Making», en *The New York Times*, 14 de marzo de 2003; Bryan R. Gibson, *Sold Out? US Foreign Policy, Iraq, the Kurds, and the Cold War*, Palgrave Macmillan, 2015, pp. 45-59; Saïd K. Aburish, *Saddam Hussein: la política de la venganza*, trad. Carlos Gardini, Andrés Bello, 2001, pp. 63-77; Geoff Simons, *Iraq: From Sumer to Saddam*, Macmillan, 1994, pp. 274–275.

para que los interrogatorios fueran en sus noches libres. El nuevo régimen del Partido Baaz derogó la reforma agraria que había aprobado Qásim.[44]

En Kansas, los oficiales indonesios seguían llegando y dirigiéndose al comedor de Benny. Estaban presumiblemente estudiando estrategias de contrainsurgencia, además de empapándose de la ideología anticomunista estadounidense de una forma más general. Pero eso no es lo que Benny recuerda de aquellos días. Tuvieron todos una última noche por todo lo alto antes de que él se marchara a doctorarse, casarse y formar una familia. En la línea que divide los estados de Misuri y Kansas hay una calle que se llama apropiadamente State Line Road. Benny, sus amigos universitarios y los futuros generales anticomunistas cruzaron a Misuri a pie para tomar unas copas. Los militares querían encontrar un club que les gustaba, uno donde los desnudos eran integrales. Todos se emborracharon y los soldados se salieron con la suya.

---

[44] Entrevista del autor a Zuhair Al-Jezairy en septiembre de 2019.

05

Brasil, ida y vuelta

Expulsión

En los años que Benny pasó en Kansas, la vida para los indonesios de ascendencia china se hizo cada vez más difícil en el archipiélago. Habían sufrido históricamente intermitentes explosiones de racismo, pero conforme los límites se dibujaban y desdibujaban en la democracia dirigida de Sukarno, parecía haber cada vez menos espacio para ellos. El primer gran golpe fue una ley de 1959, aprobada justo cuando Benny ponía rumbo a Kansas, que retiró ciertos derechos de carácter económico a los extranjeros. En la práctica, la medida incluía a la amplia población de origen étnico chino. No fue Sukarno quien impulsó el cambio legislativo —fueron los militares—, pero sí permitió que la ley racista, una desviación de los valores fundacionales de Indonesia, fuera aprobada. El Ejército también organizó disturbios violentos antichinos (para los que no pidió la aprobación de Sukarno). Los militares utilizaron financiación estadounidense para organizar estos pogromos.[1] La situación era aterradora.

Muchos indonesios de origen chino empezaron a buscar una salida. Entre ellos estaba la familia Tan, a la que conocimos brevemente en la introducción. Tiong Bing y Twie Nio vivían en Yakarta, a no mucha distancia de la casa de Francisca. Tiong Bing, el padre de la familia, provenía de una estirpe de agricultores, pero trabajaba de ingeniero en la sección administrativa de Yakarta Septentrional,

---

[1] Peter Dale Scott, «The United States and the Overthrow of Sukarno, 1965,-1967», en *Pacific Affairs*, 58, n.º 2, verano de 1985, p. 249.

fundamentalmente china, donde la vida se había tornado tensa. Muchos de los miembros de su comunidad se mudaron a China, pero los Tan buscaban oportunidades distintas. Las posibilidades en Canadá o en Estados Unidos eran poco alentadoras. Habían oído, no obstante, que algunos indonesios de etnia china habían partido rumbo a Brasil, que ofrecía buenas oportunidades y una relativa ausencia de discriminación.[2] El goteo de inmigrantes empezó a principios de la década de 1960, y los relatos de las experiencias en Brasil llegaron a Yakarta y a los Tan.

Así pues, la familia decidió embarcar con sus tres hijas en el Tjitjalengka, un viejo barco hospital neerlandés que había sido utilizado para trasladar prisioneros de guerra en la Segunda Guerra Mundial. En realidad, Tiong Bing nunca obtuvo permiso para abandonar su puesto de ingeniero, recuerda su hija Ing Giok. Simplemente huyó. Sus documentos de salida tal vez fueran falsos. «Ya lo pensaremos cuando nos montemos en el barco», les decía a sus hijas. No era fácil mantener a tres niñas pequeñas en buen estado de salud y felices mientras rodeaban muy lentamente el mundo. Ing Giok no dejaba de vomitar. Sin embargo, seis semanas más tarde desembarcaron en el puerto de Santos, en el estado de São Paulo.

La China de los años sesenta

Ing Giok era apenas una niña cuando vio por primera vez Brasil: era un lugar muy diferente a lo que estaba acostumbrada. Tal vez precisamente por esto las principales características del país le llamaron a ella más la atención que a los norteamericanos o a los propios brasileños.[3] En primer lugar, fue consciente muy pronto de que Brasil era una colonia de asentamiento de Europa Occidental con una desigualdad extrema y una jerarquía racial muy

---

[2] Cuenta la leyenda de la comunidad indonesia de Brasil, en su mayor parte afincada en São Paulo, que la inmigración se inició en torno a 1960, cuando un piloto indonesio visitó por primera vez el país y empezó a correr la voz entre sus familiares y amigos.

[3] Toda la información sobre Ing Giok y la familia Tan está basada en entrevistas del autor en São Paulo, entre 2017 y 2019.

evidente. Todo esto quedó patente cuando su familia se instaló en un apartamento de Brooklin, el barrio de São Paulo que recibe su nombre del distrito neoyorquino, y sus padres la matricularon en una escuela católica de clase media-alta.

Allí, la mayor parte de los niños eran blancos. Y estaba claro que aquella gente blanca dirigía el país. En las calles por las que pasaba había personas de piel oscura o negra, en su mayoría descendientes de esclavos, y todavía eran tratados de manera evidente como ciudadanos de segunda clase. Ella formaba parte de un tercer grupo, una comunidad de inmigrantes más recientes clasificada en algún lugar entre la población blanca y la negra: con la posibilidad de ascender a la clase media, pero siempre teniendo que asumir una considerable dosis de burla. Los niños la llamaban «Japa»: São Paulo tiene una amplia comunidad japonesa, e Ing Giok era confundida a menudo con los brasileños de ascendencia japonesa, que estaban por encima de los negros en la escalera racial. Ing Giok sabía que había una cuarta raza en algún lugar lejano, aunque poco contacto tenía con ellos: los pueblos indígenas de Brasil, de los que se hablaba como si apenas fueran humanos.

Otras cosas le resultaban nuevas también. Brasil solo tenía una lengua —el portugués—, que provenía de Europa, no de Brasil. Los colonizadores blancos la habían llevado consigo y había acabado con el uso de todas las lenguas locales. Era algo muy distinto a Indonesia, por supuesto, que se expresaba en un huracán de lenguas indígenas entremezcladas que, antes de que ella naciera, prácticamente habían expulsado al neerlandés. En Brasil, además, solo había una religión: el cristianismo que habían traído los colonizadores. Y las tradiciones locales se conservaban solo en la lejana selva, un lugar al que Ing Giok sabía que no se esperaba que fuera. Era todo muy diferente a Indonesia, donde había cinco o seis religiones, dependiendo de cómo se contaran.

Resultaba bastante evidente lo que Ing Giok debía hacer: estudiar mucho, escalar al sector de la sociedad ocupado por las personas blancas y adoptar su forma de hacer las cosas. Era una niña lista, así que le fue bien.

La familia Tan no reparó en que Brasil estaba inmerso en una crisis política hasta su llegada en 1962. Al menos, eso consideraba desde luego Estados Unidos. Brasil, con diferencia el país más grande de América Latina y durante mucho tiempo el aliado más importante de Washington en la región, parecía estar alejándose de la órbita estadounidense. Esto no solo preocupaba a los norteamericanos, preocupaba también a gran parte de la élite brasileña. Al contrario que en Indonesia, los funcionarios de Washington no tenían aquí que adaptarse a una cultura local enormemente diferente para luego plantar las semillas de un movimiento anticomunista. En Brasil podían trabajar con facilidad con las fuerzas políticas conservadoras que habían emergido de la propia historia brasileña.

Los portugueses llegaron en torno al año 1500 a esta zona de América del Sur, que, como tantos otros lugares del espacio colonial, recibió su nombre de una de sus primeras materias primas exportadas: la madera de brasil o *pau brasil*.[4] Este inmenso pedazo de América del Sur, con un tamaño que duplica el de la Unión Europea, acabó técnicamente en manos de los portugueses por el Tratado de Tordesillas de 1494, o más bien cuando el papa trazó una línea arbitraria en un mapa muy mal dibujado para dividir el Nuevo Mundo entre España y Portugal. La población indígena que acabó en los territorios recién concedidos a Portugal vivía de manera diferente a quienes habitaban los actuales México o Perú. No había un imperio grande y centralizado como el azteca o el inca, sino grupos más pequeños y autosuficientes. En los primerísimos años, los europeos establecieron tímidas alianzas con estas tribus, celebraron matrimonios mixtos y lucharon y perdieron batallas; formaron nuevas alianzas, algunos fueron capturados y, al lograr escapar, enviaron a Europa relatos de canibalismo (en su mayor parte ciertos, si bien muy sensacionalistas). El europeo más famoso de los que narraron su experiencia sobrevivió únicamente porque rompió a llorar y a rogar por su vida, lo que llevó a los locales a creer que era demasiado débil y patético para que mereciera la pena comérselo. Se convirtió en un escritor

---

[4] Varios países poscoloniales deben su nombre a una materia exportada en los primeros días de contacto con Europa. Ejemplos de ello son: Argentina (plata), Costa del Oro (hoy Ghana), Costa de Marfil, etc.

superventas.⁵ Cuando los europeos tuvieron sometida a la población nativa, decidieron que los indígenas brasileños, que morían por las enfermedades y una despiadada esclavitud, no ofrecían suficiente mano de obra gratuita para la extracción de recursos naturales destinados a la exportación.

Así pues, Brasil importó casi cinco millones de seres humanos de África, muchos más que Estados Unidos, prácticamente la mitad de todos los esclavos conducidos a América. Al igual que en Estados Unidos, la esclavitud en Brasil era de una crueldad inimaginable. Además del látigo, los cepos y los collares de hierro tachonados de clavos para evitar la huida, los propietarios de esclavos fijaban máscaras de hierro que impedían que los esclavos se suicidaran comiendo tierra.⁶

Cuando de independizarse de Europa se trató, la mayor parte de los países de América Latina expulsó a los españoles en violentas revoluciones a principios del siglo XIX. En Brasil, sin embargo, la familia real portuguesa, huyendo de las fuerzas invasoras napoleónicas, fijó su residencia en Río de Janeiro en 1808, con lo que trasladó la capital del imperio a la colonia. Miles de europeos hicieron cuanto pudieron por erigir una corte palaciega en Río, de modo que fundaron una monarquía local que gobernó hasta 1889 y aún hoy tiene cierta influencia (no oficial).

Poco después de libertar a los afrodescendientes brasileños en 1888, el país más grande de América del Sur se embarcó de inmediato en una política de *branqueamiento* (blanqueamiento) explícito. La idea era atraer a emigrantes blancos y expulsar la sangre africana de la población mediante el «cruce de razas». Los esclavos recién liberados quedaron deliberadamente condenados a languidecer en la pobreza, en lugar de recibir un trabajo remunerado en el nuevo sistema. Esta estrategia fue también la que llevó a los compañeros

---

⁵ El texto al que nos referimos es la *Verdadera historia y descripción de un país de salvajes desnudos, feroces y caníbales, situado en el Nuevo Mundo, América*, de Hans Staden [la editorial Arcos Vergara publicó una edición en 1983]. Para una discusión más amplia del texto, véase también Vincent Bevins, «The Correct Way to Be a Cannibal», en *The Outline*, 20 de septiembre de 2017.

⁶ Lilia M. Schwarcz y Heloisa M. Starling, *Brasil: una biografía*, trad. Teresa Arijón, Debate, 2016, p. 140.

de clase japoneses de Ing Giok a São Paulo. Los brasileños consideraban a los japoneses —a los que categorizaron como los «blancos de Asia»— los inmigrantes asiáticos más deseables.[7] Este racismo se sostuvo de manera pública y relevante, con organizaciones culturales que diseñaban carteles para «demostrar» que un hombre japonés y una mujer brasileña tendrían descendencia «blanca».[8]

Con actitudes más conservadoras que las de sus vecinos, Brasil miraba más a Washington que a la América Latina hispanohablante. Desde la caída de la monarquía hasta mediados del siglo XX, Brasil disfrutó de una «relación especial» con Washington y a menudo desempeñó un papel de conciliador entre Estados Unidos y los países hispanohablantes de América Latina. En 1940, Brasil se convirtió en la primera nación de América Latina en firmar con Washington un acuerdo militar entre los mandos de ambos ejércitos. El Departamento de Estado estadounidense consideraba a Brasil la «llave de América del Sur» por su tamaño y su riqueza mineral. En 1949 se fundó la Escola Superior de Guerra (ESG), siguiendo el modelo de la Escuela Nacional de Guerra de Estados Unidos, donde se habían formado algunos brasileños.[9]

Fuera del entorno militar, esta relación especial empezó a desmoronarse con el inicio de la Guerra Fría. El presidente Eurico Gaspar Dutra (en el cargo entre 1946 y 1951) hizo cuanto pudo por sumarse a la campaña antisoviética estadounidense, incluida la ruptura de relaciones con Moscú y la ilegalización del Partido Comunista Brasileño (PCB), el partido comunista más fuerte de América Latina.[10] Sin embargo, el presidente Dutra también creía que Washington se interponía en el camino al desarrollo económico de Brasil. Estados Unidos, la única fuente disponible de capital para las inmensas necesidades de inversión pública de Brasil después de la Segunda

---

[7] Thomas E. Skidmore, *Brazil: Five Centuries of Change*, 2.ª ed., Oxford University Press, p. 83.

[8] Jeffrey Lesser, «Negócios com a "raça brasileira"», en *Folha de S.Paulo*, 6 de junio de 1999.

[9] W. Michael Weis, *Cold Warriors and Coups d'Etat: Brazilian-American Relations, 1945-1954*, University of New Mexico Press, 1993, pp. 11 y 21-22.

[10] Schwarcz y Starling, *Brasil*, p. 637. Merece también la pena señalar que en muchos sentidos Brasil fue una nación anticomunista anterior y más entusiasta que Estados Unidos en la Guerra Fría. Véase también Patto Sá Motta, *En guardia contra el peligro rojo*, p. 28.

Guerra Mundial, se negó a conceder los préstamos que el Gobierno de Dutra solicitó, lo que sorprendió a Brasil, aliado de Washington durante la guerra. Los dos países también se enfrentaron por el precio del café, una exportación brasileña de extrema importancia. Sin embargo, la principal fuente de fricción entre los dos países más grandes del hemisferio fue la cuestión de la participación empresarial estadounidense en el sector petrolero: los legisladores brasileños querían favorecer a las petroleras locales, mientras que Washington insistía en que las empresas estadounidenses pudieran operar en el país. Llegado 1949, los brasileños estaban exasperados por la aparente indiferencia de los gringos ante la situación económica de Brasil, y en 1950 Dutra escenificó una condena pública cuando se negó educadamente a apoyar a Estados Unidos en Corea.[11]

Cuando Getúlio Vargas, longevo protagonista de la política brasileña, regresó a la presidencia en 1951, las relaciones con Estados Unidos no hicieron más que empeorar. Vargas había presidido el país en las décadas de 1930 y 1940 en el papel de dictador, pero se había reinventado como populista elegido en las urnas. Aunque tenía un pasado de violenta represión del comunismo en su propio país y Brasil apoyó la valiosa declaración anticomunista de John Foster Dulles en la Conferencia de Caracas inmediatamente anterior al golpe de Estado en Guatemala, después de una nueva disputa por la ayuda, Vargas también concluyó que Estados Unidos se oponía al desarrollo económico de Brasil y anunció que apoyaría en la ONU las luchas por la libertad de las colonias (en aquel punto de la Guerra Fría, algo así suponía un enfrentamiento evidente con la política de Washington).[12] Vargas también propuso un impuesto a los beneficios extraordinarios que sin duda afectaría a los inversores extranjeros, y posteriormente supervisó la creación

---

[11] Weis, *Cold Warriors*, pp. 24-30; el uso de la palabra «gringo» es mío (en el portugués de Brasil no tiene connotaciones negativas).

[12] En su discurso anual ante el Congreso Nacional Brasileño de marzo de 1953, Vargas detalló el apoyo de Brasil en la Asamblea General de la ONU, el mes de octubre anterior, a las luchas por la libertad de las colonias. Véase Getúlio Vargas, «Mensagem ao Congresso Nacional», Río de Janeiro, 15 de marzo de 1953, pp. 17-19, http://www.biblioteca.presidencia.gov.br/publicacoes-oficiais/mensagem-ao-congresso-nacional/mensagem-ao-congresso-nacional-getulio-vargas-1953/view.

de Petrobras, petrolera estatal en régimen de monopolio. La reacción en Estados Unidos fue de una hostilidad predecible.[13] *The New York Times* informó de que la «opinión de los expertos» era que Brasil nunca podría reunir el capital necesario para extraer su propio petróleo, por lo que en realidad «lo que el Gobierno ha hecho es enterrar a gran profundidad todas las reservas de petróleo con las que Brasil pueda contar».[14]

No solo por estos motivos, la Escola Superior de Guerra empezó a urdir la destitución de Vargas con el apoyo de Estados Unidos.[15] Sin embargo, eso nunca llegó a suceder. Poco después de que un decreto que duplicaba el salario mínimo despertara la indignación de la élite brasileña, todo cayó por su propio peso.

Carlos Larceda, el crítico más destacado del presidente Vargas en Brasil, fue atacado por hombres armados cuando paseaba por Copacabana; sobrevivió con una herida de bala en el pie, pero un oficial militar que lo acompañaba perdió la vida. Pronto se supo que el intento de asesinato podría haber sido ordenado por alguien del propio equipo de guardaespaldas del presidente. Los militares habían puesto claramente a Vargas en su punto de mira, y era indudable que se impondrían. En lugar de permitir que sucediera algo así, Vargas escribió una carta de despedida al país y se disparó en el pecho el 24 de agosto de 1954, dando un vuelco a la política desde la tumba para siempre.

El vencedor en las elecciones que se celebraron en 1955, Juscelino Kubitschek, era un centrista proestadounidense con un enfoque nacionalista en lo económico. Aun así, Washington sospechaba de él. Durante la campaña electoral, el Servicio de Información de los Estados Unidos (USIS, por sus siglas en inglés) duplicó su presupuesto destinado a «programas para educar a los brasileños en los peligros del comunismo y de las organizaciones fachada del comunismo».[16] Los responsables estadounidenses también trataron

---

[13] Weis, *Cold Warriors*, pp. 71-75.

[14] «Brazil Oil Monopoly Created by New Law», *The New York Times*, 5 de octubre de 1953.

[15] Weis, *Cold Warriors*, p. 77.

[16] *Ibid.*, p. 85. La nota al pie de Weis en este punto reza: «En lo relativo a los objetivos y actividades de USIS/Brasil, véase Trimble to Kemper, Sept. 28, 1954, file 320,

de demostrar la existencia de vínculos entre el ilegalizado PCB y la Unión Soviética. El Partido Comunista respaldó a Kubitschek, conocido como «JK» (casi todos los presidentes brasileños tienen apodo), lo que le conllevó todavía más problemas, a pesar de que el pequeño PCB era ilegal y JK renegó de su apoyo.

Como presidente, JK construyó cosas. Lanzó un ambicioso programa de infraestructuras y levantó de la nada una nueva capital, Brasilia, en mitad del país. Aun así, la Administración Eisenhower se negó a conceder a Brasil un importante programa de asistencia a largo plazo, en concreto porque no quería impulsar la popularidad de Kubitschek.[17]

Pero era el influjo del vicepresidente de JK, un joven bohemio con tendencias de izquierdas llamado João Goulart —al que a menudo se referían por su apodo de la infancia: «Jango»—, lo que realmente preocupaba a Washington. En su papel de ministro de Trabajo del Gobierno de Vargas, Goulart había presentado en 1954 la explosiva ley que duplicaba el salario mínimo. Goulart era miembro asentado de la elitista clase dirigente brasileña, terrateniente millonario y devoto católico. Sin embargo, las reformas que propuso Goulart hicieron sonar las alarmas en Washington. Aquello no era la pequeña Cuba, se decían. Este era uno de los países más grandes del planeta. Si no frenaban a Jango, advertía el embajador estadounidense Lincoln Gordon, Brasil podría convertirse en «la China de los años sesenta».[18]

Gordon, exprofesor de la Escuela de Negocios de Harvard, había trabajado en el Plan Marshall antes de empaparse de la teoría de la modernización y contribuir a dar forma a la Alianza para el Progreso.[19] Era viejo amigo de Richard Bissell, aquel que fuera reclutado por Frank Wisner para la CIA y que diseñó los planes

---

Rio Post file, State Department archives. El USIS recibió 490.000 dólares en 1955, en comparación con los 360.000 dólares de 1954».

[17] *Ibid.*, p. 128.

[18] Véase el telegrama enviado por Gordon al Departamento de Estado el 28 de marzo de 1964: «Telegram from the Ambassador to Brazil (Gordon) to the Department of State», Rio de Janeiro, March 28, 1964, *FRUS, 1964-1968*, Vol. XXXI, 187, https://history.state.gov/historicaldocuments/frus1964-68v31/d187.

[19] Bruce L. R. Smith, *Lincoln Gordon: Architect of Cold War Foreign Policy*, Kentucky University Press, 2015, caps. 8-10 y 12-13.

para asesinar a Lumumba y tomar Cuba en la bahía de Cochinos.[20] Cuando Gordon llegó a Brasil en 1962, reconoció rápidamente que la hipermegalópolis de São Paulo se parecía mucho a la Nueva York en la que había nacido, en el sentido de que «tenía una élite —las cuatrocientas familias que dominaban la vida social y económica de la ciudad—, pero también un importante estrato de familias inmigrantes, como la suya, esforzándose por conseguir el sueño americano».[21] La democracia que estableció Brasil después de la Segunda Guerra Mundial estaba muy limitada. Las huelgas eran ilegales. Debido a los requisitos de alfabetización, una mayoría de la población (fundamentalmente brasileños negros muy pobres) no tenía derecho al sufragio; Jango y sus partidarios querían cambiar esto precisamente en el momento en el que un creciente movimiento por los derechos civiles presionaba a las autoridades en Estados Unidos para que eliminaran las restricciones racistas del derecho al voto.

Goulart ejerció de vicepresidente de JK entre 1955 y 1960. En 1960 volvió a presentarse a las elecciones para ocupar la vicepresidencia, esta vez con Jânio Quadros, un histriónico político provincial apoyado por el partido UDN, de tendencia derechista. A pesar de su inclinación conservadora, Quadros consiguió ofender a la Administración Kennedy desde el primer momento. Admiraba a los neutralistas como el egipcio Náser y el indio Nehru, pero ni siquiera pretendía llegar tan lejos para declararse neutral. Brasil continuaría siendo prooccidental, afirmaba, pero el país también quería mirar más al Sur, convertirse en líder del tercer mundo. Desde luego, no se planteaba virar decididamente al Este, pero aspiraba a mejorar las relaciones económicas con el orbe socialista. Para Kennedy esto solo ya era peligroso.[22]

Parecía un caso evidente de «Haz lo que digo, no lo que hago». Quadros se preguntaba: «¿Por qué los Estados Unidos han de

---

[20] *Ibid.*, pp. 150-55, 202 y 224. Aparecen otras menciones de sus interacciones a lo largo del libro, pero dado que se conocieron en la Segunda Guerra Mundial y le pidió consejo con respecto a matricularse en la Escuela de Negocios de Harvard, era desde luego un «viejo amigo» a inicios de la década de 1960.

[21] *Ibid.*, p. 237.

[22] Weis, *Cold Warriors*, p. 143.

mantener relaciones comerciales con la URSS y sus satélites y se nos ha de obligar a nosotros a comerciar solo con los Estados Unidos?».[23] Anunció que Brasil participaría en Belgrado en la siguiente conferencia de los Países No Alineados, el encuentro que nació de la conferencia de Bandung organizada por Sukarno en 1955. Nunca lo hizo. Apenas unos meses después de su nombramiento, Quadros galardonó al Che Guevara con el Cruzeiro do Sul, la más alta condecoración que Brasil concedía a extranjeros. Era pragmatismo, no ideología: esperaba que La Habana pudiera ayudar a facilitar los intercambios comerciales con los países socialistas. Carlos Larceda, que era ya una de las personas más influyentes del país, empezó a denunciar a Quadros en toda ocasión posible. El presidente dimitió abruptamente. Esperaba que el Ejército y el amplio apoyo popular lo llevaran en volandas de vuelta al poder. No lo hicieron.[24]

Brasil envió a otro representante a la primera cumbre del Movimiento de Países No Alineados que Yugoslavia acogió en septiembre. Un abanico de líderes políticos de lo más diverso se comprometió a reivindicar la paz y el desarrollo por una vía intermedia entre los polos de Washington y Moscú. Sin embargo, João «Jango» Goulart, que asumió la presidencia cuando Quadros dimitió, tenía problemas más acuciantes. Jango y su Partido Laborista Brasileño fueron siempre vistos con profundas sospechas por la élite y los militares, si bien se le había aceptado como número dos de Quadros, el enemigo de los sindicatos. Que Jango fuera el máximo mandatario, no obstante, era algo casi inconcebible. Lacerda, algunos de los medios de comunicación (en su mayoría conservadores) y parte del Ejército esperaban impedirle directamente que asumiera el cargo. Sin embargo, el 7 de septiembre de 1961, aquel hombre sonriente de cuarenta y tres años se presentó, con un traje azul impecable, a la ceremonia de investidura.

Desde el primer día, apenas contó con capital político. Su error fatídico, teniendo en cuenta la postura de la élite, de los militares y

---

[23] John Gerassi, *El gran miedo de América Latina*, trad. Ramón Gil Novales, Península, 1969, p. 82.
[24] Marcos Napolitano, *1964: História do Regime Militar Brasileiro*, Contexto, 2014, pp. 32-33.

de Estados Unidos, fue intentar remediarlo recabando apoyos entre sectores anteriormente ignorados de la población brasileña, en lugar de en los círculos de poder político. Era algo que no se había logrado nunca antes. Jango impulsó una serie de transformaciones, denominadas *reformas da base*, que cambiarían considerablemente la política brasileña. Ampliarían el derecho al voto a todos los brasileños, al tiempo que desplegarían un programa de alfabetización en todo el país. Además, Goulart apoyaba la reforma agraria, a pesar de que él —como gran parte de la clase política brasileña— era de hecho un latifundista. El propio Goulart sabía que se la estaba jugando. Sostener este tipo de programas suponía depender del apoyo de los movimientos de base, de los sindicatos y de la izquierda organizada.[25]

Goulart también ofendió a los altos mandos militares con reformas que les afectaban de manera más directa. No solo proponía ampliar el voto a los analfabetos, también pretendía que los soldados de bajo rango pudieran depositar sus papeletas. La legislación en vigor decretaba que no podían hacerlo mientras pertenecieran al Ejército. La idea de que Jango estaba apelando directamente a los rangos inferiores hizo sospechar mucho a los oficiales de mayor nivel, que tenían tendencia a ser más conservadores que sus subordinados. Si estaba ignorando su autoridad jerárquica, se dijeron, tal vez pretendía anularla por completo. En Brasil, la amenaza de una rebelión desde abajo había aterrorizado a las élites a lo largo de cinco siglos. Y estas siempre habían respondido —con éxito— utilizando la violencia.

Tampoco tardó mucho en reaccionar la Casa Blanca de Kennedy. Jango visitó Washington a principios de 1962 y todo pareció ir bien, a pesar de que no logró concesión alguna en materia de ayuda ni comercial. El 30 de julio, no obstante, Kennedy mantuvo una reunión con el embajador Gordon que quedó grabada. Acordaron destinar millones de dólares a programas contra Goulart en las elecciones de ese año y preparar el terreno para un golpe militar por si, en palabras de Gordon, «tenemos que llegar a echarlo».

—Creo que una de nuestras funciones más importantes es fortalecer la espina dorsal del Ejército —dijo Gordon en la reunión—.

---

[25] *Ibid.*, pp. 33-38.

Para que quede claro, de manera discreta, que no somos necesariamente hostiles a cualquier tipo de acción militar si está claro que la actuación militar es...
—Contra la izquierda —terminó la idea Kennedy.[26]
—Está entregando el puñetero país a...
—Los comunistas.
—Exacto.

Después de la reunión de Gordon con Kennedy en julio, empezó a llover la financiación de la CIA en Brasil. La agencia envió «muy encubierto» al agente Tim Hogan, que empezó a «organizar a campesinos y obreros».[27] La Administración Kennedy realizó un estudio de «contrainsurgencia», firmado por el general William H. Draper, que llegó a la conclusión de que «debería llevarse a cabo todo esfuerzo necesario» para facilitar formación estadounidense al Ejército brasileño.[28] Años antes, Draper había llegado a la conclusión de que Brasil era el modelo perfecto para la utilización de los militares en la lucha contra enemigos internos y en la modernización de las economías del tercer mundo.[29] La Casa Blanca envió también a Brasil a Vernon Walters, un agregado militar con fuertes vínculos con el Ejército brasileño, para que, junto a Gordon, ejerciera públicamente la representación de Washington.[30]

---

[26] «Meeting on Brazil on July 30, 1962», Presidential Records, Digital Edition. La grabación de la conversación se puede encontrar en la Universidad de Virginia, concretamente en https://prde.upress.virginia.edu/vi/documents?uri=8010002.xml.

[27] Thomas, *The Very Best Men*, p. 323. Asumo que esta afirmación está basada en una entrevista de Thomas a Hogan o a Fitzgerald, dado que la fuente que cita en dicho pasaje (John Ranelagh, *The Agency*, Weidenfeld and Nicolson, 1986) no contiene mención alguna.

[28] A propósito de la caracterización de «estudio de contrainsurgencia», véase Weis, *Cold Warriors*, p.156. En lo relativo a sus conclusiones, véase el informe destinado a Kennedy: «Report From the Inter-Departmental Survey Team on Brazil to President Kennedy», *FRUS, 1961-1963, Vol. XII*, p. 228.

[29] Weis, *Cold Warriors*, p. 131.

[30] Elio Gaspari, *A Ditadura Envergonhada (Coleção Ditadura Livro 1)*, cap. 1, «O Exército durmiu Janguista», loc. 1088 de 13184, Kindle. Gaspari aduce que Walters no quería ir a Brasil; no era, desde luego, un ascenso, lo que añade peso a la suposición (ampliamente defendida en Brasil) de que lo enviaron a «arreglar» las cosas. Vuelvo a Walters y a sus memorias en la última subsección de este capítulo.

No importó que Jango se posicionara de hecho con Kennedy cuando Estados Unidos detectó misiles soviéticos en Cuba en 1962. Jango apoyó públicamente el bloqueo de la isla y comunicó a Walters, en privado, que comprendería que los norteamericanos la bombardearan.[31] Para Washington representaba la amenaza del comunismo en su mismo continente. Con Kennedy, la actividad de Estados Unidos en Brasil fue diferente a la desplegada en Irán y en Guatemala en la década de 1950. No hubo grandes y ruidosas intervenciones con la mano del Tío Sam moviendo los hilos de manera bastante evidente. Estados Unidos alimentaba cuidadosamente a elementos anticomunistas con poder y les hacía saber que tendrían su apoyo si se decidían a actuar.

Se trataba también de un alejamiento manifiesto de las promesas de Kennedy al tercer mundo y de los objetivos originales de la Alianza para el Progreso. El programa era considerado ya ampliamente una tapadera imperfecta para la tradicional política estadounidense en la región, y no solo porque Washington siguiera interviniendo por toda ella. Uno de los mejores biógrafos de John Fitzgerald Kennedy lo plantea del siguiente modo:

> ¿Cómo podía conciliar las promesas de autodeterminación (un principio fundamental de la Alianza) con las intervenciones secretas norteamericanas en Cuba, Brasil, la Guayana británica, Perú, Haití, la República Dominicana y todos los países que parecían vulnerables a la subversión izquierdista? (Y aquel solo era el principio: una directiva de Seguridad Nacional de junio, aprobada por el presidente, había confeccionado una lista con cuatro países latinoamericanos más, «suficientemente amenazados por la insurgencia comunista»: Ecuador, Colombia, Guatemala y Venezuela [...]).[32]

En Brasil, la propuesta más controvertida de Goulart era la reforma agraria, tal y como había sucedido en Guatemala con Árbenz.

---

[31] Vernon A. Walters, *Silent Missions,* Doubleday, 1978 [Existe edición (muy recortada) en español: Vernon A. Walters, *Misiones discretas,* trad. Andrés Bosch, Planeta, 1981].

[32] Dallek, *J. F. Kennedy*, p. 546.

La aristocracia terrateniente de Brasil estaba espantada con la iniciativa; se retiró de las negociaciones y dedicó todas sus energías a derrocar a Jango. La inflación estaba ya fuera de control, pero la situación empeoró mucho más en términos económicos cuando toda la ayuda estadounidense desapareció y los acreedores internacionales dejaron de conceder nuevos préstamos, al tiempo que Washington hacía llegar efectivo a los gobernadores de los estados comprometidos con un golpe de Estado en el país.[33] El Congreso brasileño descubrió una organización tapadera apoyada por Estados Unidos que canalizaba millones de dólares a los políticos de la oposición; Jango la cerró, pero no detuvo la creciente y efectiva desestabilización de su Gobierno.[34] Con Estados Unidos liderando ya de forma manifiesta una huelga internacional de capital, Jango sufría para financiar las funciones básicas del Estado. Desde luego, tampoco recibió ayuda de los hombres de Moscú: después de la crisis de los misiles cubanos, los soviéticos no querían causar problemas en el patio trasero de Washington.[35]

Entonces, Carlos Lacerda, el hombre que había desempeñado un papel relevante tanto en la caída del presidente Vargas como en la de Quadros, volvió a intervenir. En octubre de 1963 concedió una entrevista a Julian Hart, el corresponsal en Brasil de *Los Angeles Times* (y, por tanto, mi predecesor), en la que acusaba a Jango de tramar un golpe de Estado, lo llamaba «golpista» y solicitaba la intervención de Washington.

Los responsables de Washington sabían, al igual que todo el mundo, que, si Jango caía, serían los militares quienes lo depondrían. Del mismo modo que en Indonesia, las Fuerzas Armadas

---

[33] Schwarcz y Starling, *Brasil*, pp. 704-13.

[34] Weis, *Cold Warriors*, p. 161. La organización era el Instituto Brasileiro de Ação Democrática. Cuando el gobernador de Pernambuco, Miguel Arraes, alegó verosímilmente que la Agencia de los Estados Unidos para el Desarrollo Internacional se estaba utilizando en las elecciones, Estados Unidos retiró la asistencia en su región y se profundizaron las tensiones entre los Gobiernos.

[35] Weis, *Cold Warriors*, p. 231. La sección de notas al pie hace referencia a una entrevista del autor a Miguel Osorio de Almeida, que fue enviado a la Unión Soviética en 1963 para reclamar un incremento de los volúmenes comerciales. La respuesta que obtuvo fue que Brasil estaba en la órbita de Estados Unidos y que «no querían que los relacionaran con el comunismo en Brasil».

eran el bastión anticomunista más fiable de Brasil. Sin embargo, su lealtad a esta ideología iba mucho más allá que en el caso de Indonesia. Iba más allá incluso que la propia Guerra Fría. En cierta medida, Estados Unidos no podía soñar con un aliado mejor. Esta perfecta asociación anticomunista provenía de una poderosa leyenda que se retrotraía a 1935, cuando un joven presidente Vargas había utilizado una balbuciente revuelta de izquierdas para castigar a los comunistas e instaurar una dictadura.

La leyenda de la Intentona

El Partido Comunista Brasileño se fundó en 1922, en gran medida por inmigrantes y exanarquistas.[36] Cuando de inmediato se incorporaron a la Internacional Comunista recién fundada por Lenin, Moscú no sabía muy bien qué hacer con ellos. La Comintern clasificó a Brasil como un gran país «semicolonial», en la misma categoría que China, y dejó la cuestión para más adelante. En aquel momento, la directriz que los brasileños recibieron de los soviéticos fue formar un frente único con la «burguesía» nacional, sin liderazgo comunista, contra el imperialismo; del mismo modo que Mao recibió órdenes de trabajar con Chiang Kai-shek, con resultados dispares.[37]

En Brasil, el Partido Comunista estaba en gran medida comprometido con esta línea. Pero también actuaba en un país donde los complots militares eran rutinarios en cualquier tendencia política. Getúlio Vargas había tomado el poder inicialmente con un golpe militar en 1930. Después de que empezara a seguir el ejemplo de los movimientos fascistas de Italia y España, un hombre llamado Luis Carlos Prestes, carismático teniente comunista que en una ocasión había intentado sin éxito una revuelta populista de izquierdas,

---

[36] Schwarcz y Starling, *Brasil*, p. 536.

[37] Marly de Almeida Gomes Vianna, *Revolucionários de 35*, Companhia das Letras, 1992, pp. 40-43. Incluso cuando la Comintern dio su giro más radical en 1928, la organización nunca creyó en la revolución inmediata en países coloniales y semicoloniales. Las directrices a los partidos de aquellas naciones eran evitar un conflicto frontal con otras fuerzas nacionalistas, incluida la «burguesía» capitalista local, a toda costa.

fundó la Aliança Nacional Libertadora (ANL).[38] La ANL se oponía al fascismo y al «integralismo», que en Brasil tenía una variante propia, rabiosamente anticomunista y en cierto modo católica, del fascismo. La Aliança incluía a muchos partidarios moderados de Vargas, que querían que retrocediera en su impulso a la derecha, y consiguió también el apoyo del propio Partido Comunista.

Moscú no creó la ANL ni ordenó a la Aliança Nacional Libertadora que actuara; de hecho, a los soviéticos les preocupaba que los brasileños estuvieran siendo imprudentes y en exceso arriesgados. Sin embargo, cuando los líderes comunistas de Moscú entendieron que Prestes podía lanzar otra rebelión, no quisieron quedarse fuera. Enviaron un pequeño grupo asesor que incluía a un especialista alemán en explosivos y a Victor Allen Barron, un ciudadano estadounidense experto en comunicaciones que se encargó de la comunicación con los líderes comunistas en Rusia.[39]

La mayoría de los civiles del Partido Comunista y de la ANL no sabían que se estaba preparando una rebelión. Y empezó por accidente, en Natal, en el pobre noreste de Brasil, después de que los soldados destinados allí se enfurecieran por la destitución de algunos compañeros. El Partido Comunista de la región pidió a los soldados que esperaran, pero de nada sirvió. Estalló la rebelión y los sublevados llegaron incluso a tomar el control de la ciudad por un tiempo, durante el que requisaron automóviles y asaltaron bancos. Cuando el levantamiento llegó a Recife, también en el noreste, la respuesta del Gobierno fue una carnicería: los militares sofocaron el levantamiento y ejecutaron a los rebeldes izquierdistas.

---

[38] Prestes, originario del sur de Brasil, lideró una marcha a lo largo del país para exigir el voto secreto, escuelas públicas para todos y, técnicamente, el derrocamiento del presidente Arthur Bernardes, si bien los manifestantes evitaron deliberadamente el enfrentamiento con las tropas gubernamentales y buscaron incorporar a soldados y ciudadanos a su causa. Prestes marchó después al exilio durante cinco años y regresó más radicalizado y con la intención de incorporarse al Partido Comunista. En el PCB —y en Moscú— no estaban muy seguros al principio. Lo denominaban *caudilho* «pequeñoburgués» y, dado que los comunistas habían pagado cara en China la alianza con los nacionalistas, les preocupaba aceptar a una suerte de Chiang Kai-shek brasileño. Solo fue finalmente admitido en 1934, cuando el Gobierno de Getúlio Vargas hizo su viraje hacia el fascismo (Vianna, *Revolucionários de 35*, pp. 50-51).

[39] *Ibid.*, p. 117.

«¡Fue una represión brutal, tremenda! Mataban a izquierda y a derecha, de frente y de espaldas. La vida de un comunista no valía diez pedazos de miel cruda», relató el teniente Lamartine Coutinho utilizando una vieja expresión portuguesa.

Entonces llegó el acto final, en una pequeña playa nada más pasar Copacabana, en Río de Janeiro. El ataque empezó a altas horas de la madrugada del 27 de noviembre de 1935. Las tropas militares lanzaron a los barracones una granada que estalló delante de una columna. Luego abrieron fuego.

«¡Fue una batalla fea, espantosa!», diría uno de los soldados atacados aquella mañana. «¡Tiros por todas partes!». Sin embargo, solo dos soldados murieron en combate.

La ANL había sacrificado de manera temeraria vidas humanas, probablemente decenas en todo el país, y lo único que había conseguido había sido entregarse al Gobierno para que este pudiera utilizarla como le pareciera.[40]

La historia de un golpe de Estado comunista fallido sirvió perfectamente a los intereses de las élites que en aquel momento presionaban para que se diera un giro a la derecha. El poderoso rotativo *O Globo* ya había publicado una crónica del todo falsa, firmada en junio por el propietario, Roberto Marinho, según la cual los comunistas habían recibido órdenes de tomar el país «disparando a todos los funcionarios no comunistas, preferiblemente a la puerta de sus casas o incluso después de entrar por la fuerza en ellas».[41]

El Gobierno de Vargas utilizó el acontecimiento real, en adelante llamado de forma no del todo correcta «Intentona Comunista», para atacar a la izquierda y a sus críticos en general, y como excusa para consolidar sus poderes dictatoriales. Vargas declaró el estado de emergencia, creó la «Comisión Nacional de Represión al Comunismo», suspendió las libertades individuales y empezó a detener a los integrantes de la izquierda. Muchos de los líderes de la Intentona fueron ejecutados, aunque al popular

---

[40] Esta descripción de la rebelión proviene de Vianna, *Revolucionários de 35*, pp. 230-48.

[41] *O Globo*, 26 de junio de 1935, 1.ª ed. Citado en Vianna, *Revolucionários de 35*, pp. 132-33.

Prestes lo mantuvieron encarcelado. Las autoridades prohibieron los libros de izquierdas.[42]

La narrativa de la violenta subversión comunista sirvió a las necesidades de los grupos de derechas del Ejército y del Gobierno de manera tan efectiva que crearon otra. En 1937, un general «encontró» un documento que esbozaba el Plan Cohen, un complot judeocomunista (exprimiendo el antisemitismo de la derecha fascista) que incluía órdenes de invadir las casas de brasileños acaudalados y violarlos.[43] Vargas utilizó este plan completamente inventado para autorizar un golpe de Estado militar más, promulgar una nueva Constitución y tomar el control de una dictadura en toda regla.[44]

La Intentona de 1935 sirvió de leyenda fundacional a las Fuerzas Armadas y al movimiento anticomunista, cada vez más virulento, que se hizo fuerte entre los militares y en la sociedad en general. Cada año, el 27 de noviembre, los militares se reunían delante de una estructura conmemorativa en Praia Vermelha [playa roja], para conmemorar la respuesta a la rebelión comunista. Y un poderoso mito adquirió forma. El Ejército terminó contando que el de noviembre de 1935 no fue un ataque convencional contra un acuartelamiento militar. El relato era que los comunistas se habían colado en las habitaciones de los oficiales y los habían apuñalado mientras dormían.

Esta parábola de maldad exclusivamente comunista se demostraría falsa muchas décadas más tarde gracias a detalladas investigaciones históricas. Como el historiador Rodrigo Patto Sá Motta afirma citando los informes de las autopsias: «Nadie murió a golpe de puñal en aquella madrugada. [...] Sería curioso imaginar oficiales del Ejército —independientemente de las convicciones políticas, siempre sensibles a los bríos militares— alzados solo con puñales».[45]

Los comunistas con cuchillos en la mano listos para apuñalarte mientras duermes se convirtieron en una imagen común en el

---

[42] Patto Sá Motta, *En guardia contra el peligro rojo,* p. 262.
[43] *Ibid.*, pp. 103 y 111.
[44] Schwarcz y Starling, *Brasil*, pp. 598-99.
[45] Patto Sá Motta, *En guardia contra el peligro rojo,* p. 162.

voluminoso material anticomunista brasileño de las siguientes décadas. En la prensa se podían encontrar asimismo viñetas que mostraban que los comunistas eran insectos que únicamente podían ser «exterminados» mediante la libertad, la familia y la moralidad. El comunismo fue denominado plaga, virus o cáncer, términos que eran también arrojados a los comunistas del momento en la vecina Argentina.[46] Con mucha frecuencia, el comunismo se asociaba con el mal absoluto o con la brujería, caracterizados con el uso de demonios o bestias satánicas como dragones, serpientes y cabras. A menudo se insinuaban, cuando no se representaban directamente, vínculos con la anormalidad y la perversión sexual.[47]

Lanzar falsas acusaciones de comunismo podía ser también rentable. La policía, los soldados y los políticos de bajo rango «encontraban» pruebas de que un determinado ciudadano era comunista, lo que suponía más ingresos para su departamento o, con mucha frecuencia, conllevaba sobornos directos. El partido político fascista Ação Integralista Brasileira (AIB) utilizó, según consta, tácticas clásicas de extorsión con pequeños comercios, si bien con un giro anticomunista. Los miembros del partido cubrían en plena noche las paredes de tiendas y viviendas con pintadas en apariencia comunistas. Volvían unos días más tarde y pedían a los propietarios que hicieran donaciones a la AIB para demostrar a los preocupados ciudadanos del barrio que en realidad ellos no eran comunistas.[48]

En los años cincuenta y principios de los sesenta, los militares brasileños fortalecieron sus vínculos con Washington. Estados Unidos llevó a cabo sus misiones de servicio más largas en Brasil, cuyos oficiales recibieron invitaciones extra para formarse en la escuela de mandos de Fort Leavenworth, junto a los soldados indonesios.[49]

---

[46] Federico Finchelstein, *The Ideological Origins of the Dirty War: Fascism, Populism, and Dictatorship in the Twentieth Century Argentina*, Oxford University Press, 2014, pp. 47-48 [existe edición en español que no hemos podido consultar: Federico Finchelstein, *Orígenes ideológicos de la «guerra sucia»: fascismo, populismo y dictadura en la Argentina del siglo XX*, Sudamericana, 2016].
[47] Patto Sá Motta, *En guardia contra el peligro rojo*, pp. 89-91.
[48] *Ibid.*, p. 220.
[49] Weis, *Cold Warriors*, p. 20.

Para los muchos grupos derechistas de Brasil, especialmente los militares, toda la presidencia de Jango fue una equivocación. Sin embargo, en 1961, Goulart cometió un error que ofendió todavía más a los militares. El anuncio de que Brasil retomaría las relaciones diplomáticas con la Unión Soviética llegó días antes de la conmemoración anual de la Intentona y fue considerado una provocación. Poco después, uno de los grupos armados de extrema derecha del país, el Movimiento Anticomunista (MAC), cubría Río de Janeiro de pintadas con eslóganes como «Muerte a los traidores», «Fusilemos, brasileños, a los lacayos de Moscú» y «Guerra a muerte al PCB» (el partido comunista, todavía ilegal, de Brasil).[50] Es creencia generalizada que el MAC recibía financiación de la CIA, y llevó a cabo varios atentados con bomba, así como un tiroteo en el Sindicato Nacional de Estudiantes.[51]

Otro grupo anticomunista, la Sociedad para la Defensa de la Tradición, la Familia y la Propiedad (TFP), fundada en 1960 en São Paulo, pretendía contrarrestar la amenaza decadente del comunismo internacional obligando a sus jóvenes brigadas a cortarse el pelo a cepillo, llevar ropa recatada, evitar ver la televisión y aprender kárate.[52] La TFP tenía una perspectiva internacional, y pronto estableció sedes a lo largo de América Latina, en Sudáfrica y en Estados Unidos.

En cuanto al Partido Comunista Brasileño en sí, se dividió en 1962. Con el liderazgo de Luis Carlos Prestes, todavía influyente décadas más tarde, el PCB se había adherido a la decisión de Jruschov de alejarse del estalinismo y mantenía su compromiso de trabajar pacíficamente dentro de las fronteras de la democracia brasileña. Un grupo disidente, más inspirado por Mao y convencido de la necesidad de la revolución total, rechazaba este «revisionismo» y formó el prácticamente homónimo Partido Comunista do Brasil (PCdoB). Durante el mandato de Jango, el PCB fue en realidad mucho más moderado que otros actores de la

---

[50] Patto Sá Motta, *En guardia contra el peligro rojo*, p. 204.
[51] Fundação Getúlio Vargas, CPDOC, «Verbete: Movimento Anti-Comunista (MAC)». Véase un resumen en www.fgv.br/cpdoc/acervo/dicionarios/verbete-tematico/movimento-anticomunista-mac.
[52] Patto Sá Motta, *En guardia contra el peligro rojo*, pp. 196-202.

izquierda del momento, dado que ni siquiera apoyó modernizar la Constitución.⁵³

Todo este furibundo anticomunismo tenía la intención de hacer frente a un presidente que era, como mucho, un liberal reformista. Pero Jango y sus reformas eran populares. Si hubiera conseguido finalmente que más personas votaran, el país habría cambiado de forma muy perceptible para las élites. Y estos cambios eran apoyados por los pocos comunistas que había en el país, que sí existían realmente. Quien se oponía a cualquier cosa que aceptaran los comunistas y tenía pánico a las consecuencias que las reformas sociales tendrían en un país como Brasil, encontraba muchos motivos para oponerse a Jango. Quien aceptaba todos los principios del anticomunismo fanático tal y como J. Edgar Hoover los había expuesto en la década de 1940 —y así era en el caso de las élites brasileñas y del Gobierno estadounidense— encontraba que la oposición tenía sentido.

La asociación entre Jango y el comunismo clandestino no solo la proponía la oscura periferia derechista de la sociedad brasileña. Una viñeta publicada en enero de 1964 en *O Globo*, el rotativo del que sigue siendo el grupo de medios de comunicación más importante de Brasil, venía acompañada del siguiente pie: «La campaña de alfabetización», refiriéndose al plan de Jango de enseñar a más personas a leer y a escribir. A la derecha aparecía sentado un hombre sucio, con ropa andrajosa y un rostro que era la imagen misma de la ignorancia. A la izquierda, su maestro, que lo señalaba y se reía. Detrás del instructor, escapando del traje, se ve la larga cola del diablo, con una hoz y un martillo estampados en la punta.⁵⁴

Tres caídos

En el otoño de 1963, John Fitzgerald Kennedy ordenó a su embajador en Vietnam del Sur que facilitara la destitución del presidente

---

⁵³ Napolitano, *1964*, pp. 38-39.
⁵⁴ *O Globo*, 25 de enero de 1964, reimpreso en Patto Sá Motta, *En guardia contra el peligro rojo*, p. 139.

Diem. Como aliado, Diem estaba ya dando más problemas a Washington de los que merecían la pena. La CIA se lo hizo saber a un general local, y el 1 de noviembre de 1963 el presidente fue secuestrado junto a su hermano y ambos fueron tiroteados y apuñalados en la parte trasera de un tanque blindado. Kennedy no quería en realidad que mataran a Diem, pero sabía que era el responsable de su muerte. El asesinato conmocionó y entristeció considerablemente al joven presidente.[55]

Unas semanas más tarde, el propio Kennedy era asesinado cuando recorría en coche las calles de Dallas. Los hombres más cercanos a él, conscientes de que habían intentado de forma activa librarse de Fidel Castro y estaban utilizando métodos en absoluto inocentes en todo el mundo, intentaron frenéticamente averiguar quién había sido. El mismo Bobby Kennedy sospechaba que el asesinato podía ser obra de la CIA, de la mafia o de Castro, y en cualquiera de los casos significaba que él era en parte responsable. La primera sospecha del vicepresidente, Lyndon Johnson, era que el atentado había sido en venganza por el asesinato de Diem.[56] Johnson ni siquiera sabía que su Gobierno había estado intentando matar a Castro, y cuando accedió a la presidencia sufrió para ordenar mentalmente la red de operaciones encubiertas que heredaba.[57]

Lyndon Baines Johnson era el típico cristiano estadounidense de Texas. Muy trabajador, era liberal en términos políticos, probablemente más que Kennedy, y fue considerado el «amo del Senado», donde ejerció de líder demócrata con una increíble fuerza durante seis años.[58] Sin embargo, en términos de política exterior tenía menos experiencia. No contaba con la sensibilidad de Kennedy en lo relativo a las batallas históricas entre el imperialismo y las revoluciones nacionales del tercer mundo. Según la biógrafa Doris Kearns Goodwin, que lo conocía bien, Johnson tenía la creencia —tan estadounidense— de que el resto del mundo

---

[55] Kinzer, *Overthrow*, p. 169.
[56] Dallek, *J. F. Kennedy*, p. 728.
[57] Weiner, *Legado de cenizas*, p. 234.
[58] En lo relativo a la carrera de Johnson antes de la presidencia, véase Doris Kearns Goodwin, *Lyndon Johnson and the American Dream*, Integrated Media, 2015, caps. 1-6.

era básicamente igual que su país, solo que un poco más atrasado. Defendía la «creencia en la aplicabilidad universal de los valores estadounidenses, la existencia de un consenso mundial», escribió Goodwin. Pero Johnson no tenía confianza suficiente en su propio dominio de la política exterior para presentar batalla a los hombres que habían trabajado con Kennedy.[59] De este modo, con frecuencia desatendía las cuestiones internacionales y delegaba en la sabiduría de aquellos consejeros.

En Brasil, las operaciones encubiertas se encontraban ya considerablemente avanzadas. El agente de la CIA Tim Hogan y el agregado militar Vernon Walters estaban ya en el país y habían empezado a trabajar. Los dos utilizaban el Ejército y la economía contra el presidente. El cerco se estrechaba sobre Jango.

El influyente periódico *Jornal do Brasil* publicó un editorial, titulado «Basta!», que serviría de grito de guerra para los golpistas. «Antes de que lleguemos a la Revolución, decimos ¡BASTA! Decimos que mientras existan unas Fuerzas Armadas organizadas, cohesionadas y disciplinadas en Brasil [...] ¡BASTA! Ha llegado el momento [...], certificamos la muerte de la falsa política de reconciliación de clases llevada a cabo con la brujería y los encantos del presidente [...], la paciencia nacional tiene sus límites».[60] A finales de noviembre, apenas transcurridos unos días del asesinato de Kennedy, Jango asistió a la conmemoración anual de la derrota de la legendaria Intentona Comunista en la playa Roja de Río de Janeiro. Su presencia solo sirvió para enfadar a muchos de los conservadores más comprometidos del país, que llegaron al punto de boicotear la ceremonia y organizar otro acto anticomunista en las inmediaciones.

Aquel día, 27 de noviembre de 1963, el general de Ejército, Jair Dantas Ribeiro, pronunció un discurso seco y ominoso: «En el silencio de la noche, impulsados por principios nunca comprendidos, grupos extremistas se aprestaron a una misión ignominiosa —empezó—. Sin bandera ni causa, sin ideales ni destino, la acción de estos desaprensivos no encontró eco en el corazón de la nación,

---

[59] *Ibid.*, pp. 175-77.
[60] *Jornal do Brasil*, 13 de septiembre de 1963, p. 6. Citado en Napolitano, *1964*, p. 46.

cuya estructura cristiana es por completo inmune al odio y al extremismo». Con Jango entre el público, prosiguió:

> Aquellos odiosos terroristas de 1935, levantando el escudo comunista, que únicamente significa ruina y rencor, propagando sentimientos humanitarios populares que, en realidad, solo servían para ocultar proposiciones subalternas y sed de poder, asesinando traicioneramente en las sombras de la noche a nuestros hermanos de armas, escribieron una página negra en la historia de Brasil. [...] No debemos, no obstante, ocultar esta historia: esta intentona sigue siendo un ejemplo para esa plaga que quiere instalar un régimen antidemocrático. [...]
> Ahora y por siempre, el ejemplo del Ejército y su vigilancia resistirá y servirá de advertencia.[61]

Para Dantas Ribeiro, la «plaga» eran los comunistas. Y los mandos militares formulaban ya sus propias teorías en lo relativo a las intenciones de Jango. Muchos estaban convencidos de que, además de conceder el sufragio a los soldados de bajo rango, los apelaría directamente, subvirtiendo la autoridad de sus superiores.

Las fuerzas de derechas de Brasil empezaron a difundir la idea de que era en realidad Jango el que estaba planificando su propio golpe de Estado de izquierdas. Denunciaban que, para lograr llevar a cabo sus reformas, destituiría al Gobierno, aboliría el Congreso o aprobaría una nueva Constitución. Los principales periódicos del país ayudaron a divulgar esta historia. Si era cierto, proseguía su argumentación, un golpe de Estado que lo retirara del poder salvaría en realidad la democracia. El embajador estadounidense, Lincoln Gordon, compartía esta visión. Y dado que

---

[61] «Ordem do Dia do Exercito», General Jair Dantas Ribeiro, noviembre de 1963, impreso en General Fernando de Carvalho, *Lembrai-Vos de 35!*, Biblioteca do Exército Editora, 1981, pp. 375-77. *Lembrai-Vos* es un volumen recopilatorio de todos los discursos en el memorial de la Intentona entre 1936 y 1980. Mi traducción mantiene parte del lenguaje forzado y recargado del original. Como sucede con frecuencia con la policía en Estados Unidos, la policía y los oficiales militares brasileños tienden a pasarse de la raya utilizando estructuras gramaticales arcanas y un vocabulario oscuro cuando pretenden expresarse en un tono formal.

Jango era un presidente débil, especulaba Gordon, podría ser sustituido más tarde por fuerzas todavía más radicales —tal vez comunistas— si no se intervenía en ese momento.[62]

Los estadounidenses se coordinaban entre bambalinas con los militares. En marzo, Gordon envió un telegrama a Washington. Decía: «Mi sopesada conclusión es que Goulart está ya definitivamente entregado a una campaña para hacerse con un poder dictatorial, para lo que acepta la colaboración activa del Partido Comunista Brasileño y de otros movimientos revolucionarios radicales de izquierda. Si llegara a tener éxito, es más que probable que Brasil acabe bajo control completo del comunismo».

Los estadounidenses tenían puestas sus miras en un sustituto brasileño concreto. Gordon proseguía:

> La novedad más significativa es la cristalización de un grupo de resistencia militar con el liderazgo del general Humberto Castello [sic] Branco, jefe del Estado Mayor. Castelo Branco es un oficial muy competente, discreto, sincero y profundamente respetado. […] La preferencia de Castelo Branco sería actuar únicamente en caso de una provocación inconstitucional obvia, p. e.: un movimiento de Goulart para cerrar el Congreso o para intervenir en uno de los estados de la oposición (Guanabara o São Paulo serían los más probables). Reconoce, no obstante (al igual que yo), que Goulart podría evitar una provocación tan evidente y seguir avanzando hacia un irreversible hecho consumado mediante huelgas manipuladas, debilitamiento financiero de los estados y un plebiscito del poder ejecutivo (votantes analfabetos incluidos).[63]

Años antes, Castelo Branco se había formado en Fort Leavenworth. Allí había conocido a Vernon Walters, el agregado militar que Kennedy envió a Brasil. Después de estudiar juntos en Kansas,

---

[62] Napolitano, *1964*, pp. 50 y 61.

[63] Véase el telegrama enviado por Gordon al Departamento de Estado el 28 de marzo de 1964: Telegram from the Ambassador to Brazil (Gordon) to the Department of State, Rio de Janeiro, March 28, 1964, *FRUS, VOL. XXXI*, South and Central America; Mexico, 187, https://history.state.gov/historicaldocuments/frus1964-68v31/d187.

Castelo Branco y Walters fueron compañeros de alojamiento: vivieron juntos en un pequeño hotel en Italia.⁶⁴

Debido a las circunstancias que condujeron a su nombramiento, Jango apenas contaba con apoyos en el Congreso y pocos aliados en los medios de comunicación brasileños, gran parte de los cuales eran propiedad de unas cuantas familias terratenientes. Para demostrar el apoyo público a sus reformas organizó una serie de manifestaciones en las calles. El 13 de marzo de 1964, Jango se sumó a otros líderes de la izquierda y se dirigió a cerca de doscientas mil personas delante de la Central do Brasil, la icónica estación de tren del centro de Río. Un Jango tenso salió al escenario, volvió a defender la reforma agraria y atacó a los falsos demócratas de derechas por ser «antipueblo, antisindicatos y antirreformas». Dijo: «Encontrarse con el pueblo en las calles no es una amenaza a la democracia. Una amenaza a la democracia es cuando se ataca al pueblo, explotando sus creencias cristianas y las mistificaciones de una industria anticomunista: ellos son la amenaza a la democracia». Las cámaras captaron a varios asistentes con carteles con eslóganes como «Abajo los latifundistas», una foto de Fidel y «Legalización del Partido Comunista». Más combustible para los conspiradores de la derecha.⁶⁵

Los conservadores respondieron con su propia manifestación. El 19 de marzo, apenas a unos kilómetros de la nueva vivienda de la familia Tan en São Paulo, la Marcha da Família com Deus pela Liberdade sacó a cerca de quinientas mil personas a las calles. En su mayor parte eran de familias acomodadas conservadoras (aunque hubo quienes obligaron a sus sirvientas a acudir), y la presencia de respetables mujeres y niños envalentonó a los militares conspiradores. Ing Giok Tan y su familia recelaban de este tipo de actos y se mantuvieron apartados. El Gobierno de Estados Unidos no. Aportó apoyo material y moral a la marcha, que ya estaba bien apuntalada por las actitudes propias de la élite brasileña.⁶⁶

---

⁶⁴ Walters, *Silent Missions*, pp. 77 y 123.

⁶⁵ La radiotelevisión pública brasileña, EBC, ofrece la transcripción completa (en portugués) y algunas fotos: «Discurso de Jango na Central do Brasil em 1964», www.ebc.com.br/cidadania/2014/03/discurso-de-jango-na-central-do-brasil-em-1964.

⁶⁶ Benjamin Cowan, *Securing Sex: Morality and Repression in the Making of Cold War Brazil*, University of North Carolina Press, 2016, pp. 75-77.

El error final y fatal de Jango, en lo que a los militares respecta, llegó justo después. Un grupo de unos dos mil soldados de infantería de Río, defensores de las *reformas da base*, protagonizaron una pequeña rebelión contra sus superiores, a los que exigían mejores condiciones de trabajo y una relajación del código disciplinario. Los rebeldes proyectaron la cinta clásica del cine soviético, antiimperialista y defensora de los motines: *El acorazado Potemkin*, que no ayudó a calmar los nervios del los altos mandos militares.[67] La respuesta inicial de Jango —no apoyar el levantamiento ni respaldar una respuesta contundente inmediata— sirvió de prueba definitiva para los militares de que el presidente se pondría de parte de un levantamiento de la soldadesca y de la subversión de la jerarquía militar. Para empeorar aún más las cosas, dio una charla a la policía militar en el Club Automovilístico de Brasil al día siguiente. No dijo nada radical, pero, llegado ese momento, se consideraba ya una ofensa palmaria que siquiera hablara directamente con sargentos y oficiales de bajo rango.

El golpe de Estado contra Jango empezó el 31 de marzo de 1964, y lo que movilizó a muchos de los conspiradores fue la creencia de que los comunistas habían desarrollado algún tipo de plan revolucionario en torno a Goulart. Era completamente falso, pero también era totalmente coherente con el anticomunismo fanático del momento, que se remontaba a las audiencias de McCarthy y la mitología que rodeaba la Intentona. Allá donde hubiera comunistas, por muy limitado que fuera su número y fueran cuales fueran sus declaraciones expresas, tenía que haber un complot secreto y nefario.

En el contexto de la mitología del anticomunismo brasileño, esto probablemente significaba que los comunistas tenían planificado algo profundamente perverso. Entre las élites, muchos creían que los comunistas practicaban una violencia que llevaban a cabo con «placer satánico», que era su deseo más profundo asesinar a los fieles en masa y enviarlos al «infierno rojo».[68]

---

[67] Napolitano, *1964*, pp. 56-57.
[68] Patto Sá Motta, *En guardia contra el peligro rojo*, p. 119. Es destacable que en sus memorias Vernon Walters deje claro que comparte la amplia mayoría de las asunciones anticomunistas que he señalado. En primer lugar, cree que debido al «siniestro precedente» de la Intentona Comunista y el asesinato de los generales mientras dormían, tenían

Aunque el alto mando militar y Washington llevaban semanas organizando un golpe de Estado, este se inició de forma prematura. Un solo general escandalizado, Olímpio Mourão Filho, el mismo hombre que había creado la falsa conspiración judeocomunista conocida como Plan Cohen en 1937, lideró una marcha de soldados pobremente equipados sobre Río, donde residía Jango. Goulart voló a Brasilia, pero cuando tuvo claro que el alto mando militar estaba decidido a deponerlo, huyó a Uruguay. Los tanques avanzaron y aparcaron en el exterior del Congreso. Invocando una «ley institucional» sin base legal, la junta militar declaró que los miembros de izquierdas del Congresso Nacional habían perdido todos sus derechos legales.[69]

Cuando empezó el golpe de Estado, el Departamento de Estado de Estados Unidos lanzó una operación que bautizó Hermano Sam y puso tanques, munición y portaaviones a disposición de los conspiradores.[70] Nada de aquello fue necesario. El Congreso brasileño, en claro incumplimiento de la Constitución, declaró la presidencia «vacante». Entonces, después de que aquella primera «ley institucional» expulsara de sus escaños a unos cuarenta de sus compañeros de izquierdas, los restantes 361 legisladores brasileños votaron nombrar presidente al general Castelo Branco. Casi todos los medios de comunicación brasileños apoyaron el golpe de Estado.[71] La ayuda estadounidense volvió a llegar al país.[72]

---

especiales motivos para preocuparse por las apelaciones de Jango a los soldados rasos. En segundo lugar, resta importancia a los abusos («exceso de celo», dice) cometidos por la dictadura brasileña, argumentando, con aparente sinceridad, que podemos estar seguros de que las cosas habrían sido mucho peores «si Brasil se hubiera hecho comunista». En tercer lugar, reafirma la creencia (también enunciada por Nixon) de que «los regímenes autoritarios de derechas siempre terminan desapareciendo. Los regímenes comunistas, una vez que toman el poder, nunca lo sueltan». Walters, *Silent Missions*, pp. 371-89.

[69] En este párrafo y a continuación he ampliado el texto y el enfoque que utilicé en mi artículo del 12 de octubre de 2018 para *The New York Review of Books*. Véase Vincent Bevins, «Jair Bolsonaro, Brazil's Would-be Dictator», *NYR Daily*, 12 de octubre de 2018.

[70] Véase el telegrama enviado por el Departamento de Estado a la Embajada en Brasil el 31 de marzo de 1964: Telegram from the Department of State to the Embassy in Brazil, March 31, 1964, *FRUS, 1964-1968*, Volume XXXI, South and Central America; Mexico, 198.

[71] Bevins, «Jair Bolsonaro, Brazil's Would-be Dictator».

[72] Ruth Leacock, *Requiem for Revolution: The United States and Brazil, 1961-1969*, Kent State University Press, 1990, cap. 11.

Con Jango destituido, el Ejército dio en 1964 un tipo de discurso muy diferente en la conmemoración de la Intentona de 1935. El general Pery Constant Bevilaqua declaró: «¡La patria está aquí! ¡Ahí está en esta hermosa bandera! ¡Cuando la contemplamos, sentimos vuestra presencia, héroes de noviembre de 1935!».[73]

El embajador Lincoln Gordon denominó el golpe de Estado de 1964 «la victoria más decisiva para la libertad de mediados del siglo XX».[74]

En palabras del historiador brasileño Marco Napolitano: «Al igual que en una película de Hollywood, hubo un final feliz (para los golpistas, claro está). Los comunistas y sus simpatizantes, los tipos malos, fueron destituidos. Los buenos tenían el poder. Y lo mejor de todo: se había conseguido sin que Estados Unidos tuviera que aparecer como agente visible en la conspiración».[75]

Era tremendo. Y novedoso. En Irán (1953) y en Guatemala (1954), en Indonesia (1958) y en Cuba (1961), cualquiera que estuviera prestando atención sabía que Washington estaba detrás de las operaciones para el cambio de régimen. Estos signos evidentes de intervención estadounidense no solo habían empañado la imagen de Washington en todo el mundo, también habían minado la efectividad de los Gobiernos que instalaba cuando conseguía la victoria. El Gobierno de Guatemala se derrumbó rápidamente después del golpe apoyado por la CIA, al igual que sucedió finalmente con el Gobierno del sah en Irán.

Este logro conseguido en Brasil en 1964 no solo fue posible gracias a las nuevas tácticas que Kennedy puso en marcha para establecer alianzas con los militares. Estados Unidos también tuvo suerte. Y lo que es más importante: Brasil tenía su propia y muy asentada tradición anticomunista, levantada a lo largo de cinco

---

[73] General-de-Exercito Pery Constant Bevilaqua, Alocução Do Representante Das Forcas Armadas, 1 de diciembre de 1964, reproducido en *Lembrai-Vos de 35!*, p. 381.

[74] Leacock, *Requiem for Revolution*, p. 197.

[75] Napolitano, *1964*, p. 62. Para un análisis de la respuesta soviética al golpe de Estado, véase Gianfranco Caterina, «Um grande oceano: Brasil e União Soviética atravessando a Guerra Fria (1947-1985)», tesis doctoral, Fundação Getúlio Vargas, 2019, pp. 267-75. Moscú únicamente manifestó una crítica moderada de la postura anticomunista del nuevo Gobierno y expresó su voluntad de seguir desarrollando las relaciones bilaterales entre los dos países.

siglos de miedo a los negros, a los pobres, a los violentos y a los marginados; una tradición que disponía de sus propios e increíblemente efectivos mitos y rituales anuales.

A pesar del apoyo de la población, Jango, el presidente elegido legalmente, no lanzó una contraofensiva. Probablemente creía que, como otros golpes de Estado de la historia brasileña, sería un pequeño reajuste del sistema y que tendría la capacidad de recomponerse y presentarse a las siguientes elecciones. Se equivocaba. Brasil no volvería a celebrar elecciones democráticas en veinticinco años. El compromiso de Washington con la modernización guiada por los militares se mantuvo fuerte durante el mandato de Johnson, y Brasil era ya uno de los aliados más importantes de Estados Unidos en la Guerra Fría. De hecho, el país más grande de América Latina pronto desempeñaría un papel crucial en el desembarco de otros países en el bando occidental.

06

El Movimiento 30 de Septiembre

Aquel golpe de Estado en América Latina tuvo una importante repercusión en todo el planeta, y resonó también en Indonesia. La prensa convencional de este país informó de él, y lo mismo hizo el *Diario del Pueblo*. Una nueva publicación en inglés elaborada en Yakarta, llamada *The Afro-Asian Journalist*, denunciaba que la «junta militar» brasileña había contribuido a llevar a cabo una «conjura imperialista estadounidense».[1] El artículo podría haber sido traducido por Francisca, que trabajaba allí entonces.

A principios de la década de 1960, Francisca se implicó en política más que nunca. No solo era ella: tras los bombardeos de Estados Unidos y con la campaña por Nueva Guinea Occidental caldeándose, el país se había desplazado a la izquierda y la sociedad en general rebosaba energía revolucionaria. Fueron, no obstante, las excepcionales habilidades lingüísticas de Francisca las que la llevaron al centro mismo de la historia mundial.

Después de una década trabajando en la biblioteca, y con sus hijos ya escolarizados, empezó a dar clases particulares de inglés a personal de las embajadas de todo el mundo. Se inició con la esposa del canciller húngaro; continuó enseñando al personal de la legación rusa y, más tarde, a un funcionario de la República Democrática de Vietnam (habitualmente denominada «Vietnam del Norte» en Occidente en aquel momento). Daba sus clases en las embajadas o en las suntuosas residencias de los propios embajadores —en el área central de Yakarta y en el exclusivo barrio de Senopati—, y, con

---

[1] *The Afro-Asian Journalist*, n.º 1, 1964; consultado en la Universidad SOAS de Londres.

bastante frecuencia, la práctica del inglés la llevaba a conversar sobre política internacional. Cuando el Gobierno de Fidel Castro envió a Indonesia a Benigno Arbesú Cadelo, su primer embajador en el archipiélago, también recibió clases de Francisca.

De forma natural, todos los nuevos clientes de Francisca eran de países socialistas. Este era el círculo social en el que se movían su marido y ella. En aquel momento, Zain ya era una figura relativamente influyente en la izquierda.[2]

Sukarno, por su parte, fue a La Habana a visitar a Fidel Castro y al Che Guevara. Eligió a un amigo de confianza de los días de la revolución, A. M. Hanafi, para que ejerciera de embajador, y los dos países empezaron a trabajar en una conferencia «tricontinental» que ampliaría el encuentro «afro-asiático» de 1955 para incluir a América Latina. El tercer mundo al completo unido.

Sukarno estaba de nuevo hablando de la unidad del marxismo, el islam y el nacionalismo, que reempaquetó con uno de sus acrónimos marca de la casa: NASAKOM, de *Nasionalisme, Agama* (Religión) y *Komunisme*. Habló de formar un gabinete NASAKOM, pero el ala derecha de la política indonesia vetó a los comunistas.[3] El general Nasution, al mando de las Fuerzas Armadas y punta de lanza de Washington, aseguró al embajador Howard Jones en 1960 que los militares nunca permitirían que el PKI participara a nivel ejecutivo en el Gobierno.[4]

En realidad, las tres fuerzas políticas del país no eran el nacionalismo, la religión y el comunismo, sino más bien el PKI, Sukarno y el

---

[2] Documentos desclasificados de Europa del Este señalan a Zain como miembro del Comité Central del Partido Comunista, algo que confirma Martin Aleida. Francisca, sin embargo, señala que nunca hablaron en realidad de sus actividades concretas en el partido en aquel momento, aunque su vinculación ideológica era evidente, por eso simplemente lo denomino «figura influyente en la izquierda». Más adelante analizo su papel en el partido. «Memorandum about Talks with the Deputy Head of the Department for International Relations of the Central Committee of the PKI, Comrade Zain Nasution, on 30 June 1965», Stiftung Archiv Parteien und Massenorganisationen der DDR mi Bundesarchiv (SAP-MO-BArch) DY 30 / IV A2 / 20, 66. Citado en Baskara Wardaya, *1965: Indonesia and the World*, 2013; entrevista del autor a Martin Aleida.

[3] Mortimer, *Indonesian Communism Under Sukarno*, pp. 125-26.

[4] Jones, *Indonesia*, p. 260.

Ejército. El presidente utilizaba su influencia personal para mediar en los enfrentamientos de sus rivales y mantener un delicado equilibrio. Al contrario que en Brasil, el anticomunismo fanático no tenía un apoyo generalizado en la sociedad indonesia. A pesar de lo que los líderes militares dijeran a los estadounidenses en privado, no se oponían a la izquierda en general y a menudo se hacían eco del lenguaje revolucionario de Sukarno en sus textos y declaraciones públicas. El país entero era, en lo esencial, antiimperialista por definición.

A principios de 1963, los países reunidos en Bandung fundaron en Yakarta la Asociación Afro-Asiática de Periodistas. Se pidió a Francisca que ejerciera de intérprete oficial en el encuentro y siguió trabajando para la recién fundada revista *The Afro-Asian Journalist*, publicada por la Fundación Lumumba (bautizada en honor al asesinado líder congoleño) en Yakarta. La tenían ocupada traduciendo textos de varias lenguas y de un amplio abanico de países. *The Afro-Asian Journalist* publicaba lo que se ha denominado «periodismo cosmopolita socialista», y entendía las disputas en los distintos rincones del mundo como una única lucha interconectada. La revista era mucho más ecléctica y liberal que muchas de las publicaciones del socialismo realmente existente; los editores valoraban el pluralismo cultural y la innovación artística, y publicaban viñetas antiimperialistas y reportajes de una amplia variedad de colaboradores internacionales.[5]

Era un trabajo emocionante para Francisca, y no solo porque viajaba por el mundo y conocía a los líderes revolucionarios de toda África y Asia. Parecía que los sueños que había alimentado desde niña iban camino de cumplirse. A finales de 1963, Yakarta fue sede de los GANEFO, los Juegos de las Nuevas Fuerzas Emergentes (Games of the New Emerging Forces: como era de esperar, Sukarno los bautizó con un acrónimo). Se trataba de unos Juegos Olímpicos para el tercer mundo, y su eslogan era «¡Adelante! ¡Sin retirada!». Los juegos nacieron inicialmente por la disputa que

---

[5] Para un contexto amplio de *The Afro-Asian Journalist*, véase Taomo Zhou, «The Archipelago Reporting Global: The Afro-Asian Journalist Association, the Indonesian Left, and the Print Culture of the Third World, 1963-65», en *Medium,* medium.com/afro-asian-visions/the-afro-asian-journalist-association-the-indonesian-left-and-the-print-culture-of-the-third-7f6463b185b0.

estalló cuando Indonesia excluyó a la República de China (Taiwán) y a Israel de los Juegos Asiáticos de 1962. El Comité Olímpico Internacional, liderado por Occidente, sancionó a Indonesia impidiéndole participar en los siguiente Juegos Olímpicos, así que Indonesia decidió organizar unos juegos antiimperialistas, algo que al COI no le gustó nada. Pero no es esto lo que Francisca recuerda de los Juegos de las Nuevas Fuerzas Emergentes. Quedó impresionada de por vida por el hecho de que un acontecimiento como aquel fuese organizado por completo por personas del tercer mundo, además de por las actuaciones deportivas y culturales que tuvieron lugar aquella semana en Yakarta.

«Por primera vez en la vida reparé en que en realidad no venía de un pueblo sin cultura ni atrasado. Y tampoco los otros pueblos de África y de Asia estaban atrasados. Siempre me habían dicho, y yo lo había llegado a creer, que los indonesios éramos muy estúpidos y no sabíamos lo que estábamos haciendo cuando intentábamos construir un país sin educación ni recursos —afirmó. Tenía ahora ya casi cuarenta años—. Practicamos nuestros propios deportes, representamos nuestras propias danzas. Para nosotros fue realmente un despertar. Sentíamos que aquello era lo que Occidente había intentado reprimir con tanto ahínco a lo largo de los siglos, y ahora, finalmente, salía al exterior».

Incluso el Partido Comunista de su marido se sentía más independiente que nunca. En la década de 1960, el PKI se había acercado cada vez más a China en la disputa chino-soviética, en parte porque Pekín apoyaba en mayor medida a Indonesia en sus conflictos territoriales. Sin embargo, técnicamente, el PKI seguía comprometido ideológicamente con la línea antiestalinista de la Unión Soviética. Aquellos fueron los años en los que Mao fue apartado por el desastroso resultado del Gran Salto Adelante, lanzado en 1958. Con la sospecha de que los soviéticos estaban intentando frenarlo, Mao ignoró sus recomendaciones e impulsó un programa agrícola sumamente utópico. En la hambruna resultante murieron millones de personas, y los otros líderes del Partido Comunista Chino responsabilizaron, con razón, al presidente Mao. Se vio obligado a dimitir del liderazgo nacional y del partido, y, a partir de 1960, Liu Shaoqi y Deng Xiaoping tomaron el control de la economía, reintrodujeron el capitalismo a pequeña escala y redujeron temporalmente a Mao a una figura ideológica.[6]

Lo más relevante era que el PKI no consideraba que tuviera que aceptar órdenes de nadie.[7] Ahora era el tercer partido comunista más grande del mundo, el mayor fuera de China y de la Unión Soviética, y su estrategia de implicación directa y no violenta con las masas había conseguido resultados impresionantes. El PKI contaba ya con tres millones de afiliados con carné. Las organizaciones ligadas al partido —entre ellas, la SOBSI (Federación Panindonesia de Organizaciones de Trabajadores), el LEKRA (Instituto de Cultura Popular), el BTI (Frente Campesino), las Pemuda Rakyat (Juventudes Populares) y el Gerwani (Movimiento de las Mujeres)— sumaban al menos veinte millones de miembros. Estas cifras suponían cerca de una cuarta parte de los cien millones de habitantes de Indonesia, niños incluidos. Casi un tercio de los votantes registrados del país estaban ligados al PKI.[8] Trabajaban abiertamente, en todos los rincones del país. Sin embargo, a escala nacional, dependían casi por completo de Sukarno para influir en las medidas políticas. No tenían otra opción. Para alcanzar el poder no disponían de armas ni de urnas; habían actuado de forma pacífica desde la expulsión de los neerlandeses y

---

[6] Karl, *Mao Zedong and China in the Twentieth-Century World*, pp. 109-13.

[7] Sugiono, profesor en la propia escuela teórica del PKI, presentó una tesis sobre la perspectiva populista del partido, que consistía en postular el «aspecto dual del Estado»: uno «propueblo» y el otro «antipueblo». Quedó decepcionado cuando ideólogos de Corea del Norte la rechazaron por «no marxista», pero los indonesios no iban a abandonar su filosofía por esto. Véase John Roosa, *Pretext for Mass Murder: The September 30th Movement and Suharto's Coup d'Etat in Indonesia*, University of Wisconsin Press, 2006, cap. 5.

[8] Estas cifras —tres millones de miembros de pleno derecho y veinte millones de las organizaciones asociadas— provienen del PKI y han sido ampliamente citadas por historiadores, así como por autoridades estadounidenses. Véase, por ejemplo, Wieringa y Katjasungkana, *Propaganda and the Genocide in Indonesia*, p. 5; y Robinson, *The Killing Season*, p. 8. En 1964, Guy J. Pauker estimó las cifras de entre un 25 por ciento y un tercio de los votantes registrados en un informe para la Rand Corporation titulado «Communist Prospects in Indonesia», contando solo con una cifra de miembros de las organizaciones asociadas de dieciséis millones y no veinte. Es difícil saber en qué medida se pudieron inflar las cifras en estas estimaciones, si es que realmente se inflaron.

estaban privados de elecciones por la democracia dirigida (y por el Ejército apoyado por Estados Unidos, que tanto se había alarmado con las continuas victorias electorales de los comunistas).[9]

En el otro lado de la brecha política, el Ejército estaba aliado con grupos musulmanes y cada vez dependía más del apoyo entusiasta de Estados Unidos. Los militares indonesios ya habían incrementado radicalmente su influencia durante el intento de la CIA de dividir el país en 1958, y el CAP, el «programa de acción cívica» de Kennedy y Johnson, les había facilitado los recursos y la formación para emerger como fuerza política y económica digna de ser tenida en cuenta. Las líneas políticas estaban claras para cualquiera que prestara atención: los comunistas y Sukarno de un lado, el Ejercito y Occidente del otro.

Y Sukarno ya no se cohibía a la hora de arremeter contra Occidente. Su revolución había superado a la CIA en 1958 y había conseguido que Kennedy y los Países Bajos recularan con Nueva Guinea Occidental. Con la intervención en Brasil y la creciente implicación en Vietnam, que confirmaba aparentemente su concepto de Washington como agresor imperialista, creía estar en el lado correcto de la historia. De modo que sobrestimó su fuerza y se enfrentó al Reino Unido, mientras los problemas seguían creciendo dentro del país.

Konfrontasi

La Malasia británica, una posesión colonial que abarcaba la península de Malaca desde la frontera tailandesa hasta el extremo de Singapur, era uno de los últimos y más importantes territorios británicos en Asia. Cuando Londres finalmente descolonizó la región y empezó a crear la nueva nación de Malasia, Sukarno se opuso en redondo a la forma que adoptaba. Consideraba que los

---

[9] En lo relativo a la campaña del PKI para conseguir elecciones parlamentarias en el sistema de democracia dirigida, véase Mortimer, *Indonesian Communism Under Sukarno*, pp. 120-22. De manera más amplia, el capítulo 2 de esta obra incluye un análisis de la decisión del partido de mantenerse muy cercano a Sukarno en este periodo.

ingleses estaban empleando estratagemas imperiales para debilitar a las fuerzas revolucionarias de Asia. Tenía en gran medida razón. Y Howard Jones lo sabía.[10]

Los británicos no querían crear un país que fuera mayoritariamente de etnia china, dado que, en su opinión, demasiada población de la península, sobre todo en Singapur, simpatizaba con el comunismo. Como solución a este «problema», Londres añadió sus posesiones en la sección superior de la inmensa isla de Borneo a lo que terminaría siendo Malasia y excluyó la isla de Singapur. Este movimiento incorporaría pueblos tan distintos como Sarawak, Borneo y Sabah a la nueva Malasia, lo que diluiría la proporción de población de ascendencia china a niveles que los británicos consideraban aceptables. La mitad sur de Borneo formaba parte de Indonesia, por lo que los indonesios compartirían una larga frontera con territorios coloniales británicos agregados con calzador a Malasia solo para diluir el poder de la izquierda. Una comparación bastante burda sería imaginar que, después de que los movimientos revolucionarios barrieran Estados Unidos, el rey Jorge III hubiera hecho a los protestantes de Irlanda del Norte ciudadanos de Canadá para asegurarse de que los leales a la Corona ganaran a perpetuidad las elecciones al norte de la frontera estadounidense. Esta deliberada división y combinación de pueblos diferentes la llevaron a cabo los británicos, como es bien conocido, en África y en Oriente Medio con consecuencias que llegan a nuestros días. El presidente Sukarno también desconfiaba de Lee Kuan Yew, el primer ministro singapurense, porque la pequeña ciudad-Estado había cooperado con la CIA en los ataques de 1958 contra Indonesia.

Jones sabía lo que Gran Bretaña estaba haciendo. Pero quedó conmocionado por la respuesta de Sukarno. Después de que una pequeña rebelión en el norte de Borneo lo convenciera de que los locales se oponían a ser malasios, el presidente se declaró de forma muy clara y muy enérgica opuesto a la creación de Malasia en esos términos. Para profunda desazón de las autoridades británicas, Sukarno declaró a principios de 1963 que la formación de Malasia era «el producto del cerebro, la lógica, los objetivos, los esfuerzos

---

[10] Jones, *Indonesia*, p. 265.

y la iniciativa del neocolonialismo». El enfoque agresivo de Sukarno contó con el apoyo entusiasta del PKI, el apoyo más vacilante de los militares y, probablemente, el favor de gran parte de la población.[11] El episodio terminó siendo conocido como Konfrontasi («confrontación», tanto en indonesio como en malayo) después de que Subandrio, el ministro de Exteriores, acuñara el término.

Sukarno hizo aquellas declaraciones justo cuando sus consejeros económicos viajaban a Washington a negociar con responsables del Fondo Monetario Internacional (FMI). La economía indonesia sufría a inicios de los sesenta, y el país estaba enzarzado en discusiones con Estados Unidos. Dos cuestiones eran las fundamentales. En primer lugar, Sukarno había destinado, desde 1958, una enorme proporción de los recursos nacionales a los militares y a sostener las disputas por Nueva Guinea Occidental y, en aquel momento, Malasia. En segundo lugar, Indonesia había empezado a reescribir la legislación que regía su industria petrolera después de expulsar a los neerlandeses, lo que preocupaba considerablemente a los altos mandos estadounidenses. *The New York Times* publicó un editorial en el que advertía de que Sukarno era «inexorablemente adicto a los excesos nacionalistas», a lo que añadía: «Su gestión con las petroleras será una prueba fundamental de sus intenciones».[12]

Las exigencias del FMI suponían la aplicación de un programa estructural de ajuste en Indonesia que obligaría a reducir gastos, incrementar la producción de materias primas para la exportación, devaluar la moneda, limitar el crédito y acabar con los subsidios gubernamentales.[13] Los ministros de Sukarno aceptaron las exigencias del FMI, que tuvieron un impacto rápido, contundente y generalizado en la población: los precios se duplicaron, se triplicaron o incluso se quintuplicaron de la noche a la mañana. El PKI denunció que las medidas eran un ataque a los pobres, pero el Gobierno siguió adelante igualmente, al parecer decidido a asegurar el siguiente paquete de ayudas de Washington.

---

[11] Simpson, *Economists with Guns*, p. 117.
[12] «Crossroads for Sukarno», *The New York Times*, 30 de mayo de 1963.
[13] Simpson, *Economists with Guns*, pp. 88-89.

La Konfrontasi puso en duda todas estas delicadas negociaciones internacionales. Tropas indonesias empezaron a participar en escaramuzas de bajo nivel, al estilo del gato y el ratón, en la frontera malasia de la isla de Borneo. El Gobierno estadounidense estaba preocupado por su alianza con los británicos, cuyo apoyo quería mantener en Vietnam.

Sukarno sobrestimó gravemente su capacidad de influencia al presionar con la cuestión al Reino Unido y a la ONU. Algunas de sus decisiones distanciaron a aliados del Movimiento de Países No Alineados que había contribuido a fundar.[14] Incluso muchos de sus amigos de otras naciones del tercer mundo consideraban que estaba cometiendo un error. Sin embargo, desde la perspectiva de Sukarno, la expansión de Malasia representaba una amenaza existencial a la integridad territorial de Indonesia. El presidente no daba en absoluto por seguro que la independencia poscolonial fuera a durar. Había sobrevivido a numerosos intentos de asesinato, veía la guerra reiniciarse en Vietnam y apenas unos años antes Estados Unidos había bombardeado el país en un intento de disgregarlo.

La izquierda indonesia sabía que los británicos habían utilizado su «Special Branch», la policía secreta, para capturar, sobornar e infiltrarse en el movimiento comunista malasio y asegurarse de que la descolonización tenía lugar tal y como la habían previsto.[15] Con el Reino Unido dividiendo Malasia en un intento evidente de atacar a las fuerzas del nacionalismo de izquierda —del que Sukarno era posiblemente el defensor más famoso— al otro lado de la porosa frontera de la zona indonesia de Borneo, era probablemente inevitable sentir cierta intranquilidad y desconfianza.

Los responsables estadounidenses, sin embargo, únicamente entendían las reacciones de este tipo como una paranoia irracional; una visión compartida por el teórico de la modernización Lucian Pye, que llegó a considerar el antiamericanismo en los países poscoloniales una patología psicológica.[16]

---

[14] *Ibid.*, p. 121.
[15] Jim Baker, *Crossroads: A Popular History of Malaysia and Singapore*, Marshall Cavendish, 2010, loc. 4000-4088 de 8869, Kindle.
[16] Simpson, *Economists with Guns*, p. 34.

Con el incremento de las tensiones en la escena internacional, las cosas se tornaban más difíciles para los indonesios de a pie. La crisis económica dificultaba la adquisición de bienes básicos, y la vida se tornó confusa para aquellos que no se habían involucrado en las disputas políticas.

Magdalena

En la aldea de Purwokerto (Java Central), una joven tímida empezó a notar la presión de aquella situación.[17]

Magdalena creció en una familia campesina con dificultades, siempre de aquí para allá como resultado de los conflictos maritales, las enfermedades y la pobreza. Como la mayor parte de los habitantes de Java (con la notable excepción de aquellos de origen chino), era musulmana, pero nunca profundizó demasiado en el estudio del Corán. En el colegio le encantaba el gamelán, la tradicional formación musical javanesa en la que una pequeña orquesta de percusión toca piezas de conjunto meditativas y llenas de digresiones que pueden subir y bajar lentamente durante horas. Sin embargo, pronto la retiraron de todo aquello. Con trece años dejó los estudios para trabajar de sirvienta en una vivienda cercana. A los quince años volvió a casa —había enfermado su madre— y empezó a vender lo que podía a sus vecinos para conseguir algo de dinero: madera troceada, ensaladas, platos cocinados, mandioca frita, cualquier cosa con la que salir adelante. A los dieciséis años, cuando la Konfrontasi dominaba las conversaciones en la capital y la economía seguía debatiéndose, el pequeño negocio se fue a pique.

No había estado nunca en una gran ciudad, pero se comentaba que era más fácil encontrar trabajo en Yakarta. Una tía suya tenía algunos contactos en la capital y le dijo que podría ayudarla a establecerse allí. Así que se subió al tren y pasó un día entero de viaje, avanzando despacio en dirección al oeste por vías que habían construido los neerlandeses un siglo antes, hasta que llegó a Yakarta

---

[17] El relato de Magdalena está basado en entrevistas del autor a Magdalena Kastinah, en Solo, entre 2018 y 2019.

completamente sola. Cuando pasó por el Monumento Nacional, se quedó maravillada de lo grande que era: unas diez veces más alto que cualquier otro edificio que hubiera visto antes.

Lo de las oportunidades laborales era cierto. De manera casi inmediata empezó a trabajar en una fábrica de camisetas. Su nueva empresa la alojó en un pequeño apartamento compartido al lado de las oficinas, como a todas las demás chicas. Por la mañana se ponía su uniforme y esperaba. Apenas pasadas las seis, las chicas se apilaban en un gran camión que las llevaba de su pequeño domicilio de Jatinegara, en Yakarta Oriental, a Duren Tiga, en el sur, con la ciudad desfilando tras las ventanillas mientras amanecía. Trabajaban de siete a cuatro y el salario no estaba mal. Los hombres lavaban la tela y las mujeres la cortaban dándole la forma precisa. Alguien, en algún otro sitio, lo juntaba todo.

Las condiciones estaban bien, pensaba Magdalena, y enseguida comprendió que eso era gracias a la SOBSI, la red de sindicatos afiliada al PKI que acogía a la mayor parte de los trabajadores del país. Se incorporó al sindicato, como hacían todas, y después de unos cuanto meses le encargaron un pequeño cometido administrativo en la sede local, sin muchos quehaceres reales. Llegaba, cortaba la tela y se volvía a casa.

Aquella fue su primera y muy limitada introducción a la política indonesia. Apenas entendía los eslóganes revolucionarios ni la jerga ideológica que emitía la radio en el trabajo. Recuerda haber oído la palabra «NASAKOM» una vez y no tener ni la más remota idea de su significado. Apenas sabía nada del Partido Comunista, ni si tenía algo que ver con su trabajo. Lo que sí sabía era que la SOBSI formaba parte de todo aquello y que era de gran ayuda.

«Nos apoyaban, estaban a nuestro lado, y su estrategia funcionaba —recuerda—. Funcionaba realmente. Eso es lo que sabíamos».

Cuando salía del trabajo solía estar demasiado cansada para hacer gran cosa (y era un poco joven para aventurarse sola en la gran ciudad). Mantenía la cabeza gacha y observaba. No hablaba de política después del trabajo: se tumbaba y parloteaba con su mejor amiga en Yakarta, Siti, quizá chismorreando sobre chicos, comentando qué chicas tenían novio o marido. Aunque siempre había estado soltera, ya de niña, en Java, se dio cuenta de que todo el mundo la consideraba muy guapa. Salir con un chico era algo que quizá probaría más adelante. Por el momento estaba esforzándose en acumular algunos ahorros para una vida que fuera algo más segura.

Las noticias de la radio iban y venían, y Magdalena seguía trabajando. Si oyó las palabras «Lyndon Johnson» a finales de 1963, no supo qué significaban.

Pero la muerte de John Fitzgerald Kennedy significó mucho para Indonesia.

El fin del método Jones

Indonesia fue uno de los lugares en los que Lyndon Johnson asumió un enfoque diferente al de su predecesor. Tenía mucho menos tiempo para Sukarno. Apenas tres días antes de morir, John Fitzgerald Kennedy había reiterado su compromiso claro, si bien ligeramente cínico, con la estrategia de mantenimiento de las relaciones con Sukarno: el enfoque concreto que «Sonrisas» Jones llevaba mucho tiempo defendiendo. Según Michael Forrestal, asesor de la Casa Blanca, JFK había afirmado: «Indonesia es una nación de cien millones de habitantes, posiblemente con más recursos que ninguna otra de Asia. […] No tiene ningún sentido que Estados Unidos se complique continuamente la vida para molestar a este enorme grupo de personas con todos estos recursos, a menos que haya un motivo muy persuasivo». La Konfrontasi no era suficiente razón para que Kennedy abandonara a Sukarno y a Jones.[18]

Johnson no estaba interesado en implicarse directamente en Indonesia, y no quería gastar capital político impulsando medidas en Asia que no eran populares en el Congreso. Kennedy había conocido a Sukarno, comprendía Indonesia y le importaba el asunto; estaba de acuerdo con Jones en que una visita a Yakarta podría haber suavizado las cosas. Por supuesto, el programa de contrainsurgencia militar que Kennedy levantó seguía en marcha. Pero Johnson no iba a librar ninguna batalla política por esos cien millones de personas y los recursos que había bajo sus pies.

---

[18] Simpson, *Economists with Guns*, p. 125

Howard Jones recuerda el cambio con tristeza. En sus memorias plantea que Sukarno, «que se veía líder no solo de las nuevas naciones afro-asiáticas, sino de todas las "nuevas fuerzas emergentes", estoy seguro de que creía que un entendimiento, si no una alianza, con el hombre considerado el líder del mundo occidental era posible. Lo estaban cortejando Jruschov y Mao, ¿por qué no iba a estar el líder del otro bloque mundial igualmente interesado en trabajar con él?».

Jones creía que Sukarno daría marcha atrás con la cuestión de Malasia siempre y cuando no significara una humillación nacional, y había transmitido a Kennedy que una visita presidencial a Indonesia era probablemente justo lo que hacía falta. Kennedy estuvo de acuerdo y tenía previsto viajar al archipiélago.[19] Sin embargo, unos meses después de la muerte de JFK, Jones pidió al recién nombrado presidente que firmara una resolución oficial que declaraba que el mantenimiento de la ayuda a Indonesia formaba parte de los intereses nacionales de Estados Unidos, pero Johnson se negó. «El presidente Kennedy, lo sé, habría firmado la resolución de forma casi rutinaria. Fue una decepción», recuerda Jones. En diciembre, Robert McNamara, uno de los asesores que había tenido Kennedy, empezó a sugerir una reducción rotunda de la ayuda. «Así se inició un cambio de enfoque en la política estadounidense hacia una línea más dura», escribió el embajador.[20] Este fue también el final de la idea de Jones de vincular a los dos países, una estrategia que había desarrollado durante casi una década.

Con quien sí llegó a un acuerdo Johnson fue con los británicos. A cambio de su apoyo en Vietnam, donde las cosas estaban empezando a ponerse feas, Washington los apoyaría en la creación de Malasia.[21]

Sukarno percibió el cambio en la forma en que el país más poderoso del mundo lo trataba. Llegó incluso a especular con la idea de que Kennedy había sido asesinado para impedirle visitar Indonesia y afianzar la alianza entre Washington y Yakarta.[22]

---

[19] Jones, *Indonesia*, p. 297.
[20] *Ibid.*, pp. 299-300.
[21] Simpson, *Economists with Guns*, p. 133.
[22] Greg Poulgrain, *The Incubus of Intervention: Conflicting Indonesia Strategies of John F. Kennedy and Allen Dulles*, Strategic Information and Research Development Centre, 2015, p. 247.

En Washington se seguía debatiendo si Indonesia merecía o no más ayuda. Y Sukarno observaba. En respuesta a ese debate, el presidente indonesio pronunció un discurso en marzo de 1964, en el mismo momento en el que los generales brasileños daban los últimos retoques a los complots apoyados por Estados Unidos. Aunque mostró su gratitud por la ayuda que se ofrecía sin condiciones políticas, una frase pronunciada en inglés acaparó —como era de esperar— los titulares y llegó rápidamente a Washington. Lo que dijo Sukarno fue que, cuando alguien ofrecía ayuda que venía acompañada de exigencias políticas, su respuesta era: «¡Iros al infierno con vuestra ayuda!».

En palabras de Jones: «Ahora sí que la había liado».[23]

La buena voluntad que pudiera seguir suscitando Sukarno en Washington empezaba a evaporarse. En los siguientes meses, toda la ayuda directa al Gobierno nacional se secó por completo. Significativamente, un programa se mantuvo. Estados Unidos siguió entregando financiación directa a las Fuerzas Armadas y los asesores militares continuaron trabajando estrechamente con los altos mandos del Ejército indonesio.

Sukarno adoptó una actitud pública más antiestadounidense. Y con más entusiasmo que nunca. La Unión Soviética no había tenido interés alguno en apoyar la Konfrontasi, así que Indonesia estableció vínculos más estrechos con los países socialistas asiáticos. En el marco nacional, se recrudeció la campaña antiestadounidense, con los comunistas liderando con frecuencia las embestidas. El Gobierno instituyó una prohibición *de facto* del cine norteamericano, a pesar de que a Sukarno siempre le había encantado. Surgieron protestas contra ciudadanos y empresas estadounidenses, si bien Jones mantuvo una relación cordial con el Gobierno.[24]

Entonces tuvo lugar una nueva sacudida, mucho más cercana esta vez que la acontecida en Brasil, cuyas olas pronto llegaron a la costa de Java. En el golfo de Tonkín, un destructor estadounidense llamado Maddox se encontraba en aguas vietnamitas, superando la frontera internacional de doce millas náuticas, con el objetivo de

---

[23] Jones, *Indonesia*, p. 321. Véase también Simpson, *Economists with Guns*, pp. 131-34.
[24] Jones, *Indonesia*, pp. 325-26.

interceptar las comunicaciones de Vietnam del Norte. El 2 de agosto, tres patrulleras vietnamitas se aproximaron al Maddox. Los estadounidenses abrieron fuego y mataron a cuatro marineros. Los vietnamitas respondieron a los disparos y huyeron. El 3 de agosto, Johnson declaró que seguiría patrullando el golfo de Tonkín y advirtió de que no se tolerarían «nuevas acciones militares no provocadas». El 4 de agosto no sucedió nada. Sin embargo, las embarcaciones estadounidenses creyeron que algo sucedía y empezaron a disparar «a su propia sombra».[25] Este segundo enfrentamiento inexistente fue utilizado de pretexto para la «Resolución del Golfo de Tonkín», que dio a Johnson la autorización para iniciar una guerra abierta en Vietnam.

Tres días más tarde, Sukarno, desafiante, establecía relaciones con el Gobierno de Ho Chi Minh en la mitad norte de Vietnam. «Creo que vuestra política en Asia es equivocada —dijo a Jones a bocajarro—. No es popular entre la población asiática en general. Les parece que estáis interfiriendo con los asuntos de las naciones asiáticas. [...] ¿Por qué ibais a tener que implicaros?». Ni que decir tiene que esta era una posición escandalosa para Washington. Sin embargo, la mayoría de los indonesios estaban de acuerdo con Sukarno. Para personas como Francisca, Sakono y Magdalena, los vietnamitas estaban luchando por su independencia como nación.[26]

El 17 de agosto, Sukarno pronunció otro agresivo discurso y declaró un «año de vida peligrosa». Habló de un «eje Yakarta-Nom Pen-Hanói-Pekín-Pionyang [...] forjado por el curso de la historia» y atacó sutilmente a los generales del Ejército por beneficiarse de las empresas estatales que controlaban. Unos meses más tarde, en enojada respuesta al acceso de Malasia al Consejo de Seguridad de la ONU, Sukarno decidió retirar a Indonesia de la ONU como forma de protesta. También acusó a la CIA de intentar matarlo.[27]

Howard Jones empezó a preparar su salida de Yakarta rumbo a Honolulú, donde asumiría la dirección del Centro Oriente-Occidente de la Universidad de Hawái. Mientras hacía los últimos preparativos, siguió enviando peticiones de última hora a los hombres

---

[25] Weiner, *Legado de cenizas*, pp. 250-51.
[26] Simpson, *Economists with Guns*, p. 134; entrevistas del autor.
[27] Jones, *Indonesia*, pp. 343-44 y 359-60.

que asumirían su cargo: defendía que la diplomacia personal con Sukarno ofrecía las mejores posibilidades de cambiar el rumbo de los acontecimientos en Yakarta. Sin embargo, sabía que estaba solo en su posicionamiento, literalmente en una isla, y el agua empezaba a subir a su alrededor. El enfoque de Howard Jones respecto a Indonesia estaba acabado.

En su breve carta de dimisión al presidente Johnson, escribió: «Indonesia es un país hermoso con un pueblo dulce y amistoso. Tengo mucha fe en el pueblo indonesio y creo que en última instancia dejarán atrás las dificultades actuales que padecen». Proseguía: «Estoy convencido de que existe un entendimiento básico entre los pueblos de Estados Unidos y de Indonesia».[28]

Cuando Jones se preparaba para abandonar el país, el ministro de Exteriores indonesio, Subandrio (el mismo hombre al que Jones mintió sin saberlo en 1958 a propósito del papel de la CIA en la guerra civil), le envió una pequeña invitación escrita de su puño y letra. Quería cenar con el embajador y su esposa una última vez. Se encontraron el 18 de mayo para despedirse con un sencillo almuerzo. El menú de aquel día consistía en *lumpia* (la versión indonesia de los rollitos de primavera chinos), el obligado arroz blanco, *gurame* (pescado) en salsa agridulce, gambas con lima y pimienta, y pichón frito.[29]

La despedida que recibió Jones de la prensa estadounidense fue algo menos cortés. Después de anunciar su marcha, *The Washington Post* afirmó, en un texto que daba amplia cabida a los críticos con su mandato, que era «colega de Sukarno» y de una «ingenuidad casi angelical».[30] *Los Angeles Times* fue un tanto más directo: en una versión diferente de la misma noticia, se preguntaba en el titular si Jones era un «bobo».[31]

---

[28] Véase la copia de la carta de dimisión en la documentación personal de Howard Jones: «Copy of Resignation Letter, Howard P. Jones to President Johnson», November 1, 1964, Box 10, Howard Palfrey Jones Papers, HI.

[29] Véase la documentación personal de Jones: Dinner Invitation for May 18, Folder: Subandrio, Box 18, Howard Palfrey Jones Papers, HI.

[30] Warren Unna, «Jones Was Sukarno's Pal», en *The Washington Post*, 17 de enero de 1965.

[31] Warren Unna, «Our Man in Indonesia: Patsy for Sukarno or Unique Envoy?», en *Los Angeles Times*, 17 de enero de 1965.

Operaciones clandestinas

Cuando la estrategia diplomática de Jones se vino abajo, tanto el Gobierno estadounidense como el británico incrementaron sus actividades secretas en Indonesia. Las características completas de estas operaciones todavía nos son desconocidas, pero incluyeron «operaciones negras» y preparativos para la guerra psicológica. Los británicos crearon la posición de «director de guerra política» en Singapur en diciembre de 1964. El Gobierno estadounidense aprobó un plan secreto el 4 de marzo de 1965, aunque la fuente de financiación y la cantidad aportada siguen siendo material clasificado. La mayor parte de las actividades secretas fueron llevadas a cabo probablemente por la CIA y por el MI6. Teniendo en cuenta cómo trabajaban estas organizaciones, es prácticamente seguro que las operaciones también incluyeron trasladar noticias falsas o provocadoras a través de la prensa indonesia e internacional. Querían provocar que los comunistas pasaran a la acción.

Desde principios de la década de 1960, los Gobiernos estadounidense y británico consideraban —y lo habían discutido con frecuencia— que la situación ideal sería un «golpe de Estado prematuro del PKI» que pudiera desencadenar una respuesta del Ejército. Es posible que alguna versión de este plan se desarrollara en secreto, encubierta en el programa de actividades civiles de Kennedy, a partir de 1962.[32]

En una de las últimas reuniones a las que asistió como embajador, el propio Howard Jones, en Filipinas, dijo a puerta cerrada a los responsables del Departamento de Estado: «Desde nuestra perspectiva, por supuesto, un golpe de Estado infructuoso del PKI

---

[32] Para un resumen de la limitada información de la que disponemos, véase Robinson, *Killing Season*, pp. 105-115; y Simpson, *Economists with Guns*, pp. 139-58. La cita «golpe de Estado prematuro del PKI» corresponde a Edward Peck, subsecretario de Estado del Ministerio de Exteriores británico, en conversación con el alto comisionado de Nueva Zelanda en Londres (citado en Simpson, p. 144). «Director de guerra política» proviene de Simpson, p. 158. «Prácticamente seguro» es una cita del comedido análisis de Robinson de las posibles actividades (p. 110).

puede ser el acontecimiento más efectivo para iniciar un cambio de rumbo en las tendencias políticas de Indonesia».[33]

Algunas de las facciones más conservadoras de Indonesia estaban descontentas con el giro a la izquierda de Sukarno. Destacaba especialmente el Ejército, pero también algunos grupos musulmanes. En ciertas regiones del país, los terratenientes locales mantenían un conflicto de baja intensidad con el PKI. Después de aprobar un paquete de reformas agrarias muy limitado, el Partido Comunista se comprometió a presionar a los terratenientes para que respetaran la ley, lo que conllevó algunos enfrentamientos, especialmente en Java Oriental y en Bali.[34]

Sukarno había valorado la creación de una nueva milicia, una «quinta fuerza» nacional compuesta de ciudadanos de a pie, trabajadores y campesinos, una suerte de cuerpo de reserva que existiría en paralelo a los militares. China había urgido a los indonesios a crear una milicia popular porque, en palabras de Zhou Enlai a Subandrio, el ministro de Exteriores, «las masas militarizadas son invencibles». Sin embargo, el Ejército se oponía a la idea y Sukarno tenía intención de discutirlo con los altos mandos en breve.[35] Tal y como señaló la CIA en mayo de 1965, el PKI, por sí mismo, «contaba únicamente con un potencial limitado para la insurgencia armada, y casi con certeza no querría provocar a los militares en un enfrentamiento directo».[36]

En agosto de 1965, Sukarno cayó enfermo y fue atendido por un médico chino que recomendó al presidente reducir su carga de trabajo y «ejercer la moderación en su vida sexual». Sukarno se negó y los expertos políticos empezaron a preocuparse por lo que sucedería en caso de que muriera.[37] Aidit, el líder del Partido Comunista,

---

[33] Véase la documentación personal de Jones: «Howard Jones, presentation at 1965 Chief of Mission conference, "American-Indonesian Relations"», Howard P. Jones Papers, Box 22, HI. Citado en Simpson, *Economists with Guns*, p. 157.

[34] Roro Sawita, «Tanah, *Landreform*, dan Kemelut 1965»», en *Melawan Lupa: Narasi-Narasi Komunitas Taman 65 Bali*, 2012, pp. 3-13; Wieringa y Katjasungkana, *Propaganda and the Genocide in Indonesia*, pp. 89-90.

[35] Taomo Zhou, «China and the Thirtieth of September Movement», en *Indonesia*, 98, octubre de 2014, p. 35.

[36] Simpson, *Economists with Guns*, pp. 165-66.

[37] Zhou, «China and the Thirtieth of September Movement», pp. 48-49.

fue a Pekín y se reunió con Mao. Contamos con una transcripción parcial de su conversación:

> Mao: Creo que el ala derecha indonesia está decidida a hacerse con el poder. ¿Están ustedes decididos también?
> Aidit: [Asiente] Si Sukarno muere, será una cuestión de quién toma la delantera.
> Mao: Sugiero que no viaje con tanta frecuencia al extranjero. Puede hacer que sea su segundo el que salga en su lugar.
> Aidit: La derecha podría adoptar dos vías posibles de actuación. En primer lugar, podrían atacarnos. De hacerlo, tendríamos motivos para contraatacar. En segundo lugar, podrían adoptar una forma más moderada preparando un Gobierno NASAKOM. […] Los estadounidenses dijeron a Nasution que esperara pacientemente; incluso si Sukarno moría, [el jefe de las Fuerzas Armadas, el general Nasution] debería ser flexible antes que iniciar un golpe de Estado. Él aceptó la sugerencia de los estadounidenses.

El líder chino confiaba mucho menos en los militares indonesios y en sus apoyos en Washington. Mao respondió: «No es fiable. La situación actual es otra».

Aidit describió a continuación un plan de contraataque en el que los comunistas podrían establecer un comité militar mezclando elementos de izquierda y de centro, de modo que no supusiera levantar la «bandera roja» y suscitar una oposición inmediata. Mao llevó la conversación a su propia experiencia con el Partido Nacionalista Chino, tal vez para «sugerir que Aidit debería prepararse tanto para unas conversaciones de paz como para enfrentamientos armados», según Taomo Zhou, la historiadora que sacó a la luz recientemente esta conversación.[38] Aidit, no obstante, no preparó a su partido para ningún enfrentamiento armado.

---

[38] *Ibid.*, pp. 49-51. Zhou interpreta en este pasaje una suerte de resumen adelantado de la estrategia que derivó en el Movimiento 30 de Septiembre, pero aparece en el contexto de una conversación relativa a la vía de actuación del PKI en caso de que Sukarno muriera o fuera apartado del liderazgo. Después de leer la misma conversación, mi conclusión (de forma parecida a Geoffrey Robinson) es que Aidit podría

Conforme avanzaba 1965, los rumores de que los generales conservadores estaban conspirando con la CIA o con alguna potencia extranjera empezaron a correr como la pólvora en Yakarta. El Gobierno indonesio encontró una carta, supuestamente escrita por el embajador británico, Andrew Gilchrist, que declaraba: «Sería oportuno también enfatizar una vez más a nuestros amigos del Ejército nacional que la más estricta cautela, disciplina y coordinación son esenciales para el éxito de la empresa». Sukarno convocó a los responsables de las Fuerzas Armadas y exigió saber quiénes eran estos «amigos del Ejército». El «documento Gilchrist» podía ser una falsificación. O podía ser real. O podía haber sido creado por los británicos o los estadounidenses como una más de las trampas psicológicas para provocar la intervención de la izquierda.[39]

Las sospechas de Sukarno y de muchos en el Gobierno indonesio se intensificaron cuando descubrieron quién llegaba de Washington para reemplazar a Howard Jones. Según pudieron saber, el recién nombrado embajador, Marshall Green, estaba en Seúl cuando Park Chung Hee se hizo con el poder en un golpe militar que destruyó la breve Segunda República parlamentaria. Al igual que los guatemaltecos habían sospechado del agresivo pasado de John Peurifoy cuando fue enviado a interactuar con Jacobo Árbenz, la llegada de Green fue ampliamente interpretada como una señal de que Washington había abandonado la estrategia suave y diplomática de Howard Jones y estaba ya completamente comprometido con un cambio de régimen.[40]

Como sucedía en el caso de Kennedy, la Administración de Johnson consideraba a Indonesia de mayor importancia que Vietnam. «El presidente Johnson ha llegado a la conclusión cada vez más

---

haberse estado refiriendo a un plan de contingencia para un futuro sin Sukarno, o, en realidad, tal vez solo estuviera conversando de manera improvisada sobre cómo podrían asumir más poder sin provocar a la derecha. Lo que me resulta más interesante del intercambio entre China e Indonesia en 1965 es que los comunistas chinos parecen incidir en la necesidad de preparación ante la posibilidad de un conflicto violento y su sospecha de que la derecha apoyada por Estados Unidos podría intentar hacerse con el poder. La propia Zhou concluye de manera inequívoca que Mao no fue el arquitecto del Movimiento 30 de Septiembre.

[39] Robinson, *The Killing Season*, p. 112.
[40] Simpson, *Economists with Guns*, p. 156.

asentada de que, al fin y al cabo, estaría preparado para una guerra mayor contra Indonesia», señaló Dean Rusk, secretario de Estado estadounidense, a un responsable británico.[41] Una reunión del secreto Comité 303 del Consejo de Seguridad Nacional concluyó que «la pérdida de una nación de 105 millones de habitantes en el "campo comunista" haría que una victoria en Vietnam tuviera escaso significado».[42] El subsecretario de Estado George Ball y el consejero de Seguridad Nacional McGeorge Bundy se mostraban de acuerdo en que la pérdida de Indonesia sería «lo más grande desde la caída de China».[43]

En diciembre de 1964, el embajador de Pakistán en París, J. A. Rahim, envió una carta a su ministro de Exteriores, Zulfikar Ali Bhutto, en la que relataba una conversación con un agente de la inteligencia neerlandesa que trabajaba para la OTAN. Señaló que las agencias de inteligencia occidentales estaban organizando un «golpe comunista prematuro». Indonesia, le dijo el agente de la OTAN, «estaba lista para caer en el regazo de Occidente como una manzana podrida».[44]

Francisca pasó gran parte del año 1965 en Argelia, trabajando en los preparativos de una conferencia que reuniría a la Asociación de Periodistas Afro-Asiáticos con periodistas de América Latina. Sin embargo, un golpe militar depuso a Ben Bella, el primer presidente de Argelia, revolucionario y socialista, y los preparativos quedaron en nada. Cuando volvió a casa, en agosto de 1965, percibió que la situación había cambiado. Había tensión. Los rumores de un inminente golpe de Estado de la derecha estaban realmente

---

[41] *Ibid.*, p. 154.

[42] Véase el memorando para la reunión: Memorandum Prepared for the 303 Committee, *FRUS 1964-1968*, Vol. XXVI, 110, https://history.state.gov/historicaldocuments/frus1964-68v26/d110.

[43] Véase la conversación telefónica entre Ball y Bundy, el 16 de agosto de 1965: George Ball Telephone Conversation (Telcon) with McGeorge Bundy, August 16, 1965, George W. Ball Papers, Mudd Library, Princeton. Citado en Robinson, *The Killing Season*, p. 103.

[44] Citado en Robinson, *The Killing Season*, p. 110. La nota al pie de Robinson relativa a este documento es la siguiente: «Neville Maxwell, académico británico, descubrió el documento en el archivo del Ministerio de Exteriores de Pakistán. Su carta, no publicada, del 5 de junio de 1978 a *The New York Review of Books* en la que describía el contenido del documento vio la luz más tarde: Neville Maxwell, "CIA Involvement in the 1965 Military Coup: New Evidence from Neville Maxwell", en *Journal of Contemporary Asia* 9, n.º 2, 1979, pp. 251-52».

por todas partes. En su círculo social, la gente hablaba de la posibilidad de que un consejo de generales de derechas estuviera trabajando en secreto para destituir a Sukarno o destruir a la izquierda.

En algún momento, un conjunto de oficiales del Ejército de nivel medio formó un grupo al que decidió llamar Gerakan 30 September («G30S» o «Movimiento 30 de Septiembre») y diseñó un plan. Sin embargo, a menos que se estuvieran siguiendo de cerca los acontecimientos políticos en Yakarta, el 29 de septiembre de 1965 pareció un día como cualquier otro para la mayor parte de la población del país. Esto incluye a los miembros del PKI y de sus organizaciones asociadas. Wayan Badra, el joven hijo de un devoto sacerdote hindú de Bali, se despertó temprano en su aldea y caminó en dirección al mar, luego giró a la izquierda en la playa de Seminyak y recorrió cuatro kilómetros por la arena desierta hasta llegar al colegio en Kuta. Dos de sus maestros eran miembros del Partido Comunista y a todos los estudiantes les caían bien. Algunos otros de los profesores eran del partido nacionalista PNI. Wayan Badra los veía a todos hindúes, como habían sido los balineses durante cerca de dos milenios, así como aliados en la construcción de la nueva Indonesia. Sakono, el entusiasta estudiante de izquierdas de Java Central al que le encantaban el marxismo y el fútbol, había crecido (bueno, había cumplido diecinueve años). Era ya miembro de la organización de las Juventudes Populares afiliada a los comunistas y estaba muy orgulloso: acababa de recibir la titulación para trabajar de maestro. Esperaba paciente que lo convocaran para poder empezar a trabajar. Sutrisno, su maestro y amigo de pelo rizado, seguía con sus actividades de organización como *kader* (cuadro) de pleno derecho del Partido Comunista en su aldea. Magdalena, en Yakarta, se subió al camión para ir a trabajar, cortó tela en forma de camiseta durante nueve horas y, pasando por delante del imponente Monumento Nacional, volvió a casa y se estiró en la cama.

Convocatoria nocturna

La noche del 30 de septiembre de 1965, muy tarde (en realidad eran ya las primeras horas del 1 de octubre), el Gerakan 30 September se reunió en la base militar Halim de las Fuerzas Aéreas, el mismo aeropuerto en el que Francisca y Zain tuvieron su primer y modesto hogar en un garaje catorce años antes.

Los líderes del Movimiento 30 de Septiembre pertenecían a las Fuerzas Armadas: el teniente coronel Untung, por ejemplo, era un militar fornido que había atacado a las tropas neerlandesas en la disputa por Nueva Guinea Occidental; el coronel Abdul Latief era un comandante destacado que había combatido en la revolución contra los Países Bajos en la década de 1940.

Organizaron varios equipos compuestos por soldados que ya estaban oficialmente a sus órdenes. Cada uno tenía una misión, similares todas. Se dirigirían a los hogares de siete de los oficiales de mayor rango de las Fuerzas Armadas, los arrestarían y los llevarían a la base aérea. En la profunda oscuridad de la madrugada, pusieron rumbo al centro de Yakarta en camiones militares.

Tuvieron un éxito parcial. Seis de los equipos trasladaron a los arrestados, incluido el teniente general Achmad Yani, máximo responsable del Ejército de Tierra. Sin embargo, el objetivo más importante, el general Nasution (amigo de Washington y de Howard Jones desde 1958), escapó. Cuando iniciaron el asalto, Nasution saltó por el muro trasero de su vivienda, en el acomodado barrio de Menteng, y se ocultó en casa de su amigo el embajador iraquí. El Movimiento 30 de Septiembre se llevó en su lugar a su asistente militar. En el asalto, su hija de cinco años recibió un disparo y murió.

Algunos de los miembros del Movimiento 30 de Septiembre, en su mayor parte soldados regulares del Ejército de Tierra, marcharon por la ciudad y ocuparon la plaza de la Independencia, hogar del imponente Monumento Nacional que sorprendió a Magdalena cuando llegó a Yakarta por primera vez. Uno de los oficiales de mayor rango del movimiento se dirigió al palacio presidencial a informar a Sukarno de que habían arrestado a generales que conjuraban contra él. No estaba allí. Como era frecuente, aquella noche la estaba pasando en casa de su tercera mujer.

A las 07:30, los residentes de Yakarta oyeron en la radio «una declaración obtenida del teniente coronel Untung, comandante del Movimiento 30 de Septiembre». La voz contaba a la población de la capital que el movimiento se había formado para impedir el «golpe de Estado contrarrevolucionario» que planificaba el Consejo de Generales, un grupo que «abrigaba intenciones viles contra la república, Indonesia y el presidente Sukarno». El movimiento los había arrestado para proteger a Sukarno; poco después se facilitarían más datos.

En torno a las 09:00, Sukarno llegó por fin a la base aérea de Halim para reunirse con el representante que había intentado verlo varias horas antes.

Por motivos que todavía no entendemos por completo, cuando Sukarno llegó, los seis generales capturados estaban muertos y sus cadáveres descansaban en el fondo de un pozo abandonado cerca de la base aérea. Desconocemos si el presidente Sukarno o el propio miembro del Movimiento 30 de Septiembre nombrado para reunirse con él conocían estos hechos en su momento.

Los líderes del Movimiento 30 de Septiembre provenían del Ejército de Tierra. Ni las Fuerzas Aéreas, ni la Armada, ni los mandos policiales estaban implicados. No obstante, cuando los líderes de las Fuerzas Aéreas fueron informados del movimiento y de su éxito, lo celebraron. Creían que una actuación militar interna, leal al presidente Sukarno, había impedido un complot de la derecha. Según consta, el propio Sukarno se sorprendió por la naturaleza del anuncio radiado, pero tenía intención de esperar a ver qué había sucedido y cómo se desarrollaban los acontecimientos antes de adoptar una determinación.

Aidit, el líder del Partido Comunista Indonesio, y algunos de los miembros de las Juventudes Populares también se presentaron en la base aérea militar de Halim en algún momento del 1 de octubre. Estaban en edificios distintos y no podían comunicarse directamente con los líderes de la rebelión militar. El movimiento había cortado las líneas telefónicas de la ciudad y no tenían *walkie-talkies* ni radios. Tampoco disponían de tanques, el equipamiento estándar de los golpistas en aquella época.[45]

---

[45] Roosa, *Pretext for Mass Murder*, cap. 1. En lo relativo a la narrativa del 1 de octubre, sigo fundamentalmente la sucesión de acontecimientos descrita por Roosa, si bien no incluyo ningún elemento que solo mencione él y suscite controversia.

La confusión no duró mucho más de un día: en doce horas el movimiento fue aplastado y el Ejército, liderado ahora por el derechista general Suharto, se hizo con el control directo del país.

Transcurridos más de cincuenta años, todavía no comprendemos por completo quién planificó el Gerakan 30 September ni el objetivo real de la operación de aquella noche. De lo que disponemos es de un abanico de teorías plausibles.

Una posible versión de la historia, propuesta por el historiador John Roosa, es que Aidit contribuyera a organizar el asalto a través de un intermediario comunista perteneciente al Ejército. Debido a que las conversaciones con el Ejército de Tierra fueron secretas e indirectas, ambas partes (Aidit y el movimiento) terminaron cerrando un plan mal concebido y condenado al fracaso. Tenían intención de arrestar sin hacer ruido a los generales —como había sido costumbre en Indonesia desde tiempo atrás, antes de que el propio Sukarno fuera secuestrado en 1945— y presentarlos ante el presidente como traidores. Sus muertes, en esta versión, habrían sido resultado de la incompetencia y el pánico. Esta es probablemente la más «conservadora» de las versiones creíbles, el relato que presenta la acusación mayor contra el PKI. Aidit lo habría comentado únicamente con un diminuto grupo de personas del partido: ni siquiera lo habría hecho con el Comité Central ni con el Politburó. De acuerdo con esta versión, Aidit y un diminuto grupo de comunistas de alto nivel habrían sido responsables de contribuir a la muerte accidental de los generales, y habrían sido llevados a hacerlo por las campañas de desinformación de Estados Unidos y el Reino Unido, diseñadas de manera explícita para que creyeran que no tenían otra opción más que actuar.[46]

Esta historia no convence a todos.[47] ¿Por qué —plantean algunos— llevaría Aidit a cabo una acción armada o violenta contra

---

[46] Roosa, *Pretext for Mass Murder*. La obra completa está destinada a defender esta versión, para lo que lleva a cabo un amplio análisis de documentos en varias lenguas.

[47] Robinson (*Killing Season*, pp. 65-80) analiza una serie de teorías. Las he resumido muy brevemente y he añadido algunas otras cuestiones, fundamentalmente las planteadas por Saskia Wieringa, por supervivientes (entrevistados por el autor) y por Subandrio (en su obra, citada más adelante).

el Ejército cuando la posición del Partido Comunista estaba tan asentada con Sukarno en la presidencia? Aidit sabía muy bien que la influencia del PKI dependía por completo del poder blando y que los militares tenían todas las armas. ¿Y cómo es que militares entrenados a los que se les encarga arrestar a sus superiores mientras duermen terminan accidentalmente matándolos a todos y arrojándolos a un pozo?

Varias teorías rivalizan. Benedict Anderson, tal vez el experto en Indonesia más famoso del siglo XX, y la académica Ruth McVey presentaron una descripción de los hechos en 1966 en la que el movimiento era en gran medida lo que afirmaba ser: un movimiento interno del Ejército de Tierra que el PKI no contribuyó a organizar.[48] Como consecuencia, Anderson fue expulsado de Indonesia los siguientes veintiséis años. Justo antes de su muerte, en 2015, afirmó que seguía creyendo que esto era lo que había sucedido.[49]

Luego encontramos las declaraciones completamente plausibles de que el general Suharto, el hombre que tomó el poder cuando se calmó la tempestad, planificó o se infiltró en el movimiento, tal vez con asistencia extranjera, para preparar su asalto al poder. Era, a fin de cuentas, cercano a los líderes de la rebelión. Suharto tenía un pasado de conflictos con Nasution y Yani, y fue el único oficial de alto nivel del Ejército de Tierra abiertamente de derechas que no fue objetivo del movimiento. Subandrio, el exministro de Exteriores, el hombre que tuvo que oír a Howard Jones negar que la CIA estuviera bombardeando el país en 1958, presenta, desde el propio Gobierno, un relato creíble según el cual los líderes del Movimiento 30 de Septiembre pusieron al corriente por adelantado a su amigo Suharto; este se comprometió a darles su apoyo, pero en lugar de eso decidió ocultarlo y utilizar la rebelión como pretexto para hacerse con el poder.[50] Abdul Latief, líder

---

[48] Benedict Anderson y Ruth McVey, «A Preliminary Analysis of the October 1, 1965, Coup in Indonesia», Cornell Modern Indonesia Project, 1971.

[49] No dispongo de información de primera mano al respecto, la anécdota me la relató en 2018 Andreas Harsono, director de Human Rights Watch en Indonesia.

[50] Soebandrio, *Kesaksianku tentang G30S*. El texto en su conjunto expone su explicación de esta teoría, pero las secciones más relevantes son los capítulos 2 y 3.

del G30S, también indicó, *a posteriori*, que Suharto había sido informado de los planes por anticipado.⁵¹

Sabemos que hubo una conspiración. A menos que la CIA y otras organizaciones como el Ejército indonesio desclasifiquen la información de la que disponen, solo podemos teorizar acerca de su verdadera naturaleza basándonos en las pruebas disponibles.⁵² Ahora bien, la siguiente parte de la historia no está en duda.

Después de los acontecimientos del 1 de octubre, el general Suharto se hizo con el control del país y contó una serie de mentiras deliberadas cuidadosamente medidas. Estas falsedades fueron durante décadas dogma oficial en uno de los países más grandes del mundo.

Propaganda Bersendjata

El 1 de octubre de 1965, la mayor parte de los indonesios no tenía ni idea de quién era el general Suharto. Pero la CIA sí. Ya en septiembre de 1964, la agencia incluía a Suharto en un telegrama secreto como uno de los generales que consideraba «cordial» con los intereses estadounidenses y anticomunistas.⁵³ El telegrama también lanzaba la idea de una coalición anticomunista militar y civil que pudiera hacerse con el poder en una lucha por la sucesión.

Suharto, un lacónico mayor general de cuarenta y cuatro años proveniente de Java Central, lideraba el Mando Estratégico del Ejército (KOSTRAD). Se había formado con un hombre llamado Suwarto, amigo íntimo de Guy Pauker, consultor de la corporación RAND, y uno de los oficiales indonesios con mayor responsabilidad en la aplicación de la teoría de la modernización liderada por los militares («un Estado dentro del Estado») y en las operaciones de contrainsurgencia vinculadas a Estados Unidos.⁵⁴ Suharto no

---

⁵¹ Abdul Latief, *Pledoi Kol. A. Latief: Soeharto Terlibat G 30 S*, ISAI, 2000.

⁵² Pregunté a la CIA directamente en 2019 cuál fue su papel. Su respuesta fue que, desafortunadamente, no se había desclasificado información nueva.

⁵³ Citado en Robinson, *Killing Season*, p. 103. «CIA Intelligence Info Cable TDCS-315-00846-64: "US-Indonesian Relations"», 19 de septiembre de 1964, *DDC*, 1981.

⁵⁴ Scott, «The United States and the Overthrow of Sukarno, 1965-1967», pp. 245-49.

tenía un expediente limpio en el Ejército indonesio. Había sido sorprendido practicando contrabando a finales de la década de 1950, lo que hizo que el propio Nasution lo retirara de la posición que ocupaba. Según Subandrio, la flagrante corrupción de Suharto enfadó de tal manera a Yani y a Nasution que el mismo Yani le dio una paliza y Nasution a punto estuvo de llevarlo a juicio.[55] Durante la Konfrontasi, Suharto se había asegurado de que las tropas de la frontera con Malasia no tuvieran suficiente personal ni equipamiento, utilizando su posición para minimizar el enfrentamiento de Indonesia con el Reino Unido (y Estados Unidos).[56]

Curiosamente, fue el general Suharto quien tomó el mando de las Fuerzas Armadas el 1 de octubre y no Nasution —el oficial de mayor rango del país—, después de que el veterano amigo de Washington tuviera la suerte de sobrevivir a los acontecimientos de la noche anterior. Este fue un cambio de papeles tan inesperado que varios actores principales necesitaron semanas para entender que era Suharto quien estaba realmente al mando.

Cuanto Suharto hizo en octubre sugiere que estaba ejecutando un plan de contraataque anticomunista que había sido elaborado con antelación, y no simplemente reaccionando a los acontecimientos.

La mañana del 1 de octubre, Suharto llegó al KOSTRAD, que por algún motivo no había sido objetivo del Movimiento 30 de Septiembre. A pesar de estar justo al otro lado de la plaza de la Independencia, ocupada aquella mañana, tampoco neutralizaron el Mando Estratégico. En una reunión de emergencia a primeras horas de la mañana, Suharto asumió el mando de las Fuerzas Armadas. Por la tarde ordenó a las tropas que se encontraban en la plaza de la Independencia que se dispersaran y pusieran fin a la rebelión, de lo contrario atacaría. Retomó el control del centro de Yakarta sin un solo disparo y se dirigió él mismo a la radio para declarar que el Movimiento 30 de Septiembre había sido derrotado. El presidente Sukarno ordenó a otro mayor general, Pranoto, que se encontrara con él en la base aérea de Halim y asumiera el mando temporal de las Fuerzas Armadas. Contradiciendo una

---

[55] Soebandrio, *Kesaksianku tentang G30S*, p. 5.
[56] Roosa, *Pretext for Mass Murder*, p. 114.

orden directa de su comandante en jefe, Suharto prohibió a Pranoto que se desplazara y dio a su vez una orden a Sukarno: que abandonara el aeropuerto. Eso hizo Sukarno, que se refugió en un palacio presidencial fuera de la ciudad. Suharto tomó entonces con facilidad el control del aeropuerto y, posteriormente, del país entero, ignorando a Sukarno cuando le pareció oportuno.

Una vez al mando, Suharto ordenó el cierre de todos los medios de comunicación, a excepción de los medios militares que ya controlaba. Curiosamente, el *Harian Rakyat* (el rotativo del Partido Comunista en el que Zain llevaba más de una década trabajando) publicó un editorial en portada de apoyo al Movimiento 30 de Septiembre el día 2 de octubre, transcurridas ya veinticuatro horas del fracaso del golpe de Estado y con las oficinas teóricamente ocupadas por los militares. El hecho de que fuera el único diario no militar que salió a la calle aquel día puede indicar que fue el Ejército quien se encargó de la publicación para incriminar al partido, o bien que el partido consideraba que nada resultaría incriminatorio por imprimir un texto de apoyo a un movimiento interno del Ejército que, en aquel momento, tenía el objetivo en apariencia loable de detener un golpe de Estado de la derecha.[57] Las teorías abundan. El escritor Martin Aleida, que trabajaba en el periódico en aquel momento, defiende que la prosa del editorial era claramente diferente del estilo utilizado por Njoto, el miembro del PKI que solía escribir este tipo de textos.[58] Aquel día, la portada del periódico incluía una viñeta, con el estilo habitual del *Diario del Pueblo*, en la que el Movimiento 30 de Septiembre aparece en la forma de un puño que golpea al «Consejo de Generales», representado por un hombre que cae hacia atrás y muestra un sombrero que lleva escritas las iniciales CIA. Francisca recuerda que Zain siguió trabajando aquel día como era habitual, hasta que el *Harian Rakyat* fue clausurado.

---

[57] *Harian Rakyat*, 2 de octubre de 1965. El titular dice: «El teniente coronel Untung y el batallón Tjakrabirawa [Guardia presidencial] salvan al presidente y a la república de un golpe de Estado del Consejo de Generales»; con el subtítulo: «El Movimiento 30 de Septiembre es un movimiento interno del Ejército». Copia facilitada por la biblioteca de la Universidad Cornell.

[58] Entrevistas del autor a Aleida en 2018 y 2019.

Conseguido esto, Suharto controlaba todos los medios de comunicación de masas. Acusó al PKI de estremecedores crímenes, utilizando falsedades deliberadas e incendiarias para alimentar en todo el país el odio a la izquierda.

Los militares divulgaron que el PKI era el cerebro de un golpe de Estado comunista fallido. Suharto y sus hombres defendían que el Partido Comunista Indonesio había llevado a los generales a la base aérea militar de Halim, donde había puesto en práctica un ritual depravado y demoníaco. Afirmaban que integrantes del Gerwani, el Movimiento de las Mujeres, bailaban desnudas y mutilaban y torturaban a los generales, a los que cortaron los genitales y sacaron los ojos antes de proceder a asesinarlos. Aseguraban que el PKI tenía amplios listados de personas a las que tenían previsto matar y fosas comunes ya preparadas.[59] Afirmaban que China había entregado en secreto armas a las Brigadas de las Juventudes Populares.[60] El periódico del Ejército, *Angkatan Bersendjata* (Fuerzas Armadas), publicó fotografías de los cadáveres de los generales con textos que declaraban que habían sido «masacrados con crueldad y saña» en actos de tortura que eran una «afrenta a la humanidad».[61]

Cuando llegaron las primeras noticias de los acontecimientos, el subsecretario de Estado estadounidense George Ball llamó supuestamente al director de la CIA, Richard Helms, para preguntar si estaban «en posición de negar categóricamente la implicación de la CIA en la situación de Indonesia». Helms respondió que sí.[62] El embajador Green probablemente no esperaba que sucediera nada el 1 de octubre, y todos los documentos del Departamento de Estado que son públicos en la actualidad indican que la Embajada quedó confundida por los acontecimientos los primeros días de

---

[59] Simpson, *Economists with Guns*, p. 181.
[60] Scott, «The United States and the Overthrow of Sukarno, 1965-1967», p. 260.
[61] *Angkatan Bersendjata*, 5 de octubre de 1965. Copia facilitada por la biblioteca de la Universidad Cornell.
[62] Véase la documentación de la conversación telefónica al respecto entre Ball y Robert McNamara: «Memorandum of Telephone Conversation Between Acting Secretary of State Ball and Secretary of Defense McNamara, October 1, 1965», *FRUS, 1964-1968*, Vol. XXVI, Indonesia; Malaysia-Singapore; Philippines, 143, https://history.state.gov/historicaldocuments/frus1964-68v26/d143.

octubre. No está claro si, como sucediera con Howard Jones siete años antes, al nuevo embajador le estaban ocultando información.

Superada la confusión inicial, el Gobierno de Estados Unidos asistió a Suharto en la crucial fase temprana de difundir propaganda y establecer su narrativa anticomunista. Washington facilitó a los militares rápidamente y en secreto equipamiento móvil esencial para las comunicaciones, según muestra un telegrama del 14 de octubre ya desclasificado.[63] Esta era también una admisión tácita, y muy temprana, de que el Gobierno de Estados Unidos reconocía al Ejército, no a Sukarno, como líder verdadero del país, a pesar de que Sukarno siguiera siendo en términos legales el presidente de Indonesia.

La prensa occidental ejerció también su papel. La Voz de América, la BBC y Radio Australia emitieron crónicas que enfatizaban los puntos principales de la propaganda del Ejército indonesio, dentro de una campaña de guerra psicológica para demonizar al PKI. Estas emisiones tuvieron eco dentro del país también en *bahasa indonesia*, y los indonesios recuerdan haber pensado que la credibilidad de la narrativa de Suharto era aún más fiable dado que medios internacionales respetados transmitían lo mismo.[64]

Todo lo que contó el Ejército indonesio sobre esta historia es falso. Ninguna mujer del Gerwani participó en ningún asesinato el 1 de octubre.[65] Transcurridas más de tres décadas, Benedict Anderson pudo demostrar no solo que la descripción de las torturas de los generales era falsa, sino que Suharto sabía que lo era a principios de octubre. Él mismo ordenó una autopsia que demostraba que todos los hombres murieron por disparos, salvo uno, que pudo haber sido apuñalado con una bayoneta en una disputa en su casa.[66]

---

[63] «Telegram from the Embassy in Indonesia to the Department of State, October 14, 1965», *FRUS, 1964-1968*, Vol. XXVI, 155, https://history.state.gov/historicaldocuments/frus1964-68v26/d155.

[64] Melvin, *The Army and the Indonesian Genocide*, pp. 9-10 y 25; entrevistas del autor a supervivientes de Java Central también confirman que oyeron esta argumentación propagandística en medios extranjeros.

[65] Wieringa y Katjasungkana, *Propaganda and the Genocide in Indonesia*, p. 102. Véase el capítulo 6 para el contexto de este aspecto concreto de la propaganda militar ligado a los acontecimientos del 1 de octubre.

[66] Véase Benedict Anderson, «How Did the Generals Die?», en *Indonesia*, n.º 43, abril de 1987, pp. 109-34.

Sin embargo, en 1987, cuando se publicaron las pruebas de Anderson, ya no importaba gran parte de lo descubierto. El relato de un complot comunista diabólico para tomar el país mutilando a buenos militares temerosos de Dios en mitad de la noche había pasado a ser, en la dictadura de Suharto, parte de algo parecido a una religión nacional. Poco después de hacerse con el poder, Suharto erigió un monumento a los hombres asesinados aquella noche, tal y como los brasileños levantaron un monumento en la playa Roja de Río de Janeiro en honor de sus héroes caídos. Incluso las dos estructuras son similares: en las dos, unos escalones llevan a una losa de mármol blanco con una figura o figuras en bronce de los militares asesinados al frente. Al igual que con la Intentona Comunista en Brasil, los indonesios celebraban el aniversario de los acontecimientos cada año como una suerte de ritual nacional anticomunista. Eso sí, el monumento indonesio es más grande. Y Suharto llevó su propaganda más allá de las estatuas y de los discursos anuales: ordenó la producción de una película horripilante de tres horas con su versión de los hechos, que sería emitida el 30 de septiembre de cada año en la televisión pública. El Ejército sigue proyectándola aún hoy.

El relato promocionado por Suharto toca algunos de los miedos y de los prejuicios más oscuros de los indonesios (y de los hombres en general, en todo el mundo). Un ataque nocturno por sorpresa en la tranquilidad del hogar. Una tortura lenta con armas blancas. La inversión de los roles de género, el asalto literal a los órganos reproductivos de hombres fuertes llevado a cabo por mujeres comunistas demoníacas y de sexualidad depravada. Es el relato propio de una película de terror reaccionaria bien escrita. Pocas personas creen que Suharto lo concibiera él solo.

Las similitudes con la leyenda brasileña de la Intentona Comunista son sorprendentes. Solo un año después de un golpe de Estado en la nación más importante de América Latina, inspirado parcialmente por una leyenda sobre soldados comunistas que asesinan a puñaladas a los generales mientras duermen, el general Suharto cuenta a la nación más importante del Sudeste Asiático que soldados comunistas y de izquierdas secuestraron a los generales en sus hogares en plena noche para asesinarlos lentamente a punta de navaja, y después las dos dictaduras militares anticomunistas alineadas con Washington celebran el aniversario de esas rebeliones de forma muy parecida a lo largo de décadas.

El historiador Bradley Simpson, de los Archivos de Seguridad Nacional de Washington, señala: «Aunque no tenemos acceso a muchos de los materiales clasificados de Estados Unidos y de Gran Bretaña, es muy probable que un elemento clave de las operaciones encubiertas de ambos países en este periodo fuera la creación de propaganda "negra" dentro de Indonesia», con el objetivo de demonizar al PKI.[67]

El equipo de propaganda de Suharto podría haberse «inspirado» en la leyenda anticomunista brasileña de muchos modos. Tal vez algún responsable estadounidense le dio la idea a Suharto o le ayudó a elaborar la narrativa. Miles de militares brasileños e indonesios estudiaron en Leavenworth en el mismo periodo de tiempo; es posible que alguien comentara la Intentona allí. Quizá los oficiales indonesios sencillamente se aferraron —e hiperamplificaron— a los tropos anticomunistas que flotaban en la conciencia mundial o en el movimiento internacional anticomunista, que ya era amplio y estaba bien organizado e interconectado. En aquel momento ya existía el Bloque de Naciones Antibolcheviques, compuesto fundamentalmente por europeos del Este de extrema derecha; estaba la Liga Anticomunista de los Pueblos Asiáticos, una suerte de grupo anti-Bandung liderado por Taiwán y Corea del Sur; y la Confederación Interamericana de Defensa del Continente, liderada por México. Gracias a la intervención de un anticomunista brasileño, los tres grupos se habían reunido en Ciudad de México en 1958 y habían mantenido el contacto posteriormente.[68] Incluso los estadounidenses de a pie conocían esas viejas y absurdas referencias a «los rojos debajo de la cama». Aunque quizá todo sea una coincidencia.

Suharto consiguió dar legitimidad oficial a una narrativa anticomunista desbocada, una versión absurdamente fanática y exagerada de la ideología internacional de la derecha. El giro de los

---

[67] Simpson, *Economists with Guns*, p. 181.
[68] Burke, *Revolutionaries for the Right*, pp. 20-25.

acontecimientos en apenas unas semanas fue sorprendente. Pero Sukarno seguía siendo técnicamente el presidente, y todavía había muchísimas personas en el país que eran comunistas o que toleraban ampliamente a los comunistas. En los siguientes seis meses, el Ejército se haría cargo de los dos problemas.

07
Exterminio

Dicen que el tiempo parece ralentizarse en momentos revolucionarios o históricos. Y sabemos que, en circunstancias traumáticas o de violencia, el tiempo puede prácticamente detenerse. Cuando los testigos y las víctimas hablan de los seis meses posteriores al 30 de septiembre de 1965, lo hacen de modo diferente. Los ancianos y ancianas, que hablan de otras épocas de sus vidas en términos de años o décadas, empiezan a hacerlo en términos de semanas, días concretos, horas y minutos.

Las comunicaciones del Gobierno de Estados Unidos —ahora públicas— sobre estos mismos acontecimientos son también muy específicas en cuanto a las fechas. Respetando el modo en el que estos dos tipos tan diferentes de voces nos interpelan, a continuación se presenta una cronología seleccionada de aquellos meses.

5 de octubre

Yakarta. El 5 de octubre es el Día de las Fuerzas Armadas en Indonesia. En la capital, el Ejército habitualmente desfila por las calles. En 1965 celebró un funeral de Estado por los generales caídos y una demostración del nuevo dominio de los militares.

Sukarno no asistió por el riesgo que había para su seguridad. El presidente tenía en ese momento que apoyar en público al nuevo liderazgo militar o parecería estar protegiendo al desacreditado y aparentemente demoníaco Movimiento 30 de Septiembre.

El ministro de Defensa, Nasution, pronunció un discurso apasionado en el que condenó la traición de los rebeldes comunistas y reconoció el liderazgo de Suharto.

Por todo el archipiélago, las sedes locales del Partido Comunista Indonesio participaron en las festividades como era habitual, ondeando orgullosas sus banderas con la hoz y el martillo en las celebraciones militares.[1]

Washington. El Departamento de Estado recibió el 5 de octubre un telegrama de la Embajada de Estados Unidos en Yakarta firmado por el embajador, Marshall Green.

Green resumía la situación en Indonesia:

Las siguientes directrices pueden aportar parte de la respuesta a cuál debe ser nuestra postura:

A. Evitar implicación manifiesta en el desarrollo de la lucha de poder.

B. De manera encubierta, no obstante, indicar claramente a personas clave del Ejército como Nasution y Suharto nuestra voluntad de prestar asistencia del modo que nos sea posible, trasladando al mismo tiempo nuestra idea de que debemos evitar traslucir en modo alguno implicación o intromisión.

C. Mantener y, de ser posible, ampliar nuestros contactos con los militares.

D. Evitar movimientos que pudieran ser interpretados como muestra de desconfianza en el Ejército (tales como trasladar precipadamente [sic] a nuestros subordinados o recortar personal).

E. Difundir el relato de la culpabilidad, la traición y la brutalidad del PKI (este esfuerzo prioritario es tal vez la asistencia inmediata más necesaria que podemos ofrecer al Ejército, si encontramos vías para llevarlo a cabo sin que se identifique como una actuación exclusiva o fundamentalmente estadounidense).

El nuevo embajador envió otro resumen más directo de lo que Washington tenía por delante en Indonesia aquel mismo día.

---

[1] Melvin, *The Army and the Indonesian Genocide*, p. 127.

Escribió: «El Ejercito ahora tiene la ocasión de actuar contra el Partido Comunista si se mueve con velocidad», escribió. «Es ahora o nunca».[2]

7 de octubre

Banda Aceh. La provincia de Aceh, en el extremo norte de la enorme y rica isla de Sumatra, tiene un pasado tanto de comunismo como de ferviente fe musulmana. De hecho, a menudo se superponían en los días en los que Indonesia presentaba un floreciente comunismo islámico y la mayoría de los miembros del PKI en la región eran creyentes devotos.[3] Aceh, calurosa y de un verde espeso y oscuro, es el punto más occidental de Indonesia, con Malasia situada al este, al otro lado del estrecho de Malaca. Las Fuerzas Armadas habían organizado a civiles en la provincia como parte de la Konfrontasi de Sukarno con la joven nación vecina. Según las entrevistas del momento con los residentes en Aceh, el PKI no tuvo mala reputación, ni siquiera entre los musulmanes más conservadores, hasta que empezó a llegar la propaganda anticomunista después del 1 de octubre.[4]

El comandante militar de Aceh en 1965 era Ishak Djuarsa, un ávido anticomunista que había estudiado en Fort Leavenworth.[5] El 7 de octubre salió de la capital, Banda Aceh, para iniciar una arrolladora gira por la provincia dando discursos a multitudes reunidas a toda prisa.

«Los del PKI son *kafir* [infieles] —declaró, según testigos presenciales—. ¡Los destruiré hasta la raíz! Si encontráis en la aldea a miembros del PKI y no los matáis, ¡seréis vosotros a los que castigaremos!».

---

[2] Telegram from the Embassy in Indonesia to the Department of State, October 5, 1965, *FRUS, 1964-1968*, Vol. XXVI, Indonesia; Malaysia-Singapore; Philippines, 147, https://history.state.gov/historicaldocuments/frus1964-68v26/d147.
[3] Melvin, *The Army and the Indonesian Genocide*, p. 82.
[4] *Ibid.*, p. 89.
[5] *Ibid.*, p. 78.

Djuarsa lideró a la multitud en un cántico: «¡Aplastad al PKI! ¡Aplastad al PKI! ¡Aplastad al PKI!».

Los residentes de Aceh Central entendieron, así lo recuerdan, que se les estaba ordenando ayudar a matar a los comunistas o serían ellos los que perderían la vida.[6]

Se cree que los asesinatos en masa empezaron en la isla de Sumatra, y aquel fue el primer día. Algunos de ellos fueron «espontáneos», llevados a cabo por civiles que actuaban por su cuenta después de recibir órdenes como estas. Pero no fue la norma. Los militares y la policía empezaron a detener a un enorme número de personas. Muchos izquierdistas se entregaron, pensando que era lo más seguro y prudente.

El Ejército puso a su servicio estructuras civiles que había creado en la campaña contra Malasia. A lo largo de la Konfrontasi, los militares habían alumbrado organizaciones paramilitares que podían ser utilizadas para aplicar la ley marcial y reprimir a los comunistas.[7]

La expresión elegida por Djuarsa, «hasta la raíz», había sido ya empleada anteriormente, la medianoche del 1 de octubre, por Mokoginta, otro comandante estacionado en Sumatra que había estudiado en Leavenworth. Estas palabras se convertirían en un estribillo público y constante del programa de asesinatos en masa.[8]

---

[6] *Ibid.*, p. 143.
[7] *Ibid.*, pp. 3 y 72.
[8] *Ibid.*, p. 125.

8 de octubre

El periódico del Ejército, *Angkatan Bersendjata,* publicó una viñeta de un hombre que atacaba el tronco de un árbol con un hacha. En el árbol aparece escrito «G30S», el acrónimo en indonesio del Movimiento 30 de Septiembre, y en las raíces se puede leer: «PKI», el Partido Comunista. El pie decía: «Exterminarlos hasta la raíz».[9]

Internamente, no obstante, el Ejército indonesio lo había bautizado de otro modo. Lo llamó Operasi Penumpasan: Operación Aniquilación.[10]

19 de octubre

Yakarta. Magdalena apenas percibió que había habido cierto caos político a principios de octubre en la capital. Lo que sin duda no sabía era que la situación en Java Central, su lugar de origen, era mucho peor que en Yakarta.

Su abuela había caído enferma, por lo que pidió permiso en su trabajo en la fábrica de camisetas y tomó un tren de vuelta a su aldea. Los problemas de salud habían asolado a su familia toda su vida. Cuando llegó, su abuela ya había fallecido. La idea era asistir al funeral y pasar una semana, tal vez dos, llorando la pérdida con la familia. Después regresaría a su trabajo en Yakarta. Aquella noche durmió en la que fue su casa durante la infancia, en Purwokerto.

20 de octubre

Washington. El Departamento de Estado recibió un telegrama de Marshall Green. El embajador señalaba que el PKI había sufrido

---

[9] *Angkatan Bersendjata*, 8 de octubre de 1965. Copia facilitada por la biblioteca de la Universidad Cornell. La viñeta la analiza Melvin, *The Army and The Indonesian Genocide*, p. 41.

[10] Melvin, *The Army and The Indonesian Genocide*, p. 1.

«ciertos daños en su fortaleza organizativa a través del arresto, el atosigamiento y, en algunos casos, la ejecución de cuadros del partido». Añadía: «Si la represión militar del PKI prosigue y el Ejército se niega a ceder su posición de poder a Sukarno, la fortaleza del PKI puede quedar recortada. A largo plazo, no obstante, la represión militar del PKI no tendrá éxito, a menos que se decida atacar el comunismo como tal».

Green concluía: «El Ejército se ha esforzado, no obstante, por destruir al PKI, y por mi parte no tengo más que un creciente respeto por su determinación y su capacidad de organización para llevar a cabo esta tarea fundamental».[11]

Purwokerto (Java Central). A primeras horas de la tarde se presentaron dos agentes de policía en la vivienda familiar de Magdalena, menos de veinticuatro horas después de su llegada.

«Usted se viene con nosotros. Necesitamos que nos facilite información», le dijeron.

La casa entera entró en erupción, con gritos y llantos. Los familiares de Magdalena habían oído que habían arrestado a algunas personas recientemente en el barrio, pero desconocían que Magdalena fuera miembro de un sindicato de la SOBSI en Yakarta, como tampoco sabían —ni Magdalena, para empezar— que aquello pudiera ser un problema.

En la comisaría, los agentes empezaron a gritarle y a interrogarla. Le dijeron que sabían que era miembro del Gerwani, el Movimiento de las Mujeres afiliado al Partido Comunista. No lo era. No sabía qué decirles, más allá de que no pertenecía a la organización. Según la mitología difundida por los nuevos mandatarios indonesios, aquello significaba que era parte del grupo de mujeres que danzaban desnudas mientras mutilaban los genitales de los altos mandos militares. Estaba en Yakarta, decían. Quizá estuviera incluso presente en la masacre. No sabía nada de aquello, fue lo que Magdalena respondió.

---

[11] Telegram from the Embassy in Indonesia to the Department of State, Djakarta, October 20, 1965, 0330Z, *FRUS, 1964-1968*, Vol. XXVI, 158, https://history.state.gov/historicaldocuments/frus1964-68v26/d158.

Los interrogatorios empezaban, se detenían y volvían a empezar, así durante siete días. Entonces los agentes la llevaron a otra comisaría, en Semarang. En cuanto llegó, se desmayó. Estaba enferma, o tal vez superada por los acontecimientos. Estaba completamente aturdida. Tenía diecisiete años.

Magdalena no está segura de cuánto tiempo pasó en la segunda comisaría de policía antes de que la violaran dos agentes. A ojos de la policía era del Gerwani, lo que significaba que no era un ser humano ni tampoco una mujer, sino una asesina y una depravada sexual. Una enemiga de Indonesia y del islam. Una bruja. Aquellos hombres se encargarían de ella.

22 de octubre

Washington. El Departamento de Estado recibió informes detallados de la extensión y la naturaleza de las operaciones del Ejército cuando comenzaron las matanzas en Java. Un «líder de las Juventudes Musulmanas» informó de que las tropas iban acompañadas de «asistentes» que guiaban las matanzas durante las batidas.[12]

El consejero de Seguridad Nacional McGeorge Bundy escribió al presidente Johnson que lo acontecido en Indonesia desde el 30 de septiembre era «hasta el momento una imponente reivindicación de la política de Estados Unidos con ese país en los últimos años».[13]

Aquel mismo día, el embajador Marshall Green envió un telegrama al Departamento de Estado: «Por el momento no hay indicación alguna de incapacidad del Ejército. [...] acordamos que sería virtualmente imposible mantener en secreto ninguna asistencia directa del USG [Gobierno de Estados Unidos]. [...] si se

---

[12] Véase el telegrama enviado desde Yakarta al Departamento de Estado el 21 de octubre de 1965 y que custodia la agencia estadounidense de Archivos Nacionales y Administración de Documentos (en adelante NARA): Telegram, Djakarta to SecState, «1. PII Moslem Youth Leader», October 21, 1965, RG 59, Central Files 1964-1966, Pol 23-9 Indon, National Archives and Records Administration.

[13] «Memorandum from the President's Special Assistant for National Security Affairs (Bundy) to President Johnson», October 22, 1965, *FRUS, 1964-1968*, Vol. XXVI, Indonesia; Malaysia-Singapore; Phillippines, 160.

diera esta asistencia y saliera a la luz, dudamos si para el Ejército sería una ayuda o un lastre. [...] Sospechamos que si las autoridades militares necesitaran realmente nuestra ayuda en algún momento para estas cuestiones, nos lo harían saber».[14]

Dos semanas más tarde, la Casa Blanca autorizaba a la oficina de la CIA en Bangkok que ofreciera armas pequeñas a su contacto militar en Java Central «para su uso contra el PKI», en paralelo a los suministros médicos que llegarían desde esa oficina de la CIA en Bangkok.[15]

Después de siete años de estrecha colaboración con Washington, no obstante, el Ejército estaba ya bien equipado. Por otra parte, tampoco es necesario armamento avanzado para detener a civiles que no presentan apenas resistencia. Lo que los responsables de la legación diplomática y de la CIA decidieron que necesitaba realmente el Ejército, eso sí, era información. En colaboración con analistas de la CIA, el funcionario de la embajada Robert Martens preparó listados con nombres de miles de comunistas y sospechosos de comunismo, que entregó al Ejército para que estas personas pudieran ser asesinadas y «tachadas» de la lista.

Hasta donde sabemos, esta es al menos la tercera vez en la historia que responsables estadounidenses han entregado listados de comunistas y supuestos comunistas a sus aliados para que pudieran detenerlos y asesinarlos. La primera fue en Guatemala, en 1954; la segunda, en Irak, en 1963; y la tercera, a una escala mucho mayor, fue en Indonesia en 1965.

«Realmente fue de gran ayuda para el Ejército», diría más tarde Martens, que era miembro de la sección política de la embajada—. Probablemente tenga mucha sangre en las manos, pero eso no es tan malo».[16]

---

[14] Telegram, Djakarta to Sec State, October 22, 1965, «PAGE TWO RUMJBT». Copia del documento original archivada en la Biblioteca Presidencial Lyndon Baines Johnson y facilitada por Bradley Simpson.

[15] Simpson, *Economists with Guns*, pp. 186-187.

[16] Kathy Kadane, «US Officials' Lists Aided Indonesian Bloodbath in '60s», en *The Washington Post*, 21 de mayo de 1990, www.washingtonpost.com/archive/politics/1990/05/21/us-officials-lists-aided-indonesian-bloodbath-in-60s/ff6d37c3-8eed-486f-908c-3eeafc19aab2/?utm_term=.d9f3a266673c.

25 de octubre

Purbalingga (Java Central). Sakono se levantó temprano y recorrió seis kilómetros en bicicleta para llegar a la comisaría local de policía. Llegó, entró y firmó en un pedacito de papel. Los agentes se comportaban de manera informal y eran normalmente educados. Aquello ya era rutina.

Cuando Sakono oyó hablar por primera vez del Movimiento 30 de Septiembre, le pareció que la respuesta debía ser de apoyo. Según entendió por la información de la radio, se trataba de un movimiento interno del Ejército que había detenido un golpe de Estado contra su héroe de la infancia, el presidente Sukarno. Sin embargo, las noticias se volvieron después un tanto más confusas. El *Diario del Pueblo* dejó de llegar a su aldea. La sede local de la organización de las Juventudes Populares tampoco le ofrecía respuestas, por lo que seguía esperando para empezar a trabajar de maestro y aguardando desesperado cualquier noticia que llegara de Yakarta, tal y como había sucedido desde que era adolescente.

Cuando el relato de los acontecimientos cambió y solo los militares y los medios extranjeros informaban de ellos, Sakono supo que la izquierda estaba bajo sospecha por algún motivo, pero no consideró que fuera realmente gran cosa. Le llegaron comentarios de que todo aquel que perteneciera a una organización ligada a los comunistas tenía que presentarse con regularidad ante la policía.

Aunque nunca había tratado con las fuerzas de seguridad antes, no le importaba mucho. No tenía mucho que hacer ni estaba tampoco preocupado. Fuera lo que fuera lo que hubiera sucedido en Yakarta, no afectaba a sus planes. Entendía que sería el mejor revolucionario posible desde un puesto de maestro. «Cuando la educación avanza, el país avanza», pensaba. Siguió esperando, ayudando a su familia en el campo, dejando simplemente pasar el tiempo.

29 de octubre

Galena (Maryland). Frank Wisner encontró una de las escopetas de sus hijos durante una estancia en la granja familiar y la utilizó para suicidarse.[17]

2 de noviembre

Purbalingga (Java Central). Sakono se presentó ante la policía una vez más. Una vez más, salió de la comisaría, subió a su bicicleta y pedaleó de vuelta a su aldea. Cuando llegó a casa, en torno a las dos de la tarde, lo esperaban dos agentes. Uno de ellos sostenía una carta. Le dijeron que la carta implicaba que tenía que acompañarlos. «Es de la mayor importancia —le dijeron—. Tienes que afrontar esto ahora».

Así que los acompañó.

Cuando Sakono entró en la cárcel, se sentía bien. No había hecho nada malo, por lo que suponía que simplemente le harían algunas preguntas, facilitaría información y quedaría limpio. No era miembro pleno del PKI, si bien había estado implicado de maneras diversas —y eso lo enorgullecía— con el Partido Comunista Indonesio desde que era muy joven, por lo que de inmediato se encontró con un montón de viejos amigos. Allí estaba Sutrisno, el cuadro del partido que le había dado clases de marxismo-leninismo cuando era joven. Suhada, su amigo de más tiempo, bajito, regordete y siempre con gafas de sol, estaba allí también; formaba parte del Comité Central del Partido y era un tipo divertido que siempre daba unos discursos impresionantes.

Aquello era prácticamente una reunión de amigos. El estado de ánimo era ligero, casi festivo. Empezaron a cantar canciones revolucionarias todos juntos, no para desafiar a la policía, sino, en cierto modo, como una forma de alegre solidaridad.

---

[17] Algunos autores han sugerido que la muerte de Wisner vino provocada de algún modo por las consecuencias de las acciones que llevó a cabo en Indonesia y en otros países años antes. Su hijo, Frank Wisner, rechaza esta teoría y argumenta que es poco probable que estuviera siguiendo las noticias y la política internacional en sus últimos días. Entrevistas del autor en 2018 y 2019.

Adelante impertérritos,
defended lo que es justo.
Adelante juntos,
por supuesto venceremos.
Adelante, adelante,
todos juntos, todos juntos.

Aquella noche, cuando todos dormían, se llevaron a doce de los presos. Se llevaron a Sutrisno. Se llevaron a Suhada. Se llevaron a otros amigos de Sakono: a Kamdi, a Sumarno y a Suharjo.

Nunca regresaron. Nadie desayunó a la mañana siguiente. Se habían acabado las canciones. Se agotó la alegría. Nadie hablaba. Aquello no podía estar sucediendo. Iba contra todo lo que Sakono había aprendido, contra todo lo que había creído toda su vida. Los militares y la policía eran defensores de la revolución. Indonesia tenía un sistema de ley y orden, de juicios justos, de pruebas y de justicia. Apenas había visto violencia en sus diecinueve años de vida.

«¡No soy un rebelde! ¡Nunca he empuñado un arma! ¡Nunca me rebelaría contra mi país! ¡No he hecho nada malo en toda mi vida!», gritaba una y otra vez Sakono, pero lo hacía para sus adentros, con el cuerpo temblando, aterrorizado por la posibilidad de formar parte del siguiente grupo en desaparecer.

¿Qué había sido de sus amigos? Sakono había oído rumores, como todos en su región. Se estaban llevando a personas al río Serayu en mitad de la noche. Les ataban las manos y los tiraban al agua. O quizá les disparaban primero. O tal vez los apuñalaban. Que estaba habiendo asesinatos en masa era evidente. Había tantos cuerpos acumulados que taponaban los ríos y desprendían un espantoso hedor en el campo. Sin embargo, en lo relativo a quién era asesinado, dónde y cómo, lo único que tenían los supervivientes eran rumores.

Esta era una nueva característica de la violencia masiva. La gente no era asesinada en las calles, dejando claro a sus familias que se habían ido. No eran ejecuciones oficiales. Se les detenía y luego *desaparecían* en mitad de la noche. Las familias a menudo no tenían idea de si sus seres queridos seguían vivos, lo que las paralizaba todavía más de pavor. Si protestaban o se rebelaban,

¿podría costarles la vida a sus seres queridos que estaban presos? ¿Podían detenerlos a ellos también? Incluso ante las pruebas abrumadoras de que se están produciendo asesinatos en masa, el instinto humano es sostener la esperanza de que es todavía posible salvar a los hijos o a las hijas. Esto paraliza a las personas e inmoviliza en mucha mayor medida a la población, que es más fácil de exterminar y de controlar. Los historiadores que estudian la violencia en Asia creen que esta fue la primera ocasión en la que se utilizaron las «desapariciones» forzosas.

¿Quién los asesinaba? Al igual que en Aceh, los militares y la policía llevaban de noche a los cautivos a lugares especiales y los asesinaban. Pero con mucha frecuencia no eran en realidad los agentes uniformados los que apretaban el gatillo o clavaban el machete en la carne humana.

La mayor organización musulmana del país tenía un ala juvenil y otra armada, Ansor y Banser. Eran acrónimos, pero el fundador de la Banser afirmaba que quería que la denominación sonara a Panzer, los famosos tanques de Hitler. También defendía haber estudiado el *Mein Kampf* a partir de 1964, para aprender a lidiar con los comunistas.[18] Estos grupos participaron en los asesinatos en Java Central y en Java Oriental. En Aceh, los militares obligaron bajo amenaza a civiles sospechosos, a individuos con un pasado político dudoso o a parias a que llevaran a cabo los asesinatos. Posteriormente, a menudo se atiborraban de alcohol para aplacar la conciencia de lo que acababan de hacer.[19] Sucediera lo que sucediera, fuera quien fuera el responsable, casi todos los amigos de Sakono habían desaparecido y los cadáveres se apilaban por todas partes.

---

[18] Wieringa y Katjasungkana, *Propaganda and the Genocide in Indonesia*, pp. 15 y 87. La «mayor organización musulmana» es Nahdlatul Ulama.

[19] Melvin, *The Army and the Indonesian Genocide*, pp. 168 y 211. Para encontrar entrevistas con testigos de la violencia, véase también Baskara Wardaya, *Truth Will Out: Indonesian Accounts of the 1965 Mass Violence*, trad. Jennifer Lindsay, Monash University Publishing, 2013.

6 de noviembre

Washington. El Departamento de Estado recibió un telegrama de Yakarta. La Embajada de Estados Unidos transmitía nuevos informes de los avances del Ejército. El mensaje terminaba concretamente del siguiente modo:

> E. La oficina de información del Ejército también indicó que comandos paramilitares (RPKAD) en vehículos blindados que entraban en la ciudad de Surakarta (no se ofrece fecha) quedaron bloqueados en los arrabales de la aldea debido a nueve «brujas» de la organización de mujeres GERWANI afiliada al PKI, que los insultaron y se negaron a dejarlos pasar. Después de pedirles tranquilamente que dejaran paso y de disparar al aire, los comandos paramilitares se vieron «obligados por su intransigencia a segar la respiración de estas nueve brujas del GERWANI».
>
> 3. Miscelana [sic]: Iniciando lo que creemos que será una tendencia importante, Bandung rebautizó ayer parte de su avenida principal «Bulevar del general Yani». Es bueno que el general tenga un nombre fácil de pronunciar.
>
> Green[20]

22 de noviembre

Boyolali (Java Central). Las Fuerzas Armadas encontraron, detuvieron y ejecutaron a D. N. Aidit, el líder del Partido Comunista Indonesio en Boyolali, la mañana del 22 de noviembre. Aidit se encontraba fugado desde que entendió que los militares lo perseguían.

El Ejército contó al mundo que Aidit confesó sus planes para hacerse con el control del país, una narrativa posteriormente publicada en *Newsweek*. Después de la publicación de este número de la revista estadounidense, un telegrama de la embajada comunicaba

---

[20] Telegram, Djakarta to SecState, Joint Sitrep No. 47, «Page 5 RumJBT 272A S E C R E T», November 6, 1965, RG 59, Central Files 1964-1966, Pol 23-9 Indon, NARA.

al Departamento de Estado que el personal de la legación sabía que era «imposible creer que Aidit hubiera hecho tal declaración», pues, según la versión de los militares, supuestamente hizo referencia a un documento falso, uno que sabían que «estaba obviamente siendo distribuido como parte de una operación anticomunista de "propaganda negra"».[21]

13 de diciembre

Yakarta. Francisca siguió trabajando los días posteriores al 1 de octubre de 1965. Zain dejó de hacerlo después de que el *Diario del Pueblo* fuera cerrado por el Ejército. Sin embargo, Francisca siguió yendo cada día a las oficinas de la Asociación de Periodistas Afro-Asiáticos, cuyo personal continuó con los preparativos del siguiente número de su revista y de la conferencia tricontinental cuya celebración estaba prevista para 1966 en La Habana. A pesar de todo lo que estaba sucediendo, Sukarno y un líder veterano del Partido Comunista, Nyoto, habían conseguido organizar una conferencia en Yakarta para protestar contra las bases militares estadounidenses distribuidas por todo el mundo. Francisca había ayudado en la cobertura de la *Afro-Asian Journalist* en octubre.[22]

Francisca, no obstante, sabía que estaban arrestando a personas por toda la capital. Algunos de sus compañeros, especialmente los periodistas, dejaron de acudir al trabajo. Aun así, apenas había información fiable de lo que estaba sucediendo. Todo el mundo guardaba silencio. Nadie sabía en quién podía confiar. Cada noche, Francisca regresaba en su propio coche directamente de la oficina a casa, en Menteng, donde la esperaba Zain. Había vivido dos meses así, mientras el mundo de la intelectualidad de izquierdas de Yakarta se reducía más y más.

---

[21] Véase la comunicación por vía aérea entre la Embajada y el Departamento de Estado del 4 de marzo: Airgram A-545, Djakarta to State, «Subject: Alleged Aidit Confession Reported in Asahi Shimbum is Apparently False», March 4, 1966, RG 59, Central Files 1964-1966, Pol 23-9 Indon, NARA.

[22] La conferencia fue la Konferensi Internasional Anti Pangkalan Militer Asing (KIAPMA). Entrevistas del autor a Martin Aleida en 2019.

A las cuatro de la madrugada del 13 de diciembre, tres hombres llamaron a su puerta y se llevaron detenido al matrimonio. Francisca y Zain no opusieron resistencia. Los agentes dijeron a Francisca que solo la trasladaban para un interrogatorio y que regresaría a casa muy pronto. Los subieron entonces a los dos en un Land Rover y se dirigieron a la plaza de la Independencia. Los niños se quedaron solos en casa.

Poco después de llegar, los hombres llevaron a Zain a otra sala. Francisca vio a un hombre quitarse el cinturón cuando su marido cruzaba una puerta. Ella se quedó con un oficial en una sala de interrogatorios. El militar sacó una pistola y la dejó sobre la mesa, delante de ella. Francisca perdió el contacto con sus sentidos. Estaba segura de que iba a morir.

De alguna forma, consiguió superarlo. El interrogatorio había terminado. Tal vez se prolongara una hora. O varias. Estaba aturdida. La llevaron a la oficina del médico militar, el que trataba a las mujeres de los oficiales. ¿Qué hacía allí? ¿Tal vez iba a ser asesinada de otro modo? Entonces llevaron a Zain. Quedó claro que estaba allí para despedirse. También estaba claro que había sido torturado. Francisca podía ver quemaduras de cigarrillos en los dos brazos. No sabría decir cuántas. Demasiado difícil contarlas. Luego Zain desapareció y ella se quedó sola en la consulta del médico.

Allí languideció ocho días. De noche dormía en algo parecido a un banco, al parecer una mesa de reconocimiento que utilizaban los ginecólogos. No comió y perdió tal vez siete kilos. No lo sabía. No sabía nada. A lo largo del día, los médicos la ignoraban durante su jornada laboral, al parecer inseguros de qué hacía Francisca allí, pero conscientes de que era algún tipo de comunista y que, por tanto, no merecía tratamiento.

Sin embargo, una paciente, otra mujer, probablemente la mujer de un soldado, reparó en ella.

Francisca lloraba inconsolable. No sabía dónde estaban sus hijos. No sabía si Damaiati, Kandida, Anthony o el más joven, Benjamino, estaban bien. La policía había pasado días ignorando sus lágrimas. Sin embargo, aquella mujer la vio y preguntó qué sucedía. Francisca intentó contárselo.

—¿Tienes hijos? —preguntó la mujer.

—¡Tengo cuatro! —respondió Francisca, que volvió a derrumbarse.

Aquella mujer se volvió hacia el médico y gritó:

—¿¡Por qué no se están ocupando de esta mujer!?

El médico cedió y le concedió una pizca de humanidad a Francisca. Debió de llamar a alguien, porque fue transferida a la oficina militar. Resultaba que la policía había procesado su caso de forma incorrecta y se habían olvidado de ella. La trasladaron entonces a la prisión de mujeres. Todavía sin contacto con su familia. En la cárcel conoció a una joven de solo diecinueve años, una chica de campo embarazada de su primer hijo. Buscó el apoyo de Francisca, una madre de más edad, con treinta y nueve años ya. La joven era incapaz de controlar el llanto y le contó a Francisca que su marido había sido asesinado.

16 de diciembre

Washington. Los responsables estadounidenses mantenían un estrecho contacto con los militares, a los que dejaron claro que regresaría la asistencia directa si el PKI era destruido, Sukarno era depuesto y se detenían los ataques a las inversiones estadounidenses. Los flujos de ayuda estaban también condicionados a la voluntad indonesia de adoptar los planes económicos aprobados por el FMI y Estados Unidos.[23]

Lo que todos los líderes militares parecían querer saber, según un telegrama de diciembre del Departamento de Estado, era «cuánto vale que aplastemos al PKI».[24] Valía mucho.

---

[23] Simpson, *Economists with Guns*, pp. 196-97.

[24] Véase el telegrama del Departamento de Estado a la embajada en Yakarta del 8 de diciembre de 1965 y el previo, en dirección inversa, del 1 de diciembre: Telegram 741 from State to Jakarta, December 8, 1965, Telegram 1605 from Jakarta to State, December 1, 1965, RG 59, Central Files, 1964-1966, POL 23-9, Indonesia, NARA. Citado en Simpson, *Economists with Guns*, p. 167. En conferencias posteriores a la publicación de su obra más reciente (*Buried Histories: The Anticommunist Massacres of 1965-1966 in Indonesia*, University of Wisconsin Press, 2020), John Roosa cita este documento desclasificado para argumentar que «el asesinato de comunistas [fue] una forma de demostrar a Estados Unidos que merecían» la ayuda y la inversión. El

Sin embargo, a los responsables gubernamentales de Estados Unidos también les alarmaba sobremanera que los militares a punto de configurar un Gobierno no hubieran dado marcha atrás en los planes de Sukarno de apropiarse de las petroleras estadounidenses, de lejos su preocupación económica más importante entonces. De acuerdo con el análisis de las comunicaciones desclasificadas llevado a cabo por Bradley Simpson, advirtieron «directa y repetidamente al liderazgo indonesio emergente» de que si seguían adelante con la nacionalización, Washington retiraría su apoyo, por lo que su capacidad de hacerse con el poder estaba en juego. La Casa Blanca incorporó a la batalla a los altos mandos australianos y japoneses.[25] Y salió vencedora.

El 16 de diciembre, un telegrama de Yakarta al Departamento de Estado describía la victoria. Suharto llegó a la reunión de alto nivel en helicóptero, entró dando zapatazos en la sala y «dejó claro como el agua a todos los presentes que el Ejército no apoyaría movimientos precipitados contra las petroleras». Salió como había entrado.[26]

1 de enero de 1966

Bali. La violencia llegó a la isla de Bali en diciembre. Casi parecería que empezó en el extremo más occidental de Indonesia y se fue desplazando hacia el este por los principales centros de población, desde Java Central a Java Oriental y, posteriormente, a Bali. Igual que el sol, solo que justo al contrario.

La masacre de Bali fue probablemente la peor de toda Indonesia. Con el inicio del nuevo año, la isla quedó conmocionada por la violencia.

---

naciente régimen de Suharto sabía que necesitaba este apoyo de Washington. Cuando se le pide que ofrezca una breve explicación de los motivos de los asesinatos en masa, Roosa afirma que «los asesinatos fueron en realidad innecesarios en términos de política nacional» y señala el contexto internacional para explicar la violencia masiva. Véase la mesa redonda con el autor y Krithika Varagur titulada «Mass Murder and the Making of Our Times», organizada por Shelter and Solidarity, https://shelterandsolidarity.org/mass-murder-in-the-making-of-our-times/.

[25] Simpson, *Economists with Guns*, pp. 198-99.
[26] *Ibid.*, p. 199.

Agung Alit no era más que un niño, pero sabía que estaban buscando a su padre. Raka, su padre, lo sabía también. Así que, en lugar de dormir en casa, lo hacía en el templo hindú que había cerca. Agung se quedaba en casa. Mientras dormía, noche tras noche llegaban hombres al domicilio, rebuscando por todas partes, exigiendo saber dónde estaba Raka. Finalmente lo atraparon. Agung se despertó y su familia le contó que se habían llevado a su padre. No estaban seguros de cuándo volvería.

La gente de Bali sabía que había algo muy sospechoso en aquella explosión de violencia. Los asesinatos se estaban llevando a cabo con grandes machetes. Los machetes no pertenecen a la tradición de la isla. Los balineses utilizan la versión local, el *klewang*, de hoja más fina. Alguien tenía que haber llevado esas armas desde otra isla. Y, como en otras partes, la población local estaba participando en las matanzas. De hecho, Agung oyó decir que había sido un vecino, un hombre conocido por la familia, el que se había llevado a su padre.

Los machetes llegaron a Bali más o menos al mismo tiempo que las campañas de propaganda anticomunista de los militares, coordinadas a escala nacional. Un rumor decía que las mujeres del Gerwani tenían intención de vender sus cuerpos con el objetivo de comprar armas para una revuelta comunista y de castrar a los soldados a los que sedujeran. Equipos de propaganda recorrían las áreas rurales difundiendo relatos como este, llevando el mensaje de que había que «estar del lado del G30S o con el Gobierno en el aplastamiento del G30S. La posición neutral no existe».[27]

Algunos asesinatos fueron perpetrados por miembros del PNI, el partido nacionalista que Sukarno había fundado tiempo atrás, así como por bandas paramilitares locales que ya se habían opuesto al programa nacional de reforma agraria del Gobierno.[28] El joven Wayan Badra, el hijo de trece años del sacerdote hindú del vecindario de Seminyak, constató que los dos simpáticos maestros comunistas de su colegio se habían marchado, y ya nunca regresarían. Luego oyó lo que estaba sucediendo en las playas. Estaban llevando

---

[27] Geoffrey Robinson, *The Dark Side of Paradise: Political Violence in Bali*, Cornell University Press, 1995, p. 293.
[28] *Ibid.*, pp. 251-54 y 300.

a gente de la ciudad a la costa este para matarlos en la arena. Aquello era propiedad privada y no había nadie por la noche. Los cuerpos eran abandonados allí. Algunas familias iban a recuperar los cadáveres. Otros los reunían cerca de la aldea de Badra, donde su padre celebraba rituales funerarios anónimos y los cremaba.

Para los hindúes balineses, la pérdida del cadáver de un miembro de la familia es una profunda tragedia espiritual de consecuencias infinitas. Por ello, algunos años después de que acabaran las masacres, Agung fue con su familia a intentar localizar el cadáver de su padre y ofrecerle un funeral con honores y la cremación. Hicieron a pie cuatro kilómetros hasta el lugar donde alguien les había dicho que podrían encontrar sus restos. Encontraron un campo de cadáveres.

Empezaron a rebuscar entre los huesos, seleccionando las calaveras.

Alguien gritaba: «¡Este es el señor Raka!».

Pero no, aquel cráneo no parecía el suyo. Quizá el pelo no cuadraba. ¿Y si fuera ese? Siguieron rebuscando durante unos minutos entre los cuerpos en descomposición, a la desesperada, hasta que alguien cayó en la cuenta de que era una tarea imposible, una locura. Simplemente había «demasiados cráneos, demasiados esqueletos».

Caminaron una hora de vuelta a casa, asimilando la idea de que nunca podrían darle el descanso debido y angustiados por el amplio mar de humanidad en el que acababan de sumergirse.

En total, al menos un 5 por ciento de la población de Bali murió asesinada: ochenta mil personas, probablemente la mayor proporción de todo el país.[29]

Los balineses habían sido un apoyo especialmente fuerte del proyecto político multirreligioso de Sukarno, pues otorgaba a los hindúes más libertad en un país de mayoría musulmana.[30] Una grave crisis económica a principios de la década de 1960 hizo las promesas de redistribución de los comunistas más atractivas para algunos (y más amenazadoras para otros). El PNI mató a Suteja, el

---

[29] *Ibid.*, p. 273.
[30] *Ibid.*, p. 184.

gobernador, y a otros miembros de su familia y difundió el relato de que en realidad había elegido el *nyupat*: se había prestado voluntario para la ejecución con la idea de reencarnarse en una mejor persona. A algunos balineses se les preguntó si querían o no el *nyupat*. No obstante, quienes respondieron negativamente fueron asesinados también, por lo que poco sentido tenía la pregunta.[31] Fueron ejecutados, asesinados uno a uno, en apenas unos meses, por su afiliación a un partido político desarmado que había sido completamente legal y mayoritario solo unas semanas antes.

Poco tiempo después se levantó el primer hotel para turistas en esa misma playa, Seminyak, que había sido utilizada de campo de exterminio.

14 de enero

Washington. El Departamento de Estado recibió una evaluación detallada de la situación en Indonesia por parte del embajador Marshall Green:

> Con antelación al 1 de octubre de 1965, Indonesia era a todos los efectos un país asiático comunista. […]
> Los acontecimientos de los últimos meses han tenido tres efectos fundamentales en las estructuras de poder y la política de Indonesia:
> 1. El PKI ha dejado de ser, en el futuro previsible, un elemento de poder relevante. La acción efectiva del Ejército y de sus aliados musulmanes ha trastocado por completo el aparato organizativo del partido. La mayoría de los miembros del Politburó y del Comité Central han sido asesinados o detenidos, y las estimaciones del número de miembros del partido muertos se elevan a varios cientos de miles.

La comunicación enumeraba las acciones del plan de respuesta estadounidense:

---

[31] *Ibid.*, p. 301.

1. Asegurar que nuestras acciones y declaraciones no sirven en modo alguno para apuntalar a Sukarno y a sus secuaces. [...]

F. Sin una implicación directa, promocionar los acuerdos entre el Gobierno de Indonesia y las petroleras estadounidenses. [...]

H. Dentro de los límites de la prudencia, ofrecer asesoramiento y asistencia públicos o encubiertos a grupos anticomunistas responsables y competentes para actividades que merezcan la pena.[32]

11 de marzo

Bogor. Según proseguían los asesinatos, los responsables del Departamento de Estado estadounidense manifestaban repetidamente su frustración por que Suharto no hubiera tomado aún el control completo del país ni hubiera depuesto oficialmente al presidente Sukarno. Desde octubre, Sukarno había quedado relegado en gran medida al palacio de la ciudad de Bogor y se le habían retirado la mayoría de sus poderes, pero todavía tenía su posición oficial y cierta influencia.

La reacción de Sukarno a las matanzas fue tanto de resignación como de desesperación. Aunque no recibía información completa de todo el país, sabía que se estaba ejerciendo la violencia y parecía superado por la avalancha de propaganda anticomunista. Señaló a un grupo de funcionarios y periodistas: «Es lo mismo una y otra vez, [...] puñales, puñales, puñales, puñales, puñales, una fosa para mil personas, una fosa para mil personas [...], ¡lo mismo una y otra vez!».[33] Abogaba por la moderación, sin efecto alguno, mientras las fuerzas de Suharto apuñalaban literalmente a los miembros de la izquierda política indonesia.

Durante el tiempo que duraron las matanzas la situación económica se deterioró, reduciendo todavía más el poder que le restaba a Sukarno. Según Subandrio, su exministro de Exteriores, Suharto provocó deliberadamente una hiperinflación acordando

---

[32] Airgram A-453, Djakarta to State, «Subject: U.S. Policy Assessment», January 14, 1966, RG 59, Central Files 1964-1966, Pol 2-3 Indon, NARA.
[33] Roosa, *Pretext for Mass Murder*, p. 200.

con los empresarios reducir el suministro de bienes básicos como el arroz, el azúcar y el aceite para cocinar.[34] Suharto alentó a los grupos estudiantiles anticomunistas, a menudo procedentes de los mismos centros en los que había estudiado Benny apenas unos años antes, para que protestaran por las subidas de precios. El Gobierno estadounidense estaba desestabilizando deliberadamente la economía.[35]

Cercado por las protestas estudiantiles, Sukarno convocó a los máximos responsables gubernamentales en el palacio presidencial de Yakarta el 10 de marzo en un intento por conservar el control. En lugar de eso, paracaidistas leales a Suharto, liderados por el general Sarwo Edhie, lo rodearon al día siguiente.

Sukarno subió a un helicóptero para huir, con Subandrio corriendo detrás descalzo, y voló a Bogor. Sin embargo, una vez allí, fue obligado a firmar una carta en la que cedía el poder ejecutivo a Suharto.[36]

Esta carta, denominada *Supersemar*, sigue despertando controversia. Nadie ha visto nunca el original.

Fuera como fuera, Suharto la utilizó como permiso para asumir el poder de inmediato y por completo. Con sus primeras leyes, prohibió oficialmente lo que quedaba del Partido Comunista, después detuvo a gran parte del consejo de ministros de Sukarno, incluido Subandrio. Estados Unidos abrió inmediatamente las compuertas económicas. La soga que asfixiaba la economía alivió su presión y las empresas estadounidenses empezaron a explorar oportunidades de negocio. Días después de la transferencia de poder, representantes de la minera estadounidense Freeport estaban en las selvas de Nueva Guinea Occidental, donde rápidamente encontraron una montaña llena de minerales valiosos. Ertsberg, como se la conoce en la actualidad, es la mina de oro más grande del planeta.[37]

---

[34] Soebandrio, *Kesaksianku tentang G30S*, p. 41.
[35] Wieringa y Katjasungkana, *Propaganda and the Genocide in Indonesia*, p. 35.
[36] Legge, *Sukarno*, p. 402.
[37] Simpson, *Economists with Guns*, pp. 231-32.

17 de marzo

Washington. Telegrama de Yakarta:

> 1. Varios corresponsales estadounidenses que trabajan aquí han querido saber nuestra opinión sobre los "informes de [Yakarta]" que hemos rastreado hasta fuentes británicas de alto nivel en Singapur. John Cantwell, corresponsal de AP (protejan la fuente), le dijo directamente a Congen que los británicos están distribuyendo noticias falsas.

El periodista sabía que había recibido información falsa como parte de una campaña para fortalecer a Suharto. No le importaba. El documento prosigue:

> El corresponsal lamentaba que, aunque estaba bastante seguro de que los británicos le estaban dando información falsa o engañosa, las historias que contaban eran tan espectaculares que no tenía más remedio que publicarlas.[38]

Fecha desconocida

Transcurridos muchos meses, Francisca salió de la cárcel. Su padre encontró una forma de utilizar su dinero y su influencia para comprar su liberación. Desorientada, no tenía ni idea de qué día era.

En términos generales, la violencia en Yakarta no fue tan intensa como en otros lugares como Sumatra Septentrional, Java Central, Java Oriental y Bali. Tal vez se debiera a que aquellos eran los principales centros de apoyo masivo al PKI y al propio Sukarno, y quizá también a que no podían tratar a la izquierda de la capital —rodeados como estaban por la prensa, las élites y los diplomáticos— del mismo modo que estaban tratando a la gente de a pie

---

[38] Telegram, Singapore to SecState, «1. Several American Correspondents», March 17, 1965, RG 59, Central Files 1964-1966, Pol 15-1 Indon, NARA.

lejos de la ciudad. Aun así, la imagen del mundo que Francisca descubrió después de su liberación resultaba devastadora.

Su casa estaba cubierta de pintadas agresivas y de mensajes sobre el «G30S», el Movimiento 30 de Septiembre. Pudo ver por fin a sus hijos. Estaban bien. Pero descubrió que a su hija mayor la habían sacado de clase un día los militares y la habían subido a un camión para llevarla a la plaza de la Independencia, donde la obligaron a formar y a gritar: «¡Abajo Sukarno! ¡Abajo Sukarno!».

La chica sabía que aquel cántico estaba destinado a su padre y a su madre, que habían desaparecido por estar en lo que entonces se consideraba el lado incorrecto de la historia.

Ninguno de los amigos de Francisca volvió a dirigirle la palabra. De hecho, nadie hablaba con nadie. Atrás quedaban los días de las discusiones literarias y las clases de idiomas con intelectuales progresistas de todo el mundo. Había una nueva norma de comportamiento.

«No podías fiarte de nadie —recordaría más tarde—. Estaban utilizando a personas de organizaciones de todo tipo para denunciar a sus antiguos compañeros. Y mucha gente no podía soportar las agresiones. Se venían abajo y delataban a sus amigos, a sus propias organizaciones. Cuanto menos supieras, mejor».

Zain no estaba. Nunca salió de la cárcel.

Un rayo de luz

La mayor parte de la prensa occidental compró la narrativa que vendía el nuevo Gobierno indonesio, al que Washington dio una bienvenida entusiasta a la escena internacional. El relato decía, más o menos, que cierta violencia espontánea había emergido cuando personas normales descubrían lo que los comunistas habían hecho o tenían previsto hacer. Estos artículos afirmaban que los nativos se habían «desbocado» y habían iniciado un baño de sangre. En inglés se utilizó la expresión *run amok*, y puesto que la palabra *amok* proviene del malayo (la lengua que es la base tanto de la lengua indonesia como de la malasia), facilitaba a los periodistas occidentales estereotipos orientalistas sobre lo primitivos, atrasados y violentos que eran los pueblos asiáticos, así como motivos para responsabilizar de la violencia a un aparente brote irracional y repentino.[39]

El 13 de abril de 1966, C. L. Sulzberger firmaba una crónica, una de las muchas de este género, con el titular *When a Nation Runs Amok* [Cuando una nación se desboca], para *The New York Times*. En palabras de Sulzberger, las matanzas tenían lugar en «la violenta Asia, donde la vida vale poco». Reproducía la mentira de que miembros del Partido Comunista habían asesinado a los generales el 1 de octubre y que las mujeres del Gerwani los apuñalaron y torturaron. Llegaba incluso a afirmar que «los indonesios son dulces [...], pero detrás de su sonrisa reside un peculiar rasgo malayo, esa sed de sangre oculta y enloquecida que ha dado a otras lenguas una de sus pocas palabras del malayo: *amok*».[40]

El concepto malayo, y ahora indonesio, de *amok* se refería en realidad a una forma tradicional de suicidio ritual, a pesar de que su transferencia al inglés haga referencia ahora a una violencia desatada de forma más general.[41] Pero no hay motivos para creer que la violencia masiva de 1965 y 1966 tuviera sus raíces en la cultura local. Nadie ha encontrado pruebas de asesinatos en masa de este tipo en la historia de Indonesia, salvo cuando hubo extranjeros implicados.[42]

Esta narrativa de violencia inexplicable ligada vagamente a lo tribal (tan fácil de digerir para los occidentales) era por completo falsa. Se trataba de violencia de Estado organizada con un claro objetivo. Los principales obstáculos para una asunción completa del poder por parte del Ejército fueron eliminados en un programa coordinado de exterminio: el asesinato en masa y deliberado de

---

[39] *Amok* proviene del malayo, no habría más que decir, pero no quería confundir a los lectores, que podrían pensar en «Malasia» al oír «malayo».

[40] C. L. Sulzberger, «Foreign Affairs: When a Nation Runs Amok», en *The New York Times*, 13 de abril de 1966.

[41] Robinson, *Killing Season*, p. 138.

[42] Para un análisis del uso de *amok* en la prensa estadounidense, véase Roosa, *Pretext for Mass Murder*, pp. 26-27. Los bien documentados episodios de asesinatos en masa en Indonesia hasta el momento implican en todos los casos a actores extranjeros en cierta medida y tuvieron lugar durante el periodo colonial, los intentos por reconquistar el archipiélago después de la Segunda Guerra Mundial y la ocupación japonesa entre 1942 y 1945.

civiles inocentes. Los generales pudieron hacerse con el poder después de que el terrorismo de Estado debilitara suficientemente a sus rivales políticos, que no tenían armas, solo el apoyo de la población. No presentaron resistencia a su propia aniquilación porque no sabían la que se les venía encima.[43]

Se estima que en total murieron asesinadas entre quinientas mil y un millón de personas. Un millón de personas más fueron trasladadas a campos de concentración. Sarwo Edhie, el hombre que tendió la emboscada a Sukarno en marzo, llegó a presumir en una ocasión de que los militares habían matado a tres millones de personas.[44] Existe un motivo por el que tenemos que conformarnos con estimaciones: a lo largo de más de cincuenta años, el Gobierno indonesio se ha opuesto a cualquier intento de ponerse manos a la obra y registrar lo sucedido, y en el resto del mundo tampoco nadie se ha molestado demasiado en preguntar al respecto. Millones de personas más fueron víctimas indirectas de las masacres, pero nadie fue a preguntarles cuántos seres queridos habían perdido.

Su silencio era el objetivo de la violencia. Las Fuerzas Armadas no supervisaron el exterminio de todos y cada uno de los comunistas, supuestos comunistas y potenciales simpatizantes con el comunismo del país. Eso habría sido prácticamente imposible, pues en torno a un cuarto de la población estaba ligada de algún modo al PKI. Una vez que prendió la violencia, se hizo increíblemente difícil encontrar a alguien que admitiera algún tipo de vínculo con el partido comunista.

En torno al 15 por ciento de los detenidos eran mujeres.[45] Fueron sometidas a una violencia diferenciada por género, de una especial crueldad, que brotaba directamente de la propaganda distribuida por Suharto con ayuda de Occidente. Sumiyati, la integrante del Gerwani que vivía cerca de Sakono durante la adolescencia, huyó

---

[43] Un superviviente y miembro del partido, Sunaryo, recordaría posteriormente que sus amigos y él valoraron organizar cierta resistencia. Sin embargo, los líderes del PKI de Solo los contuvieron. Entrevistas del autor en Solo en 2018.

[44] A propósito de las declaraciones de Sarwo Edhie, véase Robinson, *Killing Fields*, p. 339, nota 3; para un análisis conciso de las diversas estimaciones, véase la página 119.

[45] Wieringa y Katjasungkana, *Propaganda and the Genocide in Indonesia*, p. 132.

de la policía dos meses antes de entregarse. La obligaron a beberse la orina de sus captores. A otras mujeres les cortaron los pechos o les mutilaron los genitales; las violaciones y la esclavitud sexual eran generalizadas.[46] Ha habido cierto debate sobre si los asesinatos en masa de Indonesia pueden categorizarse de «genocidio», pero en realidad es una discusión que gira fundamentalmente en torno al significado del término, no a los hechos en sí.[47] En la abrumadora mayoría de los casos, las personas fueron asesinadas por sus creencias políticas o por haber sido acusadas de tener las creencias políticas equivocadas. Es también cierto que algunos asesinos utilizaron el caos para resolver disputas personales y que miles de personas fueron asesinadas por su raza. Esto es especialmente cierto en el caso de la población de origen étnico chino. Sin embargo, la inmensa mayoría de los verdaderos izquierdistas no merecían más castigo que aquellos que fueron acusados de forma equivocada de estar vinculados al Partido Comunista.

Salvo por un diminuto número de personas posiblemente implicadas en la planificación del desastroso Movimiento 30 de Septiembre, la práctica totalidad de los asesinados y encarcelados eran por completo inocentes de todo delito. Magdalena, apolítica y miembro adolescente de un sindicato de filiación comunista, era inocente. Sakono, miembro activo de las Juventudes Populares y marxista entusiasmado, era inocente. Sus maestros y sus amigos, todos con carné del partido, eran inocentes. El padre de Agung, en Bali, era inocente. Sumiyati y las otras integrantes de su sede del Gerwani eran inocentes. Los amigos de la infancia de Sakono y los compañeros de sindicato de Magdalena no merecían morir. No merecían siquiera una pequeña multa. No habían hecho absolutamente nada mal.

Fueron condenados a la aniquilación, y casi todos los que les rodeaban fueron condenados a una vida entera de culpa y trauma,

---

[46] *Ibid.*, p. 105; y entrevistas del autor a Sumiyati y otras víctimas.

[47] Para la mejor defensa del uso del término para describir los acontecimientos de 1965 y 1966, véase Melvin, *The Army and the Indonesian Genocide*, cap. 1. Véase también Helen Jarvis y Saskia E. Wieringa, «The Indonesian Massacres as Genocide», en Saskia E. Wieringa, Jess Melvin y Annie Pholman (eds.), *The International People's Tribunal for 1965 and the Indonesian Genocide*, Routledge, 2019.

y a ser acusados del imperdonable pecado de haberse vinculado a las sinceras esperanzas de la política de izquierdas. Documentos desclasificados en Europa del Este indican que Zain, el marido de Francisca, era miembro del Comité Central del Partido Comunista Indonesio.[48] Incluso en su caso, en la cumbre misma del PKI, no hay pruebas de que Zain fuera culpable de nada. Además del delito de exterminio, el Tribunal Popular Internacional reunido posteriormente en los Países Bajos encontró a los militares indonesios culpables de varios crímenes contra la humanidad, incluida la tortura, la detención injustificada y prolongada en condiciones de crueldad, los trabajos forzados equivalentes a esclavitud y la violencia sexual sistemática. Los jueces determinaron que todo esto se llevó a cabo con fines políticos: destruir al Partido Comunista y después «levantar un régimen dictatorial violento», con la asistencia de Estados Unidos, el Reino Unido y Australia.[49]

No solo los funcionarios del Gobierno de Estados Unidos entregaron al Ejército listas de personas que serían asesinadas. Los gestores de plantaciones de propiedad estadounidense les facilitaron los nombres de comunistas y sindicalistas «activistas» que fueron posteriormente asesinados.[50]

La responsabilidad principal de las masacres y de los campos de concentración recae en el Ejército indonesio. Todavía no sabemos si la metodología utilizada —desaparición y exterminio en masa— estaba planificada mucho antes de octubre de 1965, tal vez inspirada en los casos de otros países, ni si se organizó con ayuda extranjera o emergió como solución según se desarrollaban los acontecimientos. Sea como sea, Estados Unidos comparte

---

[48] Ragna Boden, «The "Gestapu" Events of 1965 in Indonesia: New Evidence from Russian and German Archives», en *Bijdragen tot de Taal-, Land- en Volkenkunde*, 163-4, 2007, pp.515-17; «Memoradum about talks with the Deputy Head of the Department for International Relations of the Central Committee of the PKI, Comrade Zain Nasution, on 30 June 1965», Stiftung Archiv Parteien und Massenorganisationen der DDR mi Bundesarchiv (SAP-MO-BArch) DY 30 / IV A2 / 20, 66. Citado en Wardaya, *1965*.

[49] *Final Report of the IPT 1965: Findings and Documents of the International People's Tribunal on Crimes against Humanity Indonesia 1965*, IPT 1965 Foundation, 2016.

[50] Christian Gerlach, *Sociedades extremadamente violentas: la violencia en masa en el mundo del siglo* XX, trad. Juan José Utrilla Trejo, Fondo de Cultura Económica, 2015, p. 119.

la responsabilidad de cada muerte. Washington formó parte de la operación en cada una de sus fases, empezando mucho antes de que se iniciaran las masacres y hasta que el último cadáver cayó al suelo y el último preso político salió de la cárcel, décadas más tarde, torturado, con cicatrices y desconcertado. En varios puntos que conocemos —y tal vez en otros que no— Washington fue el principal promotor y realizó una presión fundamental para el avance y la ampliación de la operación.

Desde la década de 1950, la estrategia de Estados Unidos había sido intentar encontrar un modo de destruir al Partido Comunista Indonesio, no porque se estuviera haciendo con el poder de forma antidemocrática, sino por su popularidad. En línea con la estrategia temprana de Frank Wisner de confrontación directa encubierta, el Gobierno de Estados Unidos lanzó ataques secretos y asesinó a civiles en 1958 en un intento por desmembrar el país. Fracasó. Así pues, los responsables estadounidenses adoptaron la perspectiva más sutil de Howard Jones sobre el terreno, apostando por una estrategia de establecimiento de fuertes vínculos con las Fuerzas Armadas y de construcción de un Estado militar anticomunista dentro del Estado. La implicación activa de John Fitzgerald Kennedy con el tercer mundo —y especialmente con sus militares—, guiada por la teoría de la modernización, facilitó la estructura para ampliar las capacidades de esta operación en Indonesia. Cuando Washington se alejó de Jones y de su estrategia de trabajar directamente con Sukarno, ordenó a sus agentes secretos —y no tan secretos— que desestabilizaran el país y provocaran el conflicto. Cuando el conflicto llegó, cuando la oportunidad se presentó, el Gobierno de Estados Unidos contribuyó a difundir la propaganda que hizo posibles los asesinatos y estableció un diálogo constante con el Ejército para asegurarse de que los oficiales tuvieran cuanto necesitaran, desde armas hasta listados de sentenciados. La Embajada de Estados Unidos presionó constantemente al Ejército para que adoptara una posición de mayor fuerza y asumiera el Gobierno, sabiendo perfectamente que el método que se estaba utilizando para hacer esto posible era detener a cientos de miles de personas por todo el país, acuchillarlas o ahorcarlas y tirar sus cadáveres a los ríos. Los mandos militares indonesios entendieron a la perfección que cuantas más personas mataran, más débil sería la izquierda y más feliz estaría Washington.

Hasta un millón de indonesios, tal vez más, fueron asesinados por la cruzada anticomunista internacional de Estados Unidos. El Gobierno estadounidense destinó recursos muy significativos a lo largo de los años para alimentar las condiciones de un estallido violento, y entonces, cuando estalló la violencia, asistió y guio a aquellos con los que tanto tiempo llevaba asociado en el asesinato en masa de civiles como medio para conseguir los objetivos geopolíticos de Washington.

Y al final los mandatarios estadounidenses consiguieron lo que querían. Fue una victoria inmensa.

En palabras del historiador John Roosa: «Casi de la noche a la mañana, el Gobierno indonesio pasó de ser una voz acérrima de la neutralidad en la Guerra Fría y el antiimperialismo, a un socio silencioso y obediente del orden mundial estadounidense».[51]

Era algo digno de celebración para casi cualquiera del Gobierno de Estados Unidos y de los círculos mediáticos de la élite, dado el pensamiento dominante en aquel momento. James Reston, columnista liberal de *The New York Times*, publicó un texto titulado: «Un rayo de luz en Asia». Señalaba, acertadamente, que «había muchos más contactos entre las fuerzas anticomunistas de aquel país y al menos un muy alto responsable de Washington antes y durante la masacre indonesia de lo que en términos generales se cree [...]. no es seguro que el golpe de Estado se hubiera intentado jamás sin la demostración de resistencia de Estados Unidos en Vietnam ni que se hubiera sostenido sin la ayuda clandestina que ha recibido de manera indirecta desde aquí [EE. UU.]». Reston afirmaba que «la salvaje transformación de Indonesia, de una política prochina con Sukarno a una política de desafiante anticomunismo con el general Suharto, es, por supuesto, el más importante» de una serie de «acontecimientos políticos esperanzadores en Asia», los cuales Reston consideraba que ejercían de contrapeso de los reveses más ampliamente conocidos que había sufrido Washington en Vietnam.[52]

---

[51] Roosa, *Pretext for Mass Murder*, p. 13.
[52] «A Gleam of Light in Asia», *The New York Times*, 18 de junio de 1966.

Reston conocía muy bien las altas esferas de la política exterior estadounidense. Ya en la década de 1950 era invitado con frecuencia a las ruidosas cenas que celebraba Frank Wisner los domingos en Georgetown.[53] En sus últimos días, antes de quitarse la vida, no queda claro cuánta atención prestaba Wisner a las noticias ni si sabía siquiera algo de lo que estaba sucediendo en Indonesia.

Para escritores como Reston se trataba de una victoria evidente para los intereses geopolíticos estadounidenses tal y como Washington los entendía entonces. Y entre los anticomunistas empedernidos de todo el mundo, la metodología de esta «salvaje transformación» pronto sería vista como una inspiración, un manual estratégico. Pero ¿cómo pudieron la prensa internacional y el servicio diplomático estadounidense permanecer por completo impasibles ante el hecho de que se consiguiera mediante el asesinato en masa de civiles desarmados? Howard Federspiel, del Departamento de Estado, resumió la respuesta a la perfección: «Mientras fueran comunistas, a nadie le importaba que los masacraran».[54]

---

[53] Maior, *America's First Spy*, pp. 192-94.
[54] Kathy Kadane, «US Officials' Lists Aided Indonesian Bloodbath in '60s».

08
Otras orillas

Indonesia se convirtió en un «socio silencioso y obediente» de Estados Unidos, lo que explica por qué tantos estadounidenses apenas han oído nada del país en nuestros días. En su momento, no obstante, la situación era muy diferente.

La aniquilación del tercer partido comunista más grande del mundo, la caída del fundador del movimiento del tercer mundo y la instauración de una dictadura militar de un anticomunismo fanático sacudió con violencia Indonesia, iniciando un tsunami que alcanzó casi todos los rincones del planeta.

A largo plazo, la forma de la economía internacional cambió para siempre. La magnitud de la victoria anticomunista y la despiadada eficacia del método empleado inspiraron programas de exterminio que tomaron el nombre de la capital indonesia. Pero antes, aquella enorme ola de sangre conllevó consecuencias inmediatas al impactar en las orillas de todo el mundo.

Vietnam

La estrategia estadounidense en el Sudeste Asiático vino dictada en gran medida por la lógica de la «teoría del dominó», que determinaba que, si un país de Asia «caía» en el comunismo, igual podía suceder con el resto de la región. Esta teoría sigue siendo recordada hoy. Lo que se ha olvidado por completo es que Indonesia era, de lejos, la pieza de mayor tamaño. Cuando los responsables con más influencia en Washington entendieron lo decisiva que era su victoria en Yakarta, llegaron a una conclusión:

se podían permitir perder la batalla en Vietnam, porque la guerra ya estaba ganada.

La caída del PKI «redujo considerablemente la apuesta de Estados Unidos en Vietnam», en palabras de Robert McNamara, que resume la opinión expresada en 1966 por George F. Kennan, inventor de la estrategia de contención de la Guerra Fría: «Quedan muchas menos piezas ya y parece bastante menos probable que caigan».[1]

Más tarde, el propio McNamara echó la vista atrás a sus perspectivas a favor de la guerra en Vietnam en 1965 y concluyó, con pesar, que tanto él, entonces secretario de Defensa de Estados Unidos, como otros altos mandos no tuvieron «en cuenta los siglos de hostilidad entre China y Vietnam [...] ni el revés al poder político de China derivado de los recientes acontecimientos» en Indonesia.[2] En 1967, cuando McNamara se opuso a una intensificación del conflicto, señaló «la derrota de los comunistas en Indonesia y la Revolución Cultural en marcha en China, argumentando que aquellos acontecimientos mostraban que la tendencia en Asia se movía ya a nuestro favor».[3]

McNamara acabó teniendo razón. Los políticos de Washington perdieron la guerra de Vietnam, pero, aun así, consiguieron finalmente la versión del Sudeste Asiático que siempre habían deseado.

Luego estaban las personas de carne y hueso de Vietnam. El segundo mayor partido comunista del Sudeste Asiático (hasta que los comunistas indonesios fueron destruidos, momento en el que ascendió al primer lugar), al igual que gran parte del orbe socialista, respondió a los acontecimientos del 1 de octubre con dudas iniciales. El órgano oficial del partido no comentó los acontecimientos de Indonesia hasta el 7 de octubre, cuando el periódico *El Pueblo* publicó un mensaje de Ho Chi Minh dirigido al presidente Sukarno. Evitaba por completo comentar el Movimiento 30 de Septiembre.

«Nos alegra sobremanera saber que el presidente se encuentra bien. Deseamos que usted y el pueblo indonesio puedan proseguir con su revolución».

---

[1] Robert McNamara, *In Retrospect: The Tragedy and Loss of Vietnam*, Times Books, 1995, p. 215.
[2] *Ibid.*, p. 219.
[3] *Ibid.*, p. 270.

Más tarde, los días 9 y 18 de octubre, *El Pueblo* publicó dos noticias con los siguientes titulares: «Fuerzas indonesias, apoyadas por el imperialismo estadounidense, pasaron meses preparando un golpe de Estado contra el presidente Sukarno», decía el primero; el segundo: «El imperialismo estadounidense y sus secuaces están desencadenando una campaña anticomunista en Indonesia».[4]

Por supuesto, con Washington redoblando su esfuerzo militar, Hanói difícilmente estaba en posición de hacer nada con respecto a Indonesia. Los comunistas vietnamitas terminaron venciendo a los estadounidenses, pero con un coste terrible. Tres millones de vietnamitas murieron en aquella guerra, de los que dos millones eran civiles.[5] A ellos se suman los muertos en Camboya y en Laos. En Indochina, la cruzada anticomunista de Washington arrasó vidas humanas a una escala verdaderamente colosal sin resultados positivos apreciables.

Las dinámicas de la guerra de Vietnam están muy bien documentadas (especialmente si las comparamos con la atención prestada a Indonesia).[6] Sin embargo, hay un aspecto que con frecuencia pasa desapercibido: un programa que recuerda lo sucedido en Guatemala en 1953, en Irak en 1963 y en Indonesia en 1965.

El Ejército estadounidense lanzó el Programa Phoenix con ayuda de Australia y del Gobierno de Vietnam del Sur en 1968. El objetivo era «neutralizar» la administración del enemigo a través de la persuasión o del asesinato. Esto significaba matar a civiles, no combatir en una guerra. Los militares elaboraron listas negras y se lanzaron a cazar a sus presas. La Operación Phoenix acabó con la vida de decenas de miles de funcionarios y de personas desarmadas.[7]

---

[4] *Nhân Dân*, 7, 9 y 18 de octubre de 1965. Consultado en la Biblioteca Nacional de Vietnam, en Hanói.

[5] Estas son estadísticas oficiales de Hanói que cita aceptando su validez Christopher Goscha, *Vietnam: A New History*, Basic Books, 2016, p. 329. Como Goscha señala en otro lugar del texto, el Gobierno vietnamita tendió en los años posteriores a minimizar, no a exagerar, los sacrificios exigidos por la guerra. Véase también Philip Shenon, «20 Years After Victory, Vietnamese Communists Ponder How to Celebrate», en *The New York Times*, 23 de abril de 1995.

[6] Para un análisis de los motivos por los que la guerra se prolongó tanto tiempo, véase Goscha, *Vietnam*, pp. 333-40.

[7] *Ibid.*, pp. 329-36.

Uno de los implicados en la operación era ya veterano de los programas anticomunistas de Washington. El exiliado cubano Félix Rodríguez combatió en la invasión de la bahía de Cochinos; posteriormente se incorporó a la CIA y lideró la operación que persiguió y ejecutó al Che Guevara en Bolivia en 1967; cuando dio por concluidas sus funciones en Bolivia, se trasladó a Vietnam para trabajar en el supersecreto Programa Phoenix.[8]

La Unión Soviética

La Unión Soviética reaccionó a la caída de Sukarno y la destrucción del PKI fundamentalmente con muda resignación. Por una parte, llegado ese punto de la fractura chino-soviética, Moscú no ansiaba ver triunfar al deslenguado aliado de Pekín. Por otra, Leonid Brézhnev, secretario general desde octubre de 1964, esperaba recuperar para el bando soviético al PKI y a Aidit. Después de todo, los comunistas indonesios seguían siendo «revisionistas» según Pekín, y Aidit —al que nunca le gustó demasiado Jruschov— había intentado empezar de cero con Brézhnev.[9]

Al parecer, a los altos mandos de Moscú, como a la mayoría del mundo, el 1 de octubre los sorprendió con la guardia baja y su respuesta inmediata fue la de aguardar a ver cómo se desarrollaban los acontecimientos. El 10 de octubre, los líderes soviéticos enviaron y publicaron una carta a Sukarno en la que le manifestaban sus «sinceros deseos de un gran éxito». Después de conocer el programa de exterminio en masa, el *Pravda* preguntaba en febrero de 1966: «¿Por qué y atendiendo a qué derecho están siendo asesinadas decenas de miles de personas?». El periódico oficial comunista informaba de que «los círculos políticos de derecha están intentando eliminar al partido comunista y al mismo tiempo "erradicar" la ideología del comunismo en Indonesia». Comparaba las matanzas con el «terror blanco» desatado en Rusia en 1917.[10]

---

[8] Burke, *Revolutionaries for the Right*, p. 148.
[9] Boden, «The "Gestapu" Events of 1965 in Indonesia», p. 515.
[10] *Ibid.*

De todos modos, los soviéticos no tomaron ninguna medida decisiva en la esfera internacional. Las relaciones entre ambos países empeoraron conforme Suharto consolidó su poder, claro está, y los soviéticos lentamente retiraron la ayuda a Indonesia y a su Ejército. Pero no hubo feroces denuncias en la ONU ni amenazas de represalias.[11] Los duros comentarios del cónsul general de Alemania Oriental, del tipo «el PKI había fracasado gravemente en relación con los incidentes del 30 de septiembre», pueden indicar que, en privado, algunos altos mandos de la órbita soviética creían que Indonesia se lo tenía merecido.[12] Al menos encontraron una justificación para hacerse a un lado mientras masacraban a comunistas, como habían hecho con frecuencia anteriormente.

Pero en 1965 había muchos indonesios viviendo en la Unión Soviética. Un buen número de ellos estudiaban en la Universidad Patrice Lumumba, creada a principios de la década de 1960 para formar a estudiantes del tercer mundo. Desde la independencia, jóvenes indonesios habían salido a estudiar a países de todo el mundo, pero conforme Sukarno se desplazó a la izquierda en los años sesenta, las oportunidades en los países socialistas crecieron en comparación con los puestos facilitados en Occidente.

De este modo, Gde Arka y Yarna Mansur, una joven pareja indonesia de Bali y de Sumatra, respectivamente, aprovecharon la oportunidad para poner rumbo a Moscú en 1963. Tenían cierta formación ideológica antes de partir —fundamentalmente para poder difundir las buenas noticias de la revolución indonesia a los demás estudiantes—, pero no eran comunistas. Habrían viajado felices a Inglaterra o a los Países Bajos a estudiar de haber sido posible.[13]

Moscú les pareció una ciudad fría, pero también bastante rica y desarrollada. Todo el mundo tenía acceso a la sanidad y educación gratuitas, el tipo de cosas que los indonesios creían que merecían pero todavía no habían recibido. El ruso no era tan difícil (llevaban aprendiendo y utilizando lenguas mucho más complejas

---

[11] Para un análisis de las reacciones internacionales, especialmente en Europa, véase Gerlach, *Sociedades extremadamente violentas*, pp. 116-122.

[12] A propósito de los comentarios oficiales y de la República Democrática Alemana, véase Boden, «The "Gestapu" Events of 1965 in Indonesia», pp. 515-19.

[13] Entrevistas del autor en Ámsterdam, en 2018 y 2019.

que esa desde la infancia), por lo que pronto empezaron a estudiar y a conversar en la lengua local con estudiantes de todas partes: América Latina, Oriente Medio, Japón, Camboya, Tailandia, la India, Sri Lanka, Irán e Irak.

Después del 1 de octubre de 1965, las noticias de los acontecimientos en Indonesia empezaron a ser inconexas. Oían los boletines de la radio soviética, la BBC y Radio Australia. Nada tenía sentido. Aún peor era que hubiesen perdido el contacto con sus familias. La situación se hizo todavía más confusa cuando la embajada indonesia los llamó para que firmaran unas declaraciones.

En primer lugar se les pidió que firmaran un documento de condena de los asesinatos de seis generales. Lo hicieron encantados. Sin embargo, más tarde se les pidió que firmaran un formulario en el que declaraban su lealtad al nuevo Gobierno de Suharto. Dudaron, aquello no tenía mucho sentido. Apenas sabían quién era aquel Suharto. Esta exigencia de fidelidad dividió a la considerable población estudiantil indonesia de Moscú. Algunos firmaron. Gde y Yarna no. Suponían —y esperaban— que Sukarno, el presidente que los había enviado al extranjero, aclararía las cosas y regresaría al poder.

No fue así. Dado que no firmaron, se les revocaron los pasaportes y perdieron la ciudadanía, es decir, perdieron su país. Lo mismo sucedió con miles de indonesios por todo el mundo, que en todos los casos se convirtieron en apátridas, condenados a buscar asistencia en el lugar en el que hubieran quedado atrapados o a vagabundear por las fronteras —sin pasaporte— hasta que consiguieran encontrar un país que los aceptara.[14] No podían comunicarse con sus familias en Indonesia. Estaban marcados como comunistas y, por tanto, eran completos parias.

El tío de Gde fue asesinado en la oleada de violencia anticomunista de Bali. Fue torturado y obligado a ver cómo sus amigos perdían la vida antes de morir él mismo apuñalado. Gde solo escuchó esta historia completa cuando pudo regresar a Indonesia treinta años más tarde.

---

[14] Ratna Saptari, «Persecution through Denial of Citizenship: Indonesians in Forced Exile Post 1965», en *The International People's Tribunal for 1965 and the Indonesian Genocide.*

Guatemala

Casi una década después del golpe de Estado diseñado por la CIA, el país más grande de América Central no lo estaba haciendo bien. Washington todavía tenía un aliado de la Guerra Fría en el poder y Guatemala seguía fuertemente imbricada en la economía norteamericana, pero las cosas no habían resultado tal y como los mandatarios estadounidenses habían esperado.

Durante el resto de la década de 1950, los agentes de la CIA vieron con cierto pesar cómo el país se hundía de nuevo en la «represión feudal».[15] Luego, la invasión de la bahía de Cochinos desencadeno indirectamente una guerra civil que duraría más de tres décadas.

En noviembre de 1960, un grupo de oficiales de bajo rango lideró una pequeña rebelión contra el presidente Miguel Ydígoras Fuentes, que había ganado unas elecciones completamente fraudulentas después de que el general elegido a dedo por Washington en 1954 fuera asesinado. Los militares que se rebelaron tenían una tendencia muy general a la izquierda y estaban espantados por los niveles de corrupción e incompetencia del régimen. Pero la mecha que prendió la revuelta fue el hecho de que el presidente concediese, sin consultar a los militares, una base a los exiliados cubanos apoyados por la CIA para que prepararan la invasión de Cuba. Los exiliados cubanos eran ricos y desconsiderados, y recorrían todo el país en impresionantes vehículos.[16] Aquello no era solo un insulto a los militares y a su jerarquía, era un robo, pues el presidente se embolsaba todo el dinero que Estados Unidos le pagaba.

La revuelta fracasó, pero algunos de los oficiales montaron un grupo guerrillero, el Movimiento Revolucionario 13 de Noviembre (MR-13), abiertamente enfrentado al Gobierno. Otro oficial formó otro grupo, las Fuerzas Armadas Rebeldes (FAR), y empezó a colaborar con el clandestino partido comunista, el Partido Guatemalteco del Trabajo (PGT), que defendía la no violencia desde su fundación.[17]

---

[15] Thomas, *The Very Best Men*, p. 186.
[16] LaFeber, *Inevitable Revolutions*, p. 166.
[17] Para una perspectiva muy general de este periodo, véase Woodward, *Breve historia de Guatemala*, cap. 8. Para un análisis más amplio, véase Ricardo Sáenz de Tejada,

En 1964, Estados Unidos y sus socios militares locales, frustrados por su incapacidad para contener la rebelión, cambiaron de táctica. Empezaron una serie de actuaciones de contrainsurgencia en el este del país. Los ayudó una organización terrorista de derechas llamada La Mano Blanca, pero la victoria era esquiva. Por completo antidemocrático y gobernando una sociedad que no ofrecía al ciudadano de a pie oportunidades de progreso, el Estado sufría para defender su legitimidad. Sus líderes buscaron una solución diferente. Trasladaron al país a dos estadounidenses del Sudeste Asiático, mientras la violencia seguía sacudiendo Indonesia.

En septiembre de 1965, un hombre llamado John Gordon Mein fue nombrado embajador estadounidense en Guatemala. Había ejercido de primer secretario de la embajada en Indonesia antes de que Howard Jones asumiera el cargo de embajador, y más tarde ocupó la dirección de la Oficina de Asuntos del Pacífico Suroccidental en el Departamento de Estado. Poco después de llegar, Mein solicitó los servicios de John P. Longan, un exoficial de la Patrulla Fronteriza estadounidense que había trabajado con la CIA en Tailandia y en otros lugares.[18] Longan había estado empleado en la misma oficina de Bangkok que autorizó el suministro de armas a los militares indonesios durante las matanzas.[19]

Poco después de llegar de Venezuela, Longan formó escuadrones de la muerte. En tres meses pusieron en marcha la Operación Limpieza, a través de la cual treinta figuras prominentes de la izquierda fueron secuestradas, torturadas y ejecutadas en marzo de 1966, precisamente cuando Sukarno perdía el poder en Indonesia. No solo acabaron con sus vidas, sino que las secuestraron y las hicieron desaparecer: las asesinaron sin informar a nadie de lo sucedido.

Se considera que los acontecimientos de 1965 y 1966 en Indonesia fueron la primera ocasión en la que Asia sufrió las desapariciones

---

«Modernización y conflictos, 1944-2000», en Bárbara Arroyo *et al.*, *Los caminos de nuestra historia: estructuras, procesos y actores*, vol. II, Cara Parens, 2015, pp. 150-52.

[18] Greg Grandin y Elizabeth Oglesby, «Washington Trained Guatemala's Mass Murderers—and the Border Patrol Played a Role», en *The Nation*, 3 de enero de 2019; Greg Grandin, «The Border Patrol Has Been a Cult of Brutality since 1924», en *The Intercept*, 12 de enero de 2019.

[19] Grandin, *Panzós*, p. 117.

como táctica de terrorismo de Estado.[20] En 1965, dos hombres con conocimientos de primera mano de las actividades de Estados Unidos en Indonesia llegaron a Ciudad de Guatemala. Los historiadores que estudian la violencia en América Latina creen que la primera vez que la región sufrió desapariciones como táctica de terrorismo de Estado fue en Guatemala, en 1966.[21]

República Popular China

El 1 de octubre es una fecha especial en el calendario comunista chino. Es el Día Nacional, la celebración de la fundación de la República Popular China, que cumplía dieciséis años en 1965. Cuando Mao, Zhou Enlai y Deng Xiaoping dieron sus discursos aquel día en la plaza de Tiananmen, algunos estudiantes e izquierdistas indonesios estaban entre la multitud.[22] En un banquete posterior, los indonesios eran la delegación extranjera más numerosa.[23]

Cuando Suharto consolidaba el control del nuevo régimen en Indonesia, los anticomunistas utilizaron la coincidencia de fechas para acusar de mala fe a China por haber orquestado de algún modo el Movimiento 30 de Septiembre. Pekín no tenía la capacidad

---

[20] Fue John Roosa quien me sugirió que investigara esta conexión y quien originalmente me señaló que las desapariciones fueron utilizadas por primera vez en Asia en 1965. Para alguien sin especialización concreta en esta materia específica es difícil comprobar o demostrar que no se llevaron a cabo desapariciones antes de 1965 en Indonesia. Por eso planteé a varios expertos la siguiente pregunta: «¿Tiene constancia de que se utilizaran las desapariciones en masa como forma de terrorismo de Estado en Asia con antelación a lo sucedido en Indonesia en 1965?». Los expertos consultados fueron: Noam Chomsky, Ben Kiernan, Alfred McCoy, Bradley Simpson y Baskara Wardaya. Ninguno pudo nombrar un incidente que refutara la tesis de Roosa.

[21] A propósito de la llegada de Longan y de la Operación Limpieza, véase Greg Grandin, *Panzós*, pp. 17-18 y 117-19. Para un análisis de las desapariciones en el marco de la historia de la violencia en América Latina en el siglo XX, véase el texto introductorio de Greg Grandin «Living in a Revolutionary Time: Coming to Terms with the Violence of Latin America's Long Cold War», en Greg Grandin y Gilbert M. Joseph (eds.), *A Century of Revolution: Insurgent and Counterinsurgent Violence During Latin America's Long Cold War*, Duke University Press, 2010.

[22] Martin Aleida, *Tanah Air Yang Hilang*, 2017, cap. 1.

[23] Taomo Zhou, *Migration in the Time of Revolution*, Cornell University Press, 2019, cap. 8, p. 163.

ni la intención de cambiar el Gobierno de Indonesia; muy al contrario, los responsables chinos estaban especialmente confundidos por lo sucedido.[24] Inicialmente pensaron que se había impedido un verdadero golpe de Estado de la derecha; después creyeron que Sukarno retomaría el control del país y seguiría gobernando con el apoyo del PKI; posteriormente los alarmó que Sukarno no quisiera o no pudiera impedir que el Ejército asaltara las viviendas del personal de la embajada china en Yakarta.

En diciembre, cuando Mao supo de la muerte de D. N. Aidit, compuso un poema:

> Ralas ramas había frente a mis ventanas en invierno, sonrientes ante cientos de flores.
> Por desgracia esas sonrisas se marchitaron cuando llegó la primavera.
> No es necesario lamentar lo marchito.
> Cada flor tiene una estación para marchitar, así como una estación para florecer.
> Habrá más flores el próximo año.[25]

Aparentemente, en el mes de diciembre, Mao todavía consideraba que la izquierda se levantaría una vez más en Indonesia. En lugar de eso, la izquierda estaba siendo masacrada, al tiempo que manifestantes y grupos de estudiantes anticomunistas situaban cada vez en mayor medida la embajada china entre sus objetivos. En febrero, más de mil jóvenes de derechas atacaron el edificio, y el personal hizo cuanto pudo por defenderse con botellas de cerveza, bombillas y artes marciales. El Gobierno anticomunista y antipequinés de Taiwán ofreció recursos y entrenamiento a estos grupos para sus nuevos asaltos. En total, la legación diplomática fue atacada más de cuarenta veces.

El relato de las agresiones llegó a China y se hizo parte del discurso oficial en la naciente Revolución Cultural. La dictadura de Suharto y la Revolución Cultural emergieron en sincronía, afirma

---

[24] *Ibid.*, p. 4.
[25] *Ibid.*, pp. 167-68.

Taomo Zhou, la académica que mejor conoce la documentación china sobre Indonesia del periodo. «Estos dos significativos y tempestuosos procesos de la Guerra Fría en Asia se reforzaban el uno al otro», escribe. Según Zhou, el conflicto con Indonesia «contribuyó en gran medida a la creciente movilización sociopolítica durante las primera etapas de la Revolución Cultural». La heroica resistencia a la brutalidad de figuras como Suharto se convirtió en uno de los temas favoritos de los guardias rojos.[26]

Inicialmente, los rabiosos jóvenes chinos solicitaron colocar carteles contra los «reaccionarios indonesios». Más tarde, la imagen de un diplomático chino herido en un ataque a la embajada en Yakarta hizo furor en los medios de comunicación de todo el país. Seiscientos mil guardias rojos protestaron delante de la Embajada de Indonesia en Pekín. A los estudiantes y a los izquierdistas indonesios que ya estaban atrapados en China se sumaron los refugiados de origen étnico chino que huían de la violencia.[27] Sus relatos de los horrores acaecidos en Indonesia se hicieron icónicos en la Revolución Cultural, siendo utilizados como símbolos contundentes de los riesgos de la violencia derechista y de la necesidad de resistir heroicamente frente al imperialismo.

En un acto con algunos de estos refugiados, delante de una multitud que levantaba al cielo el *Pequeño Libro Rojo*, el ministro de Exteriores, Chen Yi, declaró: «El pueblo chino, armado con el pensamiento de Mao Zedong, no puede ser humillado; ¡los nacionales de ultramar de la potente China socialista no pueden ser perseguidos!». Prosiguió: «Los salvajes reaccionarios indonesios afrontarán finalmente el severo juicio de la historia».[28]

La Revolución Cultural se erigió en torno a la idea de que los elementos burgueses ocultos podían infiltrarse y amenazar al movimiento de izquierda. Los acontecimientos de Indonesia en 1965 y 1966 servían de justificación patente de esta narrativa. Apenas

---

[26] *Ibid.*, p. 174.
[27] Entrevista del autor con Sarmadji, en Ámsterdam en 2018. Describe años de vida en Pekín mientras la Revolución Cultural avanzaba como un torbellino a su alrededor, si bien nunca atrapó concretamente a los estudiantes indonesios como él; Zhou, *Migration in the Time of Revolution*, pp. 176-78.
[28] Zhou, *Migration in the Time of Revolution*, pp. 188-89.

unas semanas antes, el partido comunista más grande del mundo que no había recurrido a las armas había tenido una considerable influencia sobre el inmenso país del otro extremo del mar de la China Meridional. Mao y Zhou Enlai habían animado a la izquierda indonesia a armar al pueblo.[29] Esta no lo hizo. Entonces, de la noche a la mañana, sectores de derecha ocultos emergieron para asesinarlos a todos y convertir una nación antiimperialista con tendencia a la izquierda en aliada de Washington. Sería una historia perfecta para inventar con fines propagandísticos, de no ser porque es completamente real.

Estados Unidos

Los responsables del Gobierno estadounidense celebraron de manera casi unánime las masacres en Indonesia, incluso cuando quedaron claras su amplitud y brutalidad. Irónicamente, una voz disidente fue la del hombre con la reputación de haber impulsado las operaciones secretas más violentas y desconsideradas a principios de la década de 1960.

En enero de 1966, el senador Bobby Kennedy afirmaba: «Hemos levantado la voz contra las inhumanas matanzas perpetradas por los nazis y por los comunistas. Pero ¿la levantaremos contra las matanzas inhumanas en Indonesia, donde más de cien mil supuestos comunistas no han sido los autores sino las víctimas?». Ningún otro político estadounidense prominente condenó la masacre. Para entonces, Robert Fitzgerald Kennedy tenía la costumbre de expresarse enérgicamente y de formas distintas al resto.[30] No está claro si conocía que la Administración Johnson estaba

---

[29] Zhou señala en el capítulo 9 que Zhou Enlai también apoyaba la idea de una «Quinta Fuerza» en Indonesia. La descripción de la influencia en la Revolución Cultural también aparece en este capítulo. Quiero enfatizar mi argumentación previa de que, a pesar de haber revisado los dos análisis de Taomo Zhou de la última conversación en persona de Aidit con Mao, estoy en desacuerdo, al igual que Robinson, con su interpretación de que el diálogo demuestra que Aidit ya tenía formulada una planificación amplia del Movimiento 30 de Septiembre y la compartió con Mao. Como Robinson, no considero que las pruebas que presenta Zhou sostengan esta teoría.

[30] Schlesinger, *Robert Kennedy and His Times*, p. 733.

colaborando de manera activa con la masacre en aquel momento. Tal vez Kennedy experimentó una suerte de conversión en lo relativo a la naturaleza de las operaciones encubiertas después de la muerte de su hermano. Tal vez no se tratara más que de política. Lo que sabemos es que, fuera como fuera, Washington no dejó de contribuir a la Operación Aniquilación.

La élite económica estadounidense oyó un mensaje muy diferente. Indonesia estaba dispuesta a hacer negocios. En 1967, el primer año de mandato plenamente consolidado de Suharto, General Electric, American Express, Caterpillar y Goodyear fueron a explorar las nuevas oportunidades a su disposición en Indonesia. StarKist Foods llegó para investigar la pesca en aguas indonesias, y, por supuesto, los contratistas militares Raytheon y Lockheed hicieron también acto de presencia.

James Linen, presidente del grupo editorial Time-Life, fue un paso más allá. Contactó tanto con la embajada como con el propio Suharto para mostrarles su interés en organizar una gran conferencia empresarial centrada en las oportunidades que ofrecía Indonesia. El embajador Green consideró que era «una excelente idea»,[31] porque «varias empresas estadounidenses, especialmente las industrias extractivas, estaban ya en Djakarta».[32]

Linen escribió a Suharto: «Tuve el privilegio de visitar su país el pasado otoño y quedé particularmente impresionado con los deslumbrantes avances que están teniendo lugar. Consideré que una conferencia internacional de inversores [...] podría ser un proyecto de lo más productivo».

Suharto estuvo de acuerdo. Empezaron los preparativos para un encuentro en Ginebra por todo lo alto aquel mismo año.

Al menos un millón de indonesios seguían en campos de concentración, una de las mayores poblaciones de presos políticos del

---

[31] Véase el memorando al respecto del 5 de enero de 1967, archivado en la NARA: Memorandum of Conversation, Visit to Department of Time-Life Inc. Officials, January 5, 1967, RG 59, Central Files 1967-1969, FN 9 Indonesia, NARA.

[32] La capital de Indonesia recibió oficialmente el nombre de «Djakarta» hasta 1972, cuando se introdujeron cambios en la ortografía del indonesio. El texto utiliza la ortografía contemporánea en este y otros similares, salvo cuando se trata de citas literales.

mundo. Eran sometidos a trabajos forzados, desnutrición, tortura física y psicológica y proyectos de reeducación anticomunista.[33] Las familias de hasta otro millón de víctimas sufrían la desaparición de sus seres queridos, sin explicaciones y a menudo sin recibir siquiera la confirmación de que estuvieran muertos. El país estaba sembrado de cadáveres. Sakono estaba encarcelado. Magdalena estaba encarcelada y muy desorientada. Francisca estaba en el proceso de renunciar a encontrar a su marido y buscar una forma de huir del país y mantener seguro al resto de su familia.

A juzgar por los materiales posteriores a la conferencia, titulada «Ayudar a la reconstrucción de una nación», el encuentro de Ginebra fue un éxito absoluto. Contó con la presencia del subsecretario de Estado George Ball. El nuevo ministro de Exteriores, Adam Malik, preferido de Washington en Indonesia desde mucho tiempo atrás, dio un discurso en el que enfatizó la importancia de los militares como «la única fuerza política creíble de Indonesia». David Rockefeller hizo unas declaraciones finales de lo más alentadoras: «He hablado con un gran número de personas en el transcurso del último par de días y creo que he encontrado un entusiasmo generalizado».[34]

Camboya

Al igual que Sukarno, el príncipe Norodom Sihanuk había intentado mantener su neutralidad en la Guerra Fría desde la participación de Camboya en la conferencia de Bandung de 1955; sin embargo, la relación con Washington se hizo cada vez más tensa después de años de complots de la CIA y del recrudecimiento de la guerra de Vietnam.

Al mismo tiempo, un hombre llamado Saloth Sâr, conocido hoy en el mundo como Pol Pot, lideraba un grupo muy pequeño de

---

[33] Robinson, *The Killing Season*, pp. 209-25; y entrevistas del autor.
[34] Véanse las actas de la conferencia del 2 al 4 de noviembre de 1967: Proceedings of the Indonesian Investment Conference, «To Aid in Rebuilding a Nation», November 2-4, 1967, RG 59, Central Files, 1967-69, FN 9 Indonesia, NARA.

idiosincrásicos marxistas acampados cerca de la frontera con Vietnam. Su grupo, llamado entonces Partido de los Trabajadores de Kampuchea, apenas tenía apoyo popular y se dedicaba alternativamente a colaborar y a reñir con los más experimentados —y mucho más ocupados— comunistas vietnamitas del otro lado de la frontera este. Pol Pot había ignorado las directrices tanto de la Unión Soviética como de los vietnamitas para que mantuviera la paz con el Gobierno de Sihanuk. El grupo estaba organizando una rebelión rural.[35]

Pol Pot y sus seguidores prestaban también mucha atención a Indonesia. Estudiaron la caída del PKI y llegaron a la conclusión de que su estrategia de alinearse con Sukarno y conseguir un apoyo democrático masivo solo había conducido al desastre. Así que Pol Pot juró que su movimiento no correría la misma suerte a manos de los reaccionarios y decidió que su grupo alcanzaría el poder y lo mantendría a través de las armas y de la violencia. El PKI no tenía armas y confiaba mucho más de la cuenta en la elegancia democrática; aquello fue su perdición, concluyó el hermético líder de los «jemeres rojos». Él sería diferente.[36]

Ghana

Si el África subsahariana tenía un Sukarno, probablemente era el ghanés Kwame Nkrumah. Nacido en una familia pobre en lo que entonces se denominaba «Costa de Oro» (como era habitual en el

---

[35] Short, *Pol Pot*, pp. 135-45.
[36] En un texto sobre «lecciones históricas» escrito a principios de 1977, Pol Pot echaba la vista atrás al periodo de 1966 del siguiente modo: «Si nuestros análisis hubieran fallado, habríamos estado en mayor riesgo que [los comunistas] en Indonesia. Pero nuestro análisis fue victorioso porque fue acordado, porque la mayoría de nuestros cuadros estaban en contradicción a vida o muerte con el enemigo; el enemigo intentaba exterminarlos constantemente». Ben Kiernan, *Pol Plot Plans the Future: Confidential Leadership Documents from Democratic Kampuchea*, Yale University Press, 1988, pp. 213-226. La cita aparece en la página 218 y Kiernan me la explicó del siguiente modo: «Con esta declaración, Pol Pot expresaba que el Partido Comunista de Kampuchea, como lo había rebautizado en 1966 después de visitar China, había apostado por la lucha armada contra el Gobierno camboyano de Sihanuk, en lugar de la rivalidad pacífica o la cooperación (es decir, "convivir con Sihanuk en el país"), que había sido la política de los comunistas indonesios con respecto al Gobierno de Sukarno».

tercer mundo, fue bautizada por los colonizadores británicos con el nombre de un recurso valioso) y educado en la tradicionalmente negra Universidad Lincoln de Pensilvania, vio de primera mano cómo el racismo definía la vida de los negros en Estados Unidos.[37] Inicialmente, las autoridades de Londres lo consideraron una amenaza, más tarde —por poco tiempo— les pareció útil, hasta que volvió a ser un problema.

En 1957 contribuyó a la creación de Ghana, la primera nación independiente del África subsahariana, el África «negra».[38] Era socialista y se oponía al imperialismo occidental; quería cambiar las normas de la economía mundial para favorecer a los pueblos previamente colonizados. Alcanzada la década de 1960, rivalizaba con Sukarno en la escena internacional en sus sonoras denuncias del «neocolonialismo».

En su libro de 1965, *Neo-colonialismo: última etapa del imperialismo*, escribió que «el neocolonialismo es también la peor forma del imperialismo». Según Nkrumah, la nueva ordenación del mundo suponía que «el capital extranjero se utiliza para la explotación más que para el desarrollo de las partes menos desarrolladas del mundo» y que las potencias imperiales no tenían ya que justificar lo que estaban haciendo, ni siquiera ante sí mismas.[39]

En 1966, mientras Estados Unidos seguía ayudando al exterminio de los izquierdistas indonesios, Nkrumah fue depuesto en un golpe de Estado militar apoyado por Estados Unidos y Gran Bretaña. El papel de la CIA sigue sin estar claro; ha quedado demostrado, eso sí, que los conspiradores se habían entrenado en el Reino Unido. Nkrumah se refugió en Guinea, liderada entonces por el aliado del movimiento del tercer mundo Ahmed Sékou Touré.

A finales de la década de 1960 se podía afirmar con certeza que el movimiento del tercer mundo estaba sumido en el caos, cuando

---

[37] John Henrik Clarke, «Kwame Nkrumah: His Years in America», en *The Black Scholar*, 6, n.º 2, octubre de 1974, pp. 9-16.

[38] El concepto de África «negra» es, por supuesto, incoherente y producto de una imposición externa, colonial, pero es innegable que existía como categoría geopolítica para los observadores occidentales del siglo XX.

[39] Kwame Nkrumah, *Neo-colonialismo: última etapa del imperialismo*, trad. Marta Chávez y Martí Soler, Siglo XXI, 1966, pp. 4-5.

no destruido. El «espíritu de Bandung» se había transformado en un fantasma. Los líderes del ala progresista del movimiento poscolonial ya no estaban: Nehru había muerto en 1964; Sukarno languidecía en Indonesia mientras sus aliados se desangraban, a la espera de morir él también; Nkrumah, en Ghana, y U Nu, en Birmania, habían sido depuestos en golpes de Estado militares. Muchos de los izquierdistas de Irak estaban ya muertos, y Sadam Huseín, apoyado por Estados Unidos, acabaría pronto con los restantes; el egipcio Náser había quedado debilitado por el derrumbamiento de la República Árabe Unida después de un golpe de Estado en Damasco, cuyos líderes procedieron de inmediato a purgar el Partido Comunista Sirio.

Asentado en Guinea, Nkrumah llegó a una nueva conclusión sobre la naturaleza del neocolonialismo. Dada la situación del mundo, y teniendo en cuenta el éxito del imperialismo occidental, el único camino a la revolución era una prolongada guerra de guerrillas.[40]

En palabras de Vijay Prashad, director del Instituto Tricontinental de Investigación Social: «La destrucción de la izquierda tuvo un impacto enorme en el Tercer Mundo. Las clases sociales más conservadoras (reaccionarias incluso) pasaron a dominar la plataforma política creada en Bandung. Como buenas colaboradoras de los regímenes militares que eran, las fuerzas políticas así surgidas rechazaron el nacionalismo anticolonial ecuménico de la izquierda y de los liberales, que sustituyeron por un cruel nacionalismo cultural que ponía especial énfasis en la cuestión racial, la religión y la jerarquía social».[41] El historiador alemán Christian Gerlach, refiriéndose al organismo que probablemente había sido el mejor foro global para el desarrollo del movimiento del tercer mundo, recuerda que, en 1971, era posible que «un asesino como [el ministro de Exteriores indonesio, Adam] Malik pudiese llegar, incluso, a presidente de la Asamblea General de la ONU».[42]

---

[40] Kwame Nkrumah, *Handbook of Revolutionary Warfare,* International Publishers, 1968, p. 42. Citado en Prashad, *Las naciones oscuras,* p. 194.
[41] Prashad, *Las naciones oscuras,* p. 275.
[42] Gerlach, *Sociedades extremadamente violentas,* p. 124.

Chile

En 1964, el Partido Demócrata Cristiano ganó con facilidad las elecciones presidenciales en Chile, una de las naciones más estables y prósperas de América Latina. El PDC era el partido favorecido por Washington —y la CIA— y recibió una ayuda muy significativa del Tío Sam.

La CIA regó con tres millones de dólares aquellas elecciones. La cifra supone casi un dólar por voto a Eduardo Frei, más de lo que Lyndon Johnson gastó en su propia campaña de 1964.[43] Además de la financiación, la CIA también desplegó una burda «campaña del terror».[44] La agencia de inteligencia hizo un uso amplio de la prensa, la radio y el cine, así como de panfletos, carteles y pintadas en las paredes. Un anuncio de radio propio de la campaña contra la izquierda reproducía el ruido de una ametralladora en manos de asesinos comunistas, al que seguía la voz de una mujer: «¡Han matado a mi hijo!». Se retransmitían hasta veinte anuncios de radio de este tipo al día.[45]

La CIA también distribuyó información falsa y «propaganda negra», materiales atribuidos fraudulentamente al Partido Comunista.[46]

Chile había sido una democracia estable desde 1932. Y Frei no era un dictador. Inició un modesto programa de reforma agraria y se esforzó en incorporar al ciudadano de a pie al sistema educativo, además de hacer la fiscalidad algo más progresiva. Este alargado y estrecho país de la costa del Pacífico sudamericana no se parecía en nada a Guatemala, donde los generales mandaban a fuerza de terror, ni siquiera a la mayor parte de los países vecinos, que se veían sacudidos periódicamente por golpes militares. Era América Latina, sí, la desigualdad era aplastante y la jerarquía

---

[43] Weiner, *Legado de cenizas*, pp. 322-21.

[44] Véase el informe del comité del Senado del 18 de diciembre de 1975: «Covert Action in Chile 1963-1973», Staff Report of the Select Committee to Study Governmental Operations, US Senate, December 18, 1975, p. 15, www.intelligence.senate.gov/sites/default/files/94chile.pdf.

[45] Paul E. Sigmund, *The Overthrow of Allende and the Politics of Chile, 1964-1976*, University of Pittsburgh Press, 1977, p. 297.

[46] «Covert Action in Chile 1963-1973», p. 7.

racial era evidente para cualquier visitante, pero muchos chilenos de clase media recuerdan la década de 1960 como un tiempo agradable. Los partidarios del segundo candidato más votado aquel año —Salvador Allende— y otros izquierdistas del país creían que se podía producir un desplazamiento a la chilena hacia el socialismo sin muchos problemas ni alboroto y contribuir a que el país se desarrollara en términos más igualitarios. Sin embargo, la virulencia de la campaña de 1964 fue impactante.

Carmen Hertz tenía diecinueve años, estudiaba en la Universidad de Chile y comprendía a la perfección, al igual que sus amistades, la firmeza de la oposición de Washington a Allende y a su abanico de aliados. Educada en un hogar estricto, acomodado y conservador, con el té de la tarde más en consonancia con la Inglaterra de *Mary Poppins* que con las montañas de Cuba, llegó a la universidad con trenzas y dieciséis años.[47] Había simpatizado con el Partido Liberal, orientado a la derecha, mientras vivía con su familia, pero una creciente conciencia social la empujó a la izquierda; su personalidad, por otra parte, había sido siempre un tanto radical y beligerante.

Había dos grupos de izquierda activos en su entorno en aquel entonces. Por una parte estaba el Partido Comunista (PCCh). Sus miembros eran más conservadores, en todos los sentidos de la palabra. Pelo corto, rectitud y disciplina eran sus características definitorias. Representaban a uno de los partidos comunistas más importantes del mundo, con base masiva en la clase trabajadora, de férrea disciplina y con buenas relaciones con Moscú. Seguían la línea soviética del momento con respecto a América Latina, por lo que insistían en que la izquierda participara en las elecciones y trabajara dentro del sistema democrático, burgués o no, con el que contaba Chile.

El otro grupo, el Movimiento de Izquierda Revolucionaria (MIR), era nuevo y muy propio de la década de los sesenta. Sus miembros eran más bohemios. Y no se inspiraban en el aburrido y viejo Brézhnev, sino en el Che Guevara, atraídos por su modelo de guerra de guerrillas y las lecciones que había aprendido en Guatemala en 1954. Consideraban que el camino al socialismo democrático

---

[47] Entrevistas del autor a Carmen Hertz en persona (Santiago) y por teléfono, en 2018 y 2019.

era una trampa y les preocupaba acabar digeridos por fuerzas reaccionarias antes incluso de cubrir la mitad del viaje. Les decían a los comunistas que la única vía era la resistencia armada.

Ambos grupos repararon en lo sucedido en Indonesia. Orlando Millas, responsable del Partido Comunista, había visitado Yakarta poco antes y había conversado largamente con Aidit sobre sus preocupaciones ante la posibilidad de que Washington estuviera planificando algo en su contra.[48] Los dos grupos de izquierda, el PCCh y el MIR, quedaron espantados al saber de una masacre a una escala que consideraban imposible en América Latina. Los izquierdistas de la universidad en la que estudiaba Carmen Hertz pensaban todos que el futuro les pertenecía y que pronto sería suyo. Pero fueron los miembros del MIR los que tomaron nota de la violencia en Indonesia para defender su perspectiva táctica.

Carmen recuerda a sus amigos radicales diciendo: «¿Ven lo que pasa si se mantienen vulnerables?».

En 1966, la revista del MIR, *Punto Final*, publicaba un texto atribuido al filósofo Bertrand Russell: «Temo que el horror de las matanzas indonesias solo fue posible porque en Occidente estamos tan impregnados de racismo que la muerte de asiáticos, aunque sea por cientos de miles, no nos impresiona mayormente. Los negros norteamericanos lo saben bien». El texto concluía: «Sabiéndolo, los pueblos del mundo deben lanzarse a la lucha abierta».[49] *Punto Final* también publicó una guía de las actividades de la CIA en Indonesia, el Congo, Vietnam y Brasil.[50] El periódico se equivocaba en algunos detalles, pero, como sucedió con la cobertura del *Harian Rakyat* de los acontecimientos de 1954 en Guatemala, la prensa de izquierdas chilena describía los acontecimientos de Indonesia con más precisión que la prensa mayoritaria del momento en Estados Unidos.

Cuando estudiaba en la Universidad de Chile, Carmen tenía más simpatías por el MIR que por el Partido Comunista, si bien

---

[48] Orlando Millas, *Memorias 1957-1991: una digresión*, Chile América, 1996, pp. 162-63.

[49] *Punto Final*, n.º 14, 2ª quincena de octubre de 1966, p. 25.

[50] *Punto Final*, n.º 24, 1ª quincena de marzo de 1967, p. 20-21.

contaba con un rival dialéctico, Carlos Berger, un fanático del fútbol y miembro disciplinado y educado del Partido Comunista desde los catorce años. Carmen entendió que aquel era un hombre de una integridad increíble (es decir, a la manera de la vieja escuela comunista). Estaba completamente entregado a la causa, a los principios morales. Nada era para él: todo era por una causa mayor.

Los acontecimientos de Indonesia eran un punto a favor del MIR en aquellos debates ideológicos, pensaba Carmen. La violencia parecía apuntalar la posición del MIR, al igual que el golpe de Estado de 1954 en Guatemala había sido prueba para el Che de que la revolución pacífica no era posible. Aun así, el Partido Comunista no estaba convencido; aquello ya no eran los años cincuenta y estaban en el desarrollado Chile, defendía su argumentación, no en América Central ni en una pequeña isla del Caribe. El propio Allende se radicalizó cuando supo lo sucedido en Guatemala en 1954.[51] Con todo y con eso, al igual que Carlos y que el Partido Comunista, creía en las instituciones chilenas.

Tailandia

En 1965, Benny vivía en Bangkok. Después de terminar sus estudios en Kansas, a tan escasa distancia de todos aquellos generales, decidió doctorarse en Economía en la Universidad de Texas y posteriormente consiguió trabajo con las Naciones Unidas.

Tailandia era un país prooccidental fiable, de modo que ahí era donde se encontraba la sede regional de la ONU. Era también la sede de la CIA en la región, y hasta el KGB tenía algunos agentes. Los dos grupos invitaban continuamente a Benny a comer o a unas copas, tal vez intentando sonsacarle información o para evaluarlo como un posible activo. Benny acudía y charlaba de cualquier cosa, completamente desconcertado ante todo aquello.[52]

---

[51] Tanya Harmer, *El gobierno de Allende y la Guerra Fría interamericana*, trad. Ariel Magnus, Universidad Diego Portales, 2013, pp. 56-60.
[52] Thomas, *The Very Best Men*, p. 36.

El agente de la CIA que invitaba a comer una y otra vez a Benny se llamaba Allan Fuehrer, lo que para Benny y sus compañeros de la ONU era desternillante...: el tipo se llamaba literalmente como Hitler. Más gracia le hacía todavía a Benny que los hombres de la CIA y del KGB no parecieran saber cuál era su trabajo ni qué podría hacer por ellos. Estaba en la vertiente económica de las actividades de la ONU y nada tenía que ver con el trabajo político, por lo que perderían el tiempo incluso si él hubiera tenido interés alguno en ayudarlos. Y no era el caso.

Benny también fue testigo de la lenta transformación de Bangkok en destino de turismo sexual: los soldados estadounidenses que combatían en Vietnam acudían en sus permisos para «descansar y recrearse». El flujo continuo de soldados transformó partes de la ciudad en una suerte de cadena de montaje de la prostitución.

Benny oía de pasada lo que aquellos hombres contaban que estaban haciendo en Vietnam. Había un bar, el Rendezvous, al que iban los pilotos a emborracharse y terminaban yéndose de la lengua. «Tiré un puto montón de bombas en esa aldea», decían en cuanto caían en la silla. El mundo todavía no lo sabía del todo, pero Benny veía, simplemente pasando el rato en el Rendezvous, que algo muy preocupante estaba empezando a suceder al este de Tailandia. Los pilotos describían claramente bombardeos indiscriminados y masacres de civiles.

Benny oyó mencionar por primera vez el Movimiento 30 de Septiembre en Radio Australia, lo que significa —cosa que no descubriría hasta más tarde— que escuchó en realidad la versión emitida por un medio que estaba contribuyendo activamente a una campaña de guerra psicológica contra el PKI. Estaba sentado en el jardín con su mujer, embarazada de su segundo hijo.

Más tarde, alguien de la embajada llegó para hacerle unas preguntas. ¿Sabía algo de Yakarta? ¿Qué le parecía? No sabía nada, respondió. Era cierto.

Con el empeoramiento de la situación en el archipiélago, los indonesios de todo el mundo se estaban viendo obligados a declarar sus posiciones, y el origen étnico chino de Benny hacía que el nuevo Gobierno lo considerara sospechoso por partida doble. Su mujer también formaba parte de un grupo, una organización prácticamente obligatoria de esposas y trabajadoras indonesias de la ONU que apoyaban las causas de Sukarno, como en el caso del conflicto con Malasia.

Benny fue convocado a la embajada para un interrogatorio. La pregunta era bien sencilla: «¿Quiénes son sus mejores amigos en Yakarta?».

Benny tenía que adoptar una estrategia. Siempre se había opuesto al comunismo, pero nunca había sido anti-Sukarno. Supuso que sabía qué responder exactamente a los interrogadores. Les dio los nombres de indonesios católicos, ricos y bien posicionados que estaban formando un bloque anticomunista en torno a Suharto. Los conocía de sus días en los caros centros privados a los que había asistido y suponía que responderían por él.

Funcionó. Se le permitió regresar a su trabajo en la ONU. Sin embargo, en 1968, un agregado militar de la embajada en Bangkok contactó con Benny para advertirlo cordialmente. El nombre que le pusieron al nacer, Hong Lan Oei, era demasiado chino. Suharto había cortado relaciones con China y prohibido todos los textos en lengua china. Incluso los caracteres chinos se prohibieron. El Gobierno había aprobado una legislación que recomendaba en términos muy flagrantes que los indonesios de origen chino abandonaran los nombres vinculados a sus orígenes. Benny había conseguido mantener su nombre en el pasaporte un tiempo porque estaba fuera del país y trabajaba en la ONU. Le quedaban dos opciones: se cambiaba el apellido o se vería sometido a presiones e interrogatorios continuos.

Como tantos indonesios de origen chino, eligió un apellido con resonancias javanesas. A partir de aquel momento era, oficialmente, Benny Widyono.

En 1967, las naciones del Sudeste Asiático se reunieron en Bangkok para fundar una nueva organización denominada Asociación de Naciones del Sudeste Asiático (ASEAN, por sus siglas en inglés). Con antelación se había formado la Asociación del Sudeste Asiático, integrada únicamente por Filipinas, la Federación Malaya y Tailandia (todos países conservadores orientados hacia Occidente). Sin embargo, con Suharto en el poder en Indonesia, el país más grande de la región y la joven Singapur se unieron a ellos para formar la ASEAN. Tenían varias cosas en común: un desarrollismo autoritario, estrechos vínculos con Washington y, lo más importante, su anticomunismo.[53]

En la década de 1970, el Gobierno de Tailandia asesinaría a miles de personas en su propia purga anticomunista.[54]

Cuba

En 1963, el presidente Sukarno envió a su viejo amigo A. M. Hanafi a La Habana, donde sería el primer embajador indonesio en Cuba en la era de Fidel Castro. No era comunista, pero sí un revolucionario comprometido, leal al presidente desde los días de lucha contra los neerlandeses en la década de 1940. Se llevaba bien con Fidel y con el Che, y su familia fijó residencia en un barrio lujoso en la costa del Caribe.

Su hija, Nury, tenía diecisiete años.[55] Estaba impresionada. La Habana era más moderna y más elegante que Yakarta. La maravilló ver que algunas de las casas más despampanantes de su barrio estaban llenas de estudiantes jóvenes. «¡Qué suerte!», pensó. No podía creer que a jóvenes como ella se les permitiera vivir allí y pasar todo el día simplemente estudiando. Solo más tarde, cuando empezó sus estudios en Cuba, descubrió que aquella parte de la ciudad había ejercido de «burdel de Estados Unidos», un paraíso vacacional de vividores y mafiosos, y que las casas habían sido reclamadas por la revolución. Aquello explicaba mucho.

De niña, en Yakarta, había sentido de cerca los efectos del conflicto político. Uno de los intentos de asesinar a Sukarno —¿llevado a cabo por los islamistas?, ¿por la CIA? Quién sabía...— consistió en arrojar una granada a la escuela de Nury, en el barrio de

---

[53] Bernard Eccleston, Michael Dawson y Deborah J. McNamara (eds.), *The Asia-Pacific Profile*, Routledge, 1998, pp. 311-12.

[54] Tyrell Haberkorn, «Getting Away with Murder in Thailand: State Violence and Impunity in Phatthalung», en N. Ganesan y Sung Chull Kim (eds.), *State Violence in East Asia*, University of Kentucky Press, 2013, pp. 185-87.

[55] Entrevistas del autor a Endang Tedja Nurdjaya «Nury» Hanafi en París (2018) y por teléfono (2019).

Cikini, en el centro de la ciudad, cuando el presidente estaba de visita. La situación parecía mucho más calmada en Cuba, al menos en su rincón de la ciudad.

Su padre, el ahora embajador Hanafi, estaba programando la conferencia Tricontinental, la ambiciosa ampliación del proyecto de Bandung, prevista para enero de 1966. Entonces, con su padre de viaje de trabajo, Nury oyó las noticias de Yakarta del 1 de octubre de 1965. Hanafi no regresó como estaba previsto. Nury y su familia solo conseguían información a retales, hasta que supieron que había ido a visitar a Sukarno al palacio de Bogor. Suharto, ya *de facto* en el poder, hizo a Hanafi una oferta en un intento por conseguir que se incorporara a su nuevo Gobierno. Hanafi se negó, argumentó que Sukarno lo había nombrado embajador en Cuba y que esa era la misión que iba a llevar a cabo.

Esto, al menos, fue lo que contó a Nury y a la familia cuando volvió a La Habana. Poco después su trabajo desapareció, pues la embajada en La Habana dejó de existir. Tanto él como toda su familia perdieron el pasaporte indonesio.

Fidel Castro, por supuesto, lo entendió. El Che y él habían construido toda la revolución sobre la premisa de que Washington podía intentar destruir Gobiernos del tercer mundo en cualquier momento. El propio Castro había sobrevivido a innumerables atentados. Difícilmente podía sorprenderle que el embajador y su familia hubieran quedado varados en La Habana por las fuerzas del imperialismo. A pesar de que Hanafi había perdido su trabajo y su protección diplomática, Castro intervino, les ofreció una casa bonita en el barrio exclusivo de Cubanacán y le encontró a Hanafi trabajo dando clases de historia de Asia y de la revolución indonesia.

La Tricontinental, denominada oficialmente Conferencia de Solidaridad de los Pueblos de África, Asia y América Latina, tuvo lugar finalmente en La Habana en enero de 1966 sin la participación del país que había encabezado el movimiento del tercer mundo. Presente estaba, eso sí, Salvador Allende, el socialista chileno y defensor del movimiento del tercer mundo que había sido rival de Frei en las elecciones a la presidencia de 1964.[56]

---

[56] Harmer, *El gobierno de Allende y la Guerra Fría interamericana*, pp. 56-60.

Nury perdió el contacto con su familia y con todos sus amigos de Yakarta; su padre y ella eran considerados comunistas, y para cualquiera que perteneciera a su vida anterior resultaba peligroso hablar con ellos. Nury se hizo una vida en La Habana.

Taiwán

La República de China, el Estado fundado por los nacionalistas de Chiang Kai-shek en Taiwán, seguía insistiendo en su reclamación de la China continental y llevaba mucho tiempo siendo hogar de cruzados anticomunistas activos. La pequeña dictadura dirigida desde Taipéi prestó mucha atención a la masacre de Indonesia y patrocinó ataques a la embajada china en Yakarta como vía para debilitar tanto a Sukarno como al régimen de Mao en Pekín.[57]

En 1966, Taiwán y Corea del Sur (todavía gobernada por Park Chung Hee, el dictador instalado con la ayuda de Marshall Green antes de que este último sustituyera a Howard Jones como embajador en Indonesia) se unieron para fundar la Liga Anticomunista Mundial (WACL, por sus siglas en inglés).[58] El congresista estadounidense Walter Judd y varias figuras religiosas de Estados Unidos viajaron para asistir a la primera reunión.[59] La nueva organización mundial, erigida sobre la estructura que ofrecía la ya existente Liga Anticomunista de los Pueblos Asiáticos, reunió a conservadores moderados y a grupos radicales de extrema derecha que habían llevado a cabo atrocidades para Hitler en la Segunda Guerra Mundial en países como Rumanía y Croacia.[60] La Liga celebraría conferencias anuales por todo el mundo, permitiendo a sus miembros intercambiar apoyos, información de inteligencia y consejos durante el resto de la Guerra Fría; era —con Tradición, Familia y Propiedad, de origen brasileño— una de las dos organizaciones anticomunistas de alcance mundial.

---

[57] Zhou, *Migration in the Time of Revolution*, pp. 173-74.
[58] Scott Anderson y Jon Lee Anderson, *Inside the League: The Shocking Exposé of How Terrorists, Nazis, and Latin American Death Squads have Infiltrated the World Anti-Communist League*, Dodd, Mead, 1986.
[59] Burke, *Revolutionaries for the Right*, p. 55.
[60] Anderson y Anderson, *Inside the League*, caps. 1 y 2.

La WACL también empezó a reclutar estudiantes para la Academia de Cuadros de Guerra Política, en el distrito Beitou de Taipéi. Al igual que las academias militares creadas por Estados Unidos, el centro de Beitou empezó a formar soldados para la lucha anticomunista mundial.

Hawái

En 1965, nada más jubilarse en el Departamento de Estado y salir de Indonesia, el exembajador Howard Jones asumió la dirección del Centro Oriente-Occidente de la Universidad de Hawái. Se mantuvo en contacto con la embajada y asistió al rápido deterioro de la situación, pero ya no tenía control sobre los acontecimientos.

Allí, en el Centro Oriente-Occidente de Honolulú, un joven empleado indonesio de las Fuerzas Armadas llamado Lolo Soetoro se enamoró de una antropóloga estadounidense. No era soldado, pero trabajaba para el servicio topográfico militar y había conseguido una beca para estudiar Geografía en Hawái. Era un hombre menudo y atractivo, de una familia javanesa grande que había padecido la violencia del colonialismo. En la guerra de Independencia de Indonesia, los neerlandeses mataron a su padre y a su hermano, y después quemaron su casa.

En marzo de 1965, Lolo se casó con Ann Dunham y pasó a ser padrastro del hijo que ella tenía de un matrimonio anterior con un estudiante de Economía keniano. Sin embargo, en 1966, cuando Suharto afianzaba su control del país, Lolo fue requerido en Indonesia de manera abrupta, al igual que tantos otros de sus compatriotas repartidos por el mundo. Obedeció y, a lo largo de los siguientes meses, Ann y su hijo de cinco años se prepararon para ir a vivir con él.

Los recuerdos de Barack Obama de su vida de niño en Yakarta entre 1967 y 1971, publicados en el libro *Los sueños de mi padre*, ofrecen una imagen viva de la vida en la capital cuando el Gobierno de Suharto —y el Departamento de Estado de Estados Unidos— intentaban pasar página de la violencia que acababan de infligir al país.

La norma era el silencio. Al principio, ni el joven Barry, como era conocido entonces, ni Ann sabían por qué había regresado Lolo ni la naturaleza de su trabajo. Barack Obama recuerda que, poco después de su llegada, iban en el coche cuando su madre mencionó a Sukarno.

«¿Quién es Sukarno?», preguntó Barry en voz alta desde el asiento trasero.

Lolo ignoró la pregunta.

Estaba trabajando en Nueva Guinea Occidental, cartografiando la zona que Sukarno había ganado a los Países Bajos con la ayuda de Kennedy apenas unos años antes. Lolo se marchaba de viaje, recuerda Obama, y regresaba con animales salvajes para que los admirara su aventurero y joven hijastro.

Pero tanto Ann como Barry percibieron que Lolo había cambiado desde los días de Hawái: «Era como si Lolo se hubiera refugiado en un oscuro lugar escondido, fuera de su alcance, llevándose consigo su parte más brillante. Algunas noches ella le oía levantarse, cuando ya todo el mundo se había acostado, deambulando por la casa con una botella de whisky de importación, alimentando sus secretos».

Para mantenerse ocupada y combatir la soledad, Ann consiguió trabajo en la embajada que Howard Jones había abandonado dos años antes. Fue allí cuando reparó en lo desagradables y racistas que los viejos blancos que trabajaban para su Gobierno podían llegar a ser. Insultaban a los indonesios, hasta que caían en la cuenta de que ella estaba casada con uno e intentaban desdecirse. Ann percibió que algunos de aquellos hombres, el supuesto «economista o periodista» ocasional, desaparecían misteriosamente meses seguidos, y nunca quedaba claro a qué se dedicaban en realidad aquellos individuos tan reservados.

Fue allí también donde descubrió, muy poco a poco, lo que había sucedido justo antes de su llegada. «Durante los almuerzos o en conversaciones fortuitas compartían con mi madre cosas que ella no podía conocer por los reportajes que se publicaban», escribe Obama.

Insinuaciones, cuchicheos; así fue como descubrió que había llegado a Yakarta menos de un año después de que se llevaran a cabo las campañas de represión más brutales y fulminantes de los tiempos modernos. La idea le asustaba, el saber que la historia podía desaparecer del mismo modo que la fértil y arcillosa tierra engulló los ríos de sangre que un día habían corrido por las calles; el modo en que la gente seguía con sus negocios bajo los carteles gigantes con el rostro del nuevo presidente como si nada hubiera pasado.

Cuanto más descubría, más preguntaba Ann a Lolo y más se frustraba al ver que él se negaba a responder. Finalmente, uno de los primos de su marido le explicó la situación y le pidió que intentara ser comprensiva.

«No deberías ser tan dura con Lolo —repetía el primo—. Esos tiempos es mejor olvidarlos».

Se distanciaron todavía más cuando él consiguió un nuevo trabajo, esta vez para Unocal, la petrolera estadounidense. Ann no quería acompañarlo a las fiestas de la empresa, donde los texanos dedicados al petróleo presumían de sobornar a los funcionarios y sus mujeres se quejaban de la calidad de las asistentas indonesias. Ann tenía cada vez más claro —como lo tenía Lolo— que su hijo y ella eran estadounidenses, que eran privilegiados de un modo al que Lolo no tenía acceso, y que por eso él estaba atado a una vida que tal vez ellos no quisieran. Ann podía levantar la voz, sabía que nunca perdería su condición de ciudadana estadounidense ni las comodidades de su país. Pero Lolo estaba continuamente sometido a dolorosos dilemas morales; en su entorno, las personas estaban obligadas a guardar silencio e intentar salir adelante en la vida, o podían levantar la voz y afrontar el riesgo de la pobreza, el hambre o incluso la muerte. Ann no podía seguir allí más tiempo.

En una ocasión, antes de regresar a Hawái, a Barry se le ocurrió preguntarle a Lolo si alguna vez había visto matar a un hombre:

Bajó la mirada, sorprendido por la pregunta.
—¿Lo has visto? —repetí.
—Sí —dijo.
—¿Hubo sangre?
—Sí.

Me quedé pensando un momento.
—¿Por qué mataron a aquel hombre, al que viste?
—Porque era débil.
—¿Eso es todo?
Lolo se encogió y se bajó la pernera enrollada del pantalón.
—Normalmente eso es suficiente. Los hombres se aprovechan de la debilidad de otros hombres. En ese sentido son como los países. El hombre fuerte le quita la tierra al débil. Le hace trabajar sus campos. Si la mujer del débil es bonita, el fuerte la tomará —se detuvo para beber otro sorbo de agua, luego preguntó—: ¿Cuál te gustaría ser?[61]

---

[61] Barack Obama, *Los sueños de mi padre: una historia de raza y herencia,* trad. Fernando Miranda y Evaristo Páez Rasmussen, Almed, 2008, pp. 29-44.

09
Yakarta viene

Cambio de paradigma

Los Gobiernos establecidos en Brasil en 1964 y en Indonesia en 1965 no eran sirvientes que obedecían hasta la última orden de Washington. Seguían siendo nacionalistas, en cierto modo, y a veces presionaban contra Estados Unidos. Tampoco eran «neoliberales» en el sentido en el que se utiliza el término hoy. El Estado seguía teniendo una implicación significativa en la economía y trataba de guiar el «desarrollo» nacional. Eran simplemente regímenes autoritarios capitalistas (de un cierto tipo de capitalismo, en realidad) bien integrados en el sistema occidental en expansión.

No obstante, tenían desde luego mucho en común; además, las dos dictaduras anticomunistas eran los mejores aliados que las intervenciones de Washington en el extranjero habían conseguido jamás. Las cosas funcionaron tan bien que el Gobierno estadounidense y sus aliados empezaron a utilizarlos de modelo. Brasil, el país más grande de América Latina, comenzó a trabajar con los vecinos del norte para combatir el comunismo y establecer regímenes a su imagen en su entorno geográfico. Indonesia, el país más grande del Sudeste Asiático, utilizaría el anticomunismo de excusa para ampliar su influencia hacia el este con la aprobación de Washington: el líder del segundo país más grande del Sudeste Asiático pronto utilizaría un guion similar al de Suharto para consolidar su propia dictadura de derechas.

Ambas dictaduras militares, Brasil e Indonesia, podían discutir con Washington por tal o cual cuestión económica o decisión de política exterior, pero los grandes asuntos estaban cerrados. Se posicionaban del lado occidental y se oponían encarnizadamente a la expansión comunista. Eran permeables a la inversión extranjera y no tenían problemas en exportar materias primas a los países ricos en los términos que dictaba la economía internacional. Desde luego, no pretendían reescribir las normas de la economía mundial ni utilizar una posible unión del tercer mundo para dar la vuelta a la tortilla y dotar de influencia a la mayoría de los habitantes del planeta, a aquellos a los que siglos de colonialismo habían sumido en una marginación estructural. Se dejaban orientar por los consejeros de Occidente y los economistas formados en Estados Unidos. En Indonesia esto se concretaba en la «Mafia de Berkeley», un equipo de economistas formados en la Universidad de California que trabajaban con Suharto.[1] En Brasil, el golpe de Estado contó con el apoyo de las conjuras y la propaganda del Instituto de Pesquisas e Estudos Sociais, financiado por Estados Unidos, que se mantuvo activo con la dictadura hasta 1972.

Ambos regímenes estaban fuertemente influidos por la teoría de la modernización. Y los dos países empezaron a experimentar un crecimiento económico. Dicho crecimiento fue absorbido casi en su totalidad por una pequeña élite, pero el incremento del PIB era relevante para los inversores extranjeros, por lo que se podía vender como una historia de éxito. Además, en ambos casos se trataba de Gobiernos estables compuestos por mandatarios locales que podían ligar su legitimidad a un pasado brasileño o indonesio, en lugar de presentarse ante su población y ante el mundo como una evidente imposición de Washington.

A largo plazo, esta situación era mucho mejor que lo que se había creado en Guatemala o en Irán en la década de 1950. Guatemala se había sumido en una brutal guerra civil. El Gobierno iraní ofendía a sus vecinos y a gran parte de su población, lo que terminarían por explotarle en las manos a Washington de manera muy dramática en el decenio siguiente.

Tanto Indonesia como Brasil eran dictaduras anticomunistas, algo que no solo tiene consecuencias en la escena internacional. En el propio país, cuando el anticomunismo es la ideología dominante,

---

[1] Simpson, *Economists with Guns*, p. 20.

casi la religión nacional, cualquier protesta legítima de la población puede ser despreciada con facilidad considerándola comunista. Todo lo que sea una molestia evidente para la pequeña camarilla de familias ricas que dominan el país puede tildarse con facilidad de revolución peligrosa y desestimarse. Aquí se incluye cuanto pudiera parecerse al socialismo o a la socialdemocracia, toda reforma agraria y cualquier regulación que suponga una reducción del poder de los monopolios y permita un desarrollo y una competencia económica más eficientes. Incluye los sindicatos y cualquier petición normal de derechos de los trabajadores.

Nadie pretendía seriamente que Brasil o Indonesia fueran una democracia. Pero tampoco es así como se supone que funciona el capitalismo: esta orientación puede estar tan lejos del sistema que describen los libros de texto de economía como la sociedad soviética de los esbozos del socialismo aportados por Karl Marx. En el capitalismo no se supone la existencia de señores feudales que gobiernan gran parte del país como feudos personales. Las ineficiencias del mercado (como la corrupción generalizada) se espera que desaparezcan como resultado de la competencia. Se entiende que es preciso un toma y daca entre los diversos elementos de la economía. Se entiende que es imprescindible que haya espacio para que emerjan empresas nuevas e innovadoras que desafíen los intereses afianzados y que diversifiquen la producción nacional. Sin embargo, en el sistema establecido en Brasil y en Indonesia, la lógica de la supervivencia requería que sus ciudadanos se adhirieran a un aparato corrupto, rapaz y despilfarrador fijado por la capa superior de la sociedad, a riesgo de caer ellos mismos en el abismo y convertirse en trabajadores de la maquinaria extractiva con un salario mísero.

El joven Barack Obama había visto lo que esta dinámica había supuesto en el caso de su padrastro. «La culpa es un lujo que solo los extranjeros pueden permitirse», le dijo Lolo a la madre de Barack. Lolo lo entendía: «Ella no sabía lo que era haber perdido todo, despertarse y sentir el estómago comiéndose a sí mismo. [...] Sin una concentración absoluta era fácil resbalar, caerse de espaldas».[2]

---

[2] Obama, *Los sueños de mi padre*, p. 43.

Existe un término que describe de forma muy general este tipo de estructura económica. La población de Indonesia y de Brasil vivía en un «capitalismo clientelar».

Esta realidad era muy diferente a la de los aliados capitalistas europeos de Washington. Francisca y su familia llegaron a Holanda en 1968 y vieron de inmediato lo distintas que eran las dinámicas y prósperas sociedades de Europa Occidental del régimen de Suharto.

El Partido Comunista había conseguido algunos escaños en las elecciones previas de los Países Bajos y participaba en el Parlamento. En Francia y en Italia, los partidos comunistas alineados con Moscú seguían teniendo una relevancia fundamental. El PCF (Parti Communiste Français) consiguió más del 20 por ciento de los votos en 1967 y formó con los socialistas y los radicales un bloque parlamentario en la oposición.[3] Los comunistas italianos habían terminado en segunda posición en las elecciones previas y conservaban una base fiel en importantes zonas del país. En Alemania Occidental no existía un partido comunista con influencia. El principal partido de centroizquierda, no obstante, los socialdemócratas, que ocuparon la segunda posición en las elecciones, fue fundado como partido marxista con Marx todavía vivo, y sus líderes habían elegido un camino más moderado que los leninistas por los logros que consiguieron trabajando dentro de la democracia capitalista.

La última vez que Francisca había visto Europa Occidental, justo después de la guerra, la región era muy diferente. En la década de 1940, el acceso a la carne y a la mantequilla estaba estrictamente racionado y todo el mundo se esforzaba por reconstruir su vida. En la década de 1960, Europa Occidental era, sencillamente, un lugar rico y tranquilo. Las economías de la región se habían reconstruido más en consonancia con las líneas estadounidenses gracias al Plan Marshall. Pero, en lo referente a su política interna, no eran naciones de un anticomunismo fanático.

---

[3] Elecciones parlamentarias de 1967. En aquel momento, los «socialistas» se denominaban Federación de la Izquierda Democrática y Socialista (Fédération de la gauche démocrate et socialiste, FGDS).

Desde luego, no tanto como Estados Unidos, y ni de lejos como Indonesia o Brasil. A pesar de que la supuesta «amenaza roja» estaba apenas unos kilómetros al este, lista para engullirlos, los europeos occidentales le tenían mucho menos miedo que Estados Unidos, a medio mundo de distancia.

Para Francisca era evidente por qué a los europeos se les permitía experimentar con la socialdemocracia e incluso con políticas comunistas, mientras que a ella le habían arrebatado su país para siempre.

«Por el racismo, así de simple. A los europeos blancos se les ofrece tolerancia y una relación de comprensión. A nosotros no».

Cuando Frank Wisner y Howard Jones trabajaban en la reconstrucción del sistema financiero de Alemania Occidental después de la Segunda Guerra Mundial, el Gobierno de Estados Unidos barrió toda la deuda pública y privada con la creación del nuevo marco alemán. Uno no puede más que estremecerse al pensar qué tratamiento habría recibido un líder del tercer mundo percibido como antiestadounidense o «comunista» si su país hubiera intentado hacer lo mismo después de una guerra de independencia.

En las democracias capitalistas de Europa Occidental, los partidos de la izquierda moderada y de la radical ejercían por igual una crítica constante del orden económico desde dentro del sistema sin derrumbarlo nunca por completo. Por supuesto, la CIA seguía activa en Europa, conspirando de modos que todavía no conocemos realmente. Las redes «de retaguardia» de la Operación Gladio, que nacieron en los primeros días de Wisner, estuvieron activas hasta la década de 1980. Pero cuando los Gobiernos europeos se desplazaban demasiado a la derecha para el gusto de los ciudadanos, los votantes cambiaban a partidos de izquierdas, y viceversa. Y aquello estaba permitido.

¿Por qué accedieron los Estados Unidos de la Guerra Fría a que Europa Occidental «se saliera con la suya» con este socialismo suave cuando orientaciones políticas similares conllevaron intervenciones violentas en el tercer mundo? ¿Se trataba simplemente —como defendía Francisca— de que los estadounidenses se fiaban de sus primos europeos (blancos y, por tanto, responsables) a la hora de gestionar la democracia? Una explicación complementaria podría ser que estos países, algunos todavía con el control de los remanentes de su imperio colonial, eran increíblemente ricos y poderosos. Era mucho más difícil imponerse a ellos, incluso si Washington lo hubiera pretendido, y —tal vez lo más relevante— ocupaban la cumbre de la economía mundial. Estaban integrándose por completo en el sistema liderado por Estados Unidos, por lo que había mucho menos riesgo de que intentaran rehacer el orden mundial de forma radical; al fin y al cabo, ese orden mundial había servido bastante bien a sus intereses.

Ni en Brasil ni en Indonesia se permitía la oposición política, lo que significaba que las élites podían hacer y deshacer a placer. Los sobornos y la violencia marcaban el día a día de Yakarta y de Brasilia. Con una población demasiado aterrorizada para levantar la voz, la corrupción se disparó. En los primeros días del régimen de Suharto, los ejecutivos de las petroleras estadounidenses presumían de aprovecharse precisamente de esas dinámicas cuando compartían cena con la madre de Barack Obama. El Gobierno de Suharto —así como el régimen de Mobutu apoyado por Estados Unidos en el Congo— fijaría récords históricos de corrupción a escala mundial.[4] Evidentemente, el régimen que Suharto estableció se sostenía en la violencia masiva. A finales de la década de 1960, Indonesia tenía en funcionamiento un sistema de campos de concentración apoyados por Estados Unidos comparable a los peores años de la Unión Soviética.[5]

Brasil, en cambio, fue adoptando el terrorismo de Estado lentamente. Cuando el general Castelo Branco asumió el poder en 1964, contaba con el apoyo de amplias secciones del viejo orden político, pero poco a poco fue evidente que su verdadera base estaba en los barracones y en los consejos de administración. Para sobrevivir no podía dar la espalda a las fuerzas reaccionarias del Ejército ni a la clase empresarial, que en ambos casos planteaban exigencias que requerían una dictadura más férrea y a largo plazo. Lo que sí podía

---

[4] Charlotte Denny, «Suharto, Marcos and Mobutu Head Corruption Table with $50bn Scams», en *The Guardian*, 26 de marzo de 2004.
[5] Robinson, *Killing Season*, p. 209.

permitirse Castelo Branco era enfadar a las fuerzas más moderadas que apoyaron el golpe de Estado de 1964 creyendo que se celebrarían elecciones poco después. Los generales y los capitalistas, que querían un anticomunismo radical y beneficios constantes, eran lo único que sostenía al Gobierno una vez desaparecida la democracia, con la política reducida a sus elementos más básicos. Castelo Branco podía ignorar a los simpáticos liberales y a los demócratas.

Y así sucedió. En los siguientes años, una serie de «Actos institucionales» consolidaron el poder en manos de los generales e instauraron un sistema electoral indirecto por el que el Congreso simplemente elegía al presidente. De nuevo, los comunistas alineados con los soviéticos adoptaron una línea muy moderada en comparación con las otras fuerzas de la izquierda. El Partido Comunista Brasileño (PCB) reclamó una coalición unificada de todas las fuerzas del país que se oponían a la dictadura —incluidas aquellas que inicialmente habían apoyado el golpe de Estado de 1964— para presionar a favor de las «libertades democráticas». Pedir cualquier otra cosa, incluido cualquier tipo de socialismo a corto plazo, era irresponsable e imprudente, «temeridades y prisas pequeñoburguesas», según los comunistas brasileños.[6]

Fueron los grupos de soldados rasos y de estudiantes, que miraban al Che Guevara y a La Habana en lugar de a Brézhnev y a Moscú, los que tomaron medidas más radicales entre 1965 y 1968 y asustaron al régimen.[7] El PCB se mantuvo en la no violencia. Los extremistas de la derecha no: llevaron a cabo una serie de atentados con bomba, de los que se culpó a la izquierda con el objetivo de prolongar y radicalizar la dictadura militar.[8]

Los generales proclamaron en diciembre de 1968 el AI-5, el Acto Institucional n.º 5, que concedía a los líderes militares todavía más poder, imponía la censura y suspendía derechos garantizados por la Constitución en nombre de la «seguridad nacional». Así empezaron en Brasil los *anos de chumbo*, los «años de plomo», que significaron tortura y asesinatos. Los peores años

---

[6] Napolitano, *1964*, pp. 70-85.
[7] *Ibid.*, pp. 86-90.
[8] *El País*, «Atentados de direita fomentaram AI-5», 2 de octubre de 2018.

de la dictadura brasileña fueron dirigidos fundamentalmente por Emílio Garrastazu Médici, un general *gaúcho* de línea dura que asumió la presidencia en 1969.[9]

En los primeros años de la dictadura militar, los estudiantes, los artistas y los intelectuales todavía podían protestar contra el régimen; la represión violenta se reservaba para los líderes sindicales y la izquierda organizada. En los *anos de chumbo*, entre 1969 y 1974, todo aquello cambió. Cualquiera podía ser sospechoso de ser un «subversivo» y acabar en un sótano de São Paulo o de Río de Janeiro, donde una sucesión de rondas de tortura podía terminar en la muerte. Además de su contacto constante con el Gobierno estadounidense, los soldados aprendieron técnicas que los franceses habían desarrollado en Argelia, como el uso de descargas eléctricas.[10]

Las fuerzas de Médici concentraron en gran medida sus esfuerzos en personas sospechosas de pertenecer a los pequeños movimientos urbanos de guerrilla, a menudo jóvenes marxistas de las clases medias educadas que pretendían derrocar la dictadura. En 1970 arrestaron a una joven de orígenes búlgaros. Dilma Rousseff testificaría más tarde que estuvieron semanas torturándola: la colgaban bocabajo de una barra, en una técnica conocida como «la percha del loro», le arrancaron los dientes a golpes y le aplicaron descargas eléctricas.[11]

Los militares también aplacaron una pequeña rebelión rural en la cuenca del Araguaia organizada por el maoísta PCdoB, el nuevo partido comunista que se había escindido del PCB en 1962, que se inspiraba tanto en el Che Guevara como en los comunistas de la guerra civil china.[12]

Los militares brasileños reprimieron la oposición interna con relativa facilidad y nunca recurrieron a la violencia masiva a una

---

[9] Fue el presidente Artur da Costa e Silva quien puso en funcionamiento el AI-5, que Médici utilizó para desatar el terror cuando se hizo con el poder. Véase Napolitano, *1964*, pp. 71-72 y 91-95.

[10] João Roberto Martins Filho, «Military Ties between France and Brazil during the Cold War, 1959-1975», en *Latin American Perspectives*, 198, vol. 41, n.º 5 (septiembre de 2014), pp. 167-183.

[11] Sandra Kiefer, «Dilma Rousseff revela detalhes do sofrimento vivido nos porões da ditadura», en *Correo Braziliense*, 17 de junio de 2012.

[12] Napolitano, *1964*, p. 126.

escala como la utilizada en Indonesia o en otros países de América Latina. Pero el terrorismo de Estado era muy real. El famoso escritor Paulo Coelho recuerda con claridad por lo que pasaban aquellos que caían del lado equivocado de la ley. Le sucedió a él. Un grupo de hombres armados irrumpió en su apartamento.

> Empiezan a revisar cajones y armarios [...], pero yo no sé lo que están buscando, solo soy letrista de rock. Uno de ellos, más amable, pide que los acompañe «solo para aclarar algunas cosas». Mi vecino lo ve todo y advierte a mi familia, que entra inmediatamente en pánico. Todo el mundo sabía lo que Brasil estaba viviendo en ese momento, a pesar de que no apareciera en los periódicos. [...]
>
> De camino, dos coches cierran el paso al taxi: un hombre con una pistola en la mano sale de uno de ellos y me saca de un tirón. Caigo al suelo y siento el cañón del arma en la nuca. Miro al hotel que tengo delante y pienso: «No puedo morir tan pronto». Entro en una suerte de estado catatónico: no tengo miedo, no siento nada. Conozco las historias de otros amigos que han desaparecido; desapareceré y lo último que veré es un hotel. El hombre me levanta, me tira en el suelo del coche y me dice que me ponga una capucha.
>
> El vehículo circula en torno a media hora. Deben de estar eligiendo el lugar para ejecutarme..., pero sigo sin sentir nada, he aceptado mi destino. El coche se detiene. Me arrastran fuera y me golpean mientras me empujan por lo que parece ser un pasillo. Grito, pero sé que nadie está escuchando porque ellos también están gritando. Terrorista —dicen—. Te mereces morir. Estás luchando contra tu país. Vas a morir despacio, pero antes vas a sufrir mucho». Paradójicamente, mi instinto de supervivencia empieza a revivir poco a poco.
>
> Me llevan a la sala de tortura, que tiene el suelo más alto que el pasillo. Me tropiezo porque no veo nada: les pido que no me empujen, pero me dan un puñetazo en la espalda y caigo al suelo. Me ordenan que me desnude. El interrogatorio empieza con preguntas que no sé cómo responder. Me piden que delate a gente de la que nunca he oído hablar. Dicen que no quiero cooperar, tiran agua en el suelo y me ponen algo en los pies... Entonces veo, por

debajo de la capucha, que es una máquina con electrodos que están en ese momento colocándome en los genitales.

Ahora entiendo que, además de los golpes que no veo venir (y por tanto no puedo siquiera contraer el cuerpo para amortiguar el impacto), estoy a punto de recibir descargas eléctricas. Les digo que no tienen que hacerlo: confesaré lo que quieran que confiese, firmaré lo que quieran que firme. Pero no están satisfechos. Entonces, desesperado, empiezo a arañarme la piel, a arrancar pedazos de mi cuerpo. Los torturadores debieron de asustarse cuando me vieron cubierto con mi propia sangre; me dejan en paz. Dicen que puedo quitarme la capucha cuando oiga cerrarse la puerta. Me la quito y veo que estoy en una sala insonorizada con agujeros de bala en las paredes. Eso explica el suelo elevado.[13]

Los defensores modernos de la dictadura brasileña argumentan que los generales «solo» mataron a algunos cientos de personas. Pero no fue con la represión interna con lo que Brasil obtuvo el mayor impacto de los programas de asesinatos en masa que dieron forma al mundo en el que vivimos hoy. A principios de la década de 1970, durante la presidencia de Médici, Brasil empezó a intervenir en toda América del Sur instaurando regímenes brutales en su propio entorno que también atendían a los intereses de Washington.

En palabras de Tanya Harmer, la historiadora que se ha asomado más de cerca a este periodo corto, influyente y a menudo olvidado,

> el recuento de cadáveres de la dictadura brasileña es relativamente bajo en comparación con Chile o Argentina, pero fue más allá de sus fronteras donde tuvo el impacto más devastador en el recrudecimiento de la Guerra Fría, tanto a través de su ejemplo como mediante su intromisión en la política nacional de otros países y su apoyo a golpes de Estado contrarrevolucionarios. La experiencia de Brasil en 1964 y posteriormente fue un punto de inflexión que dio forma al modo en el que las batallas ideológicas de la década de 1970 se conceptualizaron y se combatieron en adelante.

---

[13] Paulo Coelho, «I Was Tortured by Brazil's Dictatorship. Is That What Bolsonaro Wants to Celebrate?», en *The Washington Post*, 29 de marzo de 2019.

Brasil contribuyó a instaurar regímenes anticomunistas violentos en Bolivia y en Uruguay. En 1976, gran parte de América del Sur era un «territorio mortal» de regímenes apoyados por Estados Unidos que habían utilizado a Brasil de «prototipo».[14] Pero la intervención exterior derechista más notable de Brasil tuvo lugar en la costa oeste de Sudamérica, en el pacífico Chile.

Llega Allende, por los pelos

En 1970, Salvador Allende volvió a presentarse a las elecciones a la presidencia en Chile. Y la CIA volvió a financiar una campaña del terror. Henry Kissinger, asesor en materia de seguridad nacional del presidente Richard Nixon, aprobó la utilización de cientos de miles de dólares en una misión de guerra política. «No veo por qué tenemos que hacernos a un lado y ver cómo un país se vuelve comunista por la irresponsabilidad de su propio pueblo», llegó a afirmar Kissinger.[15] La CIA alimentaba de propaganda a los periodistas destacados y consiguió un reportaje en la portada de la revista *Time* especialmente influido por sus materiales. En Chile, la CIA dependía particularmente de *El Mercurio*, un periódico de derechas que recibía financiación de la agencia y pagaba carteles, panfletos y mensajes pintados en las paredes de toda la ciudad.[16]

Aquellos esfuerzos fracasaron. La coalición de Allende, la Unidad Popular, se impuso por un pequeño margen. Unos días más tarde, *El Mercurio* publicaba un amplio especial sobre Brasil. Uno de los titulares decía: «Brasil: mañana es hoy».[17] A lo largo de los meses posteriores, los militares brasileños empezaron a diseñar formas de contribuir a hacer retroceder el socialismo en Chile.

---

[14] Tanya Harmer, «Brazil's Cold War in the Southern Cone, 1970-1975», en *Cold War History*, 12, n.º 4, noviembre de 2012, pp. 659-681.

[15] Véase el acta de la reunión del 27 de junio de 1970 del «Comité 40»: Memorandum for the Record, Washington, June 27, 1970, *FRUS, 1969-1976*, Vol. XXI, Chile, 1969-1973, https://history.state.gov/historicaldocuments/frus1969-76v21/d41.

[16] Weiner, *Legado de cenizas*, pp. 322-25.

[17] *El Mercurio*, 7 de septiembre de 1970. Citado en Harmer, «Brazil's Cold War in the Southern Cone», p. 664.

Allende era socialista y miembro cosmopolita de la élite de Santiago. Era un intelectual marxista con chaquetas de *tweed* de seda que disfrutaba tomándose un vino tinto. Admiraba a Fidel Castro y lo consideraba amigo íntimo, pero pensaba que el tránsito chileno al socialismo podía ser muy diferente. Trabajaría dentro del sistema y aprovecharía la tregua de la Guerra Fría entre Washington y Moscú, que consideraba que abriría espacio para «la vía chilena», el camino pacífico al socialismo.

Cuando Richard Nixon resultó elegido, buscó la *détente* con la Unión Soviética y las dos superpotencias fingieron ignorar sus desacuerdos ideológicos. Sin embargo, al parecer, la tregua no era aplicable al tercer mundo.[18]

El caos y la violencia no los causó en Chile el presidente Salvador Allende ni los fallos de su proyecto socialista democrático. El terrorismo de derechas apoyado por Estados Unidos empezó antes incluso de que asumiera el cargo.

La legislación chilena establecía que el Congreso tenía que ratificar la elección de Allende, dado que no había vencido con una mayoría rotunda. Se trataba de una mera formalidad, parte de la tradición. Nixon, sin embargo, lo interpretaba de otra forma: ordenó al líder de la CIA que encontrara una forma de impedir la toma de posesión de Allende. Richard Helms salió de la reunión con las órdenes de Nixon escritas en un cuaderno:

> ¡Salvar a Chile, aunque solo haya 1 posibilidad contra 10! [...]
> 10.000.000 $ disponibles, ampliables [...]
> nuestros mejores hombres [...]
> hacer saltar la economía.[19]

Mientras Allende aguardaba la toma de posesión en 1970, la CIA puso en marcha en Chile actuaciones a través de dos «vías». La Vía Uno era la guerra política, la presión económica, la propaganda y las maniobras diplomáticas. Los agentes de la CIA intentarían

---

[18] Harmer, *El gobierno de Allende y la Guerra Fría interamericana*, p. 20.
[19] Peter Kornbluh, *Pinochet: los archivos secretos*, trad. David León Gómez, Crítica, 2004, p. 28.

sobornar a los políticos chilenos y aterrorizar a la población. Si todo aquello fracasaba, condenarían «a Chile y a los chilenos a una privación y pobreza absolutas —según le dijo el embajador Edward Korry a Kissinger—, obligando a Allende a adoptar los rasgos más duros de un Estado policial».[20] Pretendían que Allende renunciara a la democracia. La Vía Dos era un golpe de Estado militar. La CIA empezó a conspirar con oficiales de derechas y a financiar a un grupo radical que terminaría siendo el Frente Nacionalista Patria y Libertad, un grupo terrorista anticomunista conocido por su horroroso logotipo geométrico de una araña y por sus simpatías con el fascismo.[21]

Como las primeras incursiones de Frank Wisner en Europa del Este o los bombardeos de 1958 en Indonesia, la intervención de la CIA en Chile en aquel año de 1970 terminó en un desastre absoluto.

René Schneider, comandante en jefe de las Fuerzas Armadas chilenas, era constitucionalista: consideraba que los militares nunca debían ir más allá del papel que les otorgaba la Constitución. Allende se había impuesto en las elecciones, por lo que sería presidente. Schneider se oponía frontalmente a un golpe de Estado militar que pudiera impedirlo. Su posición era tan inflexible que terminó siendo conocida como la «doctrina Schneider». También significaba, en lo que a la CIA y a los conspiradores de derechas concernía, que tenía que marcharse. El 22 de octubre de 1970, un grupo de hombres armados intentó secuestrarlo y acabó hiriéndolo de tal manera que murió tres días más tarde. El objetivo era culpar de todo a los simpatizantes izquierdistas de Allende y así tener una justificación para un golpe militar anticomunista.[22]

---

[20] Weiner, *Legado de cenizas*, p. 325.

[21] No está claro si pretendía parecer una araña, pero terminó siendo habitual referirse a él como el logotipo de la «araña». A propósito del origen del símbolo, véase José Díaz Nieva, *Patria y Libertad: el nacionalismo frente a la Unidad Popular*, Centro de Estudios Bicentenario, 2015, pp. 80-82.

[22] John Dinges, *Operación Cóndor: una década de terrorismo internacional en el Cono Sur*, trad. Lenguaje Claro Consultora, Ediciones B, 2004, pp. 41-43; Weiner, *Legado de cenizas*, pp. 325-328.

Para el plácido y democrático Chile, aquel fue un momento de inconcebible trauma nacional.[23] El líder de las Fuerzas Armadas había muerto asesinado por terroristas en un intento de subvertir las elecciones.

Las cosas no salieron tal y como la CIA había previsto. Seguramente, Schneider no tenía que morir. Tal vez el grupo equivocado llevó a cabo el plan equivocado en el momento equivocado. Al principio, la agencia ni siquiera sabía cuál de sus socios locales era responsable de aquello.[24] Aún más relevante fue que en Chile todos supieran quién estaba en realidad detrás del asesinato. En lugar de culpar a la izquierda, responsabilizaron correctamente a los terroristas de derechas, y los militares chilenos dieron un apoyo todavía más entusiasta a las posiciones constitucionalistas. Allende sería presidente.

Es difícil, no obstante, evitar la pregunta incómoda: ¿y si hubieran tenido éxito? ¿Y si hubieran responsabilizado de manera verosímil a unos radicales de izquierda, defensores de Allende, de llevar a cabo un secuestro violento a pesar de que una acción tal fuera por completo innecesaria para hacerse con el poder? ¿Seguiríamos hoy creyendo que fue así? ¿Habría un monumento anticomunista a Schneider en el centro de Santiago como el de Yakarta?

En lugar de eso, lo que sucedió fue uno de los fiascos más destacados de la CIA. Nixon estaba furioso. Allende asumió la presidencia el 3 de noviembre de 1970. Para los jóvenes de izquierdas de Chile fue un momento de euforia inimaginable. Carmen Hertz estaba alineada con el MIR, el contingente más joven y radical de la izquierda chilena, que no creía oficialmente en la política de las urnas. Pero aun así votó por Allende, como hicieron muchos de sus amigos.

---

[23] Entrevistas del autor en 2018 a periodistas de izquierda y oficiales militares chilenos de bajo rango en el momento.

[24] Kristian C. Gustafson, «CIA Machinations in Chile in 1970: Reexamining the Record», en *Studies in Intelligence*, vol. 47, n.º 3, 2003, https://www.cia.gov/static/d4e6cc0b43a66a60efbca83b1ad0477f/CIA-Machinations-in-Chile.pdf.; «Hinchey Report: CIA Activities in Chile», Homeland Security Digital Library, https://www.hsdl.org/?abstract&did=438476.

«Fue fantástico. Como todo el mundo, salimos a la calle» cuando se anunció la victoria de Allende, recuerda Carmen. «Nos retiramos llenos de mística, esperanza y alegría».[25]

Lo habían conseguido. Y lo harían. Carmen recuerda: «Yo estaba convencida —igual que toda la gente con la cual andaba y me relacionaba— de que íbamos a cambiar el mundo».

Allende creía en el movimiento del tercer mundo, y muchos de sus partidarios pensaban que la revolución mundial era inminente y sería liderada por el Sur global. Poco después de que Allende asumiera el poder, Chile se incorporó al Movimiento de Países No Alineados y empezó a participar de manera cada vez más activa en las organizaciones del tercer mundo.[26]

Fidel Castro advirtió a Allende de que no entrara en enfrentamientos con Washington, al igual que hizo el economista Orlando Letelier, que trabajaba en el Banco Interamericano de Desarrollo y era miembro de la llamada «izquierda elegante». Castro también recomendó a Allende no «encender» una revolución continental ni instigar a los estadounidenses de forma innecesaria siendo «demasiado revolucionario»; por ese motivo, el presidente cubano no acudió a la toma de posesión de Allende.[27] Fidel sabía que lo mejor era no provocar a los gringos.

Al igual que en Guatemala, estaba claro lo que Washington consideraba realmente una amenaza en Chile. No era una alianza con la Unión Soviética: de hecho, Allende fue a Moscú y regresó con las manos vacías.

Los soviéticos seguían considerando América Latina como parte de la esfera de influencia de Washington, y mantenían su perspectiva ortodoxa, tanto tiempo defendida, de que la revolución progresaría gradualmente en el hemisferio occidental.[28] Allende se había opuesto a los agresivos movimientos soviéticos en la escena internacional y había condenado la invasión de

---

[25] Carmen Hertz, *La historia fue otra*, Debate, 2017, p. 45.
[26] Harmer, *El gobierno de Allende y la Guerra Fría interamericana*, pp. 115-118.
[27] *Ibid.*, pp. 95-96.
[28] *Ibid.*, pp. 43-44.

Hungría en 1956 y la intervención de Moscú en Checoslovaquia en 1968.[29]

A Washington no le preocupaba que una irresponsable mala gestión de izquierdas pudiera destruir la economía de Chile, ni siquiera que Allende pudiera dañar los intereses económicos estadounidenses. Lo que asustaba a la nación más poderosa del mundo era la perspectiva de que el socialismo democrático de Allende llegara a tener éxito.

Apenas días después de la elección de Allende, Richard Nixon reunió a su Consejo de Seguridad Nacional. Dijo:

> Lo que más nos preocupa en relación con Chile es [...] que [Allende] pueda consolidarse y que la imagen que se ofrezca al mundo sea la de su éxito. [...] Si permitimos que los potenciales líderes de América del Sur piensen que pueden comportarse como Chile y jugar a dos bandas, vamos a tener problemas. Quiero trabajar en esto y en las relaciones militares: meter más dinero. En la parte económica, queremos dejarlos secos. [...] Vamos a ser muy elegantes y muy correctos, pero haciendo estas otras cosas que van a ser un mensaje real para Allende y los demás. [...] No se puede permitir dar la sensación en América Latina de que pueden salirse con la suya.[30]

Después de que Allende tomara posesión, la Casa Blanca impulsó una relación más estrecha con Brasil como medio para contrarrestar la amenaza percibida en Chile. Brasil manifestaba, a veces, una oposición todavía más feroz a Allende que la de Estados Unidos. La dictadura brasileña pidió a Washington que se implicara en mayor medida en los asuntos de América del Sur, dado que ambos perseguían los mismos objetivos.

En 1971, el año en el que los militares brasileños empezaron a «desaparecer» a sus propios disidentes, la dictadura de Médici

---

[29] Ariel Dorfman, «Palabras de Salvador Allende para Maduro», en *Página 12*, 20 de febrero de 2019, https://www.pagina12.com.ar/176296-palabras-de-salvador-allende-para-maduro.

[30] Kornbluh, *Pinochet*, p. 69 y Documento 4 (cuadernillo central).

contribuyó a derrocar al Gobierno de Bolivia y a instalar al general de derechas Hugo Banzer, que ejercería de dictador. Hay pruebas que indican que tanto Brasilia como Washington aportaron financiación y asistencia para el golpe de Estado de agosto.

Unos meses más tarde, Uruguay celebraba elecciones. Parecía que la coalición de izquierdas, el Frente Amplio, podría hacerse con la victoria, por lo que Brasil desplazó tropas a la frontera e interfirió de manera encubierta en el proceso electoral. Las autoridades concedieron la victoria al derechista Partido Colorado, que ya ocupaba el poder.[31]

A punto de concluir 1971, Médici se reunió con Nixon en Washington. El líder brasileño informó al presidente estadounidense de que su dictadura estaba en contacto con oficiales militares chilenos y trabajaba para desbancar a Allende. Le dijo a Nixon: «No debemos perder de vista la situación en América Latina, que podría estallar en cualquier momento». Médici señaló que Brasil podría contribuir en la organización de un «millón» de exiliados cubanos que se enfrentaran a Castro y presionó para incrementar las actuaciones en Sudamérica. Esta actitud no provenía de que considerara que los rusos tramaban algo. Todo lo contrario. Una grabación muestra a Médici diciendo que no creía «que los soviéticos o los chinos estuvieran interesados en ayudar a los movimientos comunistas de estos países; pensaban que el comunismo llegaría por sí solo debido a la miseria y la pobreza de aquellos países».

El problema de ambos hombres, en otras palabras, no era una conspiración comunista internacional. El problema era que pensaban que los soviéticos y los chinos podían tener razón. Las poblaciones empobrecidas de los países vecinos de Brasil podían elegir el «comunismo» por sí mismas. Y aquello había que pararlo.

Nixon quedó muy impresionado con Médici. En privado le dijo al secretario de Estado William Rogers que deseaba que Médici «mandara en todo el continente». Más tarde, antes de que el general partiera de Estados Unidos, Nixon ofreció un brindis en

---

[31] Harmer, «Brazil's Cold War in the Southern Cone», p. 660.

el banquete de despedida. Proclamó: «Donde vaya Brasil, América Latina lo seguirá».[32]

Aquel mismo año, en Estados Unidos, el exembajador Howard P. Jones publicaba sus memorias de Indonesia, tituladas *Indonesia: The Possible Dream* [Indonesia: el sueño posible], en las que reflexionaba acerca de los errores de la política estadounidense en Asia. No hizo mucho ruido. Precisamente en aquel momento, el mundo vivía otra masacre anticomunista. El Partido Comunista Sudanés, el mayor de los partidos comunistas que quedaban de la era Bandung (en la década de 1960 ocupaba la tercera posición, detrás de los partidos de Indonesia e Irak, ambos aplastados posteriormente), intentó dar un golpe de Estado contra el nuevo régimen que trataba de destruirlo. Cuando el golpe fracasó, el Gobierno de Yaafar al-Numeiry liquidó a la oposición. La orden era: «Destruir a todo el que diga que existe un Partido Comunista Sudanés». Tampoco hizo mucho ruido en Occidente.[33]

Operación Yakarta

Con la colaboración entre el Gobierno brasileño y las fuerzas chilenas de derechas, el término «Yakarta» adoptó nuevos usos. En ambos países, la capital de Indonesia tenía ya el mismo significado.

Operação Jacarta fue el nombre de una parte secreta de un plan de exterminio, según la documentación recopilada por la Comisión Nacional de la Verdad de Brasil. Los testimonios reunidos después de la caída de la dictadura indican que la Operação Jacarta pudo haber sido parte de la Operação Radar, cuyo objetivo era destruir la estructura del Partido Comunista Brasileño. El objetivo de la Operação Jacarta era la eliminación física de los comunistas.

---

[32] *Ibid.*, pp. 669-70.
[33] Gabriel Warburg, *Islam, Nationalism, and Communism in Traditional Society*, Frank Cass, 1978, pp. 130-35. El PCS había prestado mucha atención a lo sucedido en Indonesia en 1965 y por este motivo había intentado evitar el enfrentamiento directo, según Alain Gresh, «The Free Officers and the Comrades: The Sudanese Communist Party and Nimeiri Face-to-Face, 1969-1971», en *Journal of Middle East Studies*, 21, n.º 3, agosto de 1989, p. 13. Según el propio SCP, treinta y siete miembros fueron ahorcados. Entrevista del autor a Fathi Alfadl, en 2019, por correo electrónico.

Era un llamamiento a los asesinatos en masa, tal y como sucedió en Indonesia. Con antelación a esta operación, la dictadura había dirigido su violencia a rebeliones manifiestas. La Operação Jacarta era un plan secreto para extender el terrorismo de Estado a los miembros del Partido Comunista que trabajaban públicamente con grupos de la sociedad civil o en los medios de comunicación.[34]

Los ciudadanos brasileños no oirían la expresión Operação Jacarta hasta tres años más tarde. En Chile, por el contrario, la palabra «Yakarta» tuvo un aterrizaje de lo más público.

Alrededor de Santiago, especialmente en la parte oriental de la ciudad —en las laderas, donde vivía la población acomodada—, alguien empezó a escribir un mensaje en las paredes. Asumía diversas formas:

«Yakarta viene».

«Jakarta se acerca».

O a veces, sencillamente: «Yakarta».

---

[34] A propósito de la Operação Jacarta como parte de la Operación Radar desde 1973, véase Graziane Ortiz Righi, «Angelo Cardoso da Silva: Herzog gaúcho», Comissão Nacional da Verdade (CNV) Processo n° 00092.000932/2013-01, Sistema de Informações do Arquivo Nacional (SIAN) do Brasil. Esta misma afirmación, así como la denuncia de que la Operação Jacarta acabó con la vida de Vladimir Herzog, se defiende en: «Comissão Estadual da Verdade Rubens Paiva», (Assembléia Legislativa do Estado de São Paulo), CNV-SIAN. Para más información sobre la propia Operación Radar, véase: «Depoimento de Marival Chaves Dias», dividido entre BR RJAN-RIO CNV.0.DPO.00092000585201317, BR RJANRIO CNV.0.RCE.00092000122201317, v.107/1, y BR RJANRIO CNV.0.RCE.00092000122201317, v.106/2, en CNV-SIAN. Varias referencias a la Operação Jacarta aparecen en: «Relatório sobre a morte de João Goulart», Comissão de Cidadania e Direitos Humanos da Assembléia Legislativa do Estado do Rio Grande do Sul—Subocomissão para Investigar as Circunstâncias da Morte do ex-Presidente João Goulart, CNV-SIAN. Para la declaración de que el expresidente Goulart fue sometido a seguimiento en Uruguay dentro de la Operação Jacarta desde 1973, antes de la creación de la Operación Cóndor, véase: «Termo de declarações, que presta o senhor Mario Ronald Neyra Barreiro», 00092.000311/2013-10, CNV-SIAN. Para la Operação Jacarta en referencia a la amenaza contra una izquierdista llamada Jesse Jane, véase: «Relatório de Pesquisa para a Comissão Estadual da Verdade do Rio de Janeiro», CEV-RIO. Tengo que señalar que no existe prueba palmaria que demuestre que los militares brasileños utilizaban la expresión «Operación Yakarta» de manera interna. Para demostrarlo o refutarlo sería preciso un mayor acceso a la documentación militar. Lo que tenemos son numerosas declaraciones (incluidas muchas no citadas aquí) de que el término efectivamente se utilizaba, así como una descripción de primera mano del primer uso conocido del término en público, que se relata más adelante en este mismo capítulo.

Los acontecimientos de Indonesia llevaban años formado parte del discurso de la derecha. Lo más elocuente era que Juraj Domic Kuscenic, un anticomunista croata que escribía en medios de derecha como *El Mercurio* y mantenía un estrecho contacto con Patria y Libertad desde 1970, había hecho frecuentes referencias al archipiélago desde la década de 1960.[35]

El primer registro de «Yakarta» utilizado como amenaza corresponde a una edición de enero de 1972 de *El Rebelde*, periódico oficial del MIR. La portada preguntaba: «¿Qué es Djakarta?», y en el interior mostraba una fotografía de la palabra en una pared. En un pequeño artículo, «La vía indonesa de los fascistas chilenos», el periódico intentaba explicar lo que significaba el mensaje. El Partido Comunista Indonesio había desempeñado un papel activo en un Estado «independiente, regido por un Gobierno progresista», y, de la noche a la mañana, lo único que quedaba de sus miembros era un «mar de sangre».[36] En aquel momento no toda la izquierda conocía la historia de Indonesia, y la idea de una oleada de violencia en Chile parecía descabellada.

El segundo artículo sobre Yakarta se publicó en febrero de 1972 en *Ramona*, una revista de las juventudes del Partido Comunista.

---

[35] Díaz Nieva, *Patria y Libertad*, pp. 176-79. El origen croata de Domic me hizo pensar si tendría vinculación con la extrema derecha de aquel país, que participó en los primeros momentos del Bloque de Naciones Antibolcheviques y la Liga Anticomunista Mundial, pero no pude encontrar pruebas de ello. Díaz Nieva escribe que Domic era lectura casi obligatoria para los chilenos de derechas del momento. Para un ejemplo temprano de las menciones de Domic a Indonesia, véase: Juraj Domic, *Fundamentos de la praxis Marxista-Leninista en Chile,* Vaitea, 1977, p. 33, en un artículo de 1969 que responsabiliza al PKI de su propia destrucción. Manuel Fuentes Wendling, que fue jefe de propaganda de Patria y Libertad, reconoce que habló con Domic ya en 1970 de pintar quinientos mil eslóganes en las paredes de Chile, en aquel momento con el objetivo de apoyar al candidato a la presidencia Jorge Alessandri; Manuel Fuentes Wendling, *Memorias secretas de Patria y Libertad y algunas confesiones sobre la Guerra Fría en Chile*, Grijalbo-Mondadori, 1999, pp. 61-76 y 320-25. Intercambié correos electrónicos en 2018 con el líder de Patria y Libertad, Roberto Thieme. Cuando le pregunté por «Yakarta», simplemente me respondió que «a ningún chileno, de izquierda, centro o derecha, le interesa o conoce la historia de Jakarta». En una entrevista en Santiago, Orlando Sáenz Fuentes, activo en la derecha a principios de la década de 1970, afirmó que era muy plausible que Patria y Libertad hubiera sido la responsable de los grafitis.

[36] *El Rebelde*, n.º 14, 25-31 de enero de 1972. Consultado en la Biblioteca Nacional de Chile, Sección Periódicos.

Denunciaba que la derecha había adoptado algo llamado «Plan Yakarta» y defendía que lo habían propuesto David Rockefeller o Agustín Edwards (el propietario de *El Mercurio*). «La extrema derecha chilena se prepara para repetir en Chile esa matanza», explicaba el artículo. «¿Qué significa concretamente? Las bandas terroristas tienen un plan operativo que consiste en matar a todo el Comité Central del Partido Comunista, al Comité Central del Partido Socialista, a la Directiva Nacional de la CUT, a los dirigentes nacionales de los organismos de masas y a todos los personajes destacados de la izquierda». El artículo fue publicado el 22 de febrero, firmado por Carlos Berger, el miembro del Partido Comunista que había discutido con Carmen Hertz sobre las tácticas de la izquierda y el significado de la masacre en Indonesia cuando ella estudiaba en la Universidad de Chile.[37] Carlos y Carmen Hertz se habían casado.

Hacer pintadas en las paredes era una herramienta política popular en Santiago a principios de la década de 1970. En la izquierda, colectivos de voluntarios pintaban murales con imágenes elaboradas creadas por jóvenes artistas que se inspiraban tanto en los famosos muralistas internacionales —Diego Rivera en México, por ejemplo— como en la cultura indígena chilena de los mapuches. En la derecha, el dinero llegado de Washington o aportado por las élites locales se utilizaba para contratar a pintores profesionales, que eran más eficientes pero tenían menos talento y eran utilizados para plasmar simples mensajes de advertencia. Patricio «Pato» Madera, miembro fundador del colectivo izquierdista de muralistas Brigada Ramona Parra, reconocía el grafiti «Yakarta» como obra del mismo tipo de profesionales contratados que habían pintado eslóganes de extrema derecha desde 1964 en las recurrentes campañas del terror. Pero aquello era subir varios peldaños. Era una amenaza de muerte masiva.[38]

---

[37] Carlos Berger, «La conspiración derechista está tomando vuelo», en *Ramona*, 22 de febrero de 1972. Consultado en la Biblioteca Nacional de Chile. Berger afirma que el Plan Yakarta fue propuesto a la derecha chilena por «el gerente yanqui de Purina». En aquel momento, Ralston Purina era una empresa de comida para mascotas propiedad en Chile de Rockefeller y de Edwards.

[38] Entrevista del autor a Patricio «Pato» Madera en Santiago, en 2018; «Patricio Madera: un muralista patrimonial de la histórica Brigada Ramona Parra», *Radio*

Además de pintar paredes, también enviaban postales. Llegaban a los buzones de responsables del Gobierno de izquierdas y de miembros del Partido Comunista.

Carmen Hertz y su marido recibieron una en algún momento de 1972. El papel era delgado y poco consistente. En la parte superior decía: «Yakarta se acerca». En el pie se veía la araña geométrica, el logotipo de Patria y Libertad.

La campaña del terror funcionaba. Carmen y Carlos vivían con ansiedad las veinticuatro horas del día. Estaban en permanente alerta máxima. A su alrededor se producían sabotajes, amenazas y agresiones. Todavía en la veintena, Carmen había sido contratada para trabajar de abogada en el programa de reforma agraria del Gobierno de Allende y había visto lo violenta que podía ser la oposición. Además de participar en las actividades del partido y de ejercer el periodismo, Carlos colaboraba con el Ministerio de Hacienda en la gestión de las relaciones públicas. Los dos sospechaban que Estados Unidos estaba hundiendo deliberadamente la economía. Conscientes de las amenazas, dormían a menudo en el trabajo. Solo se quedaban en casa de cuando en cuando, nunca demasiados días seguidos. En la calle a menudo se cruzaban palabras con los miembros de Tradición, Familia y Propiedad (TFP), la sección chilena del grupo anticomunista fundado en 1960 en Brasil. En Santiago, las juventudes de la TFP vestían túnicas de estilo medieval y, cuando se manifestaban en las calles, Carmen era a menudo el blanco de sus gritos. Sin embargo, cuando recibió la postal —«Yakarta se acerca»— sintió un peligro aún más inminente.

Después de leerla, Carmen oyó un fuerte golpe en su puerta. Luego un grito: «¡Comunista!». Carmen respondió con otro grito. Tomó en brazos a Germán, su hijo recién nacido, se hizo con una pistola que estaba escondida en la casa y salió corriendo a la calle, apuntando frenética a un lado y a otro. Disparó al cielo. Solo más tarde, cuando el corazón dejó de latirle con tanta fuerza, reparó en que todavía llevaba a Germán en brazos cuando disparó. No iba a ser capaz de dormir en casa aquella noche, así que intentó tomar

---

Universidad de Chile, en https://radio.uchile.cl/2018/07/17/patricio-madera-un-muralista-patrimonial-de-la-historica-brigada-ramona-parra/.

algún autobús para llegar a la casa de la familia de Carlos. No apareció ninguno, por lo que echó a andar por las frías calles de Santiago con el bebé apretado con fuerza contra el cuerpo.

Las fisuras de la sociedad chilena partieron a la familia de Carmen por la mitad. Sabía que su madre, a la que quería, podría simpatizar en mayor medida con aquellos derechistas que con su propia hija. Era siempre el paciente Carlos el que intentaba reparar la relación, el que siempre insistía en ir a ver a la abuela de Germán e intentaba reírse y tranquilizarlas cuando la inevitable disputa se desataba.[39]

Carmen y Carlos, no obstante, pensaban que la historia estaba de su parte. Se encontraban en plena batalla, sí, pero estaban cumpliendo las normas, tenían al pueblo con ellos y creían que ganarían. También les parecía que el país estaba sufriendo un sabotaje del exterior, algo en lo que sin duda tenían razón. La CIA, trabajando con sus socios de extrema derecha, estaba intentando arruinar la economía y hacía todo lo posible por que pareciera que era culpa de Allende.

Probablemente el problema más evidente para el Gobierno de Allende fue la huelga nacional de octubre de 1972. Los camioneros —que estaban recibiendo financiación indirecta de Washington— detuvieron el transporte, lo que provocó que la gente de a pie se quedara sin suministros básicos. Una vez iniciada la huelga, la CIA hizo cuanto pudo por prolongarla.[40]

No era un mero sabotaje, no obstante. «En realidad, la Vía Dos no terminó nunca», afirmaría más tarde un responsable de la CIA, lo que significaba que desde 1970 la agencia nunca había dejado de buscar formas de organizar un golpe de Estado. Las notas de aquella época de este agente de la CIA muestran a Kissinger preguntándose: «Dado que Allende se considera a sí mismo moderado, ¿por qué no respaldar a los extremistas?».[41]

Cuando se trata de desestabilizar un país, no es necesaria una precisión de cirujano. Un martillo bien grande también funciona. Así pues, Chile pronto se sumió en el caos, lo que obligó a Allende

---

[39] Hertz, *La historia fue otra*, pp. 65-73.
[40] Harmer, *El gobierno de Allende y la Guerra Fría interamericana*, pp. 242-43.
[41] Weiner, *Legado de cenizas*, p. 331.

a renunciar a su muy anunciada asistencia a la conferencia del Movimiento de Países No Alineados de Argel.[42]

Persistían, no obstante, dos problemas de relevancia. En primer lugar, Allende seguiría ocupando la presidencia al menos otros tres años y la izquierda todavía contaba con un gran apoyo entre la población. Aun así, circunstancias similares no habían impedido el golpe de Estado en Brasil. El segundo problema, el obstáculo real, era que Carlos Prats, el hombre que asumió el liderazgo de las Fuerzas Armadas después de René Schneider, era también constitucionalista. Reconocía la existencia de la crisis económica y que los conservadores clamaban por una intervención militar. Sin embargo, era fiel a la doctrina Schneider y a la democracia, por lo que se negó a dar un paso más allá de su papel legal. Allende seguiría en el poder.

A finales de 1972, el planeta pasó a contar con otra dictadura anticomunista. Desde 1970, los estudiantes se habían manifestado contra el Gobierno de Ferdinand Marcos en Filipinas, tanto por su flagrante corrupción como por la colaboración con Estados Unidos en la guerra de Vietnam. Filipinas era el lugar donde se había puesto en práctica el mayor experimento estadounidense de mandato colonial directo, y su independencia había sido gestionada con mucho mimo para mantener a Manila en la bancada occidental desde el momento en el que la CIA derrotó a los nacionalistas de izquierdas, los Huk, utilizando el terrorismo y la guerra psicológica en 1954. Las bases militares de Estados Unidos en Filipinas se utilizaron en 1958, cuando la CIA intentó desmembrar Indonesia. El derechista Marcos, reelegido en circunstancias ligeramente sospechosas en 1968, y su esposa, Imelda, eran amigos íntimos del entonces gobernador de California, Ronald Reagan, que asistió a la gala inaugural del suntuoso y multimillonario Centro Cultural de Filipinas impulsado por Imelda.[43]

Algunos de los estudiantes que se oponían a Marcos eran seguidores del comunista José María «Joma» Sison, profesor de literatura

---

[42] Harmer, *El gobierno de Allende y la Guerra Fría interamericana*, p. 307.

[43] Luis H. Francia, *A History of the Philippines: From Indios Bravos to Filipinos*, Overlook Press, 2010, p. 223.

y maoísta que se inspiraba en Lumumba, en Castro y en los intelectuales occidentales de la Nueva Izquierda. Sison estudió en Indonesia antes de la caída de Sukarno y, entre 1965 y 1966, llegó a la conclusión, al igual que Pol Pot, de que el PKI se había convertido en un partido demasiado vulnerable por el hecho de carecer de armas. En 1968 fundó el Partido Comunista de Filipinas (PCF), de orientación maoísta, con un funcionamiento basado en grupos de guerrilleros rurales, en lugar de en las tácticas públicas de partido de masas que utilizaba el PKI (Sison me comentó que lo que había visto en Indonesia en 1965 lo convenció de que el PCF tenía que estar armado y en la clandestinidad; el partido sigue activo en la actualidad).[44]

Sin embargo, muchos de los que se manifestaban contra Marcos eran, sencillamente, simpatizantes del Partido Liberal, de carácter centrista. El propio Marcos apoyaba a los manifestantes. «Los disturbios han de conducir ahora a una crisis para poder tomar medidas más estrictas —escribió—. Un poco más de destrucción y vandalismo y podré hacer cualquier cosa».[45]

Marcos y su ministro de Defensa, Juan Ponce Enrile, advirtieron en repetidas ocasiones de la amenaza comunista. Entonces, el

---

[44] Entrevista del autor a Joma Sison. Informé sobre el PCF para el *Washington Post* en 2018, por lo que obtuve el contacto de su «Oficina de Información». La oficina me recomendó que mandara mis preguntas a Sison por correo electrónico. A continuación se presenta su respuesta completa en lo relativo a 1965 y el efecto en su forma de pensar: «Observé y aprendí la lección de que los miembros y los activistas más activos entre las masas del PKI fueron masacrados con facilidad (llegando a los 3 millones, según el mando estratégico al cargo de la matanza) sin resistencia efectiva real, ya que el PKI no tenía ejército popular y estaba ampliamente expuesto a sus enemigos por sus actividades electorales y en el marco del NASAKOM.
»Evidentemente, la lección de la masacre indonesia de 1965 y 1966 dejó huella en mi pensamiento en los años posteriores. Desde entonces, he considerado que a la larga es fatal para un partido comunista exponerse en gran medida o completamente antes de estar en posición de hacerse con el poder político. De este modo, el PCF ha sido clandestino desde su fundación en 1968 y se ha conservado y ha crecido en fortaleza a lo largo de más de cincuenta años, a pesar de todos los planes estratégicos para destruirlo y de la restauración plena del capitalismo en China, el derrumbamiento de la Unión Soviética y otros factores que han hecho parecer eternos el imperialismo estadounidense y el capitalismo mundial, como si la histórica lucha entre la burguesía y el proletariado hubiera llegado para siempre a su fin».

[45] Stanley Karnow, *In Our Image: America's Empire in the Philippines*, Random House, 1989, p. 380.

22 de septiembre de 1972, Ponce Enrile fingió un atentado contra su propia vida. Tomó un coche diferente mientras hombres armados disparaban al vehículo en el que se suponía que viajaba. Ponce Enrile y Marcos, que contribuyó a planificar el ataque fingido, afirmaron que Dios lo había salvado. Por supuesto, culparon a los comunistas. También argumentaron, aquel mismo día, que las circunstancias no les dejaban otra opción que declarar la ley marcial. Se desplegaron unidades militares para detener a los líderes de la oposición, el primero de ellos Benigno Aquino, senador del Partido Liberal. Suharto ya tenía un aliado anticomunista en Marcos, pero a partir de ese momento pasó a contar —al igual que Estados Unidos— con un régimen autoritario aliado en el segundo país más poblado del Sudeste Asiático. Marcos, con el apoyo activo de Washington, creó su propia versión del capitalismo clientelar, con niveles de corrupción que establecieron récords históricos. Procedió entonces a matar a miles de personas, a menudo arrojando sus cadáveres en plena calle para aterrorizar a sus enemigos.[46]

Marineros constitucionalistas

Al comenzar 1973, Pedro Blaset tenía veintitrés años y era marinero de clase obrera en la Armada chilena, tradicionalmente de clase alta y conservadora. Tuvo la suerte de subirse a un crucero para un viaje a Suiza de seis meses y se perdió gran parte de la radicalización de su país. En Europa, Blaset y sus compañeros quedaron desconcertados por la tolerancia con la que se organizaban las flotas, en comparación con la estricta tradición prusiana de Chile. Al incorporarse al servicio, había recibido una paliza a modo de novatada. Cuando celebró con algunos amigos la victoria de Allende en 1970, les correspondió una reprimenda. A los oficiales de Marina, profundamente conservadores, educados en escuelas privadas y de una aristocracia acomplejada, ni siquiera les había gustado

---

[46] Alfred McCoy, «Dark Legacy: Human Rights under the Marcos Regime», conferencia en la Universidad Ateneo de Manila, el 20 de septiembre de 1999, www.hartford-hwp.com/archives/54a/062.html; Karnow, *In Our Image*, pp. 356-60.

mucho el Gobierno apoyado por la CIA de Eduardo Frei. A ojos de Blaset, el principal problema que tenían con Frei era que sus tímidas reformas habían llevado a miembros de la clase media a las escuelas de élite, por lo que sus hijos se habían visto obligados a estudiar con una clase inferior.

Cuando Pedro regresó a Santiago en febrero de 1973, las cosas tenían otro aspecto. La Armada era probablemente la rama más anticomunista del Ejército, y sus compañeros no ocultaban sus sentimientos. Los altos mandos hablaban de su colaboración con la embajada brasileña. Hablaban de entregar armas a Patria y Libertad. Criticaban agresivamente a Prats, el jefe del Ejército, por su posición constitucionalista, sobre todo después de que la izquierda consiguiera buenos resultados en las elecciones de marzo. Empezaron a comentar de manera bastante abierta algo denominado «Plan Yakarta».

Pedro ya había oído historias sobre Yakarta. Poco después de incorporarse a la Armada en 1966, los marineros empezaron a compartir historias de terror sobre un viaje particularmente extraño por el Sudeste Asiático. Decían que habían presenciado la carnicería causada por un programa de «exterminio» en la capital indonesia. Las historias de cabezas clavadas en estacas aterrorizaban a los jóvenes marineros que escuchaban aquellos relatos de una violencia increíble en una tierra lejana.[47]

Sin embargo, cuando sus superiores empezaron a hablar del Plan Yakarta en 1973, eran muy concretos. Y hablaban muy en serio. El plan era asesinar a unas diez mil personas, la izquierda y sus principales apoyos, como forma de asegurar una transición estable a un ejecutivo de derechas. Pedro y su amigo Guillermo Castillo oyeron debatir la cuestión en más de un barco.

«Basta con que apliquemos el Plan Yakarta —afirmaba un oficial—. Matamos unos diez o veinte mil y esto se acaba. Todo. Toda

---

[47] Entrevistas del autor a Pedro Blaset y Guillermo Castillo en Santiago, en 2018. Como señalé anteriormente, Yakarta no fue el escenario de la violencia más intensa y visible. Si algún marinero chileno llegó a ver escenas de cuerpos tirados por todas partes, debió de ser en algún otro sitio, o quizá sencillamente relataban historias que no habían presenciado en persona. Se informó, por ejemplo, de «cabezas en estacas colocadas en los márgenes de los caminos» en Aceh. Véase Prashad, *Las naciones oscuras*, p. 261.

la resistencia». Quizá sus superiores entendían que los subordinados estaban de acuerdo con este tipo de estrategia, o al menos que respetarían lo suficiente la jerarquía interna de la Armada como para guardar silencio.

Sin embargo, la situación no era normal para los marineros de bajo rango. «Pero, a ver, ¿a quién hablan de matar? ¿Van a matar a nuestros hermanos? —preguntó Pedro a algunos de sus amigos más cercanos—. ¿Qué pasó en Chile mientras estuve fuera?».

Decidieron reunirse, formar un pequeño grupo constitucionalista clandestino dentro de la Armada y comentar la situación. Entendían que su lealtad era al país, no a sus inmediatos superiores, por lo que decidieron alertar a los políticos.

Los descubrieron. Pedro y Guillermo fueron encarcelados por la Armada y torturados en repetidas ocasiones. No verían la luz del día hasta mucho después de que una versión chilena del Plan Yakarta estuviera de hecho en marcha.

Operação Jacarta. Yakarta viene. Plan Yakarta. Tanto en español como en portugués, en las diversas formas utilizadas, queda claro qué significaba «Yakarta», y nada tenía que ver con las implicaciones del término en 1948, cuando la Administración Truman se guiaba por el «Axioma Yakarta». Entonces «Yakarta» aludía al desarrollo independiente del tercer mundo que Washington no tenía por qué considerar una amenaza. Años después, «Yakarta» suponía algo muy diferente. Significaba asesinatos en masa anticomunistas. Significaba el exterminio organizado por el Estado de civiles que se oponían a la construcción de regímenes autoritarios capitalistas leales a Estados Unidos. Significaba desapariciones forzosas y terrorismo de Estado impenitente. Y sería utilizado a lo largo y ancho de América Latina en las siguientes dos décadas.

Operación Cóndor

En 1973 cayó Allende. Murió, y con él el sueño chileno de un socialismo democrático. En su lugar emergió un violento régimen anticomunista que trabajó con Brasil y Estados Unidos para formar una red internacional de exterminio. Su terrorismo asesino no quedó reservado exclusivamente para la izquierda. También lo utilizaron contra antiguos aliados que se interponían en su camino.

En los meses previos al 11 de septiembre de 1973, Chile tenía mucho en común con el Brasil de 1964. Asociaciones del sector privado financiaban los grupos de la oposición, las agrupaciones a favor de la «tradición» y de la «familia» organizaban protestas y los medios de derechas trasladaban la amenaza de un presunto complot de la izquierda. La CIA informó a finales de 1972 de que los grupos de la oposición chilena estaban recibiendo «ayuda económica y armas, como ametralladoras y granadas», de la dictadura brasileña.[48]

Sin embargo, los días posteriores al 11 de septiembre de 1973, Chile se pareció más a la Indonesia de 1965, si bien inicialmente a una escala menor. Mientras que el Gobierno militar de Brasil se fue acercando paulatinamente al terrorismo de Estado, la dictadura del general Augusto Pinochet empezó directamente con una explosión de violencia.

La primera tentativa de golpe de Estado llegó en junio. El «Tanquetazo», como se conoció, fracasó en gran medida porque Carlos Prats, el líder de las Fuerzas Armadas, se enfrentó a los militares asociados con Patria y Libertad que se habían rebelado. Prats no iba a comandar un Ejército chileno que incumpliera su histórica misión.

En las semanas siguientes, los medios de izquierdas empezaron a informar de que Patria y Libertad y otras fuerzas de la derecha que estaban detrás del golpe de Estado tenían previsto activar el Plan Yakarta de haber tenido éxito. Parecía haber motivos para la preocupación. Domingo Godoy Matte, un político del derechista Partido Nacional, llegó a tomar la palabra en el Congreso para declarar que los nacionalistas «estarán aquí hasta que se produzca el Yakarta».[49] Sus palabras desataron una oleada de indignadas condenas desde el centro y la izquierda, así como

---

[48] Harmer, «Brazil's Cold War in the Southern Cone», p. 673.

[49] *Puro Chile*, 12 de julio de 1973. Véase también *El Siglo*, 8 y 9 de julio de 1973, para más noticias sobre las declaraciones de Godoy Matte. El 1 de agosto de 1973, Orlando Millas, alto cargo del PCCh, escribió a propósito de su experiencia en Indonesia y utilizó las palabras del político nacionalista para argumentar que la derecha chilena

furiosas acusaciones en diversas publicaciones de que la derecha estaba planeando abiertamente «asesinatos en masa». El periódico del Partido Socialista publicó una postal enviada a su director editorial con el texto «Yakarta se acerca». El rotativo acusaba a Estados Unidos.[50]

Curiosamente, los medios de comunicación de derechas empezaron a difundir una versión a la inversa de la idea de «Yakarta». *El Mercurio*, el diario financiado por la CIA, volvió a publicar la historia de que los comunistas habían masacrado a los generales en Indonesia y podrían hacer otro tanto en Chile.[51]

En 1970, Fidel Castro había advertido a Allende de que no provocara a Washington. Era ya demasiado tarde para eso. Según se fortalecía el terrorismo de la derecha y los complots cercaban al presidente chileno, Castro le recomendó empezar a adoptar una línea más dura. Consideraba que Allende concedía demasiada libertad a la oposición y que se negaba en exceso a utilizar la violencia para hacer avanzar su revolución. Advirtió que una confrontación entre «socialismo y fascismo» asomaba en el horizonte, y que, si la izquierda chilena no asumía sus recomendaciones, no sobreviviría.[52] Pero la Unidad Popular de Allende siguió comprometida con el socialismo democrático.

En julio, terroristas de derechas asesinaron a otro oficial del Ejército, Arturo Araya, edecán de Allende, cuando se asomó al balcón de su casa.[53]

---

pretendía reproducir la masacre de 1965 y 1966 apoyada por la CIA. Ambos periódicos consultados en la Biblioteca Nacional de Chile, Sección Periódicos.

[50] *Las Noticias de Última Hora*, 3 de agosto de 1973, Biblioteca Nacional de Chile, Sección Periódicos.

[51] Véase especialmente *El Mercurio*, 14 de julio de 1973. Aunque el artículo viene sin firmar, el lenguaje utilizado es muy similar al de Juraj Domic en un artículo previo, «Modelo indonesio de golpe de Estado comunista», publicado en la revista *PEC* (enero/febrero de 1973), que más tarde sería impreso en forma de librito con el mismo título (Vaitea, 1975). También es destacable que el 7 de septiembre el locutor de radio Sergio Onofre Jarpa comparara la situación con la de Yakarta en 1965. Reimpreso el 10 de septiembre de 1973, un día antes del golpe de Estado. Biblioteca Nacional de Chile, Sección Periódicos.

[52] Harmer, *El gobierno de Allende y la Guerra Fría interamericana*, p. 181.

[53] Mary Helen Spooner, *Soldiers in a Narrow Land: The Pinochet Regime in Chile*, University of California Press, 1999, pp. 31-35.

Al llegar agosto, Carlos Prats era consciente de que la presión sobre él era excesiva. Elementos poderosos dentro del Ejército querían un golpe de Estado. Otro tanto sucedía con gran parte de las élites, como mostraban los grupos de mujeres de militares que protestaban delante de su casa.[54]

Parecía que los terroristas de derechas que campaban a sus anchas estaban dispuestos a asesinar al general Prats antes que permitir que Allende concluyera su mandato. Los militares, las élites y los terroristas contaban con el apoyo del país más poderoso de la historia. Pero Prats no estaba dispuesto a concederles el golpe de Estado. El 23 de agosto entregó su renuncia y se preparó para despegar rumbo a Buenos Aires.

Lo reemplazó Augusto Pinochet, un general discreto y lacónico que había sido leal a Prats y no había mostrado particular inclinación por un golpe de Estado apenas unas semanas antes. Después del fracasado Tanquetazo de junio, Pinochet había señalado en una reunión de conspiradores que no quería hablar de política porque aquello era ir contra la Constitución.

El 9 de septiembre, Carlos Altamirano, líder del Partido Socialista, dio un discurso en el Estadio Nacional, en Santiago. Leyó una carta enviada al Gobierno por un grupo de marineros constitucionalistas, como Pedro Blaset y Guillermo Castillo, que pretendía advertir de una conjura para llevar a cabo un golpe de Estado en agosto.

«Para nosotros era vital evitar esta gran masacre contra el pueblo, que estaba ya planificada con fecha definida entre el 8 y el 10 de agosto —leyó de la carta Altamirano—, por datos e informaciones concretas, sumando a estas las diferencias de nuestros jefes para con nosotros, la tropa, donde nos explicaban que por tales o cuales razones el gobierno marxista debía ser derrocado, y limpiado el pueblo de dirigentes marxistas. Para ellos, para todo dirigente de izquierda, iba a ser sin duda el Plan Yakarta».[55] Llegado ese momento, la mayor parte de los chilenos de izquierdas debían de tener claro lo que significaba el Plan Yakarta. Llegado ese momento, casi todos tenían también claro que un golpe de Estado

---

[54] *Ibid.*, pp. 35-36.
[55] Patricia Politzer, *Altamirano*, Melquíades, 1990, p. 132.

era inminente. El discurso de Altamirano era más un homenaje a la valentía de los marineros que una noticia impactante.

Dos días más tarde, el 11 de septiembre, Salvador Allende entendió la que se avecinaba. Se hizo fuerte en el palacio presidencial de La Moneda y dio un último discurso a través de la radio a sus partidarios:

> Seguramente, esta será la última oportunidad en que pueda dirigirme a ustedes. La Fuerza Aérea ha bombardeado las antenas [...].
> Pagaré con mi vida la lealtad del pueblo. Y les digo que tengo la certeza de que la semilla que entregáramos a la conciencia digna de miles y miles de chilenos no podrá ser segada definitivamente. [...]
> ¡Viva Chile! ¡Viva el pueblo! ¡Vivan los trabajadores!
> Estas son mis últimas palabras y tengo la certeza de que mi sacrificio no será en vano.

Tomó su ametralladora (Fidel Castro le había regalado una), se la colgó del hombro y se puso un casco militar. Mientras la Fuerza Aérea chilena bombardeaba el palacio presidencial y ametrallaba comunidades pobres que consideraban que podían intentar defender al presidente, Allende se disparó en la cabeza.[56]

---

[56] Durante mucho tiempo, la teoría de que Allende en realidad no apretó el gatillo circuló ampliamente, y muchas personas, sobre todo fuera de Chile, siguen asumiendo de manera automática que fue así. Estos rumores han tenido motivos para persistir, pero podemos enterrarlos también con motivos. El suicidio de Allende lo presenció un miembro de su equipo médico, Patricio Guijón, que había regresado a la sala en la que se habían refugiado para coger una máscara antigás como recuerdo para su hijo. El propio rifle tenía las huellas digitales de Allende. La teoría de que Allende fue asesinado por los militares fue, sin embargo, alimentada por la viuda del presidente, Hortensia Bussi. Si bien Bussi aceptó de inicio el testimonio de Guijón desde su recién estrenado exilio en Ciudad de México, tres días más tarde rechazó la declaración e insistió en que su marido le había dicho en una ocasión que la única forma en la que abandonaría La Moneda sería «muerto, pero peleando». Esta versión revisada de la muerte de Allende ofrecía más consuelo a sus partidarios, especialmente fuera de Chile, y fue repetida por personalidades como Pablo Neruda, el poeta chileno galardonado con el Nobel, que sucumbió al cáncer solo doce días después del golpe de Estado. El testimonio de Guijón es aceptado en la actualidad ampliamente como el curso concreto de los acontecimientos de aquel día. Este episodio lo narra Spooner, *Soldiers in a Narrow Land*, pp. 40-44 y 50-54.

Aquella noche, la nueva junta militar dejó sumamente clara la ideología que había impulsado su violenta toma del poder. En un discurso televisado para toda la nación, el general Jorge Gustavo Leigh, uno de sus cuatro integrantes, afirmó: «Después de tres años de soportar el cáncer marxista, [...] por los sagrados intereses de la patria nos hemos visto obligados a asumir la triste y dolorosa misión que hemos acometido. [...] [La enorme mayoría del pueblo chileno] está dispuesto a luchar contra el marxismo, está dispuesto a extirparlo hasta las últimas consecuencias».[57]

Los asesinatos y las desapariciones comenzaron de inmediato.

El anticomunismo fanático, una vez más, era la ideología fundacional de un nuevo régimen asesino del Sur global. Internacionalmente, la junta militar sería aliada estrecha de Estados Unidos. Sin embargo, en el plano nacional, no pretendía emular a Estados Unidos. Quería emular a Brasil.[58] La junta empezó estableciendo una dictadura y justificando su propia existencia.

El 22 de septiembre, *Tribuna*, el periódico del Partido Nacional, publicó una curiosa entrevista con el general Ernesto Baeza Michelsen. Este posó para una fotografía con una postal idéntica a la que recibieron en su casa Carmen Hertz y Carlos Berger. «Djakarta se acerca», decía. En este caso, no obstante, el general defendía que era en realidad la izquierda la que estaba enviando a oficiales conservadores distinguidos el mensaje amenazador. Según este relato (sostenido ya por todo el peso de una dictadura militar apoyada por Estados Unidos), los marxistas habían planificado asesinar a los veintisiete oficiales de mayor rango el 22 de septiembre, y solo el golpe de Estado de la derecha había impedido que tuviera lugar el siniestro golpe de Estado de la izquierda. Unos días más tarde, el general Jorge Gustavo Leigh, uno de los miembros originarios de la junta militar, contó la misma historia. Declaró al periódico *La Segunda*: «Esta campaña iba dirigida a la destrucción total de las Fuerzas Armadas. [...] Un Jakarta que

---

[57] Escuché este discurso en el Museo de la Memoria y los Derechos Humanos, en Santiago de Chile, pero también está disponible en www.bbc.com/mundo/noticias-america-latina-45458820.
[58] Harmer, «Brazil's Cold War in the Southern Cone», p. 680.

permitiera el derrumbe final. Derrumbado este bastión se iba a instaurar el terror en nuestro país».[59]

Cuando se publicó esta entrevista, el 22 de septiembre, era la junta la que estaba aterrorizando a la nación. Bien conocido es que detuvieron a miles de supuestos enemigos del régimen y los llevaron al Estadio Nacional para interrogarlos, torturarlos y ejecutarlos. Menos conocido es que ahí estaban los consejeros militares brasileños, ayudando a los chilenos a acabar con los jóvenes hombres y mujeres que todos ellos consideraban enemigos.[60] Más de mil fueron ejecutados inmediatamente y sus cadáveres escondidos en fosas comunes.[61] Pero Carmen Hertz y Carlos Berger no estaban entre ellos. Se encontraban en el norte del país, donde Carlos trabajaba de responsable de prensa de la mina de cobre de Chuquicamata, intentando a la desesperada defender la nacionalización de la industria del cobre por parte de Allende.

Carlos fue detenido el 12 de septiembre, pero lo liberaron rápidamente; cuando fue arrestado de nuevo, el 14 de septiembre, no recuperó la libertad. Carmen, la joven abogada, intentó gestionar una liberación temprana. Estaba segura de que Carlos saldría, la cuestión era lo rápido que eso sucedería. Sabía que la suerte de su marido pendía de un hilo, así que no contactó con el Partido Comunista ni con ningún alto cargo de Santiago. Se mantuvo cerca de él, visitándolo cuando podía y negociando con los funcionarios locales. Su condena era, técnicamente, de sesenta y un días, y Carmen esperaba conmutar los días que faltaban por una multa.

El 19 de octubre visitó la prisión en torno a las cinco de la tarde. Carlos estaba alterado, nervioso; algo no marchaba bien.

«Sacaron a un grupo de presos —le dijo Carlos—. Era una especie de comando, no reconocí a nadie del regimiento, los sacaron encapuchados y de una forma muy violenta».

Más tarde, aquella misma noche, Carmen recibió una llamada anónima. Se lo habían llevado, decía la voz. Llamó al alcaide. «Sí, se los llevaron, pero no se preocupe, porque los oficiales solamente

---

[59] *La Segunda*, 21 de septiembre de 1973.
[60] Harmer, «Brazil's Cold War in the Southern Cone», p. 660.
[61] Dinges, *Operación Cóndor*, p. 22.

los van a interrogar». No regresó. Los ejecutaron a todos. Yakarta había llegado.

A su manera, las fuerzas de Pinochet terminaron por confirmárselo a Carmen. La noche siguiente atravesaron un todoterreno en la carretera y esperaron a que ella se acercara. No se bajaron del coche. Según se aproximaba, Carmen podía ver que eran un cura castrense y alguien más, alguien vestido de uniforme. Aquel hombre dijo: «Carlos Berger y los demás presos fueron conducidos a la ciudad de Antofagasta, se sublevaron en el camino, intentaron fugarse y fueron todos muertos. Hasta luego». El motor seguía en marcha; el conductor metió una marcha y se alejaron. Carmen no lloró. Gritó: «Asesinos, hijos de puta, ya van a ver. Esto lo van a pagar. Son unos asesinos, unos miserables, unos cobardes».

Los altos mandos de Washington observaban cómo los países en vías de desarrollo de todo el mundo reaccionaban conmocionados y espantados a la llegada de Pinochet. Un informe de inteligencia del Departamento de Estado señalaba en octubre que un periódico moderado camerunés describía la caída de Allende como «una bofetada en el rostro del tercer mundo».[62]

Juraj Domic, el exiliado croata que introdujo la metáfora de «Yakarta» en la política chilena, obtuvo un puesto en el Ministerio de Exteriores de Pinochet.

Antes del golpe de Estado, los conspiradores de Washington se mostraban preocupados por que los chilenos no tuvieran lo que hacía falta para luchar contra el socialismo. Sin embargo, pronto superaron en entusiasmo a sus patrocinadores brasileños. El mando militar estaba dispuesto a tolerar miles de muertes, tal y como Pedro Blaset y los otros marineros constitucionalistas habían oído. Finalmente, Pinochet y sus hombres mataron a unas tres mil personas, en su mayor parte en los primeros días de la dictadura. Estaban orgullosos de su eficacia. Manuel Contreras, un colaborador estrecho de la CIA que creó la mortífera policía secreta de Pinochet, la DINA, sabía que el objetivo del terrorismo de Estado no es la simple destrucción gratuita de enemigos, sino

---

[62] Intelligence Note, State Department Bureau of Intelligence and Research, «Coup in Chile Reveals African Mistrust of US», October 10, 1973, Box 2198, RG 59, NARA.

hacer imposible la resistencia y solidificar las estructuras políticas y económicas dominantes.

Fue preciso desatar el terrorismo contra la población antes de que un hombre, Augusto Pinochet, aceptara asumir el papel que Washington consideraba que los militares chilenos debían desempeñar. Washington favoreció al Gobierno de Pinochet desde el primer momento. Henry Kissinger tenía una política muy sencilla en lo relativo al nuevo dictador sudamericano: «Defender, defender, defender».[63]

Sin embargo, al igual que con la dictadura militar brasileña, las consecuencias de la violencia de Pinochet no quedaron en absoluto limitadas a las fronteras de su estrecho país. De manera casi inmediata intentó influir en el exterior, tanto luchando contra el «comunismo» por todo el continente como ejecutando a civiles por todo el planeta.

El terrorismo internacional comenzó cerca de Chile. El 29 de septiembre de 1974, la policía secreta de Pinochet asesinó a quien fuera su superior, Carlos Prats, y a su mujer en su vivienda de Buenos Aires. Prats preparaba en Argentina sus memorias. Después de asesinarlo, Pinochet publicó una declaración según la cual su muerte justificaba las medidas de seguridad que el Gobierno había adoptado.[64]

Unos meses después de que Prats fuera asesinado, los militares brasileños revelaron sin querer la existencia de su propia Operação Jacarta.

En agosto de 1975, Luciano Martins Costa estudiaba Periodismo en São Paulo. Junto a otros estudiantes pudo entrevistar a un general llamado Ednardo D'Ávila Mello, famoso por su brutalidad. Responsables militares habían investigado a los jóvenes periodistas antes de la entrevista, por supuesto, y llevaron a estudiantes de derechas para llenar la sala en una suerte de táctica intimidatoria. Tal y como solía suceder, D'Ávila Mello contó agradables medias verdades sobre el régimen mientras intentaba transmitir un aire de transparencia. El problema fue que el general se encendió con una

---

[63] Dinges, *Operación Cóndor*, p. 218.
[64] Spooner, *Soldiers in a Narrow Land*, pp. 45-47.

de las preguntas de los estudiantes. Enfurecido por lo que le pareció una actitud de insubordinación, perdió el control.

«¡Están todos adoctrinados —gritó—. Y por este adoctrinamiento vamos a poner en marcha la Operación Yakarta y a neutralizar a dos mil comunistas aquí mismo, en São Paulo». Y empezó a enumerar los nombres de los objetivos.

Luciano tomaba notas frenético: «Neutralizar 2mil comunistas em São Paulo...».

El general se había salido del guiOn. Sin embargo, estaban en una dictadura, así que tenía una forma sencilla de asegurarse de que nada de aquello se hiciera público.

«Si publican una sola línea de lo que acabo de decir, ¡serán dos mil uno!».

Los estudiantes guardaron silencio un buen rato.[65]

Tres meses más tarde, el régimen de Pinochet celebró un encuentro con representantes de Brasil y de sus vecinos anticomunistas con ideas afines apoyados por Estados Unidos. Eran muchos. Representantes de Argentina, Bolivia, Brasil, Paraguay y Uruguay se reunieron con Manuel Contreras, el colaborador de la CIA y fundador de la policía secreta chilena, en el gran auditorio de la Academia de Guerra de Chile. Fue un encuentro optimista. Acordaron que necesitaban trabajar juntos. No bastaba con matar a comunistas y elementos subversivos en sus propios países. Establecieron un programa para cooperar en el exterminio de sus enemigos por todo el mundo. Crearon un banco central de datos con el que intercambiar información de inteligencia. Los ordenadores necesarios para el sistema pronto serían aportados por Estados Unidos. El primer día concluyó con una cena de gala y atractivas jóvenes chilenas facilitadas por la policía secreta.[66]

Bautizaron la nueva alianza con el ave nacional de Chile. En noviembre de 1975 lanzaron la Operación Cóndor.

---

[65] Entrevistas del autor a Luciano Martins Costa en São Paulo (2018) y por teléfono (2019).

[66] Dinges, *Operación Cóndor*, pp. 167-78.

De excursión al cine

Benny llegó a Chile en 1975. Lo habían trasladado de la oficina de Bangkok después de más de una década en Tailandia para trabajar de economista de la ONU. En el tiempo que pasó en Kansas pudo saborear la vida en Norteamérica; sin embargo, esta era la primera vez que vivía en América Latina y, por supuesto, estaba emocionado. Llegó con su mujer y sus hijos, que hicieron lo posible por aprender la lengua.

Muy pronto descubrieron cómo era la vida con Pinochet. Una noche, Benny decidió dar un paseo por el centro de Santiago y ver una película. De camino, una pareja de carabineros, la policía chilena, lo pararon por la calle. Necesitaban saber quién era y adónde iba.

Era sospechoso incluso el hecho de que fuera caminando. En Santiago había toque de queda y se acercaba la hora. Pero también su aspecto físico alimentó las sospechas. Al igual que el origen étnico chino había hecho que los militares apoyados por Estados Unidos hostigaran a su comunidad y que la dictadura de Suharto lo obligara a cambiar oficialmente su nombre por el de «Benny Widyono» cuando trabajaba en Bangkok, sus rasgos físicos también levantaban sospechas en Chile.

A estas alturas de su vida, Benny hablaba el suficiente español como para comprender lo que dijo el policía a continuación:

«¿Quiere que lo lleve?». Para Benny, el mensaje era claro como el agua. ¿Quiere que lo encierre, que lo torturen y que tal vez no vuelva a ver nunca más la luz? ¿Entiende que podemos hacer que desaparezca esta misma noche?

Benny intentó ser tan educado con el agente como le fue posible. Funcionó —el tipo solo estaba intentando intimidarlo un poco— y pudo marcharse. Sin embargo, en sus primeras semanas en Chile, entendió que ni siquiera su lujosa oficina de la ONU era un refugio del caos de aquella violenta dictadura. O más bien que el caos penetraba hasta allí precisamente porque era un refugio. Mientras Benny y sus compañeros trabajaban, jóvenes chilenos llegaban corriendo al complejo de las Naciones Unidas, huyendo del régimen, y saltaban los muros. Dentro no podían ser arrestados por la policía secreta, puesto que las instalaciones de la ONU, situadas en la orilla sur del río Mapocho, contaban con cierta autonomía con respecto al régimen. Estos jóvenes, hombres y mujeres, eran fundamentalmente miembros del izquierdista MIR que estaban al corriente de la masacre de 1965 en Indonesia y defendían la doctrina de la revolución armada. Benny observaba a aquellos chicos, que no dejaban de llegar: establecieron un campamento en miniatura dentro del recinto y dormían en colchones sobre el suelo mientras buscaban una forma de abandonar el país. Probablemente no sabían que, incluso si lograban huir, la Operación Cóndor podía atraparlos en cualquier lugar del planeta.

Pinochet odiaba la oficina de Benny. Para él, toda la ONU era básicamente un nido de comunistas. Y, lo que era aún peor, Benny trabajaba en la Comisión Económica para América Latina y el Caribe (CEPAL). Este era el bastión de lo que Pinochet y sus aliados internacionales consideraban una ideología económica izquierdista inaceptable. La CEPAL era el epicentro de la economía del desarrollo y de la teoría de la dependencia; el nuevo dictador de Chile, por el contrario, había encumbrado a un grupo de economistas chilenos bien relacionados que habían estudiado en la Universidad de Chicago y que propugnaban un giro radical hacia una economía de libre mercado. Este grupo, que sería conocido como los «Chicago Boys», tenía un planteamiento mucho más ferviente que el de los viejos conocidos de Benny en la «Mafia de Berkeley» indonesia. Su predominancia no fue planificada (la razón de ser del Gobierno de Pinochet era el anticomunismo, no el fundamentalismo de mercado), pero con estos economistas Chile se convirtió en el primer laboratorio de ensayo mundial de la economía «neoliberal». La CEPAL en la que trabajaba Benny ofrecía unos consejos que ya no eran bienvenidos.[67]

Aun así, Benny pronto fue invitado a elegantes celebraciones en el «barrio alto», el vecindario situado en las colinas, al este de la ciudad, donde vivía la élite. Dirigir la vista hacia el este desde el centro de Santiago es impresionante. Habitualmente puedes ver la

---

[67] Para un análisis del peculiar ascenso de los «Chicago Boys» en Chile, véase Spooner, *Soldiers in a Narrow Land*, pp. 108-10.

nieve en las cimas de los Andes, elevándose por encima de ti, mientras paseas en un cálido ambiente perfumado con el denso olor de las especias tropicales.

Al subir a aquellos barrios lujosos fue cuando Benny vio por primera vez las pintadas: «Yakarta viene», «Djakarta se acerca» o, simplemente, «Jakarta».

Fue una sorpresa. Tuvo que preguntar para entender exactamente lo que significaban aquellas pintadas, de dónde venían los eslóganes. Cuando lo descubrió quedó todavía más conmocionado. La capital de su propio país había terminado por significar no cosmopolitismo, no solidaridad del tercer mundo y justicia global, sino violencia reaccionaria. «Yakarta» significaba la eliminación despiadada de personas que se organizaban para conseguir un mundo mejor. Y Benny vivía entonces en otro país, también apoyado por Estados Unidos, cuyas fuerzas gubernamentales celebraban aquellos hechos en lugar de condenarlos.

Las pintadas estaban por todas partes. Pero se desvanecían lentamente.

El golpe de Estado, sucedido solo dos años antes, había sido reescrito por los vencedores para transformarlo en una nueva historia. Era un proceso que Benny conocía muy bien. Existía otra similitud con Indonesia en la que Benny reparó de inmediato: Allende, como Sukarno, era todo un orador; Pinochet, como Suharto, nunca decía gran cosa. A veces, la televisión chilena retransmitía una grabación de un discurso reciente de Pinochet, pero doblaban la voz para corregir lo que en realidad había dicho. Incluso el presente podía reescribirse.[68]

Benny tuvo que acostumbrarse a ver «Yakarta» pintado por todas partes, pero nunca lo aceptó de buena gana. Llegó un día en que todas estas emociones escaparon a borbotones. El embajador indonesio en Argentina llegó para dar una conferencia a los estudiantes chilenos acompañado por Benny, que a menudo era lo más parecido a un embajador que su país tenía en Santiago. Esto significaba trabajar con el Gobierno de Suharto, pero, como la mayoría de los indonesios, Benny se había resignado a esta realidad.

---

[68] *Ibid.*, p. 12.

Después de la conferencia, los estudiantes insistieron al embajador para que explicara cómo y por qué el Gobierno de Chile había visto en Yakarta un ejemplo de glorioso terrorismo anticomunista. ¿Cuál era el significado de todas aquellas pintadas? El embajador estaba furioso.

«¡Es solamente el nombre de nuestra capital! ¿Cómo se atreven a insinuar que es sinónimo de masacre?». Benny estaba enfurecido también.

Sin embargo, ¿se equivocaban realmente los estudiantes? Tenía que afrontarlo. Conocía la ciudad de Yakarta en toda su sucia y hermosa complejidad. Pero fuera de Indonesia (allí, en Chile) lo único que se conocían era el relato de los asesinatos en masa. Asesinatos en masa que habían sucedido innegablemente y que Pinochet había replicado en cierto modo. Las pintadas no eran calumnias. Eran la realidad.

Más tarde reflexionaría a propósito de todo esto con más profundidad. Reconsideraría su propia vida, remontándose a los días pasados en Kansas a finales de la década de 1950 y principios de la de 1960. Recordaría a aquellos militares indonesios que iban a comer los platos tradicionales a su residencia y luego salían por la ciudad. Fue entonces cuando aquellos hombres fueron entrenados, a cargo de Estados Unidos, en el anticomunismo violento y fanático. Fueron aquellos hombres los que regresaron a Yakarta, después de veladas en clubes de estriptis y grandes borracheras con Benny, para contribuir a llevar a cabo el más destacado programa de exterminio derechista del mundo. Allí empezó todo.

«En Kansas empezó todo —pensó Benny—. Por eso el nombre de la ciudad en la que crecí, en la que estudié, donde descubrí el socialismo y me manifesté contra el colonialismo y el racismo, se ha convertido en sinónimo de los asesinatos en masa».

10

Regreso a América Central

Nuevos escenarios

En 1975, la Guerra Fría experimentó ciertos cambios geográficos. Washington abandonó algunas de las regiones en las que había librado una guerra continua contra el comunismo, si bien los regímenes anticomunistas que había ayudado a crear siguieron aplicando una política de tierra quemada.

Estados Unidos dejó Vietnam del Sur. Para Occidente, la decisión significó la «caída» de Saigón. Desde la perspectiva de Hanói, los vietnamitas únicamente habían logrado lo que deberían haber obtenido con el referéndum que Washington contribuyó a cancelar en 1956. Tres millones de personas habían muerto, la nación entera estaba militarizada y enormes franjas de las exuberantes junglas del país quedaron envenenadas para las siguientes generaciones por la guerra química estadounidense. Después de la caída de Saigón no se produjo en Vietnam ningún asesinato en masa de civiles promovido por los comunistas.

Las masacres tuvieron lugar en Camboya. En 1970, Estados Unidos había orquestado un golpe de Estado para destituir al príncipe Sihanuk e instalar a Lon Nol, un general del que se esperaba que fuera el Suharto de Camboya. Sus fuerzas se habían entrenado en Bandung, a poca distancia del lugar donde se celebró la conferencia afro-asiática organizada por Sukarno en 1955.[1] Durante el mandato de Lon Nol, Estados Unidos siguió bombardeando el país

---

[1] Benny Widyono, *Dancing in Shadows: Sihanouk, the Khmer Rouge, and the United Nations in Cambodia*, Rowman & Littlefield, 2007, p. 25.

de forma indiscriminada, matando a cientos de miles de personas, en su mayor parte campesinos, en un intento fútil de impedir que los comunistas vietnamitas se desplazaran por las zonas rurales. Estados Unidos arrojó sobre Camboya un tonelaje tres veces superior al que cayó en Japón en la Segunda Guerra Mundial, bombas atómicas incluidas. Para aquellos que sobrevivieron, el efecto de los B-52 recordaba al de los «sulfatos» de Guatemala: «El pavor era absoluto. Se perdía el control de las funciones corporales y la cabeza gritaba órdenes de huida incomprensibles», recordaría más tarde un oficial vietnamita.[2]

El desprecio por la vida era pasmoso, y como tal se percibía en el Sudeste Asiático. Refugiados traumatizados inundaron las ciudades camboyanas. Después del golpe de Estado apoyado por la Casa Blanca que lo depuso, el príncipe expulsado, Sihanuk, publicó unas memorias tituladas *My War with the CIA* [Mi guerra con la CIA]. «Nos negamos a convertirnos en marionetas de Estados Unidos y a incorporarnos a la cruzada anticomunista —escribió—. Aquel fue nuestro delito».[3] Concedió su apoyo a un pequeño y peculiar grupo de oscuros marxistas al que se había enfrentado mientras estaba en el poder. Los *Khmer Rouge*, como los llamaba utilizando el francés, la vieja lengua colonial, eran los únicos que combatían a Lon Nol y al Ejército de Estados Unidos, que estaba barriendo segmentos enteros de la población. En 1975, los Jemeres Rojos tomaron Nom Pen, derrotando a Lon Nol, sin ayuda de Vietnam. Cerraron las fronteras y establecieron uno de los regímenes más espeluznantes del siglo XX. Pasarían años sin que nadie, ni siquiera sus supuestos aliados de Hanói, supiera lo que estaban haciendo.

En 1975, Magdalena y Sakono seguían en prisión. Sobrevivían con una alimentación insuficiente y obligados a romperse la espalda trabajando en el sistema indonesio de campos de concentración. A lo largo de diez años les habían intentado grabar en el cerebro que eran el mal, parias, indeseables. Quedaron por completo aislados de su familia. La escueta ración de arroz que recibían los

---

[2] Short, *Pol Pot*, p. 216.
[3] Sihanouk, *My War with the CIA,* p. 130.

presos podía llevar arena o cristales; plantaban o recolectaban verduras para complementar la dieta. Cuando trabajaban en el campo, a menudo se les prohibía utilizar hoces: era la mitad del prohibido logotipo comunista.[4]

En Bali, un grupo de presos recogía cuidadosamente y utilizaba sus propias heces para fertilizar pequeños espacios de tierra y cultivar verduras. Pasaban el tiempo cantando canciones, ya fueran de la época de Sukarno o basadas en sus propias experiencias. El estribillo de una de ellas, que cantaban en español, provenía del título del discurso que diera Fidel Castro en 1953: «La historia me absolverá».[5]

Fue también en 1975 cuando la retirada de otra potencia colonial se hizo sentir en todo el tercer mundo. La dictadura de Portugal, en el poder desde 1933, se había venido abajo. Estados Unidos desarrolló un «plan de contingencia» para invadir parte del territorio portugués si asumía el mando un Gobierno que considerara comunista.[6] Por suerte para los portugueses, Washington permitió la existencia del Gobierno de izquierdas (no comunista) que resultó vencedor en las elecciones. La nueva Administración portuguesa decidió una rápida retirada de lo que quedaba de su imperio.

Suharto miró al este y sacó su viejo abanico de trucos. Entre las colonias portuguesas recién liberadas se encontraba la pequeña nación de Timor Oriental, que compartía isla con territorio indonesio. Cuando Timor Oriental consiguió la independencia, Suharto denunció que lo amenazaba el comunismo en su misma frontera.

Decir que era una exageración disparatada sería generoso. Ni China, ni la Unión Soviética, ni Vietnam apoyaban a aquel diminuto país. El partido que supervisó la declaración de independencia timorense, el FRETILIN, tenía un ala de izquierdas y algunos

---

[4] Wieringa y Katjasungkana, *Propaganda and the Genocide in Indonesia*, p. 140.

[5] Véase el documental *Sekeping Kenangan* [Fragmento de memoria], de Hadhi Kusuma, producido por Komunitas Taman 65 (Indonesia, 2018).

[6] En lo relativo a los planes de contingencia estadounidenses en Portugal, incluidos vínculos a documentación gubernamental desclasificada, véase: «Document Friday: The US Military Had "a Contingency Plan to Take Over" Portuguese Islands!?», en *Unredacted: The National Security Archive Blog*, 19 de noviembre de 2010, consultado en octubre de 2019, https://unredacted.com/2010/11/19/document-friday-the-us-military-had-a-contingincy-plan-to-take-over-portugal/.

de sus miembros utilizaban un lenguaje marxista, algo que difícilmente podía sorprender en un movimiento nacional de liberación de lengua portuguesa en aquel momento. Esto, no obstante, fue suficiente para Washington, donde estaban convencidos de que Timor Oriental podía convertirse en una «Cuba en Asia» (a pesar de que Nixon ya había restablecido relaciones con el Partido Comunista Chino). Le «guiñó un ojo» a Suharto y los generales indonesios desarrollaron rápidamente la Operasi Seroja: Operación Loto.[7]

Indonesia invadió Timor Oriental en diciembre de 1975. La población timorense no quería la presencia de los militares indonesios. El FRETILIN se radicalizó y lanzó una «guerra popular» contra los invasores. Para acabar con los guerrilleros, las Fuerzas Armadas de Indonesia segaron la vida de hasta trescientas mil personas.[8] Entre 1975 y 1979, tanto con Gerald Ford como con Jimmy Carter en la Casa Blanca, el aliado más cercano de Washington en el Sudeste Asiático aniquiló hasta a un tercio de la población de Timor Oriental, un porcentaje superior al de los muertos en el régimen de Pol Pot en Camboya.

En las excolonias portuguesas de África se desencadenó un tipo diferente de baño de sangre. Tanto en Mozambique como en Angola estallaron conflictos bélicos abiertos en el contexto de la Guerra Fría, con la participación de las potencias mayores y menores de ambos bandos. Todavía liderada por Brézhnev, la Unión Soviética había empezado a intervenir con más contundencia en el tercer mundo, creyendo por un momento —equivocadamente— que Estados Unidos le concedería libertad de intervención del mismo modo que los soviéticos habían permitido a Washington entrometerse en Chile en 1973.[9] Estados Unidos no transigió: los poderes apoyados por Washington en los dos países, que combatían al lado de Zaire (como era conocido el Congo de Mobutu entonces), la Sudáfrica del *apartheid* y Rodesia, se agruparon contra los movimientos favorecidos por Moscú. Cuba envió a veinticinco mil

---

[7] Irena Cristalis, *East Timor: A Nation's Bitter Dawn*, Zed Books, 2009, loc. 1582 de 8861, Kindle.

[8] Cristalis, *East Timor*, loc. 1523-3162 de 8861, Kindle.

[9] Westad, *The Global Cold War*, pp. 283-84.

soldados a Angola para auxiliar al aliado de Moscú. Un pequeño número de voluntarios estadounidenses y británicos, a menudo hombres solteros y desempleados que respondieron a anuncios clasificados de revistas, se alistaron con las fuerzas supremacistas blancas de Rodesia y Sudáfrica.[10]

Con respecto a los territorios sudamericanos que habían pertenecido a los portugueses, una fractura interna se abrió en el seno de la dictadura brasileña. Médici ya no ocupaba el poder, y el nuevo general al mando, Ernesto Geisel, favorecía una relajación de las medidas de contrainsurgencia, la denominada *abertura*, una lenta apertura de la sociedad brasileña. El problema era que las torturas y los asesinatos —como sucede con frecuencia— habían engendrado poderosos elementos dentro del Estado cuyos privilegios provenían de la existencia de una guerra sin fin. Se oponían a la *abertura* y favorecían la expansión de la violencia para perseguir también a miembros del Partido Comunista confiados y en línea con la ley.

Se considera que la Operação Jacarta brasileña fue un plan destinado a intensificar —en lugar de a moderar— la represión, haciendo descarrilar por tanto la *abertura*. También se considera que un periodista muy querido llamado Vladimir Herzog fue una de sus pocas víctimas. Herzog era un reportero popular de clase media que actuaba de manera muy abierta. Si bien no admiraba en gran medida a la URSS (estaba más influido por el «socialismo con rostro humano» del checoslovaco Alexander Dubček), se incorporó al Partido Comunista Brasileño a principios de la década de 1970. El PCB seguía una vía moderada, de construcción de un «frente democrático» unido, y era uno de los grupos más organizados dentro de la oposición a la dictadura, junto con algunas secciones de la Iglesia católica. En octubre de 1975, Herzog pasó a ser editor jefe de la cadena pública TV Cultura. Un periodista de derechas apodó al canal «TV Viet-Cultura», por la «infiltración» del comunismo.[11]

El 25 de octubre de 1975, el Ejército brasileño llamó a Herzog para interrogarlo. Él se presentó en la oficina militar de manera

---

[10] Burke, *Revolutionaries for the Right*, pp. 107-15.
[11] Mário Sérgio de Morães, *O Ocaso da Ditadura*, Barcarolla, 2006, p. 74.

voluntaria. Nunca salió. Nadie creyó la versión oficial de los hechos: que se había suicidado —una espantosa fotografía del cadáver, demasiado cerca del suelo para que un ahorcamiento fuera posible, hizo los argumentos de la dictadura todavía más ofensivos—, y su muerte movió a la nación a protestar.

Miembros influyentes de la jerarquía católica hicieron suya la causa de la muerte de Herzog y dirigieron críticas cada vez más duras contra el régimen militar.[12] En lugar de intensificar la guerra interna en Brasil, la «Operación Yakarta» había resultado contraproducente y obligó a los militares a dar marcha atrás. En contra de los deseos de algunos defensores de la línea dura, la *abertura* de Geisel prosiguió.

Brasil empezó a distanciarse, poco a poco, de sus vecinos anticomunistas más empedernidos. Mientras tanto, la Operación Cóndor chilena siguió ampliando sus actividades por toda América del Sur, hasta que el continente terminó por ser una verdadera trampa mortal anticomunista. En adelante, toda amenaza real al proyecto capitalista autoritario alineado con Estados Unidos habitaría fundamentalmente en las cabezas paranoides de los dictadores de la Operación Cóndor y de sus aliados estadounidenses. Los anticomunistas fanáticos se hicieron con el continente.

En 1976, un golpe de Estado llevó al poder en Argentina al más sanguinario de estos regímenes. Bajo el mando del general Jorge Rafael Videla, la dictadura secuestró, torturó e hizo desaparecer a decenas de miles de personas. El régimen de Videla lanzó unas redes mucho más amplias que las de los hombres de Pinochet. Este periodo se denomina a veces, de manera un tanto incorrecta, la «guerra sucia», pero no hubo guerra. Fue una campaña de exterminio anticomunista dirigida desde arriba con raíces ideológicas en el movimiento fascista de cosecha propia argentina.[13] Los «subversivos» eran torturados y asesinados por su comunismo real o percibido; por su ateísmo real o percibido; por su judaísmo real

---

[12] «Dom Paulo Evaristo Arns: O Cardeal do Povo», en *Historia Imediata*, 1979. El reportaje explica la Operación Yakarta en el contexto de la represión militar a la que se opuso el cardenal.

[13] Finchelstein, *The Ideological Origins of the Dirty War*, p. 3 y caps. 1, 2 y 6.

o percibido, o simplemente por su actividad sindical. La Ford Motor Company y Citibank colaboraron en la desaparición de trabajadores sindicados.[14] Incluso las barbas levantaban sospechas: por eso fue detenido un pianista brasileño llamado Tenorinho, al que posteriormente torturaron con las descargas eléctricas de la «parrilla» en Buenos Aires y terminó ahogado.[15]

Representantes del Ejército argentino habían participado ya en el encuentro que lanzó la Operación Cóndor en 1975, y la asesina «Triple A» (la Alianza Anticomunista Argentina) había empezado a recurrir al terrorismo durante el mandato de Isabel Martínez de Perón, presidenta entre 1974 y 1976. Pero, con el golpe de Estado, los verdaderos devotos habían tomado el poder.

El almirante Emilio Massera declaró que Argentina estaba combatiendo en una «Tercera Guerra Mundial» entre «el materialismo dialéctico y el humanismo idealista», lo que significaba eliminar la influencia de Marx, así como de Freud y de Albert Einstein.[16] El general Ibérico Saint Jean explicaba su funcionamiento: «Primero mataremos a todos los subversivos, luego mataremos a sus colaboradores, después a sus simpatizantes, enseguida a aquellos que permanecen indiferentes, y, finalmente, mataremos a los tímidos».[17]

Sin embargo, la alianza Cóndor no limitó sus actividades a su propio continente. Tomaron nota de los ejércitos «de retaguardia» que Frank Wisner había contribuido a crear en Europa para perseguir a sus enemigos en Alemania, España, Italia e Irlanda.[18] Los hombres que estaban detrás de la Operación Cóndor consideraban a los activistas no violentos por la democracia y los derechos humanos que trabajaban en el extranjero incluso más peligrosos

---

[14] *Ibid.*, pp. 115 (antisemitismo), 124 (Citibank y Ford) y 127 (ateísmo).

[15] J. Patrice McSherry, *Los Estados depredadores: la Operación Cóndor y la guerra encubierta en América Latina*, trad. Raúl Molina Mejía, LOM, 2009, pp. 251-52.

[16] Greg Grandin, «Living in Revolutionary Time: Coming to Terms with the Violence of Latin America's Long Cold War», en Greg Grandin y Joseph M. Gilbert (eds.), *A Century of Revolution: Insurgent and Counterinsurgent Violence During Latin America's Long Cold War*, Duke University Press, 2010, p. 22.

[17] Finchelstein, *The Ideological Origins of the Dirty War*, p. 127.

[18] McSherry, *Los Estados depredadores*, cap. 2 (a propósito de la vinculación con los ejércitos «de retaguardia»); Dinges, *Operación Cóndor*, pp. 181-84 y 297.

que las guerrillas armadas de sus países.[19] De manera infame, esta lógica llevó a Michael Townley, ciudadano estadounidense, contacto conocido de la CIA y agente de la Operación Cóndor, a asesinar al exministro de Asuntos Exteriores chileno Orlando Letelier en el corazón de la capital estadounidense. La bomba que explotó en su coche en el barrio de las embajadas le amputó las piernas y acabó con su vida al instante; su asistente estadounidense de veinticinco años, Ronni Moffitt, salió tambaleándose del coche y se ahogó poco a poco en su propia sangre.[20] Townley se encuentra ahora en el programa de protección de testigos del FBI.

En 1978, Ing Giok Tan fue admitida en la Universidad de São Paulo (USP). Era todo un logro para una inmigrante de un país asiático pobre: estudiaría gratis en la mejor universidad de Brasil solo quince años después de que su familia partiera de Yakarta en aquel oxidado barco hospital. Para su trabajadora familia, no obstante, parecía algo natural. Se esforzó con denuedo en un buen instituto de enseñanza secundaria —casi blanco en su totalidad—, mientras que sus padres agachaban también la cabeza y evitaban todo conflicto político como la peste que había sido durante toda su vida.

También parecía natural que Ing Giok tendiera a la contracultura de izquierdas en la USP. Las universidades brasileñas del momento, especialmente las instituciones de élite, eran semilleros de activistas estudiantiles. No se trataba de la sobria y ultradisciplinada organización comunista de las décadas de 1950 y 1960, sino de un grupo de jóvenes mucho más ecléctico. Eran los años de *Tropicália*: rock internacional devorado y reconstruido como una mezcla de elevado arte conceptual brasileño y salvaje orgullo local; liberación cultural y, por encima de todo, oposición a la censura impuesta por la dictadura. Ing Giok también reparó —muy rápidamente— en que tampoco había estudiantes negros en su clase de la USP.

Fue en este entorno en el que Ing, como todos la llamaban, conoció al uruguayo Hernán Pietro Schmitt, apodado «Tupa». A él lo aterrorizaba la policía, e Ing no terminaba de entender el motivo,

---

[19] Dinges, *Operación Cóndor*, p. 31.
[20] *Ibid.*, cap. 7.

pues no era un estudiante particularmente activo ni izquierdista. Sin embargo, cuando él se lo explicó, Ing lo entendió todo (también el apodo). El padre de Hernán había sido tupamaro, miembro del grupo de izquierda uruguayo que había provocado que Brasil amenazara con invadir el país vecino en 1971. Durante la dictadura que asumió el poder en Uruguay en 1973, el nuevo régimen anticomunista envió hombres a casa de Hernán y se llevaron a su padre.

Ing no lo sabía, pero era la cuarta ocasión en la que la violenta campaña anticomunista de Washington impactaba en su vida personal. Primero, el Ejército apoyado por Estados Unidos, el naciente «Estado dentro del Estado», había prendido la mecha de los disturbios contra la población de origen chino en su región de Indonesia, obligando a su familia a abandonar el país. En segundo lugar, su familia vivió el golpe de Estado militar en Brasil, apoyado por Washington, en 1964. En tercer lugar, los asesinatos masivos en Indonesia acabaron con la vida de los familiares que no habían huido del país. Y, pasado el tiempo, uno de sus compañeros de universidad era víctima de una campaña de la Operación Cóndor.

Aquel mismo año, 1978, empezaron a sonar las alarmas muy al norte de São Paulo. Una nueva ola de movimientos guerrilleros parecía amenazar a las frágiles oligarquías militares establecidas por Frank Wisner y la CIA en el decenio de 1950. Así pues, con la ayuda de Washington, algunos de los anticomunistas más mesiánicos de América del Sur dirigieron su atención al norte. Básicamente, la Operación Cóndor se amplió a América Central.[21]

Drenar el mar

Los países de América Central están mucho más unidos que las naciones de América del Sur. Sus pueblos se conocen bien y tienden a experimentar las oleadas de la historia de manera similar. Es especialmente cierto en el caso de los cuatro países más poblados que ocupan el centro de la región: Guatemala, El Salvador, Nicaragua

---

[21] McSherry, *Los Estados depredadores,* pp. 269-71. «Ideología mesiánica», utilizado en la página 278, describe a oficiales tanto argentinos como estadounidenses.

y Honduras (Belice, en el extremo superior, era colonia británica, mientras que Panamá, en el extremo sur, tomó un camino histórico muy diferente después de que Estados Unidos creara la nación con el objetivo de construir el canal). La historia mundial se ha estrellado contra este pequeño subcontinente con una violencia castigadora en los últimos siglos. A finales de la década de 1970 y en la de 1980 este proceso alcanzó niveles sorprendentes de brutalidad.

Antes de que esta nueva tormenta de sangre y llanto empezara siquiera, la opresión violenta era ya la norma para la amplia mayoría de la población. La región estaba gobernada por dictadores que raramente se molestaban en ocultar su crueldad. La práctica del «trabajo forzoso» (es decir, la esclavitud de los pueblos indígenas que había comenzado siglos antes) seguía siendo generalizada.[22]

En Guatemala, la violencia que se inició en 1954 y se intensificó en 1965 con la aparición de John Gordon Mein y John P. Longan nunca se detuvo. El año en el que llegaron estos dos hombres, 1965, El Salvador, Costa Rica, Guatemala, Honduras, Nicaragua y Panamá se unieron para formalizar lazos militares y compartir información de inteligencia en el Consejo de Defensa Centroamericana (CONDECA), una suerte de protoalianza para acabar con la amenaza de las guerrillas.[23] La amenaza era real. El propio Mein fue asesinado en 1968 por las FAR, el primer grupo rebelde formado en Guatemala tras el conflicto de 1960 por la utilización por parte de la CIA de una base guatemalteca para entrenar a exiliados cubanos para la invasión de la bahía de Cochinos.[24]

La violencia desatada por la dictadura guatemalteca durante la guerra civil posterior fue indiscriminada. Grupos terroristas de derechas como La Mano Blanca, la Nueva Organización Anticomunista y el Consejo Anticomunista de Guatemala cometieron sus primeras masacres con el apoyo de los Boinas Verdes

---

[22] Para una descripción de primera mano de las condiciones de los pueblos indígenas obligados a trabajar en las «fincas» guatemaltecas en los años setenta, véase el famoso testimonio de Rigoberta Menchú: Rigoberta Menchú y Elizabeth Burgos, *Me llamo Rigoberta Menchú y así me nació la conciencia*, Siglo XXI, 2013.

[23] McSherry, *Los Estados depredadores*, p. 273.

[24] Henry Giniger, «Guatemala Reds Say They Slew Envoy», en *The New York Times*, 30 de agosto de 1968.

estadounidenses. Estos escuadrones de la muerte terminaron por ser incorporados al Estado.[25]

Las desapariciones que empezaron en 1966 se habían ampliado en la década siguiente para transformar las ciudades guatemaltecas en territorios de caza de cualquier individuo supuestamente izquierdista o subversivo. El número de personas «desaparecidas» a manos del Estado alcanzó las decenas de miles. Todo aquel que fuera miembro de un sindicato, activista estudiantil, político con tendencia a la izquierda, periodista crítico o incluso cualquier niño sin hogar, sabía que el régimen podía ir a buscarlo. Con la escalada periódica de la tensión, los amigos desaparecían para siempre y los afectados incrementaban las tácticas evasivas hasta poder regresar a la vida «normal» de terror de baja intensidad (quien lograba sobrevivir, claro está). La vida era un perpetuo juego del gato y el ratón, y Ciudad de Guatemala se convirtió en una pista de obstáculos cada vez mayor y más mortal, a veces a lo largo de toda la vida de sus víctimas.

Miguel Ángel Albizures, el niño que nunca olvidó el trauma de los «sulfatos» arrojados cerca de su escuela durante el golpe de Estado apoyado por Washington de 1954, se hizo sindicalista cuando creció. Los sindicatos no eran todos de izquierdas. Siendo adolescente, poco después de la caída de Árbenz, se incorporó al Movimiento de Trabajadores Cristianos, de filiación católica, y llegada la década de 1970 era en cierta medida un líder a pequeña escala. El movimiento sindical contaba con comunistas moderados y democristianos, así como con algunas personas más radicales que apoyaban a las guerrillas. Al Gobierno poco le importaban estas distinciones. En 1977 abrieron de una patada la puerta en una reunión del sindicato a la que asistía Miguel y empezaron a disparar. Miguel huyó al tejado y saltó de edificio en edificio para escapar. En otra ocasión acribillaron a varios de sus compañeros delante de la fábrica de Coca-Cola. Sabía que en cierto sentido era afortunado, porque al parecer no querían simplemente deshacerse de él. Eso podían conseguirlo sin complicaciones en la calle, con

---

[25] Grandin, *Panzós*; Michael McClintock, *The American Connection, Vol. 2: State Terror and Popular Resistance in Guatemala*, Zed Books, 1985, p. 60; LaFeber, *Inevitable Revolutions*, pp. 171-72.

hombres armados con ametralladoras que se movieran en coche. Querían capturarlo, torturarlo y «desaparecerlo»; con suerte obtendrían algo de información en el proceso y además crearían un misterio en torno a su muerte. Dado que esto era un tanto más difícil de conseguir, Miguel Ángel siguió moviéndose sin parar, esquivando a sus enemigos, hasta que encontró una forma de salir del país.[26]

Miguel Ángel recuerda las dificultades: «No vives en un solo lugar, Tienes que sacrificar la familia, no visitarla mucho. Es una cuestión de zozobra permanente». No tenían plena consciencia de lo que sucedía en Guatemala, asegura, pero sabían que aparecían cadáveres por todas partes.

En 1978, las cosas estaban cambiando en América Central. En Nicaragua, un grupo guerrillero inspirado en la revolución cubana, los sandinistas, estaba a punto de asumir el poder. En El Salvador, el Gobierno respondió a las protestas contra unas elecciones claramente amañadas con una masacre. Fueron asesinados cientos de personas. Más tarde, un golpe de Estado condujo a un régimen civil y militar que también derivó en una represión sanguinaria, lo que hizo que los civiles se retiraran y creciera el apoyo a las guerrillas de izquierdas.[27]

Todo esto provocó que el Gobierno de Guatemala empezara a temer por su propia supervivencia. Nuevos grupos guerrilleros estaban reemplazando en el país a las viejas organizaciones MR-13 y FAR, que habían sido aplastadas por la campaña de contrainsurgencia apoyada por Estados Unidos. El nuevo grupo más prominente era el Ejército Guerrillero de los Pobres (EGP). Al contrario que las FAR, que seguían la estrategia de «foco» del Che Guevara, organizando pequeñas unidades guerrilleras, el EGP buscaba incorporar a la amplia población rural a la lucha guerrillera, emulando el éxito del Viet Cong.[28]

---

[26] Entrevista del autor a Miguel Ángel Albizures en Ciudad de Guatemala en noviembre de 2018.

[27] James Dunkerley, *Power in the Isthmus: A Political History of Modern Central America*, Verso, 1988, p. 375. A propósito del ascenso de los sandinistas en Nicaragua, véase el capítulo 6.

[28] Carlota McAllister, «A Headlong Rush into the Future: Violence and Revolution in a Guatemalan Indigenous Village», en Grandin y Joseph, *A Century of Revo-*

El Gobierno guatemalteco empezó a asesinar a poblaciones indígenas en masa simplemente por su condición racial. Grupos étnicos completos, tribus y aldeas enteras fueron señalados como comunistas o con posibilidades de volverse comunistas. Eran a menudo personas que apenas tenían una idea vaga de lo que era el marxismo y los grupos guerrilleros. Se trataba de una estrategia distinta a las tácticas de terrorismo de Estado urbanas, en las que las fuerzas gubernamentales secuestraban a personas concretas. En el caso de los mayas y de otros grupos indígenas, el Ejercito llegaba y simplemente los mataba a todos.

La estrecha colaboración del personal estadounidense con las dictaduras centroamericanas que masacraban a su propia población está bien documentada, mucho más que las actividades de Estados Unidos en Indonesia que culminaron en octubre de 1965.[29] La magnitud de la violencia, no obstante, así como las consecuencias de las acciones, a menudo se infravaloran.

Miguel Ángel Albizures y otros que vivieron los últimos años de la década de 1970 y la década de 1980 en América Central siempre subrayan que estos nuevos movimientos guerrilleros centroamericanos surgieron después de que los intentos de conseguir una transición pacífica a la democracia fueran reprimidos con brutalidad o incluso exterminados. Defendían que casi toda ideología política —no solo el socialismo y el marxismo dominantes en aquellos grupos guerrilleros— permitía la resistencia armada contra los tiranos, incluida la tradición revolucionaria estadounidense. No sorprenderá que los movimientos que sobrevivieron fueran militantes de izquierdas: alcanzados los últimos años de la década de 1970, la mayor parte de los disidentes moderados estaban muertos.

En enero de 1979 cayeron los Jemeres Rojos y el mundo descubrió lo que había estado sucediendo en Camboya. El Gobierno, si es que se le puede llamar así, perdió el poder porque los comunistas

---

lution, pp. 276-80.

[29] Véanse, por ejemplo, los dos volúmenes de Michael McClintock a este respecto: Michael McClintock, *The American Connection, Vol. I: State Terror and Popular Resistance in El Salvador*, y *Vol II: State Terror and Popular Resistance in Guatemala*, Zed Books, 1985.

vietnamitas entendieron a qué se había dedicado Pol Pot, y también porque, incomprensiblemente, atacó a sus antiguos aliados, mucho más fuertes. Vietnam invadió y derrocó con facilidad a la camarilla hermética y psicótica que había estado aterrorizando al país desde 1975. Los Jemeres Rojos fueron expulsados a las selvas y a las montañas de la frontera con Tailandia. Vietnam se hizo con la mayor parte del país, cerró los campos de exterminio y permitió a los camboyanos regresar a las ciudades con un Gobierno propio. En torno a una cuarta parte de los camboyanos había muerto.[30]

Estados Unidos no celebró la caída de los despiadados Jemeres Rojos. China, que se había acercado a Washington desde la visita de Nixon en 1973, era aliada de Pol Pot. Deng Xiaoping estaba furioso y no tenía intención de tolerar lo que entendía como una agresión de Vietnam contra el aliado de China. Decidió invadir Vietnam y adelantó su plan a Estados Unidos.

El presidente Carter respondió que no podía apoyar públicamente un ataque, pero aseguró a Deng que entendía que China «no puede permitir que Vietnam continúe agrediendo impunemente», de modo que se comprometió en secreto a apoyar a Pekín si los soviéticos amenazaban con auxiliar a los vietnamitas.[31]

La invasión china de Vietnam en 1979 se olvida con frecuencia. Dos son los motivos. En primer lugar, complica la narrativa de una supuesta conspiración comunista internacional, o al menos del supuesto movimiento monolítico comunista asiático. Según la desinformada perspectiva occidental, China y Vietnam se suponía que estaban del mismo lado. Pero lo que es más importante, el episodio ha sido olvidado porque los vietnamitas derrotaron inmediatamente y humillaron al Ejército Popular de Liberación chino. Después de décadas batallando contra Francia y contra Estados Unidos, los vietnamitas eran demasiado para la nación que una vez los gobernó más de mil años.[32]

---

[30] Ben Kiernan, «The Demography of Genocide in Southeast Asia: The Death Tolls in Cambodia, 1975-79, and East Timor, 1975-80», en *Critical Asian Studies*, 35, n.º 4, 2003, pp. 585-597.

[31] Westad, *La Guerra Fría*, pp. 509-511.

[32] Goscha, *Vietnam*, pp. 395-96.

Los enfrentamientos con China en la segunda mitad de la década de 1970 también conllevaron las peores violaciones de derechos humanos del nuevo régimen comunista del Vietnam unificado. En parte como vía para reducir el poder de la población de origen étnico chino en Vietnam (considerada potencialmente desleal), Hanói anunció la nacionalización de todos los negocios privados. Cientos de miles de refugiados partieron —algunos lo hicieron por mar, conocidos en el entorno anglosajón como «boat people»— sin dinero y en busca de una nueva vida. Decenas de miles de personas murieron.

En aquel momento, Benny se encontraba en Tailandia. Había concluido su paso por Chile y estaba de vuelta en Bangkok con la ONU. Poco después de su llegada, un compañero, un joven australiano, regresó de la frontera entre Camboya y Tailandia contando historias increíbles: había camboyanos que aparecían desde la selva dando tumbos, hambrientos, y que se derrumbaban en suelo tailandés. Después de la caída de los Jemeres Rojos, huían en busca de cualquiera que pudiera auxiliarlos.

Benny quiso verlo con sus propios ojos. En la frontera rompió a llorar. Vio «refugiados en harapos, huyendo del país por decenas de miles, a menudo demacrados y sin poder apenas andar, al parecer incapaces de hablar ni de sonreír». Mandó inmediatamente un telegrama a Nueva York: «Por favor, enviadme a Camboya».[33] En lugar de eso, fue enviado a Nueva York, donde tuvo que presenciar algo igualmente impactante. Estados Unidos eligió reconocer a lo que quedaba de los Jemeres Rojos en las Naciones Unidas, manteniendo su escueto régimen con vida y negándose a reconocer al Gobierno aliado con Vietnam. Esta situación se prolongaría años. En parte era una forma de aplacar al nuevo aliado de la Administración Carter en Pekín. Pero Benny sabía que había algo más: «Odiaban demasiado a Vietnam. No le perdonaban que hubiera ganado la guerra».

Para gran consternación de Benny, la ASEAN, la organización de naciones del Sudeste Asiático que Indonesia había contribuido a fundar en 1967, apoyó también a los Jemeres Rojos.[34]

---

[33] Widyono, *Dancing in Shadows*, p. 5; entrevista del autor.
[34] Widyono, *Dancing in Shadows*, p. 28.

En América Central, por el contrario, el Gobierno de Jimmy Carter pisó un tanto el freno de la brutal realpolitik. En aquellos años, después del Watergate y de las investigaciones sobre trabajo de la CIA y del FBI llevadas a cabo por el Comité Church en 1975, los medios estadounidense eran menos acríticos con respecto a las actuaciones internacionales —encubiertas y públicas— de Washington en el marco de la Guerra Fría. Medios como *The New York Times* y *The Washington Post* desempeñaron un papel fundamental para dar a conocer la masacre de Panzós, la villa guatemalteca donde los militares fueron sorprendidos fusilando a hombres, mujeres y niños en 1978.[35] Washington prohibió la venta de armas a regímenes que no cumplieran con criterios básicos de respeto de los derechos humanos. En lugar de intentar adaptarse a este nuevo enfoque, la dictadura guatemalteca, liderada por Fernando Romeo Lucas García, se dirigió a Israel y a Taiwán, que pasaron a suministrar las armas y la asistencia. La colaboración entre Estados Unidos y Guatemala prosiguió a diversos niveles, pero la posición de Carter fue suficiente para enfurecer a algunos de los anticomunistas más comprometidos del continente.[36] El vicepresidente guatemalteco, Mario Sandoval Alarcón, uno de los fundadores de La Mano Blanca, acusó a la Comisión Interamericana de Derechos Humanos de la Administración Carter de ser «un instrumento marxista que ha usado las causas de los derechos humanos como instrumento de difamación».[37]

En julio de 1979, los sandinistas tomaron Managua y formaron gobierno en Nicaragua. Para la izquierda de toda América Central este fue un momento de efervescencia, al igual que lo había sido 1970 para los socialistas chilenos. Los sandinistas no solo habían

---

[35] Marlise Simons, «Army Killings in Indian Village Shock Guatemala», en *The Washington Post*, 24 de junio de 1978.

[36] En lo relativo al apoyo taiwanés e israelí al Ejército guatemalteco en este periodo, véanse Anderson y Anderson, *Inside the League,* pp. 136-37; y Milton Jamail y Margo Gutiérrez, «Guatemala: The Paragon», en *NACLA Report on the Americas*, 21, n.º 2, 1987, pp. 31-39

[37] Anderson y Anderson, *Inside the League*, p. 110. Es posible consultar la edición del 29 de abril de 1978 de *Prensa Libre* en la que aparecen las declaraciones: https://www.prensalibre.com/hemeroteca/anticomunistas-en-1978-derechos-humanos-son-instrumento-del-marxismo/.

vencido, sino que se les había permitido sobrevivir más allá de su victoria. Incluso The Clash, la banda punk inglesa, cantaba eufórica a este sorprendente acontecimiento:

> Por primerísima vez
> hubo una revolución en Nicaragua
> sin interferencia de Estados Unidos.
> Derechos humanos en América.
> El pueblo combatió al líder y este salió volando.
> Sin las balas de Washington, ¿qué otra cosa podía hacer?[38]

En sus primeros días, el Partido Comunista se había opuesto en Nicaragua al énfasis que concedían los sandinistas a la lucha armada. A lo largo de los años, el Frente Sandinista de Liberación Nacional (FSLN) se dividió en tres facciones. El grupo que terminó imponiéndose, la tercera facción, relativamente moderada y conocida como los «terceristas», favorecía una alianza táctica amplia con la «burguesía».[39] Fue este grupo, liderado por Daniel y Humberto Ortega, el que se hizo con el poder como parte dominante de un Gobierno de coalición.[40] Los terceristas se impondrían en las elecciones democráticas.

Como sucediera con Ho Chi Minh, Mao, Árbenz, Castro, Sukarno y Allende, los terceristas esperaban establecer un Gobierno que Washington tolerara. Como es tristemente conocido, toda esperanza se fue al garete cuando Ronald Reagan se hizo con la presidencia estadounidense y empezó a financiar a los rebeldes de la Contra. Los líderes de la Operación Cóndor, no obstante, no esperaron a que Reagan les diera permiso para abordar al Gobierno izquierdista que se iba abriendo camino en América Central.

En 1977, convencidos de que Carter los había abandonado en su «guerra santa» contra el comunismo, los oficiales argentinos empezaron a facilitar entrenamiento militar al régimen de Somoza

---

[38] «Washington Bullets», del álbum *Sandinista!*, The Clash, 1980.
[39] Eline van Ommen, «Sandinistas Go Global: Nicaragua and Western Europe, 1977-1990», tesis doctoral, London School of Economics and Political Science, 2019, pp. 37-38.
[40] Westad, *The Global Cold War*, pp. 339-43.

en Nicaragua. Después de la victoria sandinista de 1979, fijaron base en Honduras para enseñar a los guatemaltecos y a los nicaragüenses el arte de la contrarrevolución y de la represión.[41] Los soldados centroamericanos viajaban a Chile a formarse en tácticas de contrainsurgencia anticomunista.[42] La reunión de la sección latinoamericana de la Liga Anticomunista Mundial celebrada en 1980 en Buenos Aires permitió a los líderes de los escuadrones de la muerte forjar lazos aún más estrechos con los Gobiernos sudamericanos, así como con congresistas republicanos estadounidenses.[43] Los métodos utilizados en América Central en los años siguientes reflejan las características definitorias de la Operación Cóndor: secuestros y asesinatos selectivos a cargo de escuadrones multinacionales de «caza y asesinato», a menudo integrados por comandos de contrainsurgencia y de hondureños vestidos de civil; transferencia clandestina de presos a través de las fronteras; métodos como las desapariciones, la tortura y el asesinato, incluido el uso de descargas eléctricas, la «capucha» (asfixia) y el lanzamiento de personas vivas desde helicópteros; interrogatorios de prisioneros por parte de oficiales de varios países, y centros de detención para presos extranjeros desaparecidos.[44]

Cuando Reagan tomó el mando, Washington regresó a tácticas anticomunistas más abiertas y agresivas de lo que se había visto en dos décadas. La CIA se unió con avidez a los argentinos en Honduras, y, en la mayor operación de la agencia desde la bahía de Cochinos, empezó a entrenar y a financiar a los miembros de la Contra. La Contra no era un ejército regular y nunca intentó seriamente imponerse a los sandinistas en un enfrentamiento

---

[41] McSherry, *Los Estados depredadores*, pp. 269-76.

[42] Con el fortalecimiento de la percepción de una amenaza revolucionaria en América Central a partir de 1978, la dictadura de Pinochet incrementó el número de becas ofrecidas a miembros de las Fuerzas Armadas salvadoreñas y guatemaltecas, con especial atención a la formación de policía contrairsurgente que impartía la policía armada chilena, los carabineros. La implicación de las dictaduras chilena y argentina en los conflictos armados de Guatemala y El Salvador es el objeto de la investigación doctoral que tiene en curso Molly Avery en el Departamento de Historia Internacional de la London School of Economics.

[43] Anderson y Anderson, *Inside the League*, pp. 146-47 y 206-07.

[44] McSherry, *Los Estados depredadores*, p. 269.

directo.[45] Era un grupo terrorista bien financiado que pretendía desestabilizar el régimen de cualquier modo posible.[46] Su perspectiva del mundo y sus tácticas se vieron radicalmente transformadas por el fanático anticomunismo de sus patrocinadores.

Quien dirigiera las «relaciones públicas» de la Contra, Édgar Chamorro, dejó claro que la fuerte influencia ideológica de los oficiales argentinos y de los agentes de la CIA reconfiguraron su movimiento. De acuerdo con la historiadora Patrice McSherry: «A los antisandinistas les interesaba originalmente, decía Chamorro, la recuperación de su propiedad privada, así como el poder oligárquico y los privilegios, o procurar la revancha, pero la ideología mesiánica anticomunista de los argentinos y estadounidenses empezó a transformar sus justificaciones para la guerra».

También aprendieron lecciones del extranjero. Un agente de la CIA, conocido por el nombre de John Kirkpatrick, con experiencia en contrainsurgencia en el Programa Phoenix de Vietnam, compiló un curso de adiestramiento que incluía un manual de asesinatos para la Contra. Una sección se titulaba «Terror implícito y explícito».[47]

Según los periodistas argentinos Juan Pablo Csipka e Ignacio González Janzen, los argentinos y los centroamericanos también valoraron aplicar el método Yakarta. Csipka y González Janzen informan de que, a principios de la década de 1970, antes de que el país hubiera caído en la brutal dictadura de Videla, el líder de la Triple A (el escuadrón de la muerte de la extrema derecha argentina), un político llamado José López Rega, estaba en la España de Franco. Allí se encontró con Máximo Zepeda, el líder del escuadrón de la muerte guatemalteco Nueva Organización Anticomunista. Hablaron del «Plan Yakarta» y de lo que supondría: un «golpe profiláctico» que les permitiría derrotar a los marxistas y tener a la izquierda «virtualmente exterminada» después de que los conservadores tomaran el poder. Los periodistas argentinos defienden que el encuentro fue organizado por el embajador

---

[45] En 1983, la CIA había concluido que la Contra nunca podría en realidad conseguir una victoria militar. Véase LaFeber, *Inevitable Revolutions*, p. 301.

[46] LaFeber, *Inevitable Revolutions*, pp. 305-07.

[47] McSherry, *Los Estados depredadores*, pp. 278 y 286.

estadounidense en España, Robert Hill, y que Zepeda, colaborador habitual de la CIA, no solo entregó algunos informes sobre el «Plan Yakarta» en su posesión, sino que aseguró a su compañero anticomunista que Washington lo ayudaría a formar una «fuerza de choque» para poner el plan en funcionamiento en Argentina.[48]

«En Argentina no vamos a necesitar un millón de muertos como en Indonesia —se dice que afirmó López Rega—, porque con diez mil se resuelve el problema». La estimación se quedó corta. El anticomunismo mató a muchas más personas en Argentina.

El 24 de marzo de 1980, el arzobispo católico Óscar Romero celebró una misa en San Salvador. Romero se había manifestado poco antes contra las violaciones gratuitas de los derechos humanos cometidas por el Gobierno de El Salvador. Cuando terminó su sermón esa noche, un hombre entró en aquella iglesia de la capital y lo mató.

El asesinato lo llevó a cabo un escuadrón de la muerte liderado por el mayor Roberto D'Aubuisson, un fanático anticomunista que se había formado en la Escuela de las Américas en 1972.[49] Mientras que Fort Leavenworth es una academia militar de amplio espectro para estudiantes de todo el mundo, la Escuela de las Américas, con sede en la «Zona del Canal de Panamá», controlada por Estados Unidos, era un centro de entrenamiento para «contrainsurgentes» latinoamericanos. Las instalaciones terminaron siendo tan famosas que Panamá expulsó de su territorio a la escuela, que cambió su nombre en el año 2000 por el de «Instituto del Hemisferio Occidental para la Cooperación en Seguridad». D'Aubuisson también asistió a la Academia de Cuadros de Guerra Política de Taiwán, que por entonces había ofrecido formación a oficiales de casi todas las naciones de América Latina.[50]

En 1983, D'Aubuisson resumió la ideología anticomunista realmente existente a la perfección: «Puedes ser comunista —le dijo

---

[48] Ignacio González Janzen, *La Triple A*, Contrapunto, 1986, pp. 95-100. Estos pasajes también los cita Juan Pablo Csipka en *Los 49 días de Cámpora*, Sudamericana, 2013, pp. 115-16.

[49] Véase la biografía del mayor en la biblioteca presidencial de Reagan: Biographic Sketch, Roberto D'Aubuisson, November 1980, Folder El Salvador (01201981-05301981) [5], Box 30, Exec Sec, NSC Country File, Ronald Reagan Presidential Library.

[50] Anderson y Anderson, *Inside the League*, pp. 135-37.

a la periodista Laurie Becklund— incluso si personalmente no piensas que eres comunista».[51]

Cuando la guerra civil en El Salvador echó a rodar, los militares apoyados por Ronald Reagan hicieron de las tácticas de tierra quemada parte rutinaria de su *modus operandi*. El 11 de diciembre de 1981 empezaron a aparecer noticias de una masacre en la aldea de El Mozote. Tropas salvadoreñas ejecutaron a más de novecientos hombres, mujeres y niños con rifles de asalto fabricados en Estados Unidos. Al día siguiente, Reagan nombró a Elliott Abrams, exliberal formado en Harvard, subsecretario de Estado de Derechos Humanos y Asuntos Humanitarios. En pocas palabras: su trabajo era defender a los regímenes derechistas aliados de Estados Unidos frente a la prensa y a las críticas provenientes de los horrorizados grupos defensores de los derechos humanos.

Abrams calificó la información de las matanzas en El Mozote, incluida la publicada en *The New York Times*, de propaganda comunista.[52] Esta sigue siendo la atrocidad más famosa de la guerra civil salvadoreña, pero fue solo una mínima fracción de la violencia desatada contra la población civil. A lo largo de años y años, el salvajismo prosiguió y no hizo más que recrudecerse debido a que Washington se negó a permitir que el Gobierno de derechas negociara una solución política con los rebeldes. Dado que los rebeldes tenían vínculos con los «comunistas» de Nicaragua, no había negociación posible, dictaba la lógica de Reagan.[53]

Sin embargo, sería en Guatemala, el país más grande de América Central y en el que en 1954 se produjo la primera gran «victoria» de la CIA en la región, donde la población común afrontó el mayor baño de sangre desatado por la Guerra Fría en el hemisferio occidental.

La pequeña comunidad de Ilom se encuentra asentada entre neblinosas montañas en el noroeste de Guatemala, más cerca de la frontera con México que de la capital. La población es maya y

---

[51] *Ibid.*, p. 194.
[52] Raymond Bonner, «What Did Elliott Abrams Have to Do With the El Mozote Massacre?», en *The Atlantic*, 15 de febrero de 2019.
[53] LaFeber, *Inevitable Revolutions*.

habla ixil, no español. Durante décadas habían sobrevivido con una agricultura de subsistencia o trabajando por un sueldo mísero en un rancho cercano. Aquel rancho era propiedad de acaudalados hombres blancos, ocupaba la tierra tomada a los mayas siglos antes y, con el paso de los años, cada vez crecía más y más.

Ilom estaba demasiado lejos de Ciudad de Guatemala para verse afectada por la incipiente reforma agraria diseñada por Jacobo Árbenz en 1954. Los residentes apenas oyeron hablar de aquellas reformas imposibilitadas por la CIA.

En 1981, no obstante, la política internacional llegó a la aldea. Primero fue allí de visita el EGP, el Ejército Guerrillero de los Pobres. Utilizando el español, los guerrilleros explicaron que estaban de parte de los mayas, que habían iniciado una revolución que los ayudaría a recuperar sus tierras y que luchaban por ellos.

Josefa Sánchez del Barrio, que tenía dieciséis años entonces, recuerda que la mayor parte de los aldeanos mostraron una educada receptividad al mensaje, si bien quedaron un tanto confundidos con los detalles concretos. Pocos hablaban español. No estaba del todo claro qué pretendían hacer aquellos treinta o cuarenta revolucionarios con ropa de camuflaje ni cómo se suponía que podían ayudar a los aldeanos. No obstante, la aldea les dio las gracias, les ofreció las habituales tortillas gruesas de maíz y algunas palabras amables y los despidió.[54]

Poco después, el Ejército envió a unos hombres que fingían ser guerrilleros. Los aldeanos no tardaron mucho en entender lo que estaba sucediendo. Los disfraces de aquellos hombres eran burdos (uno hasta llevaba una barba postiza barata). No se comportaban como correspondía, hacían demasiadas preguntas y eran agresivos con los aldeanos. Los guerrilleros no habían actuado en absoluto de aquel modo durante su visita. Aquella no era una operación encubierta sofisticada. Estaba claro que solo eran unos cuantos militares jóvenes que intentaban descubrir si guardaban simpatías hacia los rebeldes.

En enero de 1982 volvieron los militares. Esta vez llevaban sus uniformes del Ejército, pero también pintura negra en la cara.

---

[54] Entrevista del autor a Josefa Sánchez del Barrio en Ilom, en noviembre de 2018.

Entraron en tromba en la casa de Josefa, a la que no le sorprendió que fueran a por su familia. Su padre había formado parte de un pequeño grupo que intentó, todavía en la década de 1970, pedir a las autoridades locales de la ciudad más cercana que salvaran sus tierras. Los militares se llevaron a su suegro. Golpearon a Josefa en la cabeza con una piedra. Luego varios hombres le metieron una servilleta en la boca y la violaron.

En total, aquel día, los militares se llevaron a treinta personas. Nunca regresarían. Unos días más tarde, los soldados volvieron y se llevaron al padre y al hermano de Josefa.

En febrero aparecieron los soldados una vez más. El otro hermano de Josefa estaba trabajando en el campo. Le lanzaron una granada y lo mataron. Se llevaron a más personas aquel día. En aquella ocasión quemaron las casas vacías cuando se marcharon.

Antonio Caba Caba, un niño entonces, entendió que algo iba mal aquel día cuando volvió de trabajar en el campo. Según se acercaba a su casa, vio a su madre en el umbral, vestida con la larga falda roja que llevan las mujeres mayas en la región y con la mirada perdida en la distancia. Antonio le preguntó qué había pasado. Ella le habló de los incendios. Los soldados habían quemado viva a una anciana en su casa antes de marcharse.[55]

Algunas personas empezaron a debatir la posibilidad de huir, pero no había adónde ir, salvo a las montañas, donde pronto se quedarían sin comida. Aquella era la peor violencia que su comunidad había experimentado jamás; llegaron a la conclusión de que tenía que haber terminado.

Se equivocaban.

El 23 de marzo, los soldados regresaron a las cinco de la madrugada y despertaron a todos los residentes de Ilom. Volvían a llevar la cara pintada de negro.

«Vamos, hay reunión y ustedes se vienen», les dijeron a Antonio, a Josefa y a todos los demás. Llevaron a los aldeanos a la diminuta plaza central. Mandaron a los hombres a la pequeña iglesia que está a espaldas de la plaza y a las mujeres al diminuto juzgado contiguo.

---

[55] Entrevistas del autor a Antonio Caba Caba en Ciudad de Guatemala e Ilom, en noviembre de 2018.

Antonio oyó cómo uno de ellos manipulaba la radio y hablaba con un superior:

«Vamos a matar a los guerrilleros».

De uno en uno, después de dos en dos, sacaron a los hombres de la iglesia, los dispusieron delante de la escuela y los fusilaron. Todos presenciaron los asesinatos. Ese era claramente el objetivo. Cuando unos cien hubieron muerto, pararon.

«Solo matamos a los que parecen culpables. A los que parece que tienen miedo», dijo uno de los soldados.

En otras aldeas no tuvieron tanta suerte.[56] En muchas zonas de esta región, los militares sencillamente mataron a todo hombre, mujer y niño. El Gobierno había decidido que los ixiles eran intrínsecamente comunistas o, al menos, que era muy probable que se convirtieran en comunistas. En Indonesia es posible que los asesinatos en masa no fueran «genocidio». Eran simplemente asesinatos en masa anticomunistas. En Guatemala fue un genocidio anticomunista.

El 23 de marzo de 1982, el general Efraín Ríos Montt tomó el poder en Guatemala mediante un golpe de Estado militar. Era evangelista (lo que lo hacía especialmente predilecto para Ronald Reagan), y prosiguió con el genocidio de una manera un tanto diferente. Algunas personas indígenas provenientes de comunidades étnicamente sospechosas fueron trasladadas a «aldeas modelo» construidas por el Estado para ayudar a los pueblos indígenas a empezar nuevas vidas de un modo debidamente no comunista, lo que con frecuencia significaba poco más que un mortal campo de concentración. Para muchos otros, las masacres simplemente siguieron su ritmo. Como sucedió en Indonesia, Brasil y Argentina, el entusiasmo religioso de Montt ofrecía una justificación teológica a la violencia anticomunista. «Los comunistas son ateos, por lo tanto son el demonio, y, si son el demonio, son matables», es como lo resume una víctima de la guerra civil que lidera en la

---

[56] Para un sumario completo del genocidio cometido por los militares guatemaltecos contra los ixiles, véanse los testimonios registrados en el juicio a Efraín Ríos Montt en 2013: Sentencia por Genocidio y Delitos Contra los Deberes de Humanidad Contra el Pueblo Maya Ixil, dictada por el Tribunal Primero de Sentencia Penal, Narcoactividad y Delitos contra el Ambiente «A», Guatemala, 10 de mayo de 2013.

actualidad una de las organizaciones más destacadas dedicadas a investigar lo sucedido.[57] La amplia mayoría de los asesinados eran practicantes de las religiones tradicionales mayas.

Los residentes de Ilom que sobrevivieron fueron obligados a trabajos forzosos, pero en esta ocasión lo harían para los militares. Antonio fue forzado a incorporarse a una milicia y creció «combatiendo» a las guerrillas durante el resto de la década de 1980. Se rebelaban discretamente, fallando a propósito cuando disparaban al «enemigo». Josefa contrajo pronto matrimonio, de lo contrario habría sido obligada a «casarse» con uno de los soldados que vigilaban la aldea modelo y hubiera sido sometida a la esclavitud sexual como tantas de sus amigas. Su aldea fue sentenciada y reducida a cenizas.

Esta era parte de la nueva estrategia de Ríos Montt para combatir el comunismo, que se resumía en la idea de «secar el mar»: la guerrilla era el pez, la población el mar; si no era posible pescar el pez, había que secar el mar.[58]

Entre 1978 y 1983, los militares guatemaltecos mataron a más de doscientas mil personas.[59] En torno a un tercio fueron secuestrados y «desaparecidos», fundamentalmente en las zonas urbanas. El resto eran en su mayor parte mayas masacrados a cielo abierto en los campos y en las montañas en las que sus familias habían vivido durante generaciones. La guerra civil salvadoreña se cobró setenta y cinco mil vidas; de nuevo, la mayoría eran personas inocentes asesinadas por el Gobierno. Argentina mató a entre veinte y treinta mil civiles, mientras que otras naciones de la Operación Cóndor asesinaron a decenas de miles más. El exterminio anticomunista

---

[57] Entrevista del autor a Clara Arenas, de AVANCSO, Ciudad de Guatemala, 2018.
[58] John Otis, «Efraín Ríos Montt, Former Guatemalan Military Dictator Charged with Genocide, Dies at 91», en *The Washington Post*, 1 de abril de 2018.
[59] Comisión para el Esclarecimiento Histórico, *Guatemala: Memoria del silencio*, UNOPS, 1999. La Comisión para el Esclarecimiento Histórico (CEH) descubrió que más de doscientas mil personas fueron asesinadas, el 93 por ciento víctimas de la violencia militar; la Asociación para el Avance de las Ciencias Sociales (AVANCSO) estima el número total de víctimas en 250.000, en su mayor parte indígenas asesinados en masa en las zonas rurales; el número de «desaparecidos», una estrategia que con más frecuencia acababa con la vida de individuos concretos en las ciudades, ascendería a 45.000.

se había extendido por toda América Latina, siempre con la asistencia de Estados Unidos. En su conjunto, la cifra de muertos se aproxima al volumen estimado de las masacres de Indonesia en 1965 y 1966.

Ni siquiera el gran enemigo de los anticomunistas, la supuesta razón para todo este terrorismo, desplegó una violencia como esta. Tomando cifras compiladas por la organización Freedom House, financiada por Estados Unidos, el historiador John Coatsworth concluye que entre 1960 y 1990 el número de víctimas de la violencia apoyada por Estados Unidos en América Latina «supera enormemente» el número de personas asesinadas en la Unión Soviética y el bloque del Este en el mismo periodo.[60]

La caída

La violencia en América Central prosiguió implacable hasta la caída del Muro de Berlín. Y después no se detuvo. La Unión Soviética se desmoronó de forma espectacular en el periodo comprendido entre 1989 y 1991, acompañada por todos los Estados que Moscú configuró directamente a la conclusión de la Segunda Guerra Mundial. El segundo mundo dejó de existir y sus residentes lo vivieron como el derrumbe literal de sus Gobiernos. Para el resto del planeta, que en su mayor parte se había visto afectado por la Guerra Fría de un modo u otro, algunas cosas cambiaron. Otras no.

Desde el primer mundo, los norteamericanos y los europeos occidentales observaban triunfantes. Los líderes de Occidente se sentían reivindicados por la muy convincente evidencia de que el comunismo soviético no era un sistema sostenible.

En algunas regiones del tercer mundo, más específicamente en aquellas en las que todavía se libraba la Guerra Fría, hubo cierto alivio.

---

[60] John H. Coatsworth, «The Cold War in Central America», en Melvyn P. Leffler y Odd Arne Westad (eds.), *The Cambridge History of the Cold War, Vol. 3*, Cambridge University Press, 2010, p. 221.

Benny pudo, finalmente, imponerse en la ONU. Llevaba años presionando para que Estados Unidos dejara de reconocer a los Jemeres Rojos como Gobierno oficial de Camboya e intentando contar al mundo los horrores llevados a cabo por Pol Pot. Benny influyó para que suficientes países se sumaran a la iniciativa de terminar con el punto muerto diplomático provocado por la tozuda oposición de Washington a Hanói. En 1992 se trasladó a Siem Reap, la región más caótica del país, para intentar ayudar a componer un nuevo Gobierno de coalición coordinado por la ONU.[61]

En El Salvador se permitió por fin una tregua. En 1992, los rebeldes del FMLN se convirtieron, sencillamente, en un partido legal. Los historiadores sospechan que es probable que pudiera haber sucedido mucho antes si el anticomunismo fanático no hubiera llevado a Washington a bloquear toda posibilidad de negociación.

En Nicaragua, los sandinistas se impusieron con facilidad en las elecciones de 1984. Washington transmitió a la oposición de derechas que no participara, puesto que la Administración Reagan no quería que la votación pareciera legítima.[62] La Contra nunca abandonó el terrorismo. Quedó claro para todos, cuando el país volvió a las urnas de nuevo en 1990, que la violencia no cesaría mientras la izquierda no perdiera el poder. El pueblo nicaragüense votó su expulsión y se marcharon pacíficamente.

En Afganistán, donde las tropas soviéticas habían intentado apuntalar a un aliado comunista a lo largo de nueve años, las fuerzas de Moscú se retiraron, los fundamentalistas apoyados por la CIA establecieron una teocracia islámica fanática y Occidente dejó de prestar atención.

En Chile, Pinochet había sido retirado del poder mediante un plebiscito nacional en 1988, pero siguió siendo comandante en jefe del Ejército hasta 1998, cuando pasó a ser senador vitalicio.

En el caso de los dos mayores Gobiernos anticomunistas establecidos en el antiguo tercer mundo, el final de la Guerra Fría tuvo un efecto indirecto. Tanto Brasil como Indonesia llevaron a cabo una transición del autoritarismo a una democracia multipartidista.

---

[61] Widyono, *Dancing in Shadows*, primera parte.
[62] LaFeber, *Inevitable Revolutions*, p. 309.

Lo hicieron en momentos diferentes: Brasil inició el proceso mucho antes de la caída del Muro de Berlín, y Suharto abandonó el poder casi una década después de la reunificación alemana. Es crucial, no obstante, el hecho de que en ambos casos se procediera del mismo modo. En Brasil y en Indonesia la transición fue llevada a cabo de forma controlada. La transferencia negociada del poder mantuvo la estructura social fundamental que las dictaduras tenían por objetivo defender y garantizó impunidad a los mandatarios, que continuaron disponiendo de riquezas e influencia. Las élites que se habían sentido amenazadas por los movimientos sociales en las décadas de 1950 y 1960 siguieron al mando y sus países bien integrados en el sistema capitalista internacional. Este fue el caso también de casi todos los países de América Latina y de la amplia mayoría del Sudeste Asiático. De diferentes modos y con niveles distintos, el anticomunismo fanático siguió siendo una fuerza con poder en ambos países y en sus regiones. Adoptó diferentes modos, tanto descubiertos como latentes, pero ahí estaba, siempre amenazando con resucitar. Lo que desde luego no hizo fue desaparecer cuando la supuesta amenaza soviética se desvaneció.

Tampoco cambió Washington su posición con respecto a Cuba después de la caída de la Unión Soviética. En lugar de suavizar la presión sobre La Habana o de poner a prueba tácticas diferentes, Washington apretó las tuercas a la isla con la aprobación de la ley Helms-Burton en 1992 y penalizando a todas las empresas que hicieran negocios con Cuba. Pero Cuba siguió resistiendo. Fidel Castro maniobró y la isla superó el denominado «periodo especial», marcado por las mayores privaciones vistas desde la década de 1950, con la reintroducción del capitalismo y la apuesta por el turismo.

Es difícil explicar la actitud estadounidense con respecto a Cuba como respuesta al temor al comunismo soviético o en defensa de la libertad. Desde 1960 hasta el presente, Cuba ha estado muy lejos de ser el sistema político más represivo o el peor enemigo de los derechos humanos en el continente.

Tal vez Fidel Castro cometió el imperdonable pecado de sobrevivir de manera muy evidente a los repetidos golpes de Estado e intentos de asesinato, lo que avergonzaba a Washington. O tal vez la verdadera amenaza que percibía Washington era la existencia de un modelo rival fuera del sistema internacional liderado por Estados Unidos, lo mismo que sabemos que preocupaba a los altos mandos estadounidenses en el caso de Guatemala en 1954, en Bandung en 1955 y en Chile en 1973.

Hay otra cuestión que desde luego tampoco cambió en Estados Unidos. En cuanto concluyó la Guerra Fría, los responsables estadounidenses, especialmente el presidente George H. W. Bush, empezaron a hablar de un «dividendo de la paz». La idea era que, con el comunismo soviético desaparecido, Washington podía reducir el gasto militar y las intervenciones armadas en el extranjero. Sucedió todo lo contrario. Se produjo un ligero descenso del gasto en la década de 1990 y después el presupuesto del Pentágono volvió a dispararse con el nuevo siglo. Barack Obama concurrió a las elecciones como candidato antibelicista; sin embargo, cuando concluyó sus mandatos en 2016, Estados Unidos estaba bombardeando de forma activa al menos siete países.[63]

Las últimas dos décadas han facilitado a los mejores historiadores una visión más amplia del comportamiento de Estados Unidos. Antes y después de la Guerra Fría, Estados Unidos siempre fue una potencia expansionista y agresiva.

«En un sentido histórico —y, especialmente, observado desde el Sur— la Guerra Fría fue una continuación del colonialismo a través de medios ligeramente diferentes», escribe Odd Arne Westad. El nuevo y rampante intervencionismo que hemos visto después de los ataques islamistas en Estados Unidos en septiembre de 2001 no es una aberración, sino una continuación —de un modo ligeramente más extremo— de la política estadounidense durante la Guerra Fría».[64]

En África, las guerras civiles concluyeron de diversos modos, pero el capitalismo clientelar y la extracción de recursos se hicieron norma en casi todas partes.[65] En Europa del Este, el derrumbamiento del comunismo no fue un proceso tan limpio como creyó a menudo Occidente.

---

[63] Micah Zenko y Jennifer Wilson, «How Many Bombs Did the United States Drop in 2016?», Council on Foreign Relations (blog), 5 de enero de 2017.
[64] Westad, *The Global Cold War*, pp. 396 y 405.
[65] Tom Burgis, *The Looting Machine*, PublicAffairs, 2016.

Nury, la hija del embajador de Sukarno en Cuba, se trasladó a Bulgaria con su marido búlgaro, dejando atrás la protección que les había ofrecido Fidel Castro en La Habana. En 1990, Bulgaria celebró elecciones. A pesar del generoso apoyo de Washington a la oposición, el Partido Socialista Búlgaro (el nuevo nombre de los comunistas) se impuso. Sin embargo, Estados Unidos y los responsables europeos dejaron claro que no tenían intención de tratar con ellos, por lo que después de un periodo de conflictos y protestas, los socialistas entregaron el poder a un Gobierno de coalición. En los siguientes años, los estándares de vida cayeron vertiginosamente. Nury y su marido, acostumbrados a altas tasas de empleo y a servicios públicos decentes, si bien no a las libertades democráticas, observaron espantados cómo la economía se encogía nueve años seguidos y la inflación se disparaba fuera de todo control.[66]

«Cuando finalmente pude volver a Indonesia, quedé espantada al oír lo que la gente piensa que es el comunismo —cuenta Nury—. Yo lo viví y, sencillamente, no tienen razón. Y vivir en Bulgaria con el comunismo era muchísimo mejor que vivir en la Indonesia de Suharto».

En Guatemala, la guerra civil terminó en 1996. La población de Ilom que sobrevivió pudo al fin volver a casa y reconstruir su diminuta aldea. La única forma de llegar allí ahora, si no se dispone de automóvil, es ascender por sinuosas y peligrosas carreteras en un atestado autobús escolar estadounidense. El viaje supone entre dos y tres días desde Ciudad de Guatemala, a unos ciento veinticinco kilómetros de distancia.

Las mayas siguen llevando las faldas rojas que la madre de Antonio vestía el día que descubrió que habían quemado viva a su vecina. Los aldeanos todavía cultivan el maíz, se levantan temprano, van a caballo entre los árboles a trabajar las tierras y regresan a la puesta de sol para sentarse a contar historias en ixil y reír un rato.

Sin embargo, para participar en la moderna economía que ha crecido a su alrededor, también necesitan dinero. Por eso envían

---

[66] «Report for Selected Countries and Subjects», Fondo Monetario Internacional.

a sus hijos y a sus hijas adolescentes a Estados Unidos. El hijo de Josefa se marchó en 2016, con diecisiete años. Todo el mundo sabe que, si parte antes de cumplir los dieciocho, es más fácil entrar en el país y quedarse. Tiene un trabajo en el sector de la construcción en Florida, donde aprendió bastante bien a hablar español. Una vez saldada la deuda con el hombre que lo ayudó a cruzar la frontera, su coyote, puede enviar dinero a casa.

La gente de Ilom sigue mandando a más y más jóvenes al norte. No es porque amen a Estados Unidos ni porque busquen el sueño americano. No quieren ir. Saben bien quién fue el responsable de la violencia que sufrieron.

«Muchos de nosotros, realmente muchísimos de nosotros, fuimos a Estados Unidos», me dice Antonio Caba Caba mientras me da un paseo por Ilom. Atravesamos la plaza en la que vio a casi todos los hombres que conocía morir asesinados por ser, de uno u otro modo, sospechosos de comunismo. Me dice: «Es gracioso… Bueno, quizá "gracioso" no es la palabra…, pero sabemos quién es responsable de la violencia que destruyó este sitio. Sabemos que fueron los Estados Unidos los que estaban detrás de todo. Pero seguimos mandando a nuestros hijos allí porque no tienen otro sitio al que ir».

11

Campeones del mundo

¿Qué tipo de planeta nos quedó después de la Guerra Fría? ¿Quién ganó esta guerra? ¿Quién perdió? Y para ser más específicos, ¿cómo ha afectado concretamente la cruzada anticomunista a la vida actual de miles de millones de personas? Estas preguntas aguardaban en un rincón de mi cerebro mientras recorría el mundo investigando para este libro. Me habían educado con un determinado abanico de respuestas. Decir que lo que aprendí desde que empecé a trabajar en este proyecto hizo que mi fe en aquellas respuestas se estremeciera sería quedarse muy corto. Pero, en lugar de simplemente reformular las respuestas yo mismo, quería escuchar a las personas que habían vivido todo esto y que habían sentido el conflicto de forma más cercana.

Así pues, planteé las preguntas directamente a los supervivientes que entrevisté en Indonesia y en toda América Latina. Para ellos, la respuesta solía ser bastante sencilla. Pregunté a Winarso, que es el director de Sekretariat Bersama '65 (Secretariado Unificado 1965), una organización con muchas limitaciones que defiende a los supervivientes de la violencia en Indonesia.

«Ganó Estados Unidos. Aquí, en Indonesia, os salisteis con la vuestra, y por todo el mundo os salisteis con la vuestra», me dijo en 2018, sentado en el suelo de su modesta casa en Solo, cambiando continuamente de posición para evitar que se inflamase todavía más la dolorosa lesión que padecía en la espalda. Lo llegué a conocer bastante bien a lo largo de los años en los que me ayudó a organizar muchas entrevistas. Prosiguió: «La Guerra Fría fue un conflicto entre el socialismo y el capitalismo. Y ganó el capitalismo. Es más, todos nos quedamos con el capitalismo centrado en

Estados Unidos que Washington quería promover. Solo tienes que mirar a tu alrededor», me decía, haciendo un gesto hacia su ciudad y a todo el archipiélago indonesio.

—¿Y cómo ganamos? —le pregunté.

Winarso dejó de moverse.

—Nos matasteis.

Respuestas como esta fueron muy comunes.

Las personas que conocí no eran una selección al azar de la población mundial. Eran fundamentalmente víctimas y expertos en los programas anticomunistas de exterminio masivo del siglo XX. Existen otros puntos de vista importantes que tener en consideración. No obstante, estoy convencido de que las perspectivas de personas como Winarso y las experiencias de personas como Francisca, Carmen, Ing Giok y Sakono son cruciales para comprender cómo ha terminado siendo nuestro mundo.

En 1955, Sukarno y gran parte del tercer mundo se reunieron con la intención de cambiar la relación entre el primer y el tercer mundo. Creían que, después de siglos de colonialismo racista, les tocaba asumir su lugar en los asuntos internacionales como naciones independientes, reafirmar su poder, su inteligencia y su potencial, y crecer como iguales.

En aquel momento era muy evidente la gran distancia a la que se encontraban, y no solo simbólica. Un vistazo rápido al PIB per cápita —el tamaño de la producción económica anual de un país dividido por el número de habitantes— en los países más poblados (véase el Apéndice 1) lo confirma. Las cifras de Estados Unidos y de las economías de las antiguas potencias coloniales blancas eran muchísimo mayores que las del tercer mundo.

Sukarno creía que esto cambiaría. Richard Wright, el escéptico periodista afroamericano que cubrió la conferencia de Bandung de 1955, también pensaba que el movimiento del tercer mundo tendría éxito.[1] El colonialismo se había acabado. Estos países recuperarían el terreno perdido de forma natural.

Sin embargo, cuando Winarso hizo ese gesto con la mano para indicar la situación actual del mundo en su conjunto, ¿a qué estaba

---

[1] Wright, *The Color Curtain*, p. 206.

señalando? Seguimos conversando de esto mismo. Una cosa es clara como el agua, incluso sin mirar los datos económicos ni los gráficos que representan la calidad de vida: Estados Unidos sigue siendo, con mucha diferencia, la nación más poderosa de la tierra, y cuando los estadounidenses viajan a Indonesia, a México, a África o a Paraguay, son más ricos que la población local. Sin embargo, los ciudadanos de Estados Unidos infravaloran enormemente el tamaño de la brecha que los separa del resto del mundo. La distancia entre el primer y el tercer mundo es enorme. La economía estadounidense no es solo un poco mayor que la indonesia; es veinte veces superior. El PIB per cápita de Brasil es menos de una sexta parte del estadounidense. Con muy escasas excepciones, las antiguas potencias imperiales han conservado la misma relación estructural con los países presentes en Bandung (véase el Apéndice 2).

La República Popular China ha pasado a ser mucho más poderosa, todos lo perciben ya en el Sudeste Asiático. La economía china es hoy casi tan grande como la estadounidense. Sin embargo, se debe a que hay casi cuatro veces más ciudadanos chinos que estadounidenses. China ha pasado de ser un país increíblemente pobre a ser un país medio, con un PIB per cápita que ronda los niveles de América Latina, y la población china sigue, de media, siendo increíblemente pobre en términos estadounidenses. El crecimiento económico de China en las últimas décadas es el que ha impulsado la mayor parte de la reducción de la desigualdad internacional que ha tenido lugar desde 1980. Existe un acalorado debate sobre si China ha crecido por abrazar el capitalismo o por aplicar reformas comunistas y seguir bajo el control de un único partido tecnocrático. Lo que está claro es que China no es en modo alguno un régimen anticomunista creado por la intervención de Estados Unidos en la Guerra Fría. Una forma de mirar el panorama actual indica que la desigualdad ha caído a escala mundial ligeramente desde 1960, en gran medida gracias a China (véase el Apéndice 3). Otra forma de verlo (agrupando los países por regiones) indica que el tercer mundo se ha quedado atrapado donde estaba, mientras que al primer mundo le ha ido todavía mejor (véase el Apéndice 4).

Por supuesto, hay multitud de debates, complejos y sin resolver, sobre por qué los países menos ricos no han sido capaces de alcanzar el nivel de los ricos.[2] Pero es importante ser consciente del tamaño, tan frecuentemente olvidado, de la brecha entre naciones, así como de la historia de la desigualdad mundial desde la Segunda Guerra Mundial, porque los acontecimientos de este libro han de encajar en esa historia. Un estudio reciente preguntaba a los ciudadanos estadounidenses cuánto ingresa aproximadamente el ser humano medio al año. La cifra que daban era diez veces mayor que la real. Los participantes quedaban desconcertados al ver concretamente cómo sigue viviendo el tercer mundo.[3]

La realidad es que el mundo blanco y los países que conquistaron el planeta antes de 1945 siguen en gran medida en la cima, mientras que los países de otras razas que fueron colonizados siguen abajo. A casi todo el mundo le va mejor ahora en un sentido material concreto, gracias a los avances tecnológicos y al crecimiento económico global, pero la brecha entre el primer y el tercer mundo sigue siendo casi tan abismal como lo era después de la conferencia de Bandung. Sería excesivo afirmar que todo esto se debe a la Guerra Fría o, más específicamente, que proviene de la amplia red de programas anticomunistas de asesinatos en masa que Estados Unidos organizó y a la que contribuyó. Sin embargo, es cierto que el periodo de la Guerra Fría e inmediatamente posterior, el periodo en el que Estados Unidos llevó a cabo intervenciones violentas de manera rutinaria en asuntos internacionales, no se vio marcado por una pérdida de poder de los países blancos.

Es justo decir que el primer mundo ganó la Guerra Fría y, de manera más general, se impuso en la historia del siglo XX. Este es el mundo en el que yo nací; afirmaba en la introducción que la historia habitualmente la escriben los vencedores, y, para bien o para

---

[2] Hice una tesina sobre los efectos a principios de la década de 1980 de la política de tipos de interés de la Reserva Federal en la deuda y en los programas de desarrollo. Entiendo la complejidad de la cuestión y que no vamos a resolverla aquí.

[3] Gautam Nair, «Most Americans Vastly Underestimate How Rich They Are Compared with the Rest of the World. Does It Matter?», en *The Washington Post*, 23 de agosto de 2018.

mal, es cierto también en el caso de este libro. Nací y crecí en Estados Unidos. Posiblemente no sea una coincidencia que alguien con mi contexto sea quien haya podido acceder a los contactos y a la financiación para contar esta historia internacional, en lugar de una mujer de las áreas rurales javanesas o una habitante de una favela brasileña.

¿Y el segundo mundo? Compartiendo hace poco un té con un viejo miembro del Partido Comunista Vietnamita, surgió la cuestión. Él es muy franco con los problemas del sistema socialista de su país, pero afirmó que el Gobierno de Vietnam, de forma muy parecida a China y lo que queda del mundo socialista, observó muy atentamente lo que sucedió con la Unión Soviética y sus satélites después de 1989 y hará todo cuanto sea posible para evitar repetir aquellas experiencias.

Sin duda alguna, los líderes de los partidos comunistas que dirigían la Unión Soviética y los países del Pacto de Varsovia perdieron. Y perdieron rotundamente. Pero ¿qué hay de sus ciudadanos, de las personas normales que padecieron el mundo comunista? ¿Significó el triunfo del capitalismo internacional la victoria para ellos también? ¿Fueron recompensados con prosperidad y democracia?

El economista Branko Milanovic, uno de los expertos en desigualdad mundial más destacados del mundo, nacido y educado en la Yugoslavia comunista, planteó estas preguntas en el veinticinco aniversario de la caída del Muro de Berlín. Probablemente podemos suponer que no, que no consiguieron todo aquello. Pero esa era, sin duda, la idea en 1991, y en muchos sentidos era la promesa que se hizo a los ciudadanos que sufrían en el mundo comunista, incluido el propio Milanovic. Lo que ocurrió, en lugar de eso, fue una devastadora crisis económica.[4] En un pequeño texto titulado *For Whom the Wall Fell?* [¿Para quién cayó el Muro?], Milanovic se asomaba a los países poscomunistas en 2014. Algunos seguían teniendo economías más pequeñas que en 1990. Otros habían

---

[4] Branko Milanovic, «Income, Inequality, and Poverty during the Transition from Planned to Market Economy», en *World Bank Regional and Sectorial Studies*, cap. 3, www.gc.cuny.edu/CUNY_GC/media/CUNY-Graduate-Center/PDF/Centers/LIS/Milanovic/papers/Income_ineq_poverty_book.pdf.

crecido más despacio que sus vecinos de Europa Occidental, lo que significaba que se encontraban más atrasados, incluso con respecto al punto en el que estaban en 1990, cuando el derrumbamiento de su sistema de gobierno redujo el tamaño de sus economías. Solo encontró cinco casos reales de éxito capitalista: Albania, Polonia, Bielorrusia, Armenia y Estonia, que en cierto modo habían ido alcanzando al primer mundo. Solo tres eran democracias.

Esto significa, de acuerdo con los cálculos de Milanovic, que solo el 10 por ciento de la población del antiguo espacio comunista de Europa del Este consiguió lo que se le había prometido cuando derribaron el Muro. El segundo mundo perdió. Y perdió rotundamente. Perdieron el poder geopolítico que tenían en la Guerra Fría. Sus ciudadanos con frecuencia perdieron riqueza material, y muchos de ellos ni siquiera obtuvieron libertades democráticas con las que equilibrar dicha pérdida.[5]

¿Y el tercer mundo? El país al que he dedicado más tiempo es Indonesia, el cuarto más poblado del mundo, fundador del movimiento del tercer mundo y sede todavía del Movimiento de los Países No Alineados, que tiene sus oficinas en Yakarta.

A menudo, cuando entrevisto a supervivientes de la violencia de 1965, asumen que querré preguntarles por la tortura. Cómo era recibir palizas, pasar hambre, que te llamaran bruja o demonio, perder todo contacto con la familia. Que te violaran en manada y te arrojaran al rincón de una celda después, como si no fueras nada. No era habitualmente de esto de lo que yo pretendía conversar. En la medida en la que periodistas y académicos han dedicado siempre mucho tiempo a pedir a los supervivientes que cuenten sus experiencias, estas preguntas ya se han hecho. Con demasiada frecuencia han sido las únicas preguntas, como si se asumiera de forma implícita que solo los excesos de la represión fueron un problema, que, si simplemente hubieran detenido a dos millones de personas y después hubieran demostrado en un tribunal que esas personas eran de verdad comunistas, y hubieran ejecutado a la mitad, habría estado bien. Personalmente, me parecía

---

[5] Branko Milanovic, «For Whom the Wall Fell?», en *The Globalist*, 7 de noviembre de 2014.

adecuado que los supervivientes apenas esbozaran las peores partes de su experiencia con palabras rápidas, si estaba claro que relatar aquellos momentos suponía para ellos revivir el trauma.

Por desgracia, sí tuve que plantear una pregunta, en dos partes, que a menudo les resultaba extremadamente difícil de responder. Me llevó mucho tiempo perfeccionar la formulación de esta pregunta en *bahasa indonesia* para ser lo más claro posible. Al menos en las conversaciones con aquellos que de verdad habían pertenecido a la izquierda, siempre les decía: «Recuerde 1963 y 1964. En aquellos años, ¿qué mundo creía que estaba construyendo? ¿Cómo creía que sería el mundo en el siglo XXI?». Y entonces preguntaba: «¿Es ese el mundo en el que vive ahora?».

A menudo se les iluminaban los ojos cuando respondían a la primera parte. Sabían la respuesta. Estaban construyendo una nación fuerte e independiente, y estaban en el proceso de ponerse en pie y mirar como iguales a las naciones imperiales. El socialismo no llegaría de inmediato, pero estaba llegando, y crearían un mundo sin explotación ni injusticias sistémicas. La respuesta a la segunda pregunta era tan evidente que el mero hecho de plantearla parecía cruel. Podría haber sido diferente si su Gobierno hubiese cometido atrocidades espantosas, pero hubiera reconocido el error y hubiera construido una sociedad fuerte y justa. Esto no ha sucedido. Viven sus últimos años en un país turbulento, pobre y con un capitalismo clientelar. Y casi cada día les repiten que fue un crimen que pretendieran construir algo diferente.

Si leemos el discurso inaugural de Sukarno en Bandung; si vemos las publicaciones de izquierdas de todo el mundo entre 1955 y 1965; si leemos la *Afro-Asian Journalist*, la revista pro-tercer mundo imbuida del espíritu de Bandung que traducía Francisca, o las publicaciones del socialismo democrático de Brasil y de Chile, podemos preguntarnos: ¿estaban locos?, ¿eran sus expectativas totalmente irreales?, ¿podrían las cosas haber ido de otro modo?

Como hemos visto, entre 1945 y 1990 se extendió por todo el mundo una difusa red de programas anticomunistas de exterminio apoyados por Estados Unidos que llevó a cabo asesinatos en masa en al menos veintitrés países (véase el Apéndice 5). No había un plan centralizado, no había una sala de control en la que se orquestara todo, pero creo que los programas de exterminio de Argentina, Bolivia, Brasil, Chile, Colombia, Corea del Sur, El Salvador, Filipinas, Guatemala, Honduras, Indonesia, Irak, México, Nicaragua, Paraguay, Sri Lanka, Sudán, Tailandia, Taiwán, Timor Oriental, Uruguay, Venezuela y Vietnam deberían considerarse interrelacionados y parte crucial de la victoria estadounidense en la Guerra Fría (el apéndice no incluye enfrentamientos militares directos, ni siquiera a inocentes muertos por «daños colaterales» en una guerra). Los hombres que llevaban a cabo las ejecuciones deliberadas de disidentes y civiles desarmados aprendían los unos de los otros. Adoptaban métodos desarrollados en otros países. A veces incluso bautizaban sus operaciones con el nombre de los programas que pretendían emular. He encontrado pruebas que vinculan indirectamente la metáfora «Yakarta», tomada del más amplio y más importante de estos programas, con al menos once países (doce si incluimos Sri Lanka, donde el Gobierno puso en práctica lo que denominó la «solución indonesia»).[6] Pero incluso

---

[6] Agradezco a Matt Kennard y a Phil Miller, de Declassified UK, que llamaron mi atención sobre el caso de Sri Lanka después de la publicación de la primera edición inglesa de este libro, así como a David Gladstone, alto comisionado británico en Sri Lanka a finales de la década de 1980, por conversar conmigo en diciembre de 2020. Por todo ello, decidimos incluir Sri Lanka en el listado que aparece en esta página y en el mapa de la página 380. En su libro *A Sri Lankan Tempest: A Real Life Drama in Five Acts* (Wotton Underwood, 2017), David Gladstone escribe que la «solución» utilizada para aplastar al comunista Janatha Vimukthi Peramuna (JVP, Frente de Liberación Popular), estuvo explícitamente basada en el programa de asesinatos en masa indonesio de 1965. David Gladstone señala que un ministro le dijo, en 1989, «que el presidente había decidido imponer la "solución indonesia"», que consistía en asesinar y hacer desaparecer a todo hombre joven que pudiera apoyar al JVP. Lo que siguió fue un programa de exterminio masivo, evidente incluso para el representante del Gobierno británico en el país, que vio cadáveres en las cunetas y flotando en los ríos. Véanse las páginas 97-100 y 183. David Gladstone recuerda que fue el ministro de Defensa, Ranjan Wijeratne, el que primero le habló de la «solución indonesia», que también se explicaba utilizando el «principio de Herodes», inspirado en el relato bíblico. «Si matas a suficiente gente, seguro que matas a quien quieres matar». Gladstone asegura que, cuando se desató la matanza, intentó llamar la atención tanto del Gobierno británico como del estadounidense, pero sus informes encontraron oídos sordos. Señala que su homólogo estadounidense, el embajador James W. Spain, le transmitió que la respuesta de Washington era: «Consideramos a [el presidente] Premadasa un gobernante fuerte, y es precisamente lo que queremos en esa región del mundo». Gladstone cree que los asesinos

los regímenes que nunca estuvieron influidos por ese lenguaje concreto podían ver, con total claridad, lo que los militares indonesios habían hecho, así como el éxito y el prestigio de los que disfrutaron en Occidente posteriormente. Y, si bien algunos de estos programas estuvieron sumamente mal dirigidos y también se llevaron por delante a meros espectadores que no suponían amenaza alguna, consiguieron eliminar a oponentes reales al proyecto mundial liderado por Estados Unidos. Indonesia es, de nuevo, el ejemplo más relevante. Sin el asesinato masivo de miembros del PKI, el país no hubiera pasado de Sukarno a Suharto. Incluso en países en los que el futuro del Gobierno no pendía de un hilo, los asesinatos en masa fueron una forma efectiva de terrorismo de Estado, tanto dentro de esos países como en toda la región a la que pertenecían, advirtiendo de lo que le podía suceder a quien se resistiera.

No estoy defendiendo que Estados Unidos se impusiera en la Guerra Fría por los asesinatos en masa. La Guerra Fría terminó fundamentalmente por las contradicciones internas del comunismo soviético y por el hecho de que sus líderes en Rusia destruyeron involuntariamente su propio Estado. Pero sí defiendo que esta amplia red de programas de exterminio, organizada y justificada con principios anticomunistas, tuvo tal importancia en la victoria estadounidense que la violencia moldeó profundamente el mundo en el que hoy vivimos.

Todo esto depende de lo que consideremos que fue realmente la Guerra Fría. La perspectiva popular en el mundo angloparlante, creo, es que la Guerra Fría fue un conflicto entre dos países que, aunque no fueron a la guerra, se enfrentaron en una serie de conflictos indirectos. Esto no es del todo incorrecto, pero se basa en las experiencias de una pequeña minoría de personas del planeta, y la Guerra Fría afectó prácticamente al mundo entero.

Opino, con el historiador de Harvard Odd Arne Westad, que la Guerra Fría fue algo diferente. Podemos ver la Guerra Fría como las circunstancias mundiales por las que la amplia mayoría

---

del Gobierno de Sri Lanka se envalentonaron por la posición de Estados Unidos en la Guerra Fría. «Sentían que tenían carta blanca, que Estados Unidos miraría hacia otro lado, dado que estaban matando comunistas». Entrevista del autor, 2020.

de los países del mundo pasaron del mando colonial directo a otra cosa, a un nuevo lugar en un nuevo sistema mundial. Considerada de esta forma, no existe una sencilla relación binaria de perdedor y ganador entre Estados Unidos y la Unión Soviética. En el tercer mundo había muchos caminos que podía tomar cada país, y lo que es más importante: la mayoría sigue hoy en el camino específico que adquirió forma y se adoptó durante la Guerra Fría. Algo parecido sucede con la relación estructural general entre los países ricos y los países pobres: la relación que tenemos en la actualidad fue moldeada fundamentalmente por la forma en la que esas dos potencias se comportaron en el siglo XX.

Ninguno de los sistemas erigidos por la Unión Soviética sigue aquí. Por el contrario, los países que eligieron —o a los que se les obligó a adoptar— caminos hacia el sistema capitalista mundial liderado por Estados Unidos, han seguido en ellos. Los países que no lo hicieron a menudo han caído en vías similares en los últimos veinticinco años. En ese mismo periodo de tiempo, el mundo ha experimentado un proceso con frecuencia denominado «globalización». El término, sin duda, se puso de moda durante un tiempo. Pero para aquellos que quieran ser verdaderamente precisos, una palabra mejor es «americanización», defiende Westad.[7] Para bien o para mal, casi todos vivimos ahora en el sistema económico internacional al que Indonesia y Brasil se incorporaron a mediados de la década de 1960, un orden capitalista mundial con Estados Unidos como potencia militar líder y centro de la producción cultural. Esto puede cambiar pronto..., ¿quién sabe? Pero todavía son estas nuestras circunstancias.

En este libro he dedicado menos tiempo a abordar las verdaderas atrocidades llevabas a cabo por ciertos regímenes comunistas en el siglo XX. Es así, en parte, porque son ya bien conocidas; pero sobre todo porque dichos crímenes no tuvieron en realidad mucho que ver con las historias de los hombres y de las mujeres cuyas vidas hemos seguido en estas páginas a lo largo de los últimos cien años. Sin embargo, también se debe a que no vivimos

---

[7] Westad, *The Global Cold War*, p. 387.

en un mundo construido directamente por las purgas de Stalin ni por las hambrunas de Pol Pot. Esos Estados han desaparecido. Incluso el Gran Salto Adelante de Mao fue abandonado rápidamente y rechazado por el Partido Comunista Chino, si bien el partido sigue teniendo mucho que decir. Vivimos, eso sí, en un mundo construido en parte por la violencia de la Guerra Fría apoyada por Estados Unidos.

El afianzamiento de la americanización recibió la contribución de los programas de asesinatos en masa analizados en este libro. En cierto modo, la hicieron posible. Desde luego, no fueron los únicos acontecimientos que la posibilitaron —no hemos analizado los medios no violentos con los que Washington forzó cambios de régimen en el siglo xx ni tampoco los motivos por los que las instituciones estadounidenses convirtieron al país en una nación tan rica, dinámica y poderosa—, pero podemos sin duda imaginar que las cosas hubieran sido de otro modo sin ellos.

La cruzada anticomunista de Washington, con Indonesia en la cumbre de su violencia homicida contra la población civil, modeló profundamente el mundo en el que vivimos hoy de cinco maneras.

En primer lugar, sencillamente, está el trauma, que en su mayor parte todavía no ha sido resuelto. Países como Chile y Argentina hicieron un trabajo bastante bueno a la hora de reunirse para la reconciliación nacional. Brasil lo hizo peor. Indonesia no ha hecho nada por el estilo. Pero, incluso en el mejor de los escenarios, es evidente que no se pueden simplemente borrar las cicatrices del terrorismo masivo en una o dos generaciones. Los efectos psicológicos de las actuaciones encubiertas de Estados Unidos se sienten en todas partes, incluida la propia Norteamérica. Cada vez más ciudadanos estadounidenses tienen vínculos con países afectados por las recientes intervenciones de Washington, e incluso en el caso de los estadounidenses blancos existen efectos psicológicos. Cuando los ciudadanos descubren que algunas cosas, cuestiones importantes, les han sido ocultadas, empiezan a dudar de lo que no deberían y se embarcan en teorías desquiciadas de la conspiración.

En segundo lugar, la violenta cruzada anticomunista estadounidense destruyó varias posibilidades alternativas para el desarrollo del planeta. El movimiento del tercer mundo se vino abajo en parte por sus propios errores internos. Pero también fue aplastado. Estos países estaban intentando hacer algo inmensamente complicado. Y no ayuda que el Gobierno más poderoso de la historia trate de impedírtelo.

Es difícil decir cómo podrían haber reformulado el mundo si hubieran contado con verdadera libertad para experimentar y construir algo diferente. Tal vez los países del mundo en desarrollo hubieran podido unirse e insistir en cambiar las normas del capitalismo internacional. Tal vez muchos de estos países no serían en absoluto capitalistas. Supongo que es posible —aunque me parece improbable, teniendo en cuenta quiénes fueron las víctimas y la fortaleza de Estados Unidos— que sin esta violencia el socialismo autoritario se hubiera impuesto en el siglo xx. No está claro siquiera que tengamos la capacidad de imaginar qué podría haber sido distinto. Cuando se trata de pura economía, cada vez existe un acuerdo más sólido en que los países en vías de desarrollo perdieron su oportunidad de «alcanzar» al primer mundo en torno a los primeros años de la década de 1980, cuando una explosión de deuda, un giro hacia los ajustes estructurales neoliberales y la «globalización» los dispusieron en la senda que hoy transitan.[8] Dentro de la estructura actual, los únicos ejemplos reales de grandes países del tercer mundo que se hayan hecho tan ricos como los del primer mundo desde 1945 son Corea del Sur y Taiwán, y está muy claro que estas naciones disfrutaron de exenciones especiales de las normas del orden mundial por su importancia estratégica en la Guerra Fría.[9]

En tercer lugar, las operaciones afectaron profundamente a la naturaleza de los regímenes y los sistemas económicos establecidos después. Los ejemplos de Indonesia y de Brasil son tal vez los más relevantes.

---

[8] En lo relativo a la «fuerte y amplia tendencia internacional al neoliberalismo desde la década de 1980», véase Jonathan D. Ostry, Prakash Loungani y Davide Furceri, «Neoliberalism: Oversold?», un artículo de investigación del FMI que cuestiona la efectividad de esta tendencia política, en www.imf.org/external/pubs/ft/fandd/2016/06/ostry.htm.

[9] Robert Wade, «Escaping the Periphery: The East Asian "Mystery" Solved», United Nations University World Institute for Development Economics Research, septiembre de 2018.

Probablemente es plausible afirmar en la actualidad que toda América Latina, con la excepción de Cuba, está formada por naciones con un capitalismo clientelar de poderosas oligarquías. En el Sudeste Asiático se puede decir otro tanto de la mayoría de los países, e incluso las naciones comunistas se integraron en la ASEAN, que Indonesia y Filipinas fundaron con una identidad anticomunista en 1967. Como muestra *The Looting Machine*, de Tom Burgis, la economía política de África sigue dominada por Estados débiles y un extractivismo violento. Si quisiéramos tratar de llevar este enfoque analítico al límite, podríamos decir incluso que cuando se derrumbó el segundo mundo, aquellos países quedaron integrados en un sistema mundial que únicamente tenía dos modelos estructurales básicos: los avanzados países capitalistas occidentales y las sociedades a las que dio forma el anticomunismo, con un capitalismo clientelar centrado en la exportación de recursos. Los países del segundo mundo cayeron directamente en la segunda categoría, convirtiéndose en algo muy parecido a Brasil.

En la introducción señalé que Brasil e Indonesia eran probablemente las mayores «victorias» de la Guerra Fría. En un sentido limitado, entiendo que es cierto por una mera cuestión de población: son los países más grandes que entraron en juego, y, aunque parecía que podían caer de cualquier lado, terminaron haciéndolo con gran estruendo en el bando occidental. En el Brasil actual, la idea de que el Gobierno de João Goulart era «comunista» o de que un giro hacia el modelo soviético era inminente es vista, justificadamente, como algo ridículo. Sin embargo, los conservadores tienen algo de razón. Sí que fue posible algo diferente, y los acontecimientos de 1964 acabaron con esa posibilidad. Sin embargo, otro motivo por el que considero que Brasil e Indonesia fueron tan relevantes en el proceso de americanización que terminó por dar forma a la mayor parte del planeta es que, después de 1964 y 1965, muchos de sus vecinos acabaron en vías que estaban influidas, directa o indirectamente, por los regímenes anticomunistas de los países más grandes de cada región.

En cuanto a los vencedores de la cruzada anticomunista, es evidente que, como «Estado nación», a Estados Unidos le ha ido fantásticamente bien desde 1945. Es un país extremadamente rico y poderoso. Sin embargo, si miramos a los estadounidenses uno a uno, si desglosamos el análisis en clases sociales y grupos étnicos, queda claro que el botín de ese dominio internacional se ha compartido de forma sumamente desigual. La mayoría de esos flujos provenientes de otras naciones se han acumulado en la parte más alta de la sociedad, mientras algunos ciudadanos estadounidenses viven en una pobreza comparable a la de la vida en el antiguo tercer mundo.

La cuarta manera en la que los programas anticomunistas de exterminio dieron forma al mundo fue deformando el movimiento socialista internacional. Muchos de los grupos de izquierda del planeta que sobrevivieron al siglo xx decidieron que tenían que utilizar la violencia y custodiar celosamente el poder o enfrentarse a la aniquilación. Cuando vieron los asesinatos en masa que tenían lugar en otros países, sufrieron una transformación. Tal vez los ciudadanos estadounidenses no estuvieran prestando mucha atención a lo que sucedía en Guatemala o en Indonesia, pero otros izquierdistas de todo el mundo desde luego que estaban observando. Cuando los miembros del partido comunista más grande sin ejército ni control dictatorial de un país fueron masacrados, uno a uno, sin consecuencias para los asesinos, muchas personas de otras latitudes aprendieron una lección que tuvo consecuencias relevantes.

Esta es otra pregunta muy difícil que tenía que plantear a mis entrevistados, especialmente a los izquierdistas del Sudeste Asiático y de América Latina. Cuando llegábamos a las viejas discusiones entre la revolución armada o pacífica, entre el marxismo de línea dura y el socialismo democrático, les preguntaba: «¿Quién tenía razón?». En Guatemala, ¿fue Árbenz o el Che quien acertó con su enfoque? ¿Y en Indonesia, cuando Mao advirtió a Aidit de que el PKI tenía que armarse y no lo hizo? En Chile, ¿eran los jóvenes revolucionarios del MIR los que tenían razón en aquellos debates universitarios o era el más moderado y disciplinado Partido Comunista Chileno?

La mayor parte de las personas con las que hablé que estuvieron implicadas en la política de aquellos años creían fervientemente en un enfoque no violento, en un cambio gradual, pacífico y democrático. A menudo no tenían ninguna simpatía por los sistemas erigidos por personas como Mao. No obstante, saben que su posicionamiento perdió el debate...; al fin y al cabo, fueron tantos los amigos muertos... A menudo admiten, sin duda ni placer, que la línea dura tenía razón. El partido desarmado de Aidit no sobrevivió. El socialismo democrático de Allende no se permitió, a pesar de la *détente* entre los soviéticos y Washington.

Desde esta perspectiva, los principales perdedores del siglo XX fueron aquellos que creyeron con demasiada sinceridad en la existencia de un orden internacional liberal, aquellos que creían demasiado en la democracia o en lo que Estados Unidos afirmaba defender, en lugar de en lo que realmente defendía: lo que los países ricos decían, que no lo que hacían. Aquel grupo fue aniquilado.

Finalmente, la quinta consecuencia de la cruzada: el anticomunismo fanático nunca nos ha abandonado, ni siquiera en el primer mundo. No solo en Brasil y en Indonesia ha quedado claro en los últimos años que este estilo político violento y paranoide sigue siendo una fuerza muy potente.

Sin embargo, creo que es evidente que los fantasmas de esta batalla persiguen de manera más activa a los países del mundo «en desarrollo».

12

¿Dónde están hoy?
¿Dónde estamos?

Denpasar

Wayan Badra, el sacerdote hindú, vive en la calle en la que creció, en Seminyak, en el suroeste de Bali. El barrio, sin embargo, ha cambiado drásticamente. La misma playa por la que solía andar cuarenta minutos cada mañana de camino a la escuela de Kuta ya no está vacía, ni mucho menos. La abarrotan complejos turísticos de lujo y «clubes de playa», un tipo muy común de negocio en la isla, donde los extranjeros pueden tomar cócteles las veinticuatro horas del día y darse un baño en la piscina, todo en la misma arena.

Es la misma arena, por supuesto, a la que los militares llevaban a personas de Kerobokan, unos cuantos kilómetros al este, para asesinarlas por la noche. En la misma playa, a unos metros de la casa de Badra, se encuentra uno de los clubes más grandes y lujosos de Bali. Seminyak se ha convertido en uno de los lugares más caros para alojarse en la isla, donde el turismo habitualmente gira en torno al bienestar y los tratamientos con aguas termales, el *mindfulness*, la meditación y los masajes o, por supuesto, el sol y las olas.

Si aterrizaran alienígenas en Bali, de inmediato llegarían a la conclusión de que nuestro planeta tiene una jerarquía racial. Las personas blancas que llegan de vacaciones son múltiples veces más ricas que los locales que les sirven. Simplemente se acepta como parte natural de la vida. En casi todo el Sudeste Asiático, las personas blancas tienen ingresos disponibles para comprar servicios turísticos de lujo o sexo de la población local. Nacieron con esta riqueza. En comparación con el resto de Indonesia, a Bali le ha ido bien en términos económicos como resultado del turismo, y la población a menudo reproduce obediente la «sonrisa balinesa» cuando sirve sus desayunos con huevos a los surferos australianos o sus cocos a las modelos rusas de Instagram.

Casi ninguno de los turistas que llegan a la isla, por muy bien intencionados y educados que sean, sabe lo que pasó aquí, afirma Ngurah Termana, el sobrino de Agung Alit, el hombre que pasó una oscura tarde buscando sin sentido entre calaveras el cadáver de su padre. En contraste con Camboya, donde los mochileros occidentales visitan atentamente (o por morbo) el museo de los campos de exterminio de las afueras de Nom Pen, pocas de las personas que llegan a Bali saben que una parte enorme de la población local fue masacrada justo donde se encuentran sus tumbonas.

«Incluso cuando nos reunimos con una ONG, el tipo de personas más informadas sobre cuestiones internacionales, que saben de Ruanda, de Pol Pot, de todo…, nadie tiene ni idea de lo que sucedió aquí», afirma Ngurah Termana, que es miembro fundador de Taman 65 [Jardín de 1965], un colectivo que trabaja por la memoria y la reconciliación en la isla. El colectivo ha publicado un libro sobre los asesinatos en Bali y un disco con las canciones que cantaban los prisioneros en los campos de concentración locales.[1]

Los miembros de Taman 65 saben que existen motivos por los que ninguno de los turistas conoce la violencia que segó la vida de tantos de sus familiares. El Gobierno ha enterrado su historia a mucha profundidad, a más profundidad incluso que en el caso de la isla de Java. El despegue del turismo, que empezó a finales de la década de 1960, lo exigía. Antes de la llegada de Suharto, una gran parte de las tierras de Bali eran comunales y a menudo estaban en disputa. «Necesitaban matar a los comunistas para que los inversores extranjeros pudieran traer su capital», afirma Ngurah Termana.

«Ahora lo único que ven los visitantes es nuestra famosa sonrisa —prosigue—. No tienen ni idea de la oscuridad y del fuego que se esconde debajo».

---

[1] *Prison Songs Nyannyan Yang Dibunkam*, Taman 65, 2015.

El club de lujo que está a unos pasos de la casa de Wayan Badra fue bautizado con una precisión casi cómica. Se llama Ku De Ta, la adaptación al *bahasa indonesia* del francés *coup d'État* (golpe de Estado). Pregunté a los trabajadores del club si sabían por qué podía resultar irónico. Lo desconocían.

A lo largo de los años, Wayan Badra y sus vecinos han encontrado huesos y cráneos en la arena que rodea Ku De Ta. Como sacerdote más mayor de su aldea, Wayan Badra asume la responsabilidad de ofrecer a esos cadáveres un funeral hindú adecuado. No hace mucho, uno de los aldeanos cometió un error. Se quedó una de las calaveras en la oficina y la puso cerca de unas flores, encima de una mesa. Bromeando, atavió el cráneo con un sombrero.

«Quizá a la persona que murió no le gustó que la trataran así. La calavera empezó a moverse», me contó Wayan Badra. El hombre se asustó y rápidamente la llevó al sacerdote para que oficiara un funeral adecuado y respetuoso.[2]

Stamford

Me encontré con Benny Widyono en su casa de Connecticut. Me llevó mucho tiempo localizarlo (al principio era solo un rumor: un indonesio que había vivido en el Chile de Pinochet). Tuve que perseguir pistas por varios países. Pero terminó siendo muy real para mí, y un amigo muy apreciado.

Después del tiempo que pasó ayudando a reconstruir Camboya, Benny se asentó en la vida académica en Estados Unidos, donde dio clases en la Universidad de Connecticut y escribió un libro acerca de los éxitos y los muchos fracasos de la ONU en Camboya.

Era una persona con un humor desternillante. Cuando relataba sus experiencias en clubes de estriptis de Kansas, en la década de 1950, se cubría la boca, fingiendo ocultar la historia a su mujer, que sonreía al lado. Después de horas enseñándome sus fotos y el material que guarda de Camboya, me llevó de vuelta a la estación

---

[2] Esta historia la narró con antelación Step Vaessen para Al Jazeera en su excelente documental corto *Indonesia's Killing Fields*.

de tren, a la activa edad de ochenta y dos años. Apenas unas semanas más tarde se convirtió, por fin, en ciudadano estadounidense.

Después de nuestro encuentro, mantuvimos el contacto durante meses. Yo lo llamaba para plantear alguna pregunta más o él me enviaba noticias y enlaces a través de WhatsApp. Un día me mandó una nota; parecía un mensaje masivo, decía que iba a someterse a una operación de corazón. Le deseé lo mejor; luego le mandé una postal deseándole una rápida mejoría desde Guatemala; más tarde llamé a su casa para saber cómo se encontraba. Acababa de irse. Su mujer me dijo que había muerto una semana antes.

Quiero dedicarle este libro. A él y a Francisca Pattipilohy, y a todas las víctimas inocentes del terrorismo de Estado en el siglo xx.

São Paulo

Ing Giok Tan fue a mi encuentro cerca de la Praça da República, justo a los pies de mi apartamento en la ciudad más grande de Brasil. Le venía bien aquel lugar. Estábamos en octubre de 2018 y participaba en una manifestación para impedir que Jair Bolsonaro resultara elegido.

Con cincuenta y ocho años, vestida de rojo y absolutamente radiante, estaba en la plaza con unas amigas, haciendo ondear banderas y entregando panfletos. Aquella no era una de las enormes manifestaciones multitudinarias contra Bolsonaro a las que iban todo tipo de personas. Este era un grupo de activistas comprometidas que salían a la calle varias veces por semana.

Y esta vez iban a perder. Cada vez estaba más claro. Aquel momento concreto, cuando Bolsonaro pasó con facilidad a la segunda vuelta sin presentarse siquiera al debate con su rival del izquierdista Partido de los Trabajadores (PT), fue tal vez el punto más bajo de la izquierda brasileña desde el regreso de la democracia. Pero Ing Giok estaba allí con cinco o seis mujeres, sin miedo a defender a Lula, el popular expresidente y el primer líder nacional de la izquierda desde la caída de la dictadura. Ing Giok había apoyado al PT, el partido de Lula, desde que lo votó en 1989 (en aquellas elecciones, la brasileña TV Globo manipuló las imágenes de un debate clave entre Lula y Fernando Collor de Mello, que terminó imponiéndose y posteriormente fue destituido por corrupción). Sin embargo, se hizo especialmente activa en 2016, cuando las fuerzas de la derecha se unieron para destituir a Dilma Rousseff. No creía que de aquello pudiera salir nada bueno. Y tenía razón.

Si hubiera que resumir la carrera política de Jair Bolsonaro en dos palabras, «anticomunismo violento» sería una muy buena elección. Fue un soldado común y corriente, y un político mediocre que pasó por nueve partidos en dos décadas en la cámara baja legislativa. Lo único digno de destacar de él era que a veces, ante las cámaras parlamentarias vacías o a altas horas en la televisión, vociferaba que todo el mundo era comunista o que el Estado tendría que haber matado a más izquierdistas. Un día dijo: «Votar no cambiará nada en este país. ¡Nada! Las cosas solo cambiarán, por desgracia, cuando empecemos una guerra civil y hagamos el trabajo que la dictadura no hizo. Matar a unas treinta mil personas, empezando por FHC [se refería al entonces presidente Fernando Henrique Cardoso, del Partido de la Social Democracia Brasileña]. Si mueren algunos inocentes, no pasa nada».[3]

A lo largo de los años, su defensa vehemente de la dictadura, incluidas sus prácticas más aborrecibles, conmocionó y consternó incluso a los altos mandos militares, que preferían dejar todo aquello en el pasado o al menos no mencionarlo. La ideología de Bolsonaro se puede rastrear directamente hasta 1975 y los días de la Operação Jacarta.

Entonces se produjo una fractura en el estamento militar. El general Geisel quería una apertura democrática gradual, y un grupo radical dentro del Ejército, cuyo poder provenía del terrorismo de Estado, se oponía a dicha apertura. El líder de esta facción violenta de ultraderecha era Brilhante Ustra, el hombre al que Bolsonaro alabó el día que lo que lo entrevisté, el día que se votó la destitución de Dilma Rousseff.

---

[3] Menciono esta cita en este formato en «Jair Bolsonaro, Brazil's Would-be Dictator». La entrevista original, de 1999, apareció en TV Bandeirantes y es accesible fácilmente en YouTube.

«Bolsonaro representa a la facción de las Fuerzas Armadas que ganó poder cuando la tortura se convirtió en parte importante del régimen militar», escribió Celso Rocha de Barros en *Folha de S. Paulo*. En otras palabras: su presidencia es el regreso del mismo impulso que llevó a los asesinatos en masa anticomunistas en el siglo XX.[4]

Ing Giok es ya brasileña en todos los sentidos, hasta el punto de que ya solo se la conoce como «Ing», pronunciado «Ingi» al estilo local (las palabras no pueden terminar en consonante en el portugués de Brasil). También pude conocer a gran parte de la comunidad indonesia de Brasil. Son casi todos de origen étnico chino. Algunos eran conservadores; otros eran de centroizquierda. Ninguno de ellos sabía que los primeros disturbios contra la población de origen chino en Indonesia fueron resultado de la intervención de Estados Unidos en la región. Algunos de ellos no tenían ni idea siquiera de por qué llegaron a Brasil. Otros, como Hediandi Lesmana y Hendra Winardi, llegaron más tarde, después del caos de 1965 y 1966, cuando los sentimientos antichinos de la comunidad estudiantil de Yakarta les hicieron la vida muy difícil. Hendra inició una carrera de mucho éxito como ingeniero en Brasil, construyendo literalmente algunos de sus hitos arquitectónicos más importantes. Su empresa participó en la construcción de cinco de los estadios del Mundial de Fútbol de 2014, que ahora parece que se celebró en un mundo diferente, mucho mejor.

Ing Giok y yo charlamos muchas veces. Cuando volví a sentarme delante del ordenador después de una de nuestras conversaciones, revisé Twitter y algo me llamó la atención. Los partidarios de Bolsonaro llevaban ya semanas llamando a miembros de la prensa internacional «comunistas» por nuestra cobertura crítica.

Sin embargo, esta vez la acusación venía acompañada de una ilustración claramente antigua. Había una demoníaca mano roja que sostenía una larga estaca, como con la intención de clavársela a Brasil en el corazón, pero se lo impedía otra mano, verde en este caso. Era evidente el significado: los comunistas querían destruir el país, pero

---

[4] Celso Rocha de Barros, «Bolsonaro representa facção das Forças Armadas que ganhou poder com a tortura», en *Folha de S. Paulo*, 22 de octubre de 2018.

los militares lo salvarían. Reconocí la viñeta y comprobé mis libros de historia. Era una ilustración creada en la década de 1930 y basada en la leyenda de los comunistas asesinos de generales en mitad de la noche: el mito que rodeaba a la *Intentona* comunista.

Bolsonaro fue elegido en la votación del 28 de octubre de 2018. Yo me encontraba en Río, tecleando a toda prisa la noticia de los resultados finales recién anunciados. Debajo de mí, en las calles de Leme, a unas manzanas de distancia de la playa de Copacabana, oí gritos y corrí a la ventana, donde presencié una breve y temprana explosión de violencia política. Aquel día, muchas personas del barrio llevaban pegatinas de apoyo a Haddad, el candidato de izquierdas.

«¡Comunistas! ¡Comunistas!», empezó a gritar un grupo de hombretones. «¡Fascistas!», respondieron algunas mujeres. Pero tenían miedo. Aquellos tipos eran mucho más voluminosos que ellas, por lo que desaparecieron rápidamente y se quitaron las pegatinas.

Después de conocer los resultados, hablé con Ivo Herzog, el hijo de Vladimir Herzog, el periodista asesinado en la presunta Operação Jacarta. «Creo que podemos estar dando un enorme paso atrás. Me da mucho miedo —reconoció—. La situación política me produce un profundo estrés. No puedo dormir sin medicación. Pero he decidido que no es el momento de retirarse de la batalla».

París

Estaba esperando sentado en el Djakarta Bali, un restaurante indonesio a pocas manzanas del Louvre, cuando una mujer entrada en años llegó a la puerta a toda prisa. No podía verle los pies, así que no terminaba de entender cómo podía ir tan rápido.

Se bajó de un patinete eléctrico y entró. Era Nury Hanafi, la hija del embajador de Sukarno en Cuba. El restaurante es propiedad de su familia, lo abrieron en París después de llegar a Francia desde Cuba. En las paredes hay fotografías de su padre con el Che y con Fidel Castro de los días en los que pensaban que estaban construyendo un movimiento tricontinental. Comimos un excelente *daging sapi rendang*, uno de mis platos favoritos de Indonesia. Nury me dijo que el patinete era su «Harley Davidson».

Tal vez pareciera extraño: un estadounidense blanco y una anciana asiática hablando español en París.

Después de años en Bulgaria, Nury volvió a Francia y se reunió con su familia. Pero ni siquiera en París podían escapar del estigma del comunismo. La embajada indonesia en París se negó a reconocer jamás la existencia del restaurante. Nury no sabe a qué país pertenece, siente que perdió Indonesia en 1965.

«Cuando ahora hablo con gente joven de Indonesia, me doy cuenta de que no tenemos la misma historia —me contó—. No me refiero a que tengamos historias personales diferentes. Quiero decir que ni siquiera conocen la verdad de lo que nuestro país llegó a ser: nuestra lucha por la independencia y los valores que defendíamos».

La vida de los exiliados en Europa y en Asia sigue siendo dura. No obstante, admite Nury rápidamente, las circunstancias de las víctimas en el archipiélago han sido mucho peores.

Solo

Magdalena ha sido hermosa toda su vida. Durante el tiempo que pasó en la cárcel, los guardias intentaron casarse con ella. Se resistió, a pesar de que sabía que aquello mejoraría su situación y que quizá incluso le permitiría recuperar la libertad antes. No quería una relación así.

Cuando por fin salió de prisión, más hombres intentaron casarse con ella. Se resistió de nuevo. No se sentía segura con un hombre que no hubiera estado también encarcelado.

Sabía que estaba marcada de por vida por comunista, por bruja. Cualquier hombre normal probablemente la consideraría un despojo, pensaba Magdalena, y la trataría a patadas cuando le pareciera.

«¿Cómo me iba a fiar de un hombre normal? —me preguntó—. ¿Y si se enfadaba? Si me daba una paliza y decía que yo era comunista, nadie me ayudaría».

Cosas mucho peores que estas les sucedieron a las familias de los comunistas y de aquellos que fueron acusados de serlo. En Indonesia, ser comunista te marca de por vida con la enseña del mal, y a menudo se considera que es algo que se transfiere a la descendencia, como si fuera una deformación genética. Los hijos de las personas acusadas de comunistas fueron torturados o asesinados.[5] Algunas mujeres fueron perseguidas simplemente por fundar un orfanato para los hijos de los comunistas caídos.[6] Un empresario indonesio cercano a Washington advertía a los altos cargos estadounidenses, años después de los asesinatos, de que era necesario un Ejército fuerte porque la descendencia de los comunistas estaba creciendo.[7]

Magdalena se mantiene serena y radiante a los setenta y un años, aunque también es tímida y cautelosa. Vive sola en una diminuta choza de un dormitorio en un callejón de la ciudad de Solo, en Java Central.

Sobrevive con doscientas mil rupias al mes, lo que vienen a ser catorce dólares o doce euros. Recibe una mínima ayuda de la iglesia local, que le facilita un suministro mensual de cinco kilos de arroz. Pero no tiene familia ni ninguno de los vínculos tradicionales con la comunidad que sostienen a la mayoría de las mujeres de su edad. Los vínculos desaparecieron cuando fue acusada de ser comunista. Cuando llegué empujando mi motocicleta por la callecita que lleva a su casa y entré en su sala de estar, no me podía creer lo que veía. Los ancianos indonesios no viven así. Viven en hogares con grandes familias. Y, si no las tienen, el vecindario se ocupa de ellos. Cuando llegué a su casa, nadie de la calle nos saludó. No se equivocaba cuando pensó que estaría marcada de por vida.

Este tipo de situación es extremadamente habitual en el caso de los supervivientes de la violencia y la represión de 1965.[8] Se estima que unos diez millones de víctimas o familiares de estas siguen vivas en Indonesia, y casi todas se encuentran en situaciones peores de las que merecen. El abanico va de la pobreza más abyecta y el aislamiento social a la negación del simple reconocimiento de que un padre o un abuelo fue asesinado de manera injusta: que su familia no era culpable de nada en absoluto.

---

[5] Gerlach, *Sociedades extremadamente violentas*, p. 50.
[6] *Ibid.*, pp. 108-09.
[7] *Ibid.*, pp. 65-66.
[8] Soe Tjen Marching, *The End of Silence: Accounts of the 1965 Genocide in Indonesia*, Amsterdam University Press, 2017. Véase la introducción para un análisis de la amplitud del estigma presente aún en la sociedad indonesia.

La pequeña organización que defiende a los supervivientes en esta región, Sekretariat Bersama '65, lleva décadas luchando por el reconocimiento de los delitos cometidos contra personas como Magdalena. Los supervivientes pensaron que podría haber algo parecido a una comisión de la verdad o un proceso de reconciliación nacional; creyeron que se pagarían reparaciones a las víctimas; pensaron que, al menos, se produciría una disculpa pública por cuanto les sucedió, la confirmación de que no son seres infrahumanos. Nada de eso ha sucedido.

Todavía en 2017, cuando organicé mis primeros encuentros con supervivientes, Baskara Wardaya, sacerdote católico jesuita e historiador especializado en 1965, me advirtió: «Muchos supervivientes están cansados de hablar, cansados de luchar. Ha pasado mucho tiempo y no han llegado a ninguna parte».

El alcalde de Solo en 1965 era miembro del Partido Comunista. Se llamaba Utomo Ramelan. A lo largo de los años, en mis viajes a Solo para conocer a supervivientes, me encontré con bastantes personas que habían trabajado en su equipo, jóvenes indonesios emocionados por tener un empleo público en el Ayuntamiento. Después de que Suharto tomara el poder, Utomo Ramelan fue detenido y condenado a muerte.

En 2005, un empresario de la industria del mueble, Joko «Jokowi» Widodo, fue elegido alcalde de Solo. En 2014 sería elegido presidente del país. Su candidatura fue apoyada por un conjunto de organizaciones en defensa de los derechos humanos, muchas de las cuales consideraban que era el primer líder indonesio que no provenía del corazón de la oligarquía militar de Suharto y que reconocería y pediría perdón por los crímenes de 1965 o empezaría algún tipo de investigación al cumplirse medio siglo de las matanzas.

Se equivocaron. Poco después de asumir el cargo, dijo con una sonrisa a los periodistas que no tenía «pretensión de disculparse».[9] En 2017, el año que mi compañera de piso quedó aterrorizada en Yakarta cuando asistió a una conferencia sobre lo sucedido en 1965, Jokowi, que había sido acusado él mismo de ser comunista,

---

[9] Melvin, *The Army and the Indonesian Genocide*, p. 6.

adoptó una postura todavía más dura. «Si el PKI vuelve, dadles una paliza», declaró.[10] En 2019, Jokowi fue reelegido para otro mandato de cinco años.

Fueron días difíciles los que pasé en Solo. Estas entrevistas son muy duras y tenía que avanzar despacio, por lo que las semanas pasaban muy lentas. Inicialmente pensé que podría hablar con los indonesios con la ayuda de un intérprete, pero pronto quedó claro que muchas personas están todavía demasiado traumatizadas y demasiado temerosas del estigma que aún les afecta en la tercera edad para hablar con libertad delante de un indonesio que no conocen y en el que no confían. Incluso en los casos de quienes se prestaban a hablar a través de un intérprete, la formulación de las preguntas era excesivamente delicada para trasladar la responsabilidad de la selección de las palabras a otra persona. Así pues, mejoré mis habilidades lingüísticas para poder hacer entrevistas sin ningún testigo y poco a poco ganarme su confianza. Hablé con muchas personas, aunque en muchos casos no he podido incluir sus experiencias; algunas resultaba evidente que no se sentían cómodas contando todos los detalles de su vida, mientras que otras hablaron con mucha valentía y me ayudaron a dar forma a mi comprensión de los acontecimientos a medida que seleccionaba los pocos ejemplos que podía incluir en un libro como este. Me siento culpable incluso al reconocer que el proceso fue psicológicamente muy difícil para mí, habida cuenta de que mi experiencia queda en nada en comparación con las suyas. Y porque yo podía volver a vivir una vida cómoda en Estados Unidos en cuanto quisiera.

En Solo tuve que pasar mucho tiempo en el enorme centro comercial de la ciudad, donde están todos los negocios importantes. De algún modo, los centros comerciales funcionan ahora como núcleos culturales en las ciudades indonesias, con conciertos infantiles en el vestíbulo. La gente puede pasear sin rumbo y tomarse un café con hielo y unos donuts. A menudo las escaleras mecánicas te dejan literalmente atrapado en las plantas superiores, con el objetivo de que sigas perdido y compres algo más. En todos los

---

[10] Wieringa y Katjasungkana, *Propaganda and the Genocide in Indonesia*, p. 2.

centros comerciales de Indonesia, la música de los altavoces es casi siempre pop de producción estadounidense. No se oye música indonesia. No se oye música japonesa, ni siquiera *K-pop* o algo asiático. Nada de música europea o latinoamericana. Todo ha sido compuesto y comercializado en Estados Unidos.[11]

Sakono también vive cerca de Solo. Sigue siendo una persona muy animada y aplica un afilado análisis político al mundo que lo rodea. Al contrario que Magdalena, es capaz de hablar de los viejos tiempos sin enmudecer de repente, sin quedarse mirando al infinito ni romper a llorar. Al igual que Magdalena, se convirtió al cristianismo en la cárcel. Es algo muy común entre los supervivientes, especialmente entre las víctimas de 1965 que fueron educadas en la forma javanesa del islamismo. Después de haber sido acusados de ser ateos, los comunistas fueron rechazados por las principales instituciones musulmanas de Java, que a menudo colaboraron con los asesinatos, pero todavía creían en Dios y buscaron consuelo espiritual a la pesadilla real que era su vida.

A Sakono, lo único de lo que le gusta hablar más que del marxismo es de la gracia divina y del perdón. Defiende inflexible que no guarda rencor alguno a sus captores ni a los hombres que mataron a sus amigos. No quiere venganza y está en paz con su pasado. Pero también se muestra igual de inflexible cuando defiende que el país no está en paz con su historia.

«La solución es que esta nación reconozca sus pecados y se arrepienta. Valoro incluso las experiencias más difíciles por las que pasé, porque me enseñaron cómo mostrar amor a todo el mundo —afirma—. Si podemos reconocer lo que nuestra nación ha hecho y pedir perdón, seremos capaces de avanzar».

---

[11] Parte de estas líneas están adaptadas de mi artículo «Stuck in the Shopping», en *Popula*, 18 de diciembre de 2018.

Nueva York

El número 30 del Rockefeller Center es un rascacielos del Midtown de Manhattan. No había estado nunca allí, aunque había oído hablar de él (creo que llegué a ver un par de episodios de *Rockefeller Plaza*, con Tina Fey y Tracy Morgan, cuyo título en inglés, *30 Rock*, hizo la dirección todavía más famosa).

Es el típico lugar al que acuden los turistas. En la planta baja, las paredes están decoradas con imágenes de *Seinfeld*, de *Friends* y del resto de programas que ha producido la NBC. En la planta veintitrés se encuentra Squire Patton Boggs, un bufete de abogados de «clase alta».

Frank Wisner hijo tiene allí un despacho. Trabajó durante décadas para el Departamento de Estado; entre otros cargos, fue titular de la embajada estadounidense en Egipto y en Filipinas durante el mandato de Reagan y embajador en la India durante la presidencia de Bill Clinton. La mayor parte de mis preguntas, no obstante, versaron sobre su padre, cosas que recordara que hubiera dicho sobre Indonesia o sobre el combate contra el comunismo. Hubiera sido injusto hacerlo responder de las acciones de su padre, pero había algo que sí me podía contar, un mito que él mismo quería aclarar.

Me dijo que, tanto si la CIA sobrestimó la capacidad de la Unión Soviética como si no, y a pesar del resultado de todo aquello, su padre pensaba de verdad que estaba combatiendo el comunismo. No creía que lo estuviera haciendo para ayudar a sus amigos empresarios de Nueva York; consideraba que trabajaba por la causa. Si algún valor tiene, me parece que lo creía sinceramente.

Después de repasar de modo muy cauteloso las décadas de 1950 y 1960, charlamos sobre la vida en Indonesia en la actualidad. Cuando ya me disponía a marcharme, le comenté que en muchos países lo ocurrido allí todavía es terriblemente importante hoy por hoy. Aunque los estadounidenses pueden haber olvidado aquellos acontecimientos y aquellos países, la población de esas naciones no tiene opción de olvidar. Wisner se mostró de acuerdo de inmediato y con mucho entusiasmo.

Es cierto, asintió cuando me levantaba. En muchos sentidos, somos «la tierra de la amnesia», me dijo.

«Tenemos la costumbre psicológica de mirar adelante y no atrás». Reflexionando franca y libremente, como suelen hacerlo los hombres cordiales de ochenta años, señaló que el Gobierno estadounidense no se habría metido en la situación actual en Oriente Medio si hubiera prestado atención a la historia. Con un oscuro sarcasmo, concluyó: «Tenemos un largo y honorable historial de indiferencia estadounidense hacia el mundo que nos rodea».

Santiago

Carmen Hertz es una mujer ocupada. Es parlamentaria; fue elegida en 2017. Sigue perteneciendo al Partido Comunista, que tiene ocho representantes en la Cámara de Diputados, encabezados por una exlíder estudiantil, Camila Vallejo.

Cuando les cuento a las víctimas indonesias de 1965 y 1966 que ahora es más o menos aceptable ser comunista en algunas zonas de América Latina, o incluso que antiguos guerrilleros que estuvieron en la cárcel llegaron a ser presidentes, no se lo pueden creer. Pero lo cierto es que en gran parte de America de Sur han tenido lugar procesos de reconciliación.

Chile, como país capitalista de centro derecha, está lejos de ser perfecto. Desde luego, no es lo que Carmen pensaba que sería el mundo en su juventud, en 1970, cuando sus amigos y ella creían que estaban en vías de construir un mundo sin pobreza ni explotación.

Santiago tiene un contundente monumento a las víctimas del régimen de Pinochet: el Museo de la Memoria y los Derechos Humanos. En la entrada hay una vela encendida por cada persona que mató la dictadura. Las aclaraciones de las paredes no esconden el hecho de que muchas de las víctimas eran realmente de izquierdas, incluso comunistas o defensores de la lucha armada marxista. Una pared muestra una pequeña exposición de cada proceso de reconciliación y búsqueda de la verdad que ha tenido lugar: en Sudáfrica, en Argentina..., en más de treinta países. En el caso de la comisión de la verdad en Indonesia, una pequeña placa concluye de manera abrupta: «Se abolió la ley que establecía esta comisión».

Yakarta

En el centro de la capital indonesia hay una estructura llamada Monumen Pancasila Sakti, es decir, el monumento de la sagrada Pancasila. Llegar hasta allí, al igual que cubrir cualquier distancia entre dos puntos de Yakarta, supone atravesar un tráfico embotellado y abrirse paso lentamente a través de calles abarrotadas y contaminadas.

Por motivos que son difíciles de describir, en muchos lugares de Indonesia la gente nos pide a los extranjeros blancos hacerse fotos con nosotros. Es algo muy extraño, perturbador incluso, pero suelo aceptar. No lo hice en el monumento de la sagrada Pancasila porque creo que había técnicamente traspasado el límite de lo permitido: los militares indonesios han prohibido recientemente a los extranjeros la entrada a este complejo de memoriales y museos; al parecer, las autoridades no quieren que los investigadores internacionales examinen el conjunto.[12] Concluida la visita, entendí por qué.

El monumento de la sagrada Pancasila es una gran pared de mármol con figuras de tamaño natural que representan a las víctimas del Movimiento 30 de Septiembre. Está a unos pasos de Lubang Buaya, el pozo donde se encontraron los cuerpos de los generales.

Sin embargo, no existe un memorial para todos los demás asesinados. Hay todo un museo —el Museum Pengkhianatan PKI (Komunis) [museo de la traición comunista]— dedicado a reforzar la narrativa de que los comunistas formaban un partido traicionero que merecía ser eliminado. Según se avanza por una serie de peculiares pasillos oscuros, una sucesión de dioramas conducen a través de la historia del partido, demostrando una y otra vez que traicionaron a la nación, atacaron al Ejército o urdieron un complot para destruir Indonesia, hasta que llega el momento de reproducir el relato propagandístico de Suharto sobre los acontecimientos de octubre de 1965. Ninguna referencia se hace a los civiles, hasta un millón, asesinados a raíz de aquello.

---

[12] «Foreign Researchers' Access to TNI Museums Restricted», *Jakarta Post*, 9 de febrero de 2018.

A la salida, los niños posan para hacerse fotos delante de un gran cartel que dice: «Gracias por observar algunos de los dioramas sobre el salvajismo llevado a cabo por el Partido Comunista Indonesio. No permitamos que algo así suceda de nuevo».

Ciudad de Guatemala

Volví de Ilom a la capital guatemalteca en uno de esos viejos y atestados autobuses escolares estadounidenses que son el único transporte «público» en esta parte de la Guatemala rural. He viajado mucho, en raras ocasiones con dinero para hacerlo con lujos y a menudo en lugares donde el lujo, sencillamente, no existía. Pero estar en estos autobuses significaba sufrir un dolor constante durante casi dos días enteros.

Sin embargo, agradecí el viaje. El autobús pertenecía a Domingo, el hermano de Antonio Caba Caba. Los dos vieron cómo aquella mañana de 1982 los militares respaldados por Estados Unidos ejecutaban a la mayor parte de la población de su aldea. Domingo trabajó durante años en Estados Unidos para poder ahorrar y hacer una inversión como esta que produjera ingresos para la familia. El autobús está hermosamente decorado y Domingo se siente orgulloso de él. En la parte delantera ha escrito: «Dios es amor».

En la Ciudad de Guatemala, ante la pregunta de cuándo terminó la democracia en el país, muchos darán una respuesta rápida: 1954. Árbenz fue la última oportunidad de justicia social, defienden. La mayor parte de la población por encima de cierta edad conoció a personas asesinadas en las décadas de violencia posteriores. Si uno se detiene y pregunta en la calle, a menudo encontrará a alguien con alguna historia de terror que contar y que le hablará de la importancia de 1954 y del poder estadounidense en el país.

Cuando hablé con expertos como Clara Arenas, que encabeza la Asociación para el Avance de las Ciencias Sociales en Guatemala, utilizamos una terminología ligeramente diferente.

«¿Era la relación que tenía Estados Unidos con Guatemala en 1954 imperialista?», le pregunté. La respuesta era fácil: «Sí».

«¿Sigue siendo imperialista la relación entre Washington (el Gobierno actual) y Guatemala?». Otra respuesta fácil. Otro sí.

En el autobús de Ilom a Nebaj, los presentes tenían una comprensión ligeramente diferente de la política del siglo XX. La forma de expresarse era distinta en el caso del pueblo ixil, que en su mayor parte todavía apenas chapurrea el español o lo hace con mucho acento. Les pregunté qué era el comunismo. Domingo, el propietario del autobús, tenía una respuesta: «Bueno, dicen que eran comunistas y que los comunistas son peligrosos. Pero en verdad fue el Gobierno el que hizo todas las matanzas. Así que, si alguien era peligroso, si alguien era "comunista", tenían que ser ellos».

Ámsterdam

Como muchos otros exiliados indonesios, Francisca Pattipilohy vive en Ámsterdam, en su caso a pocos kilómetros del centro de la ciudad, en un apartamento pequeño decorado con gusto y lleno de libros. Lee más despacio de lo que solía, pero todavía se emociona con cada título nuevo que se publica: sobre Indonesia en 1965, sobre el colonialismo neerlandés, sobre teoría del arte y capitalismo, sobre la política exterior estadounidense... Y todos los termina leyendo.[13] Me encanta ir a visitarla. Prepara aperitivos y pasamos horas charlando; tal vez se repita a veces, pero transmite más información de la que yo jamás tendré en la cabeza.

Muchos indonesios mayores viven en los Países Bajos. Gde Arka y Yarna Mansur, la pareja de estudiantes atrapados en la Unión Soviética en 1965, finalmente terminaron llegando allí. Sarmadji, que quedó varado en China el 1 de octubre de 1965, vive en los Países Bajos e invita o otros exiliados a su pequeño apartamento a degustar comida indonesia.

Todos nacieron en territorio neerlandés y ahora están de vuelta. En su vida, el sueño de una Indonesia independiente a la que considerar su hogar únicamente duró quince cortos años.

---

[13] Hace poco me alababa entusiasmada *Realismo capitalista*, de Mark Fisher.

Con frecuencia era difícil concertar las entrevistas con Francisca. Tenía que prepararlas con mucha antelación porque, a sus noventa y cuatro años, es una mujer extremadamente ocupada. Estuvo muy implicada en la formación del Tribunal Popular Internacional que juzgó los crímenes de 1965 y 1966. Ahora es parte activa de un grupo que interpone reclamaciones al Gobierno neerlandés. El grupo se opone a la orientación de cierta investigación llevada a cabo en los Países Bajos sobre el periodo inmediatamente anterior a la independencia de Indonesia, y defiende que se presta una atención insuficiente a la brutalidad colonial. Sigue peleando por contarle al mundo lo que pasó realmente en Indonesia.

A veces se toma un descanso. Fue de viaje familiar a Bali; luego sufrió un derrame. Pero eso tampoco la detuvo. Después de unos meses de descanso, volvió a pelear de nuevo.

APÉNDICES

APÉNDICES

Apéndice 1

El mundo en 1960: los 25 países más poblados

País	Clasificación por población	PIB (nominal) per cápita en dólares estadounidenses	Posición estructural en 1945
China	1	90	Tercer mundo
India	2	82	Tercer mundo
Unión Soviética	3	991[1]	Segundo mundo
Estados Unidos	4	3007	Primer mundo
Japón	5	479	Primer mundo
Indonesia	6	65[2]	Tercer mundo
Alemania	7	1127[3]	Primer mundo
Brasil	8	210	Tercer mundo
Reino Unido	9	1381	Primer mundo
Italia	10	804	Primer mundo
Bangladés	11	89	Tercer mundo

[1] La cifra proviene de la estimación del Gobierno estadounidense del tamaño de la economía soviética: el 38,1 % de la de Estados Unidos (véase «A Comparison of Soviet and US Gross National Products, 1960-1983», accesible en https://www.cia.gov/readingroom/document/cia-rdp85t00313r000200060004-2) y los datos del censo soviético de 1959 (208.800.000, véase www.foreignaffairs.com/articles/russian-federation/1959-07-01/soviet-population-today), así como los datos del PIB estadounidense del Banco Mundial.

[2] Penn World Tables 9.1 (PWT91, www.rug.nl/ggdc/productivity/pwt/), perspectiva de producción, año 1961.

[3] PWT91, 1960.

Francia	12	1344	Primer mundo
Nigeria	13	93	Tercer mundo
Pakistán	14	82	Tercer mundo
México	15	345	Tercer mundo
Vietnam	16	70 (N) 110 (S)[4]	Tercer mundo
España	17	396	Primer mundo
Polonia	18	573[5]	Segundo mundo
Turquía	19	509	Tercer mundo
Tailandia	20	101	Tercer mundo
Egipto	21	191[6]	Tercer mundo
Filipinas	22	245	Tercer mundo
Corea del Sur	23	158	Tercer mundo
Etiopía	24	61[7]	Tercer mundo
Irán	25	192	Tercer mundo

Todos los datos (incluida la clasificación por población) provienen del Banco de datos del Banco Mundial (https://databank.bancomundial.org) a menos que se indique lo contrario.

[4] Estas cifras de Vietnam provienen de análisis contemporáneos de la CIA: Economic Intelligence Report, A Comparison of the Economies of North and South Vietnam, December 1961, https://www.cia.gov/readingroom/document/cia-rdp79r01141a002200070001-8.

[5] Datos facilitados por Branko Milanovic, que utiliza los indicadores del desarrollo mundial del Banco Mundial, ajustados utilizando el índice de precios PWT91.

[6] PWT91, 1961.

[7] PWT91, 1961.

Apéndice 2

El mundo hoy: los 25 países más poblados (y Corea del Sur) en 2018

País	Clasificación por población	PIB (nominal) per cápita en dólares estadounidenses	Posición estructural en 1945
China	1	9771	Tercer mundo
India	2	2016	Tercer mundo
Estados Unidos	3	62.641	Primer mundo
Indonesia	4	3894	Tercer mundo
Pakistán	5	1473	Tercer mundo
Brasil	6	8921	Tercer mundo
Nigeria	7	2028	Tercer mundo
Bangladés	8	1698	Tercer mundo
Rusia	9	11.289	Segundo mundo
Japón	10	39.287	Primer mundo
México	11	9698	Tercer mundo
Etiopía	12	772	Tercer mundo
Filipinas	13	3103	Tercer mundo
Egipto	14	2549	Tercer mundo
Vietnam	15	2564	Tercer mundo
R. D. Congo	16	562	Tercer mundo
Alemania	17	48.196	Primer mundo
Turquía	18	9311	Tercer mundo

Irán	19	5628[1]	Tercer mundo
Tailandia	20	7274	Tercer mundo
Francia	21	41.464	Primer mundo
Reino Unido	22	42.491	Primer mundo
Italia	23	34.318	Primer mundo
Sudáfrica	24	6374	Tercer mundo
Tanzania	25	1051	Tercer mundo
Corea del Sur[2]	27	31.363	Tercer mundo

Todos los datos (incluida la clasificación por población) provienen del Banco de datos del Banco Mundial (https://databank.bancomundial.org).

---

[1] 2017.
[2] Corea del Sur se incluye por ser la peculiar excepción de un gran país que avanza de niveles de riqueza del tercer mundo a los del primer mundo. Para un análisis del excepcional tratamiento que recibieron Corea del Sur y Taiwán por parte de Estados Unidos por su relevancia en la Guerra Fría, véase Robert Wade, «Escaping the periphery».

Apéndice 3

Desigualdad mundial entre países (1960-2017)

La medida de la desigualdad utilizada es el coeficiente de Gini. Simplemente a modo de referencia: la desigualdad en Estados Unidos es de en torno a 41,5 (estimación del Banco Mundial). Algunas de las sociedades más igualitarias del planeta, a menudo en Europa del Norte, alcanzan mínimos cercanos a 25, mientras que Sudáfrica, una de las naciones más desiguales del mundo, tiene un índice Gini de 65.

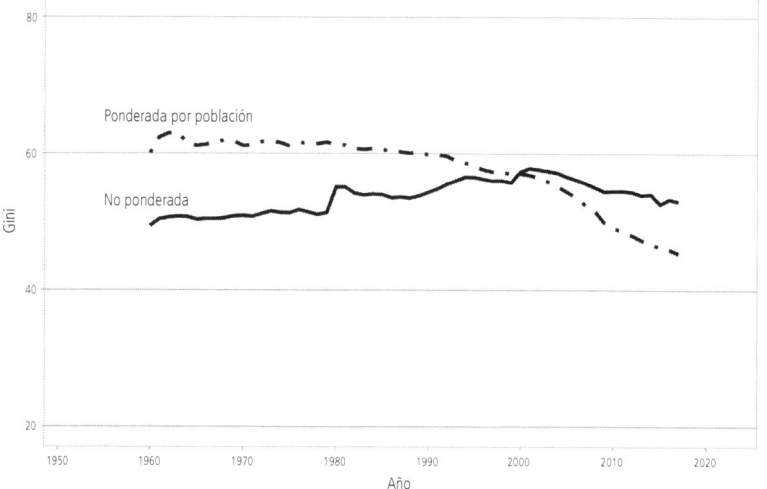

Desigualdad económica mundial entre países (1960-2017)

Los datos del gráfico han sido facilitados por el economista Branko Milanovic. La línea de puntos (ponderada por población nacional) muestra más claramente el efecto del crecimiento de China. Para más información sobre la metodología de Milanovic, véase: Branko Milanovic, *Desigualdad mundial*, trad. Mariana Hernández, Fondo de Cultura Económica, 2018.

Apéndice 4

Desigualdad mundial (1960-2017)

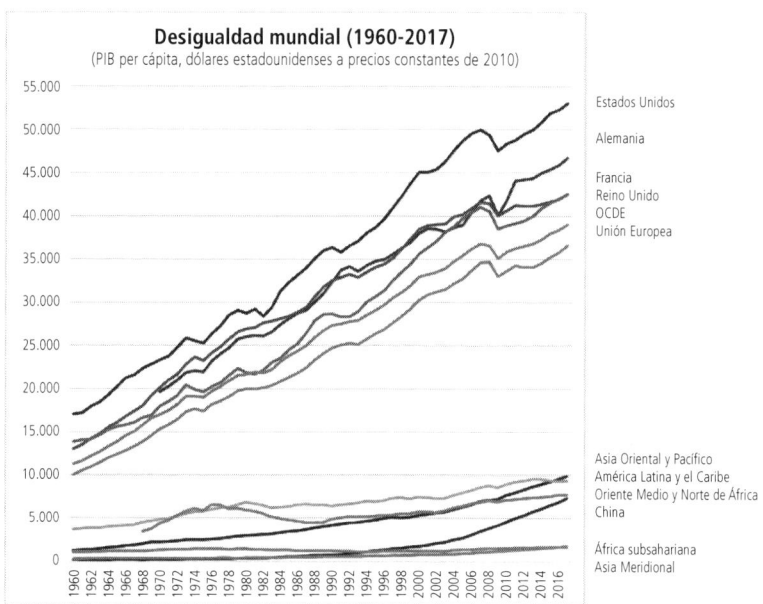

Gráfico reproducido con autorización:
Jason Hickel, *The Divide*, William Heinemann, 2017.

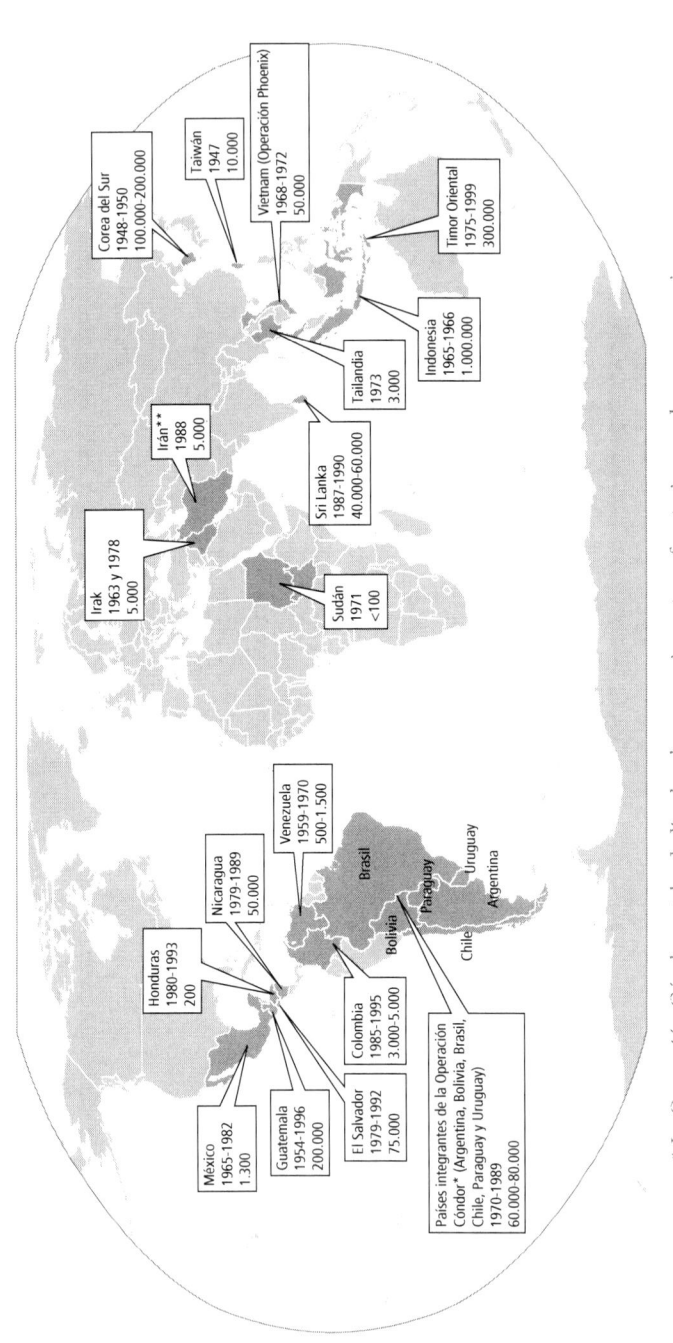

Apéndice 5

Programas anticomunistas de exterminio (1945-2000)

El mapa de la página anterior muestra los asesinatos en masa destinados a eliminar a izquierdistas o personas acusadas de serlo. No se incluyen las muertes en situación normal de guerra, daños colaterales de enfrentamientos militares ni muertes involuntarias (hambrunas, enfermedades) provocadas por Gobiernos anticomunistas.

A continuación se detallan las referencias de los datos presentados en el mapa:

→ **Argentina, Bolivia, Brasil, Chile, Paraguay y Uruguay**: Las estimaciones varían, con un número mínimo de al menos 50.000 asesinatos aparecido en 1992 en los conocidos como Archivos del Terror. Véase «Archives of Terror Discovered», en *National Geographic Resource Library*. La Federación Latinoamericana de Asociaciones de Familiares de Detenidos-Desaparecidos (FEDEFAM) ofrece la cifra de 90.000, si bien estos datos incluyen a otros países como Colombia, que no formó parte de la Operación Cóndor. Me he basado en la estimación ofrecida en Víctor Flores Olea, «Operación Cóndor», en *El Universal*, 10 de abril de 2006. Argentina fue el país más violento, con una cifra estimada de 30.000 muertos.

→ **Colombia**: La violencia se ejerció contra la Unión Patriótica (UP), el partido político de izquierdas fundado como parte de las negociaciones de paz con las guerrillas en 1985. Véase «In Colombia, It's Dangerous to Be Left Wing», en *Deutsche Welle*, www.dw.com/en/in-colombia-its-dangerous-to-be-left-wing/a-44131086; *Deutsche Welle* apunta una cifra de al menos 3000 muertos, mientras que las organizaciones y los analistas más cercanos a la UP, las víctimas de la violencia, estiman unas 5000 muertes. Para un análisis más amplio, véase «Todo pasó frente a nuestros ojos. Genocidio de la Unión Patriótica 1984-2002», Centro Nacional de Memoria Histórica.

→ **Corea del Sur**: La estimación incluye la masacre de Jeju (1948), así como a los comunistas y a los miembros de la Liga Bodo ejecutados en 1950. Đỗ Khiem y Kim Sung-soo, «Crimes, Concealment and South Korea's Truth and Reconciliation Commission», en *Japan Focus: The Asia-Pacific Journal*, 1 de agosto de 2008.

→ **El Salvador**: La Comisión de la Verdad para El Salvador ofrece una cifra total de 85.000 muertos, en un 85 por ciento de los casos ejecuciones extrajudiciales y desapariciones forzosas. «Los testimoniantes atribuyeron casi el 85 % de los casos a los agentes del Estado, a grupos paramilitares aliados de estos y a los escuadrones de la muerte»; véase *De la locura a la esperanza: la guerra de 12 años en El Salvador: informe de la Comisión de la Verdad para El Salvador*, Naciones Unidas, 1992-1993, p. 41.

→ **Filipinas**: Amnistía Internacional, «Statement on Ferdinand Marcos' Burial at LNMB», 18 de noviembre de 2016.

→ **Guatemala**: Véase la página 329.

→ **Honduras**: Comisionado Nacional de los Derechos Humanos, «"Los hechos hablan por sí mismos": informe preliminar sobre los desaparecidos en Honduras, 1980-1993».

→ **Indonesia**: Véase la página 226.

→ **Irak**: Para los datos de 1963, véase Patrick Cockburn, «Revealed: how the West set Saddam on the bloody road to power», en *The Independent*, 29 de junio de 1997. La campaña renovada de 1978 contribuyó a aumentar la popularidad de Sadam Huseín entre los políticos de Washington antes de su invasión de Irán (1980) y reformuló su alianza con Estados Unidos. Véase Prashad, *Las naciones oscuras*, p. 270.

→ **Irán**: La República Islámica ejecutó a los partidarios de la izquierdista Organización de los Muyahidines del Pueblo de Irán, así como del partido Tudeh y de la Organización Fedayín. Amnistía Internacional ofrece una horquilla de entre 4672 y

4969 muertos. Véase el informe de la organización: «Blood-Soaked Secrets: Why Iran's 1988 Prison Massacres are Ongoing Crimes Against Humanity».

→ **México**: Durante la «guerra sucia» mexicana, las fuerzas de seguridad y el Ejército masacraron a los manifestantes de Tlatelolco en 1968 y acabaron con personas acusadas de formar parte de alguno de los grupos grupos armados de izquierdas que operaban en el país. Las fuerzas de seguridad colaboraron con altos cargos estadounidenses, así como con la dictadura brasileña. Véase Adela Cedillo y Fernando Herrera Calderón, «Introduction: The Unknown Mexican Dirty War», en Cedillo y Herrera Calderón (eds.), *Challenging Authoritarianism in Mexico: Revolutionary Struggles and the Dirty War, 1964-1982*, Routledge, 2012, p. 8; Gladys McCormick, «The Last Door: Political Prisoners and the Use of Torture in Mexico's Dirty War», en *The Americas*, 74:1, enero de 2017, pp. 57-81; y Alexander Aviña, *Specters of Revolution*, Oxford University Press, 2014, pp. 151-55 y 176-80.

→ **Nicaragua**: Estimaciones poco precisas cifran en 10.000 los muertos entre 1979 y 1981, y 40.000 más entre 1981 y 1989. Bethany Lacina, «The PRIO Battle Deaths Dataset, 1946-2008, Version 3.0: Documentation of Coding Decisions», *Peace Research Institute Oslo*.

→ **Sri Lanka**: Para la justificación de la inclusión del país en el listado, junto con el testimonio de David Gladstone, alto comisionado del Reino Unido, véase la página 344. Las cifras provienen de Tom H. J. Hill, «The Deception of Victory: The JVP in Sri Lanka and the Long-Term Dynamics of Rebel Reintegration», en *International Peacekeeping*, 20:3, 2013, pp. 357-84. No obstante, Thushara Hewage y David Gladstone consideran «conservadoras» las estimaciones de 40.000 y 60.000 muertos, respectivamente.

→ **Sudán**: El propio PCS registró 37 ejecuciones de miembros del partido por parte del Estado, pero reconoce más muertes por causas distintas al linchamiento, además de 5000 detenidos y las víctimas de la violencia fuera de la estructura legal oficial.

- **Tailandia**: Jularat Damrongviteetham, «Narratives of the "Red Barrel" Incident: Collective and Individual Memories in Lamsin, Southern Thailand», en Seng Loh, Dobbs y Koh (eds.), *Oral History in Southeast Asia*, Palgrave Macmillan, 2013, p. 101.
- **Taiwán**: Burke, *Revolutionaries for the Right*, p. 14.
- **Timor Oriental**: Véase la página 308.
- **Venezuela**: Los registros de asesinatos extrajudiciales comienzan en 1959, por ejemplo: Manuel Cabieses Donoso, *Venezuela, okey!*, Ediciones del Litoral, 1963, p. 269; y *La desaparición forzada en Venezuela, 1960-1969*, de Agustín J. Arzola Castellanos, que merecen un tratamiento más a fondo. En la presentación de este último libro, José Vicente Rangel declaró que las «desapariciones» empezaron en Venezuela durante la presidencia de Raúl Leoni (1964-1969). Es de destacar que John P. Longan, el funcionario estadounidense al que nos referimos en la página 240, estuvo activo tanto en Guatemala como en Venezuela. En lo relativo a las declaraciones de Rangel, véase «Rangel asegura que desapariciones forzosas de América Latina comenzaron en Venezuela», Agencia EFE, https://chamosaurio.wordpress.com/2008/06/09/rangel-asegura-que-desapariciones-forzosas-de-america-latina-comenzaron-en-venezuela/.
- **Vietnam**: Ian G. R. Shaw, «Scorched Atmospheres: The Violent Geography of the Vietnam War and the Rise of Drone Warfare», en *Annals of the American Association of Geographers*, 106, n.º 3, 2016, p. 698.

Todas las cifras son estimaciones.

AGRADECI-
MIENTOS

AGRADECIMIENTOS

Estoy bastante seguro de que ni siquiera alguien con un talento prodigioso podría haber escrito un libro como este completamente solo. Yo no soy alguien con un talento prodigioso, por lo que son pertinentes muchos agradecimientos.

En primer lugar, tengo una deuda de gratitud con mi madre, con mi padre, con mis hermanos y con mi hermana por estar siempre ahí para apoyarme, y con Sung por ser mi crítica más inteligente.

Ya he dado las gracias a Baskara Wardaya, cuyos conocimientos y amabilidad hicieron posible este libro; a Bradley Simpson, cuya diligencia y cordial generosidad fueron cruciales; y a Febriana Firdaus, cuyas presentaciones y aliento inicial fueron esenciales. Pero quiero darles de nuevo las gracias aquí por conseguir que este proyecto llegara a existir. Profunda es también mi gratitud con John Roosa, Patrick Iber, Matias Spektor, Tanya Harmer y Kirsten Weld por explicarme pacientemente cómo escribir un libro como este, por leer el manuscrito inicial y por mostrarme (con más paciencia aún) cómo mejorarlo.

Más que merecedoras de agradecimiento, hay personas que tendrían que ser reconocidas como coautoras de este libro. Trabajé con una serie de brillantes investigadores que hicieron trabajo a tiempo parcial para mí por todo el mundo. En el periodismo hay un espacio al final de un artículo en el que se puede escribir «información adicional de:»; no existe algo así en las portadas de los libros, pero quiero destacar que las siguientes personas contribuyeron con investigaciones cruciales: Willian de Almeida Silva en la USP, en São Paulo; Tyson Tirta y Stanley Widianto en Yakarta; Benjamín Concha en la Universidad Católica de Chile, en Santiago;

Yen Duong en Hanói; Andrea Ixchíu en Ciudad de Guatemala; Molly Avery en la LSE, en Londres; y João Vítor Rego-Costa en la Universidad Cornell.

Ni que decir tiene que estoy profundamente agradecido a todos los miembros de Sekretariat Bersama '65, especialmente a Winarso, a Didik Dyah Suci Rahayu y a Nicholas Gebyar Krishna Shakti. Fueron mis anfitriones en Solo durante muchas semanas y me llevaron de la mano en un proceso largo y difícil; siguen aferrados a ella.

Lo cierto es que no estoy seguro de cómo podré corresponder a los supervivientes y testigos que se sentaron conmigo y me contaron sus historias. Evidentemente, me refiero a Francisca y a Benny, a Ing, a Sakono, a Carmen Hertz, y a Magdalena Kastinah, y a Nury, a Sumiyati y a Agung Alit, a Ngurah Termana y a Wayan Badra, y a Gde Arka, a Yarna Mansur, y a Sarmadji, a Pedro Blaset y a Guillermo Castillo, a Clara Arenas, a Antonio Caba Caba, a Miguel Ángel Albizures y a Josefa Sánchez del Barrio.

Pero también me refiero a las muchas personas que no aparecen en la versión final del libro. Por eso quiero transmitir mi más sentido agradecimiento a Sunaryo, Vanius Silva Oliveira, Adriano Diogo, Sri Tunruang, Bedjo Untung, Rangga Purbaya, Maridi Marno, Sanusi, Nin Hanafi, Soe Tjen Marching, Djumadi, Franchesca Casauay, Zevonia Vieira, Coen Husain Pontoh, Made Mawut, Suratman, Sutarmi, Darsini, Soegianto y Maria Sri Sumarni, Rusman Prasetyo, Pramono Sidi, Supriyadi, Hariyono Sugiyono Raharjo, Hadi Pidekso, Liem Gie Liong y The Siok Swan, Hendra Winardi y Hediandi Lesmana, Ivo Herzog, Francina Loen, Tjin Giok Oey, Manuel Cabieses, Roberto Thieme, Orlando Sáenz, Eduardo Labarca, Patricio «Pato» Madera, Pedro del Barrio Caba, Magdalena Caba Ramírez, Inenga Wardita, a todos los miembros de Taman 65 en Bali, a Martin Aleida, Dilma Rousseff y Zuhair Al-Jezairy.

Los expertos, académicos y autoridades que se tomaron el tiempo de explicarme cosas, compartir ideas o indicarme la dirección correcta fueron de mucha más utilidad que todo el tiempo que pudiera haber pasado en una biblioteca. Quiero manifestar mi sincera gratitud y mis disculpas en los casos en los que —tal vez con un comportamiento excesivamente periodístico— me dirigí a personas mejor formadas para pedir ayuda en lugar de intentar encontrar las respuestas por mis propios medios. Así pues, gracias, muchas gracias, a Ratna Saptari, Elio Gaspari, Mario Magalhães, Olímpio Cruz Neto, Marcos Napolitano, Petrik Matanasi, Ivan Aulia Ahsan, Hizkia Yosie Polimpung, Windu Jusuf, Andreas Harsono, Yerry Wirawan, Greg Grandin, Robert Wade, Lê Đăng Doanh, Jess Melvin, Taomo Zhou, Saskia Wieringa, Frank G. Wisner, Peter Kornbluh, Greg Poulgrain, Joma Sison, Pedro Dallari, Rodrigo Patto Sá Motta, Luciano Martins Costa, Mariana Joffily, João Roberto Martins Filho, Fathi Alfadl, Ascanio Cavallo, Héctor Reyes, Mario Castañeda, Noam Chomsky, Ben Kiernan, Alfred McCoy, Vijay Prashad, Patrice McSherry, Federico Finchelstein, Jason Hickel, Branko Milanovic, Frederick Cooper, Ben Fogel, Adam Shatz, Kate Doyle, Tim Weiner, Sean Jacobs, Alexander Aviña, E. Ahmet Tonak, Ghassane Koumiya, Raimundos Oki, Phil Miller, Vasuki Nesiah, Thushara Hewage, David Gladstone y Carlos H. Conde.

Muchas gracias también a Athena Bryan, Clive Priddle y Anupama Roy-Chaudhury, de PublicAffairs. A Clive, por dar luz verde al proyecto y guiarlo hasta el final, a Athena por detectar los errores flagrantes del primer borrador y llevarme en la dirección correcta, y a Anu por ayudarme de todas las maneras imaginables. Agradezco a Pete Garceau el diseño de la portada original y que estuviera abierto a mis sugerencias, a Brynn Warriner y a Mark Sorkin por el trabajo de corrección, a Brooke Parsons y a Miguel Cervantes por su experiencia en el mundo del libro, y, por supuesto, a Rob McQuilkin, por encontrar desde el inicio un lugar para mi idea.

Mi prima Paige Evans y mis buenas amigas Juliana Cunha y Niken Anjar Wulan (que también aparece en el libro) me ofrecieron asesoramiento muy pertinente y aliento para el proyecto en su conjunto; les debo mucho a las tres.

Y, aunque pueda parecer estúpido, me gustaría dar las gracias a todas aquellas personas que me siguen (todavía, por algún motivo) en las redes sociales. Para bien o para mal, probablemente sean parte de los motivos por los que se me permitió escribir un libro. Así que, si me pongo demasiado pesado, por favor, silenciadme, pero no dejéis de seguirme. También quiero mostrar mi agradecimiento a las muchas personas de las que he aprendido en internet, especialmente personas jóvenes comprometidas de todo el mundo.

No habría llegado a ningún sitio sin el apoyo de las instituciones, públicas y privadas, que me permitieron profundizar en la investigación: el Perpustakaan Nasional Republik Indonesia, el Arquivo Nacional do Brasil, el National Security Archive, la Biblioteca Nacional de Chile, la British Library, la New York Public Library, la biblioteca de la Universidad de Malaya, la biblioteca de la Universidad Cornell (especialmente Ekarina Winarto y Astara Light), los Archivos Nacionales estadounidenses, la Fundação Getúlio Vargas y su centro CPDOC, la Hoover Institution, la SOAS University of London, la Universidad de São Paulo, los Archivos del Terror de Paraguay (con especial agradecimiento a Rosa Palau), el Museum Konferensi Asia Afrika de Bandung y la Biblioteca Nacional de Vietnam.

Mi más profundo agradecimiento a todos los mencionados, y mis disculpas —y un agradecimiento todavía mayor— a quien haya olvidado.

Este libro se terminó de imprimir
el 15 de noviembre de 2021

*«Les embutíamos leña en el ano
hasta que morían. Les aplastábamos
el cuello con maderas. Los ahorcábamos.
Los estrangulábamos con alambre.
Les cortábamos la cabeza.
Los atropellábamos con coches».*

Operación Aniquilación